구스타프 슈바브의
그리스 로마 신화

3

구스타프 슈바브의
그리스 로마 신화

Die schönsten Sagen des klassischen Altertums

시간의 흐름과 이야기가 살아 있는
그리스 로마 신화의 고전

3

오뒷세우스 · 아이네아스

구스타프 슈바브 지음 · 이동희 옮김

Humanist

일러두기

1. 이 책은 구스타프 슈바브(Gustav Schwab)의 《Die schönsten Sagen des klassischen Altertums》(1838~1840)를 완역한 것이다.

2. 그리스어 고유명사 표기는 앗티케 방언을 따랐다. 앗티케 방언에서 '웝실론(υ)'을 '위'로, 중복되는 같은 자음을 모두 표기했다.(예: 오디세우스 → 오뒷세우스)

3. 원주는 ▲로, 옮긴이 주는 ✽로 표시했다.

추천사

19세기 독일 시인 구스타프 슈바브가 쓴 《구스타프 슈바브의 그리스 로마 신화(Die schönsten Sagen des klassischen Altertums)》는 독일어권에서 지금도 가장 많이 읽히고 있는 그리스 로마 신화집이다.

내가 이 책을 처음 알게 된 것은 대학 1학년 1학기 때다. 책을 구입하자마자 처음 만난 그리스 로마 신화가 재미있고 유명 시인이 쓴 문장이 하도 수려하여 틈나는 대로 시간 가는 줄 모르고 탐독했다. 어떤 이야기는 읽고 또 읽은 탓에 제본이 망가져 나중에 새 책을 다시 구입하기도 했다.

20세기 이후 그리스 로마 신화에 관해 체계적이고 포괄적인 연구가 이루어져 이 분야의 연구자들에게 도움이 될 만한 학술서가 많이 나와 있기는 하지만 아무 부담 없이 그리스 로마 신화 세계를 알고 싶어 하는 독자들에게 나는 이 책을 꼭 권하고 싶다. 그리스 로마 신화가 친숙한 동화처럼 다가올 것이다.

천병희(단국대 명예교수)

옮긴이의 말

왜 그리스 로마 신화를 읽어야 할까? 몇 년 전 가까운 친구 가족들과 유럽 여행을 다녀온 적이 있다. 우리가 처음 찾은 곳은 파리의 루브르 박물관이었다. 박물관에 들어서자 눈에 확 들어오는 조각상이 있었다. 울퉁불퉁한 근육질의 사나이가 한 손으로 커다란 뱀을 내리누르며 몽둥이로 막 내려치려고 하는 조각상이었다. 그 조각상을 보자 아이들은 너나 할 것 없이 반갑게 그곳으로 달려갔다. 그런데 정작 함께 간 어른들은 아이들이 왜 그런 반응을 보이는지 이해하지 못했다. 그 조각상의 인물은 바로 헤라클레스였고, 헤라클레스가 몽둥이로 내려치려는 뱀은 휘드라였다. 아이들은 그 조각상의 인물이 누구인지, 그 조각상에 얽힌 이야기가 무엇인지 잘 알고 있었다. 그래서 조각상이 친근했고 반가웠던 것이다.

이후에도 아이들은 작품들을 낯설어하거나 어려워하지 않았다. 그리스 로마 신화에 나오는 조각이나 그림을 발견하고는 숨은 그림을 찾은 양 기뻐하기까지 했다. 반면에 어른들은 작품들을 보며 난감해했다. 왜 이런 차이가 났을까? 아이들은 만화로나마 그리스 로마 신화를 읽어 내용을 알고 있었고, 어른들은 그리스 로마 신화를 제대로 몰랐기 때문이다. 아이들처럼 그리스 로마 신화에 친숙하면 유럽 박물관의 그림과 조각을 어느 정도 이해하고 즐길 수 있다. 그리스 로마 신화에 대한 사전 지식이 있으면 이렇게 서양의 예술 작품을 이해하는 데 많은 도움이 된다. 그리스 로마 신화는 헤브라이즘과 더불어 서양 문화를 떠받치는 두 개의 기둥인 동시에 예술적 상상력의 원천이기 때문이다.

영화에도 그리스 로마 신화와 관련된 내용이 자주 등장한다. 영화 〈해리 포터와 마법사의 돌〉을 보면, 주인공이 학교 지하로 들어갈 때 입구를 지키는 머리 셋 달린 개가 나온다. 머리 셋 달린 개의 의미를 아는 사람은 학교 지하가 단순한 장소가 아니라는 것을 알게 된다. 이 개는 그리스 신화에 나오는 하계를 지키는 케르베로스다. 그렇다면 케르베로스가 지키는 학교 지하는 바로 하계와 같은 곳일 것이다. 이렇게 신화를 알면 원작자 조앤 K. 롤링이 해리 포터가 들어가려는 지하를 하계와 같이 으스스하고 무서운 곳으로 설정해두었다는 의도를 짐작할 수 있다.

그리스 로마 신화를 모르면 서양의 예술과 문화뿐만 아니라 사상 또한 이해하기 어렵다. 헤겔의 유명한 《법철학강의》는 안티고네 이야기를 모티브로 인간의 가장 근본적 문제인 양심과 실정법의 충돌을 다뤘다. 니체도 그리스 신화를 이용해 자신의 사상을 펼쳤다. 니체는 아폴론을 부정하고 디오뉘소스를 긍정한다고 말하는데, 여기서 아폴론은 이성을 상징하고 디오뉘소스는 감성과 욕구를 상징한다는 것을 알아야 그의 철학을 이해할 수 있다. 카뮈도 시쉬포스 신화를 통해 인간의 실존적 상황을 알리고자 했다. 호르크하이머와 아도르노는 《계몽의 변증법》을 쓸 때 《오뒷세이아》를 실마리 삼아 현대 산업문명 속 인간 이성과 자연의 문제를 다뤘다. 지금도 그리스 로마 신화는 수많은 서양 사상가에게 영감을 불러일으키고 있다. 이렇듯 그리스 로마 신화에 대한 이해 없이 서양의 문화와 사상을 제대로 이해할 수 없다는 생각이 철학을 전공한 옮긴이가 이 책을 번역하게 된 계기이다.

그러면 어떻게 그리스 로마 신화를 읽어야 할까? 그리스 로마 신화에는 수많은 신과 영웅, 생소한 지명이 나와 신화를 읽고자 하는 사람을 괴롭힌다. 또, 시중에 출간된 그리스 로마 신화 책은 대부분 산발적이고 단편적인 이야기 위주라 그리스 로마 신화를 체계적으로 접근하는 데 어려움을 준다. 우리나라에는 미국의 영향 탓인지 흔히 《그리스 로마 신화》로 통칭하는 토마스 불핀치(Thomas Bullfinch, 1796~1867)의 《신화의 시대(The Age of Fable)》(1855)가 많이 소개되어 있다. 그리고 이 책에 기초해 만화, 영화, 애니메이션 등이 만들어졌다. 그런데 토마스 불핀치의 작품은 단편적인 그리스 로마 신화 이야기를 그대로 소개하고 있어, 이것들이 서로 어떻게 연결되는지 파악하기 어렵다는 단점이 있다. 그래서 토마스 불핀치의 책을 읽은 독자들은 그리스 로마 신화가 사건과 인물이 너무 많고, 이야기가 서로 연결되지 않아 헷갈린다는 말을 많이 한다.

　그리스 로마 신화는 옛날이야기를 읽듯이 재미있게 읽어야 한다. 사실 그리스 로마 신화는 수많은 신과 인물과 사건 들이 얽히며 계속해서 전개되는 극적인 이야기 구조에 그 묘미가 있다. 트로이아 전쟁이 왜 일어났는가? 아무리 절세의 미인이라고 하더라도 헬레네 한 명을 되찾기 위해 그리스의 모든 영웅이 가족과 고국을 뒤로하고 목숨을 건 전쟁을 벌일 수밖에 없었는가? 트로이아 전쟁을 승리로 이끈 아가멤논은 왜 귀국하자마자 아내에게 살해되었는가? 그리고 트로이아가 멸망한 뒤 살아남은 자들은 어디로 갔는가? 이런 물음들에 대해 그리스 로마 신화는 꼬리에 꼬리를 물듯 이야기를 들려준다. 그런데 우리가 이 맛과 묘미를 느끼지 못하는 것은 지금까지 나온 책들이 그리스 로마 신화의 서사시적 구조를 토막 내 이야기를 훼손해버린 탓이 크다.

　나는 토막 난 그리스 로마 신화들이 난무하는 혼란스러운 상황에서 신화의 맛을 제대로 느끼게 해줄 책을 소개하고 싶었다. 그래서 몇 년 전에 《구스타프 슈바브의 그리스 로마 신화》를 번역해 국내에 처음으로 소개했다. 이 책은 독일어권에서는 청소년의 필독서이자 고전이 되었고, 중국과 일본에서도 애독되는 책이다. 지은이 구스타프 슈바브(Gustav Schwab, 1792~1850)는 원전에 충실하면서도 이야기를 자연스럽게 연결시켜 그리스 로마 신화를 흥미진진한 대하소설처럼 풀어냈다. 그러므로 독자들은 이 책을 통해 직접 읽기 어려운 그리스 로마 신화의 원전을 충실하게 읽은 듯한 효과뿐 아니라 그리스 로마 신화의 전체 구조를 쉽게 파악하는 이점을 동시에 얻게 될 것이다.

이번에 《구스타브 슈바브의 그리스 로마 신화》를 새롭게 출간하면서 잘못되거나 누락된 부분들을 모두 바로잡았다. 처음 이 책을 번역하는 데만 꼬박 2년의 시간이 걸렸다. 책이 워낙 방대했기 때문이다. 번역하면서 재미를 느끼지 못했다면 그렇게 오랜 시간을 견디지 못했을 것이다. 이 책을 번역하면서 시인이기도 한 구스타프 슈바브가 쓴 옛 독일어 단어와 기교적 문체의 느낌을 살리면서 오늘날 우리말에 맞게 다듬는 데 애를 먹었다. 이번에도 본래 의미에서 벗어나지 않는 한에서 가독성을 높여 독자들이 흥미롭게 읽고 신화적 상상을 마음껏 펼 수 있도록 애를 썼다.

이 책을 새롭게 펴내는 데는 여러 사람의 도움이 있었다. 원고를 입력하고 새롭게 정리해준 이유솔, 책을 편집하는 데 수고와 정성을 다해준 휴머니스트 편집부에 감사를 드린다.

신화는 상상력의 원천이다. 상상력은 일상적인 생각을 뛰어넘어 기발하고 창의적인 생각을 갖게 해준다. 그래서 상상력은 옛날에도, 오늘날에도 문화와 예술의 원천이 되고 있다. 신화는 무한한 상상력을 일깨운다. 이 책은 무한한 상상력으로 출렁이는 신화의 바다를 항해하는 배가 될 것이다. 독자들은 이 배에 올라타 배가 인도하는 대로 몸을 맡기기만 하면 된다. 구스타브 슈바브가 항해하는 동안 지루하지 않도록 여러분의 귓가에 고대의 신들과 인간들의 이야기를 들려줄 것이다. 자, 그러면 흥미진진한 그리스 로마 신화의 바다로 여행을 떠날 준비가 되었는가?

2015년 1월
이동희

차례

구스타프 슈바브의
그리스 로마 신화
3

3권   오뒷세이아·아이네아스

3장　오뒷세우스, 고향으로 돌아오다

오뒷세우스 이야기 Ⅱ　207

4장　아이네아스, 새로운 땅을 찾아 나서다

아이네아스 이야기 Ⅰ　329

부록 또 다른 신과 영웅의 이야기

부록은 이 책의 제14판 편집자 고트홀트 클레(Gotthold Klee)가 1881년에 추가했다.

1장

Die schönsten Sagen des klassischen Altertums

탄탈로스의 후손에게 저주가 이어지다

탄탈로스의 마지막 자손들

아가멤논 일족의 저주

트로이아는 멸망했다. 귀향하던 그리스 선단은 폭풍우를 만나 함선들의 절반 이상이 가라앉았다. 남은 배들은 폭풍우가 사라지고 바다가 잠잠해지자 다시 모여 고향을 향한 항해를 계속했다. 아가멤논의 배는 최고의 여신 헤라의 보호를 받아 아무런 피해 없이 펠로폰네소스 반도의 해안을 향해 힘차게 항해했다. 아가멤논의 배가 라코니아의 말레아 곶 가까이 이르렀을 때 갑자기 엄청난 폭풍이 또 한 번 휘몰아쳐 모든 배를 망망대해 한가운데로 돌려보냈다. 총사령관 아가멤논이 하늘을 향해 두 손을 높이 들고 신들에게 빌었다.

"수많은 고초를 겪으며 신들의 뜻을 힘겹게 이뤄내고 이제 고향에 왔는데, 제발 여기서 죽게 내버려두지 마십시오!"

그러나 신들은 그를 돕기 위해 우선 경고의 의미로 폭풍을 내려보낸 것이었다. 아가멤논은 그 사실을 전혀 모르고 있었다. 아마도 그는 고향 뮈케나이 왕궁에 돌아가기보다는 다른 민족이 있는 먼 곳으로 가 평생을 망명 생활로 보내는 편이 훨씬 행복했을 것이다.

아가멤논 일족은 저주를 받고 있었다. 그들의 시조 탄탈로스 이후에 저지른 수많은 악행으로 저주는 점점 더 심해졌다. 일족의 일부는 극악무도한 폭력을 휘둘러 망했고 또 어떤 이들은 흥하기도 했다. 아가멤논도 자신의 궁에서 벌어질 엄청난 악행으로 죽음을 당할 운명이었다.

시조 탄탈로스는 잔치에 초대한 신들에게 아들 펠롭스를 잡아 요리해 식탁에 올려놓았었다. 펠롭스가 되살아나 이 일족의 대를 이은 것은 신들이 일으킨 기적이었다. 그런데 펠롭스는 은인인 뮈르틸로스를 죽이는 죄를 지었다. 그 죄는 집안의 저주를 더욱 키웠다. 헤르메스의 아들인 뮈르틸로스는 오이노마오스 왕의 기수였다. 펠롭스는 전차경주에서 이겨 오이노마오스 왕의 공주 힙포다메이아를 얻고자 했다.* 그래서 뮈르틸로스를 설득해 왕의 전차에서 쇠못들을 뽑아내고 그 대신 밀랍으로 만든 못들을 꽂아놓게 했다.

결국 왕의 전차는 달리다가 부서졌고 펠롭스는 경주에서 이겨 힙포다메이아 공주를 차지했다. 그러나 뮈르틸로스가 약속한 대가를 요구하자 펠롭스는 자신의 속임수가 알려질까 봐서 그를 절벽에서 밀어 바다로 떨어뜨리고 말았다. 펠롭스는 헤르메스 신의 노여움이 두려워 뮈르틸로스의 무덤을 거대하게 만들었고 헤르메스 신전도 세웠지만,

---

* 펠롭스와 오이노마오스 왕의 경주는 1권 3장 '펠롭스'에 나온 바 있다.

그것으로 신의 노여움을 풀 수는 없었다. 그래서 펠롭스와 그 일족은 신의 복수를 당하게 된 것이다.

펠롭스가 받은 저주는 그의 두 아들 아트레우스와 튀에스테스에게 그대로 이어졌다. 아트레우스는 뮈케나이의 왕이 되었고 튀에스테스는 아르고스의 남쪽 지역을 다스리는 왕이 되었다. 형 아트레우스는 황금 털을 가진 숫양을 가지고 있었는데, 아우 튀에스테스가 그 양을 몹시 탐냈다. 그는 형수 아에로페를 유혹하여 그녀를 이용해 황금 털을 가진 양을 손에 넣고야 말았다.

형은 자기 아내를 유혹하고 황금 양까지 훔쳐간 동생의 악행에 분노를 금치 못했다. 그래서 할아버지가 했던 끔찍한 짓을 되풀이했다. 즉 동생의 두 아들 탄탈로스와 플레이스테네스를 몰래 죽여 그 고기를 동생의 식탁에 내놓았다. 그리고 그들의 피를 포도주에 섞어 마시게 했다. 이처럼 인간이라면 차마 할 수 없는 잔학한 아트레우스의 행위에 태양신마저 전율해 하늘을 다니는 전차를 되돌려 해가 거꾸로 돌았다. 그러나 튀에스테스는 잔인한 형을 피해 에페이로스의 테스프로토스 왕에게 도망갔다. 그러자 아트레우스의 나라는 갑자기 심한 가뭄과 흉년이 들었다. 신탁을 구한 왕은 추방당한 아우 튀에스테스를 다시 불러들이면 재앙이 멎으리라는 답을 얻었다.

아트레우스는 직접 동생이 숨어 있는 곳을 찾아 나서 동생과 그의 아들 아이기스토스를 고향으로 데리고 왔다. 아이기스토스는 튀에스테스가 망명해 있는 동안 자신의 딸 펠로피아와 교합해서 낳은 아들이었다. 아이기스토스는 아버지를 위해 아트레우스와 그의 자식들에게 복수하기로 결심했다.

아트레우스에 대한 복수는 그들이 뮈케나이로 돌아가고 얼마 후에 이루어졌다. 아트레우스 형제의 우애는 끝장이 났고 결국 아트레우스는 아우 튀에스테스를 지하 감옥에 가두고 말았다. 그때 아이기스토스는 자기 출생에 얽힌 끔찍한 이야기를 알고 분노한 것처럼 위장해 친아버지를 죽이겠다는 거짓 제안을 했다. 그는 지하 감옥에 들어가 아버지와 함께 복수 방법을 의논한 뒤 피 묻은 칼을 가지고 나와 큰아버지에게 보였다. 그 칼을 본 아트레우스는 동생이 죽은 것으로 믿었고, 바닷가에 제단을 마련해놓고 감사의 제물을 바쳤다. 그 순간 아이기스토스가 바로 그 칼로 큰아버지를 찔러 죽였다.

감옥에서 풀려난 튀에스테스는 형이 다스리던 나라를 한동안 차지했다. 그러나 아트레우스의 장남 아가멤논이 튀에스테스를 추적해 아버지의 복수를 했다.* 이렇게 그들 일족은 씻을 수 없는 죄로 얼룩진 과거가 있었다. 아이기스토스만 겨우 살아남았는데, 이것은 일족이 받아야 할 저주를 이어받게 하려는 신의 의도에 따른 보호였다. 아이기스토스는 전에 아버지가 다스리던 남쪽 지역으로 내려가 왕이 되었다.

아가멤논은 트로이아 원정을 떠나고, 아내 클뤼타임네스트라는 희생물로 바쳐진 딸 이피게네이아를 그리워하며 깊은 슬픔에 잠겨 있었다. 아이기스토스는 아가멤논에게 복수할 절호의 기회라고 생각했다.

---

* 아트레우스가 죽은 후 그의 아들 아가멤논과 메넬라오스는 레다의 남편 튄다레오스 왕이 다스리는 스파르테로 도망갔다. 아가멤논은 그곳에서 클뤼타임네스트라와, 메넬라오스는 헬레네와 결혼했다. 튄다레오스는 죽으면서 메넬라오스를 스파르테의 왕위 계승자로 지명했기 때문에 아가멤논은 뮈케나이로 돌아가 튀에스테스를 죽이고 왕이 되었다.

그는 뮈케나이의 궁전을 찾았다. 클뤼타임네스트라는 아이기스토스의 유혹을 오랫동안 거부했으나, 비인간적인 남편에게 복수하기 위해 결국 그의 유혹을 받아들였다.

이렇게 해서 그녀는 아가멤논의 뮈케나이 궁과 그의 나라를 정부인 아이기스토스와 나눠 가졌다. 그때 궁전 안에는 그녀의 남편 아가멤논의 자식들인 세 남매가 살고 있었다. 죽은 이피게네이아의 슬기로운 여동생 엘렉트라와 또 다른 여동생 크뤼소테미스 그리고 아직 어린 남동생 오레스테스였다. 그들이 보는 앞에서 아이기스토스는 아버지의 나라와 그들의 어머니를 차지했다.

트로이아 전쟁이 거의 끝나갈 무렵 이 부정한 남녀는 아가멤논이 무서운 군사들을 이끌고 갑자기 쳐들어올까 봐 안절부절못했다. 몇 년 전부터 각 성루마다 감시병을 세워, 트로이아를 정복한 왕이 돌아오는 모습을 보게 되면 그 즉시 횃불로 신호를 보내 알리도록 했다. 그들은 그 신호를 보면 자신들의 실상이 알려지기 전에 먼저 성대한 환영잔치를 벌이고 그때 그를 함정에 빠뜨려 처치해버릴 속셈이었다.

마침내 한밤중에 횃불이 타올랐다. 경비병은 성루에서 급히 내려와 왕비에게 횃불 신호가 왔음을 보고했다. 클뤼타임네스트라와 그녀의 정부는 초조하게 아침을 기다렸다.

해가 뜨자마자 귀향한 아가멤논 왕이 보낸 특사가 머리를 올리브 가지로 가린 채 뮈케나이의 궁 안으로 들어왔다. 왕비는 특사를 마지못해 환대하면서도 그가 궁 안을 돌아볼 수 없게 했다. 전령이 승리의 기쁨에 도취되어 전쟁 이야기를 길게 늘어놓다가 잠시 숨을 돌리려는데 얼른 클뤼타임네스트라가 말을 가로챘다.

"그렇게 수고하지 않아도 됩니다! 모든 이야기를 내 남편인 왕의 입으로 직접 듣는 게 가장 좋을 것입니다. 이제 빨리 돌아가주세요. 가서 나와 뮈케나이 시 전체가 그분을 고대하며 기다리고 있다고 전해주세요. 그리고 제가 사랑하는 남편으로서 또 세상에서 가장 유명한 도시인 트로이아의 정복자로서 그에 걸맞은 환영식을 해드리겠다고 전하세요!"

아가멤논의 최후

아가멤논은 말레아 곶에서 폭풍에 떠밀려 다시 바다 한가운데로 가게 되었다. 그의 선대는 바람에 밀려 지금은 아이기스토스가 다스리고 있는 지역의 남쪽 해안까지 떠내려갔다. 그곳은 옛날 자신의 숙부 튀에스테스가 다스리던 곳이었다. 그는 닻을 내리고 안전한 곳에서 순풍이 불기를 기다렸다.

본국의 실정을 살피러 갔던 전령이 돌아왔다. 왕비 클뤼타임네스트라가 이웃인 이 지역의 왕 아이기스토스와 평화롭게 지내며 나라를 다스리고 있다고 알려주었다. 민족의 지도자 아가멤논은 이 보고에 매우 기뻐하며 안심했다. 그는 자신의 집안에서 복수의 신이 사라진 것에 대해 신들에게 감사를 드렸다.

트로이아 전쟁에서 너무나 많은 그리스 인과 트로이아 인이 피 흘리며 죽어가는 것을 본 아가멤논은 복수에 대한 욕망이 이미 사라지고 없었다. 아버지를 죽인 아이기스토스에게 복수할 생각도 사라졌다. 오랜 세월이 흘렀으니 아내의 마음도 이제 진정되었을 것으로 믿었다. 그는 새로운 희망으로 가득 차 순풍에 돛을 올리고 군사들과 함께 고향의 항구에 무사히 도착했다.

아가멤논은 살아서 고향의 해변에 도착한 것을 감사해 신들에게 제사를 드린 후 군대를 이끌고 전령의 뒤를 따라갔다. 뮈케나이 성 앞으로 모든 시민이 나와 아가멤논 왕을 맞이했다. 환영 인파의 맨 앞에 사촌 아이기스토스가 서 있었다. 곧이어 왕비 클뤼타임네스트라도 수많은 궁녀의 호위를 받으며 자기 자식들과 함께 나타났다. 그녀는 자식들에게 엄중한 감시를 붙여놓았다. 그녀는 과장된 존경과 애정을 드러내며 돌아온 남편을 맞이했다. 물론 상대방을 속이기 위한, 마음에도 없는 환대였다. 그녀는 남편을 포옹하는 대신 그 앞에 무릎을 꿇고 축복과 찬사를 늘어놓았다. 아가멤논은 흐뭇한 마음으로 무릎을 꿇은 클뤼타임네스트라를 일으켜 세운 다음 다정히 끌어안으며 말했다.

"레다의 딸이여! 마치 이방인의 노예처럼 흙먼지에 무릎을 꿇고 나를 맞다니 어쩐 일이오? 내가 발을 내디딜 길에 깔아놓은 이 훌륭한 융단이 다 무엇이란 말이오? 이건 신들을 영접하는 행사이지, 죽을 수밖에 없는 약한 인간을 맞는 행사가 아니오. 하늘에 있는 신들이 나에게 질투하지 않을 정도로만 환영해주시오."

아가멤논은 이렇게 인사를 건넨 다음 아이들을 포옹하고 입을 맞췄다. 이어서 중신들과 특히 사촌동생 아이기스토스 쪽으로 가서 그의 손을 잡으며 나라를 잘 다스려준 것에 대해 감사의 말을 전했다. 그런 다음 그는 샌들을 벗고 맨발로 값비싼 융단을 밟으며 궁전으로 향했다. 그를 따르는 사람들 중에는 프리아모스의 딸인 예언자 캇산드라가 있었다. 아가멤논은 그녀를 로크리스 인 소 아이아스의 무자비한 손에서 구출해 자기 것으로 만들었다. 캇산드라는 고개를 아래로 떨어뜨리고 눈을 내리깐 채 다른 포로들과 함께 높은 수레에 타고 있었다.

클뤼타임네스트라는 아가멤논의 아내로서 이 고상한 처녀에게 질투심이 일었다. 포로의 이름을 물어본 클뤼타임네스트라는 그 포로가 바로 팔라스 아테네의 신탁을 전하는 여사제라는 것을 알고 큰 충격을 받았다. 남편을 배신한 일이 탄로 날까 두려웠던 것이다. 그녀는 자신들의 음모를 더 미루면 큰 위험에 빠질 수 있다는 생각이 들었고, 잔인하게도 남편 아가멤논과 함께 캇산드라도 해치워야겠다고 결심했다. 또한 그녀는 예언자 캇산드라에게 자기 속마음을 들키지 않으려고 매우 조심했다. 전체 귀향 행렬이 뮈케나이 궁전 앞에 도착하자 클뤼타임네스트라는 수레로 가서 캇산드라를 향해 친절하게 말을 걸었다.

"자, 이제 내리세요! 불쌍한 처녀여, 이젠 모든 슬픔을 잊어버려요. 누구에게도 지지 않는 알크메네의 아들 헤라클레스도 한때는 노예 신세가 되어 다른 나라 여왕 앞에서 머리를 숙여야만 했답니다. 운명이 그렇게 정해졌다면 원래부터 부유했던 주인을 만난 것을 차라리 다행으로 여기세요. 기대하지도 않던 사람이 갑자기 부자가 된 경우 노예를 못살게 굴고 심하게 다루기 일쑤니까. 안심해요, 그대가 필요로 하는 것은 다 얻게 될 거예요."

그 말을 들은 캇산드라는 미동도 없이 오랫동안 수레 위에 가만히 앉아 있었다. 그러자 시녀들이 억지로 그녀를 일으켜 세웠다. 캇산드라는 쫓기는 짐승처럼 수레에서 내렸다. 지금부터 어떤 운명이 자기를 기다리는지 알고 있었던 것이다. 그녀는 이제 자기 운명을 도저히 돌이킬 수 없다고 생각했다. 설령 운명을 바꿀 수 있다 해도 트로이아인들의 적인 아가멤논이 복수의 여신에게서 벗어나기를 바라지는 않았다. 그나마 아가멤논은 자기 목숨을 건져준 사람이니 그와 함께 죽는 것이 그리 불쾌하지는 않았다.

아가멤논 왕과 그 일행은 궁전에서 호화로운 잔칫상을 준비하는 것을 보고는 거기에 온통 정신을 빼앗겼다. 이 잔치에서 아가멤논은 마치 먹이를 먹다가 아이기스토스에게 고용된 노예들에게 맞아 죽는 황소처럼 암살당할 운명에 놓여 있었다. 그러나 예언자 캇산드라가 함께 따라왔기 때문에 왕비와 그녀의 정부는 계획을 변경하기로 했다. 즉 잔치가 벌어지기 전에 조용히 해치우기로 했다.

아가멤논은 오랜 항해로 쌓인 피로와 뮈케나이 시까지 걸어오는 동안 뒤집어쓴 흙먼지를 씻어내고 상쾌한 기분이 들도록 목욕을 하고 싶어했다. 클뤼타임네스트라는 만면에 웃음을 머금고는 매우 상냥한 목소리로 이미 목욕 준비가 되어 있다고 대답했다. 왕은 아무것도 모른 채 궁전 목욕탕으로 들어가 갑옷과 무기를 내려놓고 옷을 벗었다.

왕은 맨몸으로 탕에 들어갔다. 그러자 숨어 있던 아이기스토스와 클뤼타임네스트라가 무방비 상태인 아가멤논에게 달려들었다. 그들은 아가멤논에게 촘촘하게 짠 그물을 뒤집어씌운 다음 단검으로 계속해서 그의 몸을 찔렀다. 왕이 도와달라고 아무리 소리쳐도 목욕탕이 있는 지하에서 나는 소리가 위에 있는 궁전 사람들에게 들릴 리 없었다. 벌어지는 일을 알아차리고 어두운 궁전의 현관에서 서성이며 수

왕은 맨몸으로 탕에 들어갔다. 그러자 숨어 있던 아이기스토스와 클뤼타임네스트라가 무방비 상태인 아가멤논에게 달려들었다. 그들은 아가멤논에게 촘촘하게 짠 그물을 뒤집어씌운 다음 단검으로 계속해서 그의 몸을 찔렀다. 왕이 도와달라고 아무리 소리쳐도 목욕탕이 있는 지하에서 나는 소리가 위에 있는 궁전 사람들에게 들릴 리 없었다.

〈아이기스토스가 아가멤논을 찌르고 엘렉트라가 놀라서 보다〉, 그리스 도자기, 기원전 470~기원전 460년경.

아가멤논 왕이 살해된 것을 알아챈 캇산드라가 수수께끼 같은 말로 이를 사람들에게 알리려 하자 곧바로 클뤼타임네스트라에게 죽임을 당한다.

〈캇산드라를 도끼로 치는 무자비한 클뤼타임네스트라〉, 그리스 도자기, 기원전 470년경, 베를린 국립 박물관.

수께끼 같은 말로 이를 알리던 캇산드라도 곧바로 살해당했다.

두 번이나 살인을 저지른 그들은 백성이 자신들을 추종하고 있다는 사실만 믿고 살인 사실을 숨기지도 않았다. 그들은 아가멤논과 캇산드라의 시체를 궁 밖에 내다걸었다.

클뤼타임네스트라는 도시의 지도자들을 모아놓고 주저하거나 두려워하는 기색도 없이 말했다.

"여러분, 내가 오늘날까지 나의 본뜻을 감추고 살아왔다는 것에 대해 나쁘게 생각하지 말아주세요! 우리 집안의 원수이며, 내가 가장 사랑하는 딸을 무참하게 죽인 아가멤논에게 피의 복수를 할 수밖에 없었습니다. 나는 물고기를 잡듯 그를 그물 안으로 몰아넣어 잡았고, 하데스의 신 플루톤을 대신해 단검으로 그를 세 번 찔렀습니다. 그렇게 해서 딸의 원수를 갚았습니다. 나는 남편 아가멤논을 내 손으로 죽였습니다. 그것을 부인하지는 않겠습니다. 그는 트라케의 바람을 달래기 위해 어머니의 슬픔을 생각하지 않고 마치 가축을 죽이듯 딸을 제물로 바쳤습니다. 나의 가장 소중한 자식이자 자신의 딸이기도 한 아이를 말입니다. 이런 악한을 살려두어야 한단 말인가요? 그가 이 아름답고도 경건한 나라를 다스릴 자격이 있습니까? 아버지에 대한 복수 때문에 아트레우스와 그의 아들을 죽였지만, 자식을 죽이지는 않은 양심적인 아이기스토스가 여러분을 다스리는 것이 더 의롭지 않습니까? 내가 아이기스토스에게 손을 내밀어 궁전과 왕위를 나눠 가진 것은 당연한 일입니다. 그는 상처받은 어머니의 사랑이 해야 할 일을 알려주었으며 정의의 일을 완수할 수 있도록 나를 도와주었습니다. 그는 나의 용기를 북돋워주고 보호해준 방패입니다. 그와 그의 부하들이 우리를 도와주는 이상 나에게 책임을 추궁하려는 사람은 없을 줄 압니다. 그리고 여기, 또 한 명의 죽은 노예가 있습니다."

클뤼타임네스트라는 캇산드라의 시체를 가리켰다.

"불성실한 남편의 정부였습니다. 아내를 두고 다른 여인과 간통을 했으니 벌을 받아 마땅합니다. 들개의 먹이로 내다버릴 겁니다."

도시의 지도자들은 아무 말도 없었고, 차마 저항할 생각은 하지 못했다. 무장을 한 아이기스토스의 병사들이 궁전을 에워싸고 창 부딪치는 소리를 내며 명령을 기다리고 있었기 때문이다. 아가멤논의 군대는 이미 트로이아의 싸움에서 수많은 전사자를 내고 소수의 군사만 남아 있었다. 그들은 귀향 후 뿔뿔이 흩어져 자기 집에서 무기를 내려놓고 태평하게 지내고 있었다.

아이기스토스의 거친 군사들이 완전무장하고 뮈케나이 성을 돌아다녔으며 왕을 죽인 역모자들에게 비난을 퍼붓는 사람은 용서 없이 잡아들였다. 악당들은 그들의 통치를 확고히 하기 위해 수단과 방법을 가리지 않았다. 명예로운 자리나 군대의 중요한 자리에는 추종자들을 앉혔다. 그들은 아가멤논의 딸들은 별로 위험하지 않은 여자들이라 생각했다. 그러나 아가멤논과 클뤼타임네스트라 사이에서 태어난 늦둥이 막내아들 오레스테스가 장성해 아버지의 원수를 갚을 수 있다는 생각에 이르렀다. 그래서 후환을 없애기 위해 이제 겨우 열두 살인 오레스테스를 죽이려 했다. 그러나 누이 엘렉트라의 생각이 그들보다 빨랐다. 동생이 걱정된 그녀는 믿고 맡길 만한 노예에게 그를 이미 몰래 맡긴 상태였다. 노예는 오레스테스를 포키스 나라의 파노테로 데리고 가서 아가멤논의 매부이자 친한 친구인 스트로피오스 왕

살인자들은 아가멤논과 클뤼타임네스트라 사이에서 태어난 막내아들 오레스테스가 장성해
아버지의 원수를 갚을 수 있다는 생각에 이르렀다. 그래서 후환을 없애기 위해 이제 겨우
열두 살인 오레스테스를 죽이려 했다. 그러나 누이 엘렉트라의 생각이 그들보다 빨랐다. 동
생이 걱정된 그녀는 믿고 맡길 만한 노예에게 동생을 이미 몰래 맡긴 상태였다.

〈오레스테스가 델포이로 피하다〉, 그리스 도자기, 기원전 350~기원전 340년경, 영국 박물관.

에게 맡겼다. 스트로피오스 왕은 제2의 아버지로서 그를 자기의 친아들 필라데스와 함께 세심하게 교육했다.

아가멤논의 원수를 갚다

엘렉트라는 살해된 아버지의 왕궁에서 슬픈 나날을 보냈다. 그러나 언젠가는 어린 동생이 커서 아버지의 원수를 갚아주리라는 희망을 간직하고 있었다. 어머니 클뤼타임네스트라는 그녀를 죽일 듯 미워했다. 그녀는 아버지를 죽인 사람과 자기가 태어난 집에 함께 살면서 그들에게 복종해야만 했다. 그녀는 목숨을 이어가는 데 필요한 최소한의 음식만 먹으며 살아갈까, 아니면 차라리 굶어 죽을까 심각하게 고민했다. 그녀는 아버지 아가멤논의 왕좌에 아이기스토스가 앉아 있거나 그가 왕궁의 옷장에서 화려한 옷을 꺼내 입고 돌아다니며 아버지를 죽였던 자리에서 집안의 수호신들에게 술을 바치는 것을 그저 보고만 있어야 했다. 그리고 뻔뻔한 어머니가 악인과 어울리며 갖은 아양을 떠는 모습도 보았다.

클뤼타임네스트라는 자신의 만행을 아주 가볍게 생각했다. 그녀는 해마다 남편을 죽인 날에 무도회를 열었고 달마다 수호신에게 수많은 희생제물을 바쳤다. 이런 일을 보면서 엘렉트라는 남모르는 고통으로 야위어갔다. 그녀는 단 한 번도 마음껏 울 수 없었다.

"아니, 무엇 때문에 우느냐? 저주받을 것 같으니!"

클뤼타임네스트라는 엘렉트라가 울 때마다 이렇게 욕을 퍼부으며 화를 냈다.

"네 아버지가 너 하나만을 위해 죽었느냐? 너 말고는 누구도 네 아버지의 죽음을 슬퍼하지 않아. 너는 괜한 걱정이나 하다가 죽고 말 거다!"

그러나 클뤼타임네스트라도 오레스테스가 외국에서 아버지의 원수를 갚기 위해 돌아온다는 소문이 떠돌 때마다 가슴이 뜨끔했다. 그때마다 불쌍한 딸에게 화를 퍼붓곤 했다. 그녀가 소리쳤다.

"오레스테스가 돌아오면 그건 모두 네 탓이야! 네가 그 아이를 내 손에서 몰래 빼내 다른 곳으로 보냈으니까. 그러나 그 일에 대해 기뻐할 수만은 없을 것이다. 네가 생각하는 것보다도 빨리 그 벌을 받게 될 테니까!"

이렇게 욕설을 퍼부을 때 그녀의 정부 아이기스토스도 함께 있었다. 엘렉트라는 두 사람의 욕설과 저주를 피해 궁전의 가장 어두운 방에 숨어 있곤 했다.

그렇게 몇 해가 지났다. 엘렉트라는 그동안 동생 오레스테스가 나타나기만을 손꼽아 기다렸다. 아직 어렸던 오레스테스가 떠나면서 힘센 어른이 되어 돌아오겠다고 누이에게 약속했기 때문이다. 그러나 고대하는 오레스테스는 좀처럼 돌아오지 않았다. 가엾은 엘렉트라의 마음에 있던 기대도 점차 사라져갔다.

어느새 성인이 된 여동생 크뤼소테미스는 엘렉트라처럼 대범한 성격이 아니었던 탓에 아가멤논의 충실한 딸인 엘렉트라의 계획을 도와주지도, 그녀의 슬픔을 위로해주지도 못했다. 그녀가 무정해서가 아니라 워낙 심약해서였다. 크뤼소테미스는 엘렉트라처럼 완고하게 어머니의 뜻을 거스르지 못하고 그저 순종하는 딸이었다.

어느 날 크뤼소테미스가 어머니의 심부름으로 죽은 아버지에게 바칠 제기와 제물을 들고 성문 앞으로 가다가 엘렉트라와 길에서 마주쳤다. 엘렉트라는 동생을 보자마자 어머니가 시키는 일이면 무슨 일이든 다 하느냐며 비난했다. 엘렉트라는 동생이 아버지를 잊고 극악무도한 어머니만 따르는 것이 부끄러웠다. 그러자 크뤼소테미스도 한마디 했다.

"언니는 언제까지 부질없이 슬픔에만 잠겨 있을 건가요? 저 역시 속상하기는 마찬가지예요. 하지만 살려면 어쩔 수 없잖아요! 언니가 계속해서 슬퍼하고 탄식하면 저 잔인무도한 사람들이 언니를 멀리 떨어진 지하 감옥에 집어넣어 다시는 햇빛을 보지 못하게 할 거라는 끔찍한 이야기를 들었어요. 그러니 잘 생각하고 행동하세요. 나중에 혹시라도 저를 원망하지는 마세요!"

"멋대로 하라지!"

엘렉트라가 코웃음을 치며 차갑게 받아넘겼다.

"차라리 너희 모두와 멀리 떨어져 있는 게 마음 편하겠다! 대체 이 제기들은 누구한테 가져가는 거지?"

"어머니가 아버지를 위해 마련한 것이지요."

엘렉트라가 깜짝 놀라며 말했다.

"뭐, 자기가 죽인 사람을 위해? 아니 어떻게 그런 생각을 할 수 있지?"

크뤼소테미스가 대답했다.

"무서운 꿈 때문이에요. 꿈에 아버지가 지금은 아이기스토스가 가지고 있는 아버지의 왕홀을 땅에 심으셨대요. 그런데 그 지팡이에서 무성한 가지가 달린 나무가 자라나더니 그 나무 그늘에 뮈케나이가 가려지고 말았다는 거예요. 이 꿈을 꾸고 놀란 어머니가 아이기스토스가 궁에 없는 오늘, 저를 시켜 아버지에게 제사를 지내고 화해를 하려는 거예요."

엘렉트라가 동생에게 부탁하듯이 말했다.

"동생아, 넌 참 한결같구나. 적과도 같은 여인의 제물을 우리 아버지 무덤에 바치다니! 그런 제물은 꽁꽁 싸서 모래밭 깊이 묻어 아버지 무덤에 한 조각이라도 가지 못하게 해야 해. 무덤 속에 계신 아버지께서 자기를 죽인 자가 바치는 제물을 받고 기뻐하실 것 같니? 그런 건 다 없애버리고 순종의 표시로 우리 머리카락과 내가 가진 유일한 이 띠를 제물로 바치자꾸나. 그럼 아버지가 기뻐하실 거야. 그리고 아버지 무덤 앞에 엎드려 우리를 도와달라고 기도하자. 대지의 품안에서 우리 적들이 사라지고, 당신의 아들 오레스테스가 어서 빨리 살인자들을 없애게 해달라고 말이다. 그런 뒤 아버지의 무덤을 정성 어린 제물들로 꾸며드리자!"

언니의 말을 듣고 크뤼소테미스는 처음으로 깊이 감동해 그 말에 따라 어머니가 준 제물을 가지고 들판으로 급히 나갔다.

크뤼소테미스가 아직 멀리 가지도 않았는데 클뤼타임네스트라가 궁전 내실에서 나오던 엘렉트라에게 늘 그러듯 욕을 퍼부었다.

"엘렉트라, 아이기스토스가 없다고 아주 제멋대로 다니는구나. 그가 있었으면 널 가둬버렸을 텐데. 너는 정숙한 처녀답지 않게 문 앞에 서서 오가는 하녀들에게 나를 비난하며 가족을 욕보이는 것이 부끄럽지도 않느냐? 너는 여전히 나 때문에 아버지가 죽었다고 떠들어대고 있지? 좋아, 내가 그런 짓을 했다는 걸 부인하지는 않겠다. 그렇지만 나 혼자 저지른 일이 아니라는 것을 알아둬라. 정의의 여신이 내 편을 들어주신 것이다. 너도 분별력이 있다면 정의의 여신 쪽에 서야 할 게 아니냐. 네 아버지는 메넬라오스와 자신의 이익을 위해 네 언니를 희생시키지 않았니? 그런 아버지가 부끄럽지도 않느냐? 아버지라고 여기는 거냐? 희생제물로 바쳐진 네 언니 이피게네이아는 내가 옳다고 할 거다. 어리석은 네가 아무리 비난해도 나는 아무렇지 않다!"

"제 말도 좀 들어보세요!"

엘렉트라가 대꾸했다.

"어머니 스스로 지금 아버지를 죽였다고 말하지 않았습니까. 살인의 이유가 무엇이건 살인이라는 것 자체가 충분히 수치스러운 일이지요. 그리고 어머니는 정의를 위해 아버지를 죽인 게 아닙니다. 지금 당신이 소유하고 있는 비열한 사람의 달콤한 말에 넘어가 그런 일을 저지른 것이지요. 하지만 아버지가 언니를 희생시킨 건 원정을 떠나기 위해서였지 자기 자신이나 메넬라오스를 위해서가 아니었어요. 그분은 민족을 사랑해서 어쩔 수 없이 그렇게 하신 겁니다! 설령 아버지가 자신과 동생을 위해 그랬다 하더라도 과연 그것이 아내 손에 죽어야 할 이유가 되나요? 게다가 어머니는 그 공범자와 결혼을 해야만 했나요? 공범자를 남편으로 삼은 것도 딸의 희생에 대한 복수라고 말씀하실 건가요?"

머리끝까지 화가 치민 클뤼타임네스트라가 소리쳤다.

"배은망덕한 자식, 아르테미스 여신께 맹세코! 아이기스토스가 돌아오면 내게 반항한 것에 대한 대가를 치르도록 해주겠다. 이제 조용히 제물을 바칠 수 있도록 잠자코 있어라!"

클뤼타임네스트라가 딸에게 등을 돌려 아폴론 제단을 향해 걸어갔다. 아폴론 제단은 집과 거리를 지키기 위해 모든 집과 궁전 앞에 지어져 있었다. 그녀는 간밤에 꾼 악몽 때문에 예언의 신과 화해하기 위해 준비한 제물을 바치려는 것이었다.

아폴론 신은 그녀의 간청을 들어줄 것같이 보였다. 그녀가 제물을 다 바치기도 전에 낯선 남자가 그녀를 호위하는 시녀들을 향해 왔다. 그러고는 아이기스토스의 왕궁에 대해 물었다. 시녀들이 왕비를 가리키자 그는 왕비 앞에 무릎 꿇고 이렇게 말했다.

"왕비님, 안녕하십니까? 왕비님과 왕비님 남편의 친구 되시는 분에 관한 좋은 소식을 갖고 왔습니다. 저는 파노테 왕 스트로피오스가 보낸 사람인데 오레스테스가 죽었다는 소식을 전해드리러 왔습니다!"

옆에서 이 말을 들은 엘렉트라가 탄식하며 궁전 계단에 풀썩 주저앉았다.

"아, 이제 끝이구나!"

클뤼타임네스트라가 제단에서 급히 내려오며 물었다.

"지금 뭐라고 했소? 저기 실성한 여인은 상관하지 말고 내게 말하시오!"

낯선 사나이가 다시 이야기를 시작했다.

"아드님 오레스테스는 공명심에 사로잡혀 델포이의 신성한 경기에 출전했습니다. 의전관이 경기 시작을 알리자 오레스테스가 경기장으로 들어섰습니다. 그는 너무도 훌륭한 외모를 지녀 모든 사람이 깜짝 놀라 쳐다볼 정도였습니다. 사람들이 오레스테스가 달리는 것을 제대로 구경도 하기 전에 그는 바람처럼 결승점에 도달했고 승리를 차지했습니다. 곧이어 승리자로서 트로이아 원정군 총사령관 아가멤논의 아들 오레스테스의 이름이 울려 퍼졌습니다. 이것이 경기 첫째 날의 일이었습니다. 그러나 신들의 더 강한 힘이 그를 어떻게 한 것인지, 그는 운명을 피할 수 없었습니다. 다음 날 해가 뜨고 다시 전차 경기가 시작되자 오레스테스도 선수들 가운데 섰습니다. 오레스테스 바로 앞에는 아카이아 인과 스파르테 인이, 그리고 리뷔에 출신의 경험 많은 선수 두 명이 있었습니다. 그리고 텟살리아 산(産) 말과 함께 오레스테스가 다섯 번째로 기다리고 있었습니다. 그 뒤에는 밤색 말 네 필이 끄는 전차를 탄 아이톨리아 인, 일곱 번째는 마그네시아 출신 선수, 여덟 번째는 아름다운 백마가 끄는 전차를 탄 아이니아에서 온 사람으로 둘 다 트라케 인이었습니다. 그리고 아홉 번째가 아테나이 인, 마지막 열 번째 전차에는 보이오티아 인이 타고 있었습니다. 이윽고 심판이 제비를 흔들어 뽑아 차례를 정해주고 나팔수가 출발 신호를 보냈습니다. 그들은 일제히 말을 몰며 고삐를 내리쳤고 모든 말이 재빠르게 뛰기 시작했습니다. 전차가 소리 내며 먼지를 일으켰고, 모든 선수가 부지런히 채찍을 휘둘렀습니다. 말들은 서로 바짝 붙어 가쁜 숨을 몰아쉬었습니다. 벌써 일곱 번째 바퀴를 돌고 있었습니다. 매번 결승점 기둥을 돌 때마다 오레스테스는 바퀴 축이 바닥에 가볍게 닿는 것을 느꼈습니다. 그는 왼쪽에 있는 말의 고삐를 바짝 죄고 바깥에 있는 오른쪽 말은 느슨하게 했습니다. 아직 모든 전차가 무사히 달리고 있을 때 아이니아 인의 고집 센 말들이 놀라 리뷔에 인의 전차를 향해 달려들었습니다. 이 한 번의 실수로 모든 것이 혼란스러워졌습니다. 두 전차가 충돌했고 경주장은 파편들로 가득했습니다. 다른 전차들이 서로 엉켜 충돌하는 동안 영리한 아테나이 인만이 옆으로 비켜나 말들을 세웠습니다. 이 세 전차의 뒤를 이어 마지막으로 오레스테스가 말을 몰고 왔습니다. 그는 다른 전차가 모두 전복되고 오로지 아테나이 인만이 달리고 있는 것을 보고 말에 채찍을 가했습니다. 곧 두 사람은 우승을 놓고 다투었습니다. 오레스테스는 아테나이 인을 큰 차이로 따돌리고 앞으로 나아가자 우승을 확신하고 고삐를 점차 느슨하게 풀었습니다. 그때 왼쪽 말이 너무 천천히 도는 바람에 경기장의 마지막 기둥에 부딪혔습니다. 충격이 심했던 탓에 전차의 가운데축이 부러지면서 난간이 그쪽으로 밀려들어갔고 고삐가 바퀴에 휘감겨버렸습니다. 오레스테스는 바닥으로 떨어졌는데, 놀란 말들이 계속 달리는 바람에 고삐와 함께 질질 끌려갔습니다. 이를 지켜보던 구경꾼들이 모두 비명을 질렀습니다. 아름다운 청년이 바닥에서 질질 끌려가다가 곧 하늘을 향해 사지를 뻗었기 때문입니다. 마부들이 겨우 달려들어 말을 세우고 고삐를 풀었지만 오레스테스는 그의 친구도 알아볼 수 없을 정도로 피범벅이 되어 있었습니다. 시체는 곧 화장했고 조그만 청동 단지에 담긴 유골을 조국의 땅에 묻어드리기 위해 포키스로부터 이렇게 왔습니다!"

낯선 사나이가 말을 마쳤다. 그러나 클뤼타임네스트라는 교차하는 감정으로 괴로웠다. 그녀는 언제 자신을 죽이러 올지 몰라 두려워했던 아들의 죽음을 사실 기뻐해야 했다. 그러나 그녀에게 흐르는 어머니의 피가 강하게 솟구쳤다. 아들이 죽었다는 소식을 듣고 이제야 근심이 사라진 것을 느끼는 동시에 참을 수 없는 슬픔이 그 감정을 흐려 놓았다.

한편 엘렉트라는 끝없는 슬픔에 잠겨 큰 소리로 탄식했다. 클뤼타임네스트라가 포키스에서 온 사나이를 데리고 궁 안으로 들어가자 그녀가 한탄했다.

"나는 어디로 도망가야 한단 말인가? 이제 나는 혼자구나. 이제 내 아버지를 죽인 가장 비열한 자의 하인이 되어야만 하겠지. 아니야, 이제 더는 그들과 한지붕 밑에 살지 않을 거야! 차라리 이 궁전을 떠나 바깥에서 비참하게 죽는 게 낫지. 궁전에 사는 사람들이 내 죽음을 슬퍼해줄까? 삶은 내게 오직 고통만을 안겨줄 뿐이니 차라리 죽는 것이 기쁘겠지!"

점차 그녀의 탄식소리가 사그라졌다. 복잡한 생각에 빠진 그녀는 궁전으로 들어가는 대리석 계단 위에서 얼굴을 무릎에 묻은 채 오랫동안 앉아 있었다. 그런데 갑자기 크뤼소테미스가 기쁨에 차서 달려오더니 침통하게 앉아 있는 엘렉트라에게 신이 나서 큰 소리로 말했다.

"오레스테스가 돌아왔어요! 지금 언니가 저를 보고 있는 것처럼 살아서 돌아왔단 말이에요!"

엘렉트라는 머리를 들어 눈을 크게 뜨고 크뤼소테미스를 쳐다보았다. 그녀가 겨우 입을 열었다.

"무슨 정신 나간 말을 하는 거니? 지금 너와 내가 당하고 있는 고통을 놀리기라도 하는 거야?"

그러나 크뤼소테미스는 울다 웃다 하더니 입에 거품을 물고 말했다.

"제가 본 것을 말할 뿐이에요. 제가 어떻게 사실을 알게 되었는지

들어보세요. 아버지 무덤에 갔을 때 거기서 방금 제물로 바쳐진 우유가 있는 것을 봤어요. 게다가 그 옆에는 신선한 꽃들도 있었어요. 의아하기도 하고 놀랍기도 해서 사방을 둘러봤지만 아무도 보이질 않았어요. 저는 더 자세하게 살펴보기로 마음을 먹었지요. 그리고 곧 무덤가에서 방금 자른 머리털을 발견했어요. 그때 머릿속으로 나도 모르게 먼 곳에 있는 동생 오레스테스의 모습이 갑자기 떠올랐어요. 그리고 그 머리털을 놓고 간 사람이 바로 내 동생이라는 직감이 나를 사로잡았지요. 나는 반가운 나머지 눈물이 났고 그 머리털을 집어 여기 가져왔어요! 이건 틀림없이 오레스테스의 머리털이에요!"

엘렉트라는 크뤼소테미스의 불확실한 이야기를 믿지 못한 채 고개를 가로저었다.

"유감스럽지만 그렇게 가볍게 믿는 건 바보 같은 짓이야."

그리고 그녀는 동생에게 포키스 인이 와서 전한 이야기를 들려주었다. 언니의 한마디 한마디에 희망이 깨진 가여운 크뤼소테미스는 엘렉트라와 함께 통곡할 일밖에는 남아 있지 않았다.

엘렉트라가 말했다.

"의심할 여지 없이 그 머리털은 트로이아 전쟁에 참여한 자가 아버지 무덤가에 있던 자기의 죽은 동료를 위해 바친 것일 거야!"

하지만 이 이야기를 하는 도중 엘렉트라에게 새로운 생각이 떠올랐다. 남자 같은 그녀의 성품으로 그저 가만히 앉아 울고 있을 수만은 없었다. 아버지의 아들인 오레스테스의 손으로 원수를 갚으려던 마지막 희망이 사라졌으니 범죄자 아이기스토스를 둘이서 같이 해치우자는 제안을 동생에게 했다.

"크뤼소테미스, 너도 행복하게 살고 싶잖아! 아이기스토스가 우리가 시집가는 걸 허락해 아가멤논의 새로운 자손을 낳아 그들 일당에게 복수할 기회를 주리라는 생각은 안 하는 게 좋아! 그러나 네가 내 생각을 따르면 아버지와 남동생에 대한 신의도 지키고, 좋은 남편을 만나 행복하게 살 수 있을 거야. 누가 너 같은 고귀한 여인과의 결혼을 마다하겠니? 연회나 민족회의에서 우리의 용감한 행위를 칭송하고, 나아가 온 세상이 우리 둘을 칭송할 거야. 그러니 사랑하는 동생아, 나를 따라 아버지와 동생을 돕고 이 고통에서 우리 스스로를 구하자꾸나!"

그러나 크뤼소테미스는 갑자기 흥분한 언니의 제안이 경솔하고 어리석으며 무모한 짓이라고 생각했다. 그래서 이렇게 물었다.

"뭘 믿고 그러자는 거죠? 우리의 적이 날마다 승승장구할 정도로 강력하다는 걸 모르나요? 우리가 참고 견디기 어려운 생활을 하고 있는 건 사실이에요. 하지만 지금 당장 죽을 지경은 아니잖아요? 우리가 훌륭한 명예를 얻을 수도 있겠지요. 하지만 굴욕적인 죽음을 당할 가능성이 더 높아요. 차라리 죽는 게 훨씬 나을 걸요. 죽는 것보다 더한 꼴을 당하게 될 거라고요. 그러니 언니, 부탁이에요. 우리가 구제할 수 없는 파멸에 이르기 전에 분노를 좀 삭이세요. 언니가 저를 믿고 한 이야기는 끝까지 비밀로 간직하겠어요!"

엘렉트라는 긴 한숨을 쉬며 대답했다.

"그런 대답이 나올 줄 알았다. 내 제안을 거부할 줄 알았어. 이제는 혼자서 몰래 해야겠군. 좋아, 그러는 편이 낫겠어!"

크뤼소테미스가 눈물 흘리며 언니를 끌어안았으나 엘렉트라는 냉정하게 뿌리치며 말했다.

"가거라! 가서 어머니에게 내 말을 모두 일러바쳐!"

크뤼소테미스가 울음을 터뜨리고 고개를 가로저으며 뛰어갈 때 엘렉트라가 뒤에서 소리쳤다.

"가! 가란 말이야! 나는 절대로 네 뒤를 따르지 않을 테니까."

엘렉트라는 여전히 궁전으로 들어가는 입구에 앉아 있었다. 잠시 후 두 젊은이가 청동 유골 단지를 든 하인을 거느리고 궁 안으로 들어갔다. 그중 아름답고 젊어 보이는 청년이 엘렉트라를 돌아보며 아이기스토스의 궁이 어디냐고 물었다. 그리고 자신은 포키스에서 온 사신들 중 하나라고 신분을 밝혔다. 엘렉트라가 깜짝 놀라 일어나면서 유골 단지로 손을 뻗으며 소리쳤다.

"신들에게 맹세컨대, 낯선 분이시여! 이 단지 속에 그 아이의 유골이 들어 있다면 내게 주세요! 나는 이 유골과 함께 불쌍한 우리 일족을 슬퍼할 겁니다!"

엘렉트라를 눈여겨본 젊은이가 하인에게 명했다.

"누군지 모르겠지만 그 유골 단지를 드려라! 분명 그녀는 죽은 자의 원수가 아니라 친구나 친척일 거야!"

엘렉트라는 유골 단지를 받아 들더니 두 팔로 끌어안으며 몇 번이고 가슴에 갖다 댔다. 그리고 큰 소리로 탄식했다.

"가장 사랑하던 자가 남긴 유골이구나! 나는 그때 희망을 갖고 너를 보냈는데 이제 이렇게 돌아온 너를 맞는구나. 너를 멀리 보내지 말고 차라리 내가 죽을걸. 네가 아버지처럼 그날 희생이 되었더라면 이렇게 추방된 곳에서 죽어 이방인의 손으로 매장되지도 않았을 텐데. 나의 헌신적인 노력이 모두 물거품이 되었구나. 너와 함께 모든 것이 끝났어! 아버지도 죽고 너도 세상에 없으니 나는 이제 죽은 몸이지. 원수들은 웃을 테고, 무정한 우리 어머니는 기뻐서 어쩔 줄 모르겠지. 더는 네 복수를 두려워하지 않아도 될 테니까. 차라리 나도 죽어 이 유골 단지에 들어가고 싶구나. 이제 나도 죽은 몸이나 마찬가지, 너와 함께 묻히고 싶구나!"

엘렉트라가 이렇게 통곡하니 사절을 이끌고 온 젊은이가 와락 달려들며 외쳤다.

"이 비참한 모습이 고귀한 엘렉트라라니! 신들도 무심하시지. 도대체 누가 당신을 이런 몰골로 만들었단 말입니까?"

엘렉트라가 놀라 그를 쳐다보며 대답했다.

"내 아버지를 죽인 자들을 섬기다 보니 그렇게 되었지요. 어머니가 나를 이렇게 만들었어요. 나의 모든 희망은 이 유골 단지 속의 재와 함께 사라지고 말았습니다!"

"그 단지를 버리시오!"

젊은이가 슬픔에 목이 메어 말했다. 엘렉트라가 유골 단지를 가슴에 더 바짝 끌어당기자 그가 다시 말했다.

"그 빈 단지를 버리세요. 그것은 모두 가짜입니다!"

엘렉트라가 자포자기 상태로 소리쳤다.

"슬프구나. 그럼 그의 무덤은 어디에 있습니까?"

"아무 데도 없습니다!"

젊은이가 대답했다.

"살아 있는 사람에게 무덤 따위는 없지요!"

"그럼 오레스테스가 살아 있단 말인가요? 그 애가 살아 있나요?"

마침내 오레스테스와 엘렉트라가 만났다. "제가 당신의 동생 오레스테스입니다! 아버지가
내 팔에 새겨준 문신을 보면 저인 줄 알겠지요. 이제 제가 살아 있다는 것을 믿을 수 있나
요?" 엘렉트라가 오레스테스를 덥석 끌어안으며 외쳤다. "깜깜한 밤에 한 줄기 빛이 비치
는구나!"

〈오레스테스와 엘렉트라〉, 대리석, 1세기경, 로마 국립 미술관.

"제가 살아 있는 것처럼 그도 살아 있습니다. 제가 당신의 동생 오레스테스입니다! 아버지가 내 팔에 새겨준 문신을 보면 저인 줄 알겠지요. 이제 제가 살아 있다는 것을 믿을 수 있나요?"

"깜깜한 밤에 한 줄기 빛이 비치는구나!"

엘렉트라는 그렇게 외치며 오레스테스를 덥석 끌어안았다.

그때 포키스로부터 오레스테스가 죽었다는 거짓 소식을 왕비에게 전하러 왔던 사나이가 궁전에서 나왔다. 그는 바로 엘렉트라가 오레스테스를 포키스로 데려가달라고 맡겼던 사람으로 어린 오레스테스를 돌봐주었다. 그가 그간의 일을 짧게 설명하자 엘렉트라는 너무나 반가워 그의 손을 꼭 잡고 말했다.

"그대는 우리 집의 유일한 구원자입니다! 이 충성스러운 그대의 손이, 바삐 움직여준 그대의 발이 나에게 이루 말할 수 없는 도움을 주었어요! 그런데 어떻게 들키지 않고 오랫동안 숨어 있을 수 있었습니까? 어떻게 이렇게 훌륭한 계획을 세우자고 약속했나요?"

그러나 그는 쏟아지는 엘렉트라의 물음에 대답하지 않았다.

"이제 때가 되었습니다. 고귀한 공주님, 나중에 다 말씀드리겠습니다. 그러나 지금은 복수를 위해 공격해야 할 때입니다. 클뤼타임네스트라는 아직 혼자 궁 안에 있고, 지키는 사람도 없습니다. 아이기스토스는 먼 곳에 가 있기 때문입니다. 시간을 더 끌다가는 여러 명의 힘센 군사들과 싸워야 합니다!"

오레스테스는 그의 말에 따라 자기와 함께 온 친한 친구이자 포키스의 스트로피오스 왕의 아들 필라데스와 일행 중 몇몇을 데리고 궁전으로 들어갔다. 엘렉트라가 문간에 있는 아폴론 제단을 간청하듯 껴안고 기도를 드린 다음 그 뒤를 따라 들어갔다.

얼마 지나지 않아 아이기스토스가 궁전으로 돌아왔다. 그는 포키스인들이 오레스테스가 죽었음을 알리러 왔다는 기쁜 소식을 도중에 듣고 급히 궁전으로 들어섰다. 궁전에서 처음으로 마주친 사람은 엘렉트라였다. 그는 비아냥거리며 엘렉트라에게 물었다.

"거만한 아가씨야! 네 희망을 없애버린 이방인들은 어디로 갔느냐?"

엘렉트라는 감정을 억누르며 차분히 대답했다.

"그들은 안에 있습니다. 클뤼타임네스트라에게요."

아이기스토스가 다시 물었다.

"그들이 정말로 오레스테스의 죽음을 전하러 왔더냐?"

엘렉트라가 대답했다.

"네, 맞습니다. 그들은 그 소식만 가져온 게 아니라 아예 오레스테스도 데리고 왔습니다."

"그거야말로 네 입을 통해서는 처음 듣는 기쁜 소식이구나!"

이렇게 말하며 아이기스토스는 커다랗게 웃음을 터뜨렸다.

"정말이군! 저기 시체를 들고 나오는군!"

아이기스토스는 궁전 안쪽에서 하얀 천이 덮인 시체를 들고 넓은 홀로 나오는 일행을 반갑게 맞이했다.

"이 얼마나 기쁜 광경인가!"

그는 이렇게 말하며 시체를 덮은 하얀 천을 뚫어지게 쳐다보았다.

"하얀 천을 빨리 들춰보시오! 나도 예의상 애도의 말이라도 해야 할 게 아니오. 그래도 같은 핏줄인데."

아이기스토스가 조롱하듯 말하자 오레스테스가 대꾸했다.

"왕이시여! 직접 들춰보시지요. 하얀 천으로 덮인 사람을 마땅히 애정으로 대하고 맞이하셔야 할 테니까요."

아이기스토스는 아무것도 모른 채 대답했다.

"좋소! 하지만 클뤼타임네스트라도 이리 불러 그녀가 보고 싶어하는 것을 함께 보도록 합시다!"

오레스테스가 말했다.

"클뤼타임네스트라도 멀리 있지 않소."

하얀 천을 들춰낸 왕이 깜짝 놀라 한 발 뒤로 물러섰다. 그것은 그가 기대하던 오레스테스의 시체가 아니라 피투성이가 된 자기 아내 클뤼타임네스트라의 시체였기 때문이다.

"아아, 내가 불행하게도 어떤 사나이들이 쳐놓은 그물에 걸려든 것인가?"

오레스테스는 낮지만 비장한 음성으로 아이기스토스를 향해 소리쳤다.

"살아 있는 자와 죽은 자가 누구인지 아직도 모르겠는가? 네 눈앞에 서 있는 사람은 아버지의 원수를 갚으러 온 오레스테스인 것을 모르겠는가?"

아이기스토스가 애원했다.

"내 말을 들어보게!"

그러나 엘렉트라가 그 따위 이야기는 들을 것도 없다며 가로막았다. 그들은 왕을 궁전 아래로 끌고 갔다. 아이기스토스는 전에 아가멤논 왕이 죽은 목욕탕이 있던 바로 그 자리에서 희생제물로 바쳐지는 동물처럼 죽임을 당했다.

⸪

"이제 때가 되었습니다. 고귀한 공주님, 나중에 다 말씀드리겠습니다. 그러나 지금은 복수를 위해 공격해야 할 때입니다. 클뤼타임네스트라는 아직 혼자 궁 안에 있고 지키는 사람도 없습니다. 시간을 더 끌다가는 여러 명의 힘센 군사들과 싸워야 합니다!" 오레스테스는 친한 친구 필라데스와 일행 중 몇몇을 데리고 궁전으로 들어갔다.

〈오레스테스가 클뤼타임네스트라를 죽이려 하다〉, 반지, 기원전 4세기, 이오니아 박물관.

엘렉트라와 오레스테스는 곧이어 아이기스토스도 끌고 갔다. 그는 전에 아가멤논 왕이 죽은 목욕탕이 있던 바로 그 자리에서 마치 희생제물로 바쳐지는 동물처럼 죽임을 당했다.

〈오레스테스가 아이기스토스의 가슴을 찌르다〉, 그리스 도자기, 기원전 500년경.

오레스테스와 복수의 여신들

오레스테스가 아버지를 위해 어머니와 그녀의 정부에게 복수를 한 것은 신의 뜻에 따른 행동이었다. 아폴론의 신탁이 그렇게 하라고 명령한 것이었다. 그러나 아버지에 대한 신의는 지켰어도 어머니를 죽였다는 사실은 피할 수 없었다. 원수를 갚은 오레스테스의 가슴속에 자식으로서 어머니에 대한 사랑이 일었다. 그리고 지독한 마음의 갈등을 느끼며 행한, 자연을 거스른 범죄로 인해 그는 복수의 여신들인 에리뉘에스의 손에 넘겨졌다. 그리스 사람들은 이 여신들을 두려워하는 마음에서 '자비로운 여신들'이라는 뜻의 '에우메니데스'라는 이름으로도 불렀다.

복수의 여신들은 검고 무서운 모습을 하고 있었다. 인간보다 훨씬 몸집이 컸고 핏발 선 눈에다 머리카락에는 뱀이 엉겨 붙어 있었다. 여신들은 한쪽 손에는 횃불을, 다른 손에는 뱀을 엮어 만든 채찍을 들고 어머니를 죽인 아들의 뒤를 쫓아다녔다. 여신들은 오레스테스의 마음속에 물려 뜯기는 것 같은 고통스러움을 주는 양심의 가책과 후회가 일어나게 했다.

미친 사람이 된 오레스테스는 다시 만난 누이와 아버지의 궁전 뮈케나이와 고향을 떠났다. 그의 충실한 친구 필라데스가 고통받는 친구 곁에 남았다. 오레스테스가 제정신일 때 그를 누이 엘렉트라와 혼약을 맺어주었기 때문이다. 필라데스는 고향 포키스로 돌아가지 않고 미쳐버린 친구가 헤매고 돌아다니는 길을 함께했다.

이 충실한 친구 말고는 그 누구도 오레스테스를 돌봐주지 않았다.

복수의 여신들은 검고 무서운 모습을 하고 있었다. 인간보다 훨씬 몸집이 컸고 핏발 선 눈에다 머리카락에는 뱀이 엉겨 붙어 있었다. 여신들은 한쪽 손에는 횃불을, 다른 손에는 뱀을 엮어 만든 채찍을 들고 어머니를 죽인 아들의 뒤를 쫓아다녔다. 여신들은 오레스테스의 마음속에 물려 뜯기는 것 같은 고통스러움을 주는 양심의 가책과 후회가 일어나게 했다.

〈복수의 여신들〉, 프란시스코 고야, 1821~1823년, 프라도 미술관.

그러나 오레스테스에게 복수하라는 명령을 내린 신 아폴론은 어떤 때는 눈에 띄게 또 어떤 때는 눈에 띄지 않게 그의 곁에 머물며 끈질기게 달라붙는 에우메니데스로부터 그를 지켜주었다. 사실 오레스테스의 마음은 아폴론이 가까이 있을 때는 어느 정도 평온을 유지했다.

이렇게 해서 두 명의 도피자는 오랜 유랑생활 끝에 델포이에 이르렀다. 오레스테스는 에우메니데스가 접근할 수 없는 아폴론의 신전에 들어가 잠시 쉴 생각이었다. 오레스테스는 피로와 양심의 가책으로 탈진한 채 친구 필라데스의 부축을 받아 신전 바닥에 누워 쉬고 있었다.

이때 아폴론이 동정심에 가득 차 그의 곁으로 다가왔다. 아폴론은 그에게 용기와 희망을 불어넣어주었다.

"불쌍한 아들아! 이젠 안심해라. 난 결코 널 내버려두지 않을 것이다. 멀리 있거나 가까이 있거나 나는 너의 수호신이 될 것이다. 결코 비겁하게 네 적들을 피하지 않겠다! 알다시피 타르타로스의 어둠에 거주하고 신들이나 인간들이나 동물들조차 상대하기 싫어하는 무시무시한 늙은 복수의 여신들을 내가 납같이 무거운 잠에 빠뜨리지 않았더냐. 그들은 지금 나의 신전과 멀리 떨어진 곳에서 자고 있다. 그래도 너무 안심하지는 말아라. 그들의 잠은 오래가지 않을 것이다. 늙은 여신들에게 미치는 내 힘은 아주 잠깐이다. 그러니 너는 어서 더 먼 곳으로 도망가라. 대신에 더는 목적 없이 헤매지 않게 되리라. 나의 누이 팔라스 아테네의 존경할 만한 도시인 아테나이로 가거라! 그곳에서 네가 정의로운 심판을 받게 해주겠다. 거기서 너는 소리 높여 너의 처지를 변명해라. 불안해하지 마라! 나는 지금 너와 헤어지지만, 나의 형제 헤르메스가 아무 일도 일어나지 않도록 너를 지켜줄 것이다."

그러나 아폴론이 자기 신전과 오레스테스를 떠나기 전에, 클뤼타임네스트라의 영혼이 잠자고 있는 복수의 여신들 앞에 나타나 노한 목소리로 말했다.

"이렇게 자고 있어도 되는 건가요? 내가 복수도 하지 못한 채 하계의 밤을 헤매고 다니도록 내버려둬도 되느냐고요! 나는 가장 가까운 핏줄에게 끔찍한 일을 당했습니다. 아들이 나를 죽인 것에 대해 분노를 느끼는 신은 없단 말입니까? 당신들을 위해 내가 제물로 바친 술을 다 마시지 않았던가요? 내가 당신들을 위해 수많은 만찬을 차리지 않았던가요? 당신들의 사냥감이 지금 이 모든 것을 발로 짓밟고 그물을 뛰어넘어 달아나는 노루처럼 도망가게 내버려둘 건가요? 지하에 있는 여신들이여, 내 말을 들어주소서! 나는 당신들이 대신 복수해주겠다고 맹세한 클뤼타임네스트라예요. 당신들의 맹세를 잊지 않게 하려고 지금 이렇게 꿈에 나타난 겁니다!"

검은 여신들은 마법의 잠에서 곧바로 깨어날 수 없었다. 그들은 코를 골며 계속 잤다. 꿈속에 나타난 망령이 그들을 흔들어 깨우자 그제야 비로소 깨어났다.

"어머니를 살해한 자, 오레스테스가 도망가고 있어요!"

한 복수의 여신이 다른 복수의 여신들을 깨웠다. 그들은 야수처럼 자리에서 일어나 아폴론의 신전으로 몰려갔고 순식간에 문지방을 넘었다. 그들은 아폴론을 향해 외쳤다.

"제우스 신의 아들이여, 그대는 사기꾼이오! 젊은 신이 감히 늙은 여신들을, 밤의 딸인 우리를 짓밟다니! 그대는 모든 신을 업신여기고 어머니를 죽인 자식을 우리들에게서 빼돌렸소. 우리한테서 오레스테스를 훔쳐가고도 신이라 할 수 있겠소? 신들 앞에서도 올바른 일이라 말할 수 있소?"

그러나 아폴론은 자신의 태양빛이 빛나는 신전에서 밤의 여신들을 다음과 같은 거친 말로 몰아냈다.

"끔찍한 신들이여, 신전에서 빨리 나가시오! 그대들이 갈 곳은 피를 빨아먹는 사자들의 소굴이지 신탁을 내리는 순수하고 신성한 곳이 아니잖소!"

에우메니데스는 자기들의 권리와 임무를 내세웠지만 소용없었다. 아폴론은 오레스테스가 아가멤논의 아들로서 자신이 시킨 대로 했으니 그를 보호해줄 것이라고 선언했다. 이 말과 함께 그는 복수의 여신들을 신전 문지방에서 쫓아냈다. 그녀들은 아폴론의 힘이 무서워 뒤로 물러났다.

아폴론은 오레스테스를 친구 필라데스와 함께 헤르메스 신에게 맡기고 올림푸스 산으로 돌아갔다. 헤르메스의 보호를 받으며 두 친구는 아폴론의 말대로 아테나이로 향한 길을 떠났다.

한편 에우메니데스는 신들의 전령 헤르메스의 황금 지팡이가 겁이나 차마 가까이 가지는 못하고 멀리서 뒤따라갔다. 그러나 그들은 점차 대담해졌다. 두 사람이 무사히 팔라스 아테네의 도시에 도착했을 때 그들은 두 사람의 뒤를 바짝 따랐다. 오레스테스와 그의 친구 필라데스가 아테네 신전으로 들어서자마자 무서운 여신들도 열린 문으로 재빨리 쫓아 들어갔다.

오레스테스는 여신 아테네의 조각상 앞에 엎드려 팔을 길게 뻗고 빌면서 몸을 떨었다.

"아테네 여신이여! 나는 아폴론의 명령으로 당신에게 왔습니다. 자비를 베풀어 고발당한 나를 받아주소서! 나의 손은 죄 없는 사람의 피로 더럽혀진 게 아닙니다. 그럼에도 부당한 저주를 받아 이리저리 떠돌고 있습니다. 집집마다 구걸하러 다니느라 이제는 지칠 대로 지쳤습니다. 도시와 황무지를 돌아다니다가 당신의 형제 아폴론의 신탁에 따라 여기까지 왔습니다. 이제 당신의 조각상 앞에서 당신의 심판을 기다립니다. 아테네 여신이여!"

그때 복수의 여신들이 일제히 소리 높여 외쳤다.

"이 범죄자야! 우리는 너를 추격해왔다. 상처 입은 노루를 쫓는 사냥개처럼, 피가 뚝뚝 떨어지는 너의 발자국을 따라 여기까지 왔다. 어미를 살해한 너는 어디에서도 피난처를 찾을 수 없을 것이다. 우리는 너의 붉은 피를 사지에서 빨아들인 후 창백해진 너의 영혼을 타르타로스로 끌고 갈 것이다. 아폴론의 힘도 아테네의 힘도 너를 그 영원한 고통에서 구해낼 수 없을 것이야! 너는 나의 사냥감이며, 이제 제단에 올려져 우리의 먹이가 되어야 한다. 자, 누이들이여! 우리 여기서 돌아가며 춤추고 노래를 불러 잠잠해진 이자의 영혼을 다시 미치게 만들어버립시다!"

이렇게 말하면서 에우메니데스가 소름끼치도록 음산한 노래를 부르자 갑자기 하늘에서 빛이 내려와 신전을 환히 비췄다. 이윽고 조각상이 모두 없어지고 그곳에 살아 있는 여신 아테네가 우뚝 섰다. 여신은 매우 심각한 눈빛으로 신전에 들어온 에우메니데스를 내려다보더니 신의 말씀을 하기 위해 불멸의 입을 열었다.

"도대체 누가 내 신전에 침입한 것이냐? 어떤 낯선 자들이 내 신전에 들어와 있는 거냐? 낯선 자는 나의 제단을 껴안고 있고, 인간으로는 보이지 않는 여인들이 위협하듯 그의 뒤에 몰려 있구나. 그대들은 누구이며 무엇을 하려는지 말해라!"

오레스테스는 겁에 질린 나머지 한마디도 못하고 바닥에 엎드려 있었다. 그러나 에우메니데스는 그의 뒤에 서서 큰 소리로 대꾸했다.

"제우스의 딸이여!"

복수의 여신들이 말했다.

"우리 입에서 나오는 말은 모두 진실이니 잘 들으시오. 우리는 어두운 밤의 딸들로서 세상 사람들은 우리를 저주받은 여신이라고 부르고 있소."

아테네가 말했다.

"그대들이 누구인지는 잘 알고 있소. 그대들이 외치는 소리는 종종 내게 들려왔소. 그대들은 거짓 맹세를 하거나 근친을 살해한 자에게 복수를 하는 여신들이 아니오? 그런데 어떻게 깨끗한 내 신전까지 온 것이오?"

복수의 여신들이 말했다.

"그대의 발 앞에 있는 이 인간은 그대의 신전을 더럽혔소! 그는 자기 어머니를 살해한 자요. 그대가 그의 심판자가 되면 우리는 그대의 심판을 존중하겠소. 우리는 그대가 엄격하고 공평한 여신임을 알고 있으니까."

팔라스 아테네가 대답했다.

"내가 심판자가 되어야 한다면 이방인인 그대가 먼저 말해보라. 여기 지하의 여신들이 말하는 내용이 사실인가? 우선 어디에서 왔는지 그리고 네 아버지가 누구인지, 그동안 겪어야 했던 운명을 숨기지 말고 나에게 말해라! 그런 다음 네가 지은 죄를 씻어라. 이렇게 네게 말할 기회를 주는 것은 네가 나의 제단에 무릎을 꿇고 앉아 제단을 안고 겸손하게 보호를 요청했기 때문이다. 그러나 반드시 진실만을 말해야 한다!"

오레스테스가 겨우 머리를 들었다. 그는 몸은 일으켰으나 여전히 무릎은 꿇은 채로 말을 시작했다.

"아테네 여신이여! 당신의 신전을 범했다고 생각하지 마십시오. 저는 속죄할 수 없는 살인죄를 범하지 않았습니다. 당신의 제단을 더러운 손으로 감싸 쥔 게 아닙니다. 저는 아르고스에서 태어났습니다. 여신께서도 제 아버지를 잘 아실 겁니다. 그는 그리스 민족의 지도자이며 트로이아 원정 당시의 총사령관 아가멤논입니다. 여신께서도 그와 함께 화려한 트로이아 성을 파괴하셨지요. 그런 그가 집으로 돌아와 억울한 죽음을 당했습니다. 제 어머니가 다른 나라 남자와 간계를 꾸며 그에게 그물망을 씌워 목욕탕에서 살해했습니다. 그때부터 저는 망명생활을 하다가 오랜 세월이 지난 뒤 조국으로 돌아와 아버지의 원수를 갚은 것뿐입니다. 제가 사랑하는 아버지의 죽음에 복수하기 위해 어머니를 살해했다는 건 부인하지 않겠습니다. 그러나 당신의 남매인 아폴론의 계시를 따라 행한 일입니다. 아폴론의 신탁은 만약 제가 아버지의 원수를 갚지 않으면 무서운 영혼의 고통을 주겠다는 것이었습니다. 그러므로 여신이여, 제 행위가 올바른지 아닌지를 심판해주시기 바랍니다!"

여신은 우선 말없이 생각에 잠겼다. 잠시 후 여신이 입을 열었다.

"이 사건은 매우 애매해 인간이 심판하기 어렵겠지만, 일단 인간에게 판결을 내리게 하겠다. 내가 인간들을 심판자로 부르더라도 그들이 오락가락하며 심판을 하지 못하면 내가 재판장이 되어 결정을 내리겠다. 판결을 내릴 때까지 이 사나이가 이 도시에 머물게 할 것이다. 그동안은 그가 해를 입지 않도록 나의 보호 아래 둘 것이다. 그리고 그대들, 냉혹한 어둠의 여신들이여, 그대들은 급한 일도 아니면서 나의 신전을 더럽히는 일을 삼가시오! 어서 지하로 내려가고 재판 날까지는 이 신전에 들어올 생각일랑 하지 마시오. 양쪽 모두 증인과 증거를 모아두시오. 나는 내 이름을 딴 이 도시에서 가장 선량한 사람들을 골라 이번 논란에 종지부를 찍겠소."

여신이 재판 날을 확정하자 양측은 신전을 떠났다. 복수의 여신들은 한마디 불평 없이 아테네 여신에게 복종하여 아테나이를 떠나 하계로 내려갔다. 아테나이 사람들은 오레스테스와 그의 친구를 따뜻하게 맞고 친절하게 돌봐주었다.

마침내 재판 날이 오자 한 전령이 아테나이에서 뽑힌 시민들을 도시 앞쪽의 언덕 위로 모이게 했다. 그곳은 아레스의 성지로 '아레이오스 파고스'라고 불렸다. 아테네 여신은 이미 그곳에서 시민들이 모이기를 기다리고 있었고, 고발자 에우메니데스와 고발당한 오레스테스도 한참 전에 도착해 있었다. 그러나 제삼자가 나타나 오레스테스 옆에 가서 섰다. 다름 아닌 아폴론 신이었다. 에우메니데스가 화를 냈다.

"아폴론 신이여! 그대는 자신의 일이나 하지 뭣 하러 여기까지 온 것이오?"

아폴론이 대답했다.

"이 사람은 내가 보호하는 자요! 그가 델포이 신전에 내 도움을 청하러 왔고, 나는 그가 저지를 살인에 대해 용서해주었소. 그렇기 때문에 내가 그를 돕는 것은 당연하오. 그리고 내가 이곳에 나타난 것은 한편으로는 그의 증인이 되고자 함이오, 다른 한편으로는 이 도시에서 벌어지는 명예로운 재판의 변호자가 되려 하오. 나는 경건한 신의 뜻에 맞는 행위라고 생각해 이 사람으로 하여금 제 어머니를 죽이게 했으니까!"

이렇게 말하며 아폴론 신은 자기가 보호하는 오레스테스에게 더욱 가까이 다가갔다. 팔라스 아테네가 재판이 시작되었음을 선언하고 먼저 에우메니데스에게 고발하라고 명령했다.

복수의 여신들 중 가장 늙은 여신이 대변자로서 말했다.

"우리는 짧게 말하겠습니다. 피고, 묻는 말에 답해라! 그대는 어머니를 죽였는가? 아니라고 부인하겠는가?"

오레스테스는 얼굴이 하얗게 질린 채 대답했다.

"어머니를 죽인 것은 부인하지 않겠습니다."

"어떻게 죽였는지 말해라."

"칼로 어머니의 목을 찔렀습니다."

"누가 시켜서 한 짓인가?"

오레스테스가 대답했다.

"제 옆에 계신 분입니다. 아폴론 신은 신탁을 통해 제게 명령하셨습니다. 그것을 증언하기 위해 지금 옆에 계십니다."

그러고는 오레스테스는 재판관들 앞에서 자기가 왜 클뤼타임네스트라를 더는 어머니로 생각지 않고 아버지의 살해자로만 여기는지를 짧게 말하며 자신을 변호했다. 뒤를 이어 아폴론 신이 길게 설득력 있는 변호를 했다.

복수의 여신들도 가만있지 않았다. 자신의 남편을 죽인 클뤼타임네스트라의 살해 현장을 아폴론이 생생하게 이야기하자, 이번에는 반대 입장에서 에우메니데스가 독기 오른 눈으로 오레스테스가 자기 어머니를 살해한 장면을 이야기했다.

복수의 여신들은 다음과 같이 말을 맺었다.

"이제 화살은 시위를 떠났습니다. 재판관 여러분의 판결을 조용히 기다리겠습니다!"

아테네는 재판관들에게 투표하는 돌을 나눠 줄 것을 명령했다. 검은 돌은 죄를 인정하는 것이며, 하얀 돌은 피고인의 무죄를 인정하는 것이었다. 돌을 집어넣을 단지가 광장 한가운데에 마련되었다. 재판관들이 투표에 들어가기 전 아테네 여신은 높은 곳에 마련된 자리에서 일어나 신의 위엄을 보이면서 말했다.

"아테나이 시민들이여! 너희들이 처음으로 심판하게 될 살해 사건에 대해 이 도시를 세운 이가 말하는 바를 들어라! 이 법정이 앞으로도 영원히 이 도시의 울타리로 보존되기를 바란다. 지난날 아마조네스 여인들이 테세우스에 대항해 싸울 때 진을 치고 이곳에서 전쟁의 신에게 제물을 바쳤었다. 아레스의 신성한 언덕인 이곳 아레이오스 파고스, 곧 아레스의 법정에서는 앞으로 영원히 살인자를 재판하도록 하겠다. 나는 이 도시에서 가장 신앙심 깊은 인물들을 법정에 세울 것이다. 이 법정은 뇌물을 용납하지 말 것이며 엄격하고 명예롭게 이 도시에 머무는 사람들을 보호해야 할 것이다. 너희 시민들은 이 법정의 위엄을 존중해야 한다. 또한 그리스의 다른 주민이나 어떤 나라에서도 소유하지 못한 이 법정을 이 도시의 신성한 기둥으로 지켜야 할 터이다. 이것이 나의 뜻이니 앞으로 그렇게 지킬 것을 당부한다. 이제 그대 재판관들은 모두 일어나 선서 내용을 되새기며 심판의 돌을 단지에 넣어라!"

재판관들은 아무 말 없이 자리에서 일어나 일렬로 단지를 향해 가서 차례로 돌을 집어넣었다. 투표가 끝나자 대표로 선택된 한 사람이 선서를 한 뒤 검은 돌과 흰 돌을 세기 시작했다. 그런데 흰 돌과 검은 돌의 수가 똑같이 나왔다. 재판을 시작할 때 말한 대로 여신 아테네가 마지막 결정을 내려야 했다.

아테네 여신이 자리에서 일어나 말했다.

"나는 어머니의 몸에서 태어나지 않고 아버지 제우스의 머리를 가르고 나온 신이다! 그리고 남자 같은 처녀로서 결혼이 무엇인지 모르지만, 태어나면서부터 남성의 보호신 노릇을 해왔다. 나는 결코 비난받는 정부의 마음을 얻기 위해 잔인하게 남편을 살해한 여인을 편들어줄 수 없다. 솔직히 말해 나는 오레스테스의 행위가 정당했다고 생각한다. 그는 자기 어머니를 죽인 게 아니라 아버지를 죽인 원수를 죽인 것이다. 그가 이겼다!"

아테네는 이렇게 말하고 그대로 자리를 떠나 흰 돌을 집어 다른 흰 돌들이 있는 곳에 놓았다. 여신이 재판장의 자리로 되돌아와 엄숙히 선언했다.

"다수의 판결에 의해 부당한 살인으로 고발된 이 사람에 대해 무죄를 선고한다!"

판결이 내려지자 오레스테스는 아테네에게 발언 기회를 달라고 요청하고 감격에 겨운 목소리로 말했다.

"팔라스 아테네여! 당신은 조국을 도둑맞은 저와 제 가족을 구원하셨습니다. 모든 그리스 인이 당신이 행하신 일을 찬양하며 말할 것입니다. '이렇게 해서 나 오레스테스는 아테네와 아폴론 그리고 신들의 아버지 제우스의 정의에 힘입어 다시 아버지의 궁전에 돌아가게 되었다. 이 모든 일은 제우스의 뜻이 아니었더라면 일어나지 않았을 것이다.'라고 말입니다. 저는 고향으로 돌아갑니다. 아르고스 인 누구도 경건한 아테나이 인과는 전쟁을 하지 않겠다고 이 나라와 백성에게 맹세하겠습니다! 그렇습니다. 제가 죽은 후 오랜 시간이 지나 아르고스의 누군가가 이 맹세를 깨뜨린다면 제 혼이 조상들 무덤에서 나와 그자를 벌하겠습니다. 또한 그의 길에 재앙을 내려 저주받은 계획을 실행하지 못하도록 막겠습니다. 고귀한 아테나이의 수호신 만세! 경건한 아테나이의 시민들이여, 전쟁이나 모든 일에서 승리와 행운이 있기를!"

이런 축복의 말을 하며 오레스테스는 친구의 인도를 받아 신성한 언덕을 내려갔다. 친구 퓔라데스는 재판이 진행되는 동안에도 그의 곁을 떠나지 않고 있었다. 복수의 여신들도 아테네의 무죄판결을 거스르면서까지 석방된 오레스테스를 학대할 수는 없었다. 그들로서는 판결 준수를 요구하는 아폴론에 대한 두려움이 더 컸을지도 모른다. 이때 복수의 여신들의 대변자가 자리에서 일어섰다. 그 여신은 아폴론이나 아테네처럼 인간보다 훨씬 컸다. 그 여신은 밤의 딸들이 가진 쉰 목소리로 판결에 대해 이의를 제기했다.

"안타깝구나! 그대들은 아주 옛날부터 내려오던 법을 짓밟았소. 그대 젊은 신들은 우리 늙은 신들의 손에서 법을 강제로 빼앗아갔소! 우리는 경멸당하고도 힘없이, 잔뜩 화가 난 채로 여기 서 있소. 그러나 아테나이 인들이여, 너희의 판결을 반드시 후회하게 될 것이다! 우리는 격분한 마음의 독을, 정의를 업신여기는 이 땅 위에, 있는 대로 쏟아 부을 것이다! 해충이 들판을 뒤덮고 살아 있는 모든 것이 재앙을 당하리라. 모욕을 당하고 상처받은 우리 밤의 여신들이 땅과 너희 도시를 기근과 질병으로 허덕이게 만들 것이다!"

이 저주의 말을 듣고 있던 아폴론이 한가운데로 나가 강력한 힘을 가진 복수의 여신들을 달래기 시작했다.

"나의 판결을 따르시오, 그대 자비로운 자들이여! 이 판결에 너무 분노하지 마시오. 그대들은 재판에 진 것이 아니라오. 그 단지 속에는 검은 돌과 흰 돌이 똑같이 들어 있었소. 그러니 판결이 그대들에게 모욕을 준 것이 아니라, 다만 자비가 승리를 거둔 것뿐이오. 피고는 두 가지 신성한 의무 중 하나를 선택해야 했기에 다른 하나를 훼손할 수밖에 없었소. 그래서 공평하게 그를 구제해준 것이오. 우리 신들이 구제를 한 것이지 이 나라의 재판관들이 한 일이 아니오. 제우스 신도 그것을 인정하셨소. 그러니 무고한 이 나라 백성들에게 그대들의 분노를 풀어서는 안 되오. 내가 저들을 대신해 약속하건대 그대들은 이 나라에서 품위 있는 신전을 얻을 것이오. 또한 정의로운 도시의 빛나는 제단에서 한자리를 차지하게 될 것이오. 이 도시의 모든 시민이 그대들을 정의로운 복수를 하는 엄격한 여신으로 기릴 것이오!"

아테네도 아폴론의 약속을 보증해주었다.

"존귀한 여신들이여, 나를 믿으시오!"

아테네 여신이 계속해서 말을 이어갔다.

"다른 나라에 거처를 정한다면 그대들이 거부한 아테나이를 후회하면서 돌아보게 될 것이오. 이 도시의 백성들은 그대들을 높이 기릴 수 있을 것이오. 남녀 합창대가 그대들을 노래하고 신격화된 왕 에렉테우스의 신전* 옆에 그대들만의 신전을 세울 것이오. 그대들을 모시지 않는 집은 축복받지 못할 것이오!"

두 신이 이렇게 약속하자 엄격한 복수의 여신들도 분노가 점차 가라앉았다. 여신들은 이 나라에 자신들의 안락한 거처를 두기로 약속하고 이름 있는 이 도시에 아테네와 아폴론과 함께 제단과 신전을 갖게 된 것을 매우 영예롭게 여기게 되었다.

마음이 누그러진 여신들은 아폴론과 아테네 앞에서 이 도시를 지켜주고 폭풍이나 가뭄과 나쁜 병이 돌지 않도록 막아주기로 했다. 또한 가축을 보호하고 결혼한 사람들이 아이를 많이 낳게 해주겠다는 약속도 했다. 자기들과 자매지간인 운명의 여신들과 합의해 이 도시의 행복을 위해 온 힘을 기울이기로 했다. 에우메니데스는 아테나이의 온 백성에게 영원한 화합과 평화가 깃들기를 기원했다. 여신들의 어두운 합창은 아폴론과 아테네 두 신을 통해 감사의 말로 바뀌었다. 여신들은 아테나이의 온 백성이 부르는 찬가를 들으며 아레이오스 파고스를 떠났다.

---

* 아테나이의 아크로폴리스에는 파르테논 신전이 있고 그 옆에 에렉테우스 신전이 있다. 이 신전은 전설에 나오는 왕 에렉테우스 혹은 에릭토니오스가 세운 것으로 전해 내려온다.

오레스테스와 퓔라데스 두 사람은 아폴론의 신탁을 받기 위해 아테나이에서 델포이로 갔다. 거기서 오레스테스는 신에게 자신의 운명이 어떻게 정해져 있는지 물었다.

여사제의 신탁은 다음과 같았다.

"스퀴티아와 이웃해 있고 아폴론의 누이 아르테미스의 신전이 있는 타우리스 반도의 경계에 이르면 오레스테스의 고행도 끝난다. 그곳에서 꾀를 쓰든지 아니면 어떤 수단을 써서라도 여신의 조각상을 훔쳐 내 아테나이로 옮겨놓아야 한다. 여신이 온화한 기후와 그리스 인들을 그리워하고 있기 때문이다. 이방인들의 전설에 따르면 여신상은 하늘에서 떨어진 것으로 오랫동안 그곳 사람들의 숭배를 받아왔다. 이 일을 무사히 끝마치면 그의 고통스러운 도피 생활은 끝날 것이다."

그의 친구 퓔라데스는 오레스테스의 곁을 떠나지 않고, 이 위험한 모험을 함께하기 위해 여행을 떠났다.

타우리스에는 야만족이 살았다. 그들은 자신들의 땅을 밟은 낯선 사람들을 잡아 여신 아르테미스에게 제물로 바치곤 했다. 그리고 사로잡은 적의 머리를 잘라 장대에 꽂고는 자기 집 굴뚝 위 높은 곳에 세워 집을 내려다보며 지키게 했다.

신탁이 이렇듯 거친 지역의 야만족에게 오레스테스를 보낸 데는 이유가 있었다. 아가멤논과 클뤼타임네스트라 사이에서 태어난 이피게네이아가 예언자 칼카스의 충고에 따라 제물로 바쳐지기로 했을 때의 일이다. 그녀가 아울리스의 바닷가에서 모든 그리스 인이 보는 가운데 희생제물로 바쳐지는 순간이었다. 그때 자비로운 아르테미스 여신이 나타나 이피게네이아 대신 커다란 수사슴을 제물로 바치고 그리스 인들로부터 그녀를 구출했다.* 그리고 바다와 땅을 건너 타우리스로 그녀를 데리고 와서 자신의 신전에 머물도록 해주었다.

이피게네이아는 그곳에서 이민족의 왕 토아스의 눈에 띄어 아르테미스 신전을 지키는 사제로 임명되어 여신을 모시게 되었다. 이 고장의 오랜 풍습에 따르면 섬의 해안에 발을 들여놓은 이방인은—대개는 모두 그리스 인이었다—모두 이 고장의 수호신 아르테미스에게 희생제물로 바치도록 되어 있었다. 다행히 이피게네이아는 잡혀 온 희생자를 신전에 바치기만 하면 되었고, 그들을 죽이는 일은 아랫사람들이 했다.

이피게네이아는 멀리 떨어져 지낸 탓에 고향 소식도 전혀 듣지 못한 채 여러 해 동안 슬픈 세월을 보냈다. 이피게네이아와 함께 지내는 동안 왕과 백성들도 점차 그녀를 존경하게 되었다. 그녀가 지닌 그리스 인의 온화한 예의와 타고난 상냥함을 높이 평가했기 때문이다.

그러던 어느 날 한밤중에 이피게네이아가 꿈을 꾸었다. 꿈에서 그녀는 이 야만스러운 타우리스 섬에서 멀리 떨어진 고향 아르고스에 살고 있었다. 양친이 사는 궁전에서 많은 하녀에게 둘러싸인 채 잠들어 있다가 갑자기 땅이 진동하고 흔들려 궁전 밖으로 나가보았다. 궁전 지붕이 흔들리는가 싶더니 이윽고 지반부터 시작해 기둥으로 받쳐진 건물 전체가 완전히 무너져버리는 것이었다.

---

* 2권 1장 '트로이아 전쟁 I'의 아가멤논과 이피게네이아 이야기 참조.

무너진 궁전에서 남은 것이라고는 기둥 하나뿐이었다. 그런데 그 기둥이 갑자기 사람의 형상을 취했다. 기둥머리가 사람의 머리로 변하더니 거기서 금발이 자라났다. 그러고는 분명 큰 소리로 무언가를 말했는데 이피게네이아는 그게 무슨 말이었는지 기억이 나지 않았다. 꿈에서는 또 그런 일도 있었다. 이피게네이아는 이방인을 희생제물로 바치는 자기 일에 충실하기 위해 기둥에서 사람으로 변한 그를 제물로 바치고자 성수를 뿌렸다. 그런데 그때 그녀는 갑자기 통곡하지 않을 수 없어 울다가 눈을 떴다.

그날 밤이 지나고 이튿날 아침, 오레스테스와 그의 친구 필라데스가 타우리스 해안에 상륙했다. 두 사람은 마치 감옥과도 같은 신전을 향해 걸어가 그곳을 둘러싼 높다란 벽을 올려다보았다.

오레스테스가 침묵을 깨고 말했다.

"이 위험한 길을 함께해준 충실한 친구여, 이제 무엇을 해야 하지? 저 신전을 겹겹이 감싼 계단을 따라 올라가볼까? 그 위에 올라갔다가 마치 미로처럼 낯선 건물 속을 헤매게 되면 어쩌지? 신전 입구가 철로 만든 자물쇠로 잠겨 있지는 않을까? 우리가 문을 열어달라고 부탁하면 신전을 지키는 자가 우리를 붙잡을 테고, 그럼 죽게 될 것이 뻔하지 않은가? 이 무자비한 여신의 제단에서 수많은 이방인이 다 죽었다는 것을 알고 있지 않나! 배로 되돌아가는 것이 좋을지도 모르겠어."

"큰일 났군."

필라데스가 대답했다.

"처음으로 함께 도망가게 생겼군! 아폴론의 신탁은 우리에게 신성한 것일세. 하지만 이 신전을 떠나야 한다는 말도 틀린 것은 아니지.

가장 현명한 방법은 배에서 멀리 떨어져 바닷가 동굴에 숨는 것이야. 그러면 배가 발각되어도 우리를 왕에게 고발하여 무력으로 사로잡을 수 없을 걸세. 날이 밝으면 새롭게 일을 시작해보세. 이제 신전이 어디 있는지도 알잖나! 꾀를 쓰면 그 안으로 들어갈 수 있을 거야. 우리가 여신상을 손에 넣기만 하면 귀향길이 더는 무섭지 않을 걸세. 용감한 사나이라면 아무리 큰 위험이 닥쳐도 대담하게 몸을 맡겨야 하지. 그동안 우리가 얼마나 먼 뱃길을 헤쳐왔나? 목적지까지 와서 신이 우리에게 지시한 목표물을 가지고 돌아가지 못한다면 얼마나 수치스러운 일인가!"

오레스테스가 외쳤다.

"옳은 말이야! 자네가 말한 대로 하기로 하지. 날이 어두워질 때까지 몸을 숨기세. 밤이 우리의 일을 도와주겠지!"

해가 중천에 떴을 때 소 치는 목동이 바닷가 신전 입구에 서 있는 아르테미스의 여사제에게 급히 달려갔다. 그는 여신에게 바칠 제물로 적당한 두 명의 젊은 사나이들이 도착했다고 알려주었다.

소 치는 목동이 말했다.

"고귀하신 여사제님! 서둘러 성수를 준비하십시오. 빠르면 빠를수록 좋습니다. 어서 제사드릴 준비를 하십시오!"

이피게네이아가 물었다.

"이방인들은 어느 나라 사람인가요?"

목동이 대답했다.

"그리스 인들입니다. 둘 중 한 사람이 필라데스라는 것 말고는 아는 바가 없습니다. 그 둘을 모두 잡았습니다."

여사제가 계속해서 물었다.

"그들을 어디서 어떻게 잡았는지 말해보세요."

목동이 설명했다.

"우리는 바다에서 소를 씻기느라 쉼플레가데스*라고 부르는 암벽에서 떨어지는 물속으로 소를 한 마리씩 차례로 몰아넣고 있었습니다. 그곳에는 속이 비어 있으며 작은 구멍이 난 절벽이 있는데, 조개잡이들을 위한 동굴이기도 합니다. 하지만 떨어지는 물 때문에 항상 물보라에 싸여 평소에는 그 안이 잘 들여다보이지 않습니다. 그곳에서 소를 몰던 우리 중 한 사람이 두 젊은이를 발견했습니다. 너무 아름다워 처음엔 신들인가 싶어 그 앞에 엎드리려 했지요. 그러나 곁에 있던 다른 목동은 그리 어리석지 않았습니다. 그는 자기 동료가 무릎 꿇는 것을 보고 웃으며 말했습니다. '저 사람들이 난파된 뱃사람인 걸 보고도 모르겠어? 저 사람들은 우리가 이방인을 제물로 바친다는 사실을 알고 있어. 그래서 몸을 숨기기 위해 이 동굴에 들어와 있는 거야.' 모든 사람이 그 말에 동의하고 제물로 쓰기 위해 그들을 사로잡기로 했습니다. 그때 이방인들 중 한 명이 머리를 세차게 흔들며 동굴에서 뛰쳐나와 팔과 손을 부르르 떨며 크게 외쳤습니다. 마치 광기에 사로잡힌 사람 같았습니다. '필라데스, 필라데스! 저기 나를 사냥하는 검은

---

* 1권 2장 '아르고 호 원정대 이야기'에 나오는 바위와는 다르다. 아르고 호가 만난 쉼플레가데스(맞부딪치는 바위들)는 트라케 지방의 보스포로스 해협, 즉 흑해 입구에 있다고 알려졌으나, 타우리스는 크리미아 반도이다. 타우리스는 크리미아의 옛 이름으로, 크리미아 반도의 가장 좁은 곳은 넓이가 삼 킬로미터밖에 안 되어 거의 섬이라고 말할 수 있을 정도다. 아르고 호가 만났던 쉼플레가데스에 대해서는 '아르고 호 원정대 이야기' 참조.

여신이, 하데스의 용이 나를 죽이려고 해! 검은 여신이 혀를 날름거리는 독사들과 함께 내게 달려들고 있어. 이쪽에서는 불을 뿜는 다른 여신이 어머니를 팔에 끌어안고 나에게 집어던지려 하고 있어! 아, 고통스럽구나! 어머니가 내 목을 조르고 있어. 도망가게 나 좀 도와줘!'"

목동이 계속해서 말했다.

"그렇게 놀라 소리쳤지만 우리 눈에는 아무것도 보이지 않았습니다. 아마 소 울음소리와 개 짖는 소리를 에우메니데스의 소리로 착각한 것 같았습니다. 그러나 우리 모두는 두려움에 사로잡혔지요. 게다가 그 이방인은 갑자기 칼을 뽑아들고 소 떼에게 덤벼들더니 소의 배를 칼로 마구 찔러 순식간에 바닷물이 벌겋게 피로 물들었습니다. 우리는 겨우 용기를 내서 소라 피리를 불어 사람들을 불러 모았고, 무장을 한 그들을 포위한 채 점차 거리를 좁혀 들어갔지요. 미친 사나이는 조금씩 제정신이 드는지 입에서 거품을 뿜으며 땅바닥에 쓰러지고 말았습니다. 함께 있던 청년이 입에 묻은 거품을 닦아주고 자기 외투를 벗어 그를 감싸는 동안, 우리는 돌과 창으로 위협하며 다가갔습니다. 그러자 쓰러졌던 사나이가 정신을 차리고 다시 일어나 자기 목숨을 지키려 했습니다. 그러나 그들은 수적으로 열세였기 때문에 굴복할 수밖에 없었습니다. 우리는 그들을 포위하고 계속해서 돌을 던졌습니다. 그들은 결국 손에서 칼을 떨어뜨렸고 무릎을 꿇으며 주저앉았습니다. 우리는 그들을 잡아 토아스 왕에게 데려갔습니다. 그들을 본 왕은 당신에게 보내 제물로 바치라고 명령했습니다. 이제 여사제님께서는 정말 기품 있는 그리스 인 같은 자들을 희생제물로 얻었으니 행복하시겠지요. 사제님께서 이처럼 훌륭한 자들을 많이 죽이는 것이 그리스가 당신에게 안겨준 죽음의 공포를 보상하는 일이며 그리스 인들이 아울리스 항구에서 당신을 죽이려 했던 일에 복수하는 길입니다."

이야기를 마친 목동이 여사제의 명령을 기다렸다. 여사제는 목동에게 두 사나이를 데려오라고 명령했다.

혼자 남게 된 그녀는 속으로 중얼거렸다.

"아, 나의 마음이여! 넌 언제까지 다른 나라 사람들에게는 자비심을 베풀고 너의 민족인 그리스 인들에게서는 눈물만 볼 것인가! 얼마나 많은 그리스 사내가 이 손에 죽어갔던가! 그러나 지난밤 꿈에서는 가장 사랑하는 막내 오레스테스가 다시 햇빛을 보지 못할 것 같은 비참한 예감이 들었어. 이곳에 잡혀 온 사람들은 모두 나를 잔인한 여인이라 생각하겠지. 언제나 불행한 자들은 행복한 자를 시기하는 법이다. 너희 그리스 인들은 나를 양처럼 제단으로 질질 끌고 갔고, 그곳에서 친아버지는 나를 죽이려 하지 않았던가! 아, 그 끔찍한 시간을 결코 잊을 수 없다. 만약 제우스께서 상쾌한 바람에 실어 살인자 메넬라오스를 내게 보내주신다면, 그리고 기만적인 그의 아내 헬레네도……."

이피게네이아는 꽁꽁 묶인 포로들이 다가오는 소리에 혼잣말을 멈췄다. 꽁꽁 묶인 자들을 본 그녀는 그들을 데려온 사람들에게 명했다.

"이 사람들을 풀어주세요! 묶인 채로는 신성한 의식을 치를 수가 없어요. 그리고 그대들은 신전으로 들어가 제사 준비를 해주세요!"

그녀는 포로들을 향해 말했다.

"그대들의 아버지와 어머니가 누구인지, 누이는 있는지 말해다오. 만일 그대들에게 누이가 있다면 이렇게 잘생기고 건장한 형제를 도둑맞고 세상에 홀로 남겠구나. 불쌍한 그대들은 어디에서 왔는가? 아마도 오랜 항해 끝에 이 해안가에 도착했을 테지. 그러나 앞으로 그대들에게는 더 먼 길이 기다리고 있다. 지금부터 지하의 하데스로 여행을 가야만 하니까."

오레스테스가 그녀에게 대답했다.

"여인이여, 그대가 누구인지는 모르지만 무엇 때문에 우리를 위해 슬퍼하는 거요? 목을 치려고 도끼를 휘두르는 자가 죽이기 직전에 위로하는 꼴이로군. 피할 수 없는 죽음을 눈앞에 둔 자에게 위로는 어울리지 않습니다! 그대나 우리나 눈물 흘리지 말고 운명에 따릅시다."

이피게네이아가 다시 물었다.

"두 사람 중 누가 필라데스인가? 알고 싶다."

오레스테스가 친구를 가리키며 대답했다.

"여기 이 사람이오!"

"그대들은 형제인가?"

"같은 핏줄은 아니지만 우애는 어느 친형제 못지않소!"

"그럼 그대의 이름은 무엇인가?"

"비운의 사나이라고만 부르시오! 이름 없이 죽어가는 것이 가장 좋은 일이오. 죽으면서까지 비웃음을 당하지 않아도 되니까."

이피게네이아는 그의 반항에 화가 났지만 좀 더 참고 고향이 어디인지 그것만이라도 말해달라고 했다. 그에게서 아르고스가 고향이라는 말을 듣자 이피게네이아는 온몸이 떨려 소리를 질렀다.

"신에게 맹세코 그대가 정말 아르고스 태생이란 말인가?"

오레스테스가 대답했다.

"그렇소! 나는 뮈케나이 출신이고, 우리 집은 한때 그곳에서 가장 부유하고 행복한 집이었소!"

이피게네이아는 기대와 희망으로 가슴이 부풀어 질문을 계속했다.

"그대가 아르고스 태생이라면 트로이아에 관한 소식도 들은 적이 있겠지? 트로이아가 흔적도 없이 멸망했다는 것이 사실인가? 헬레네는 돌아왔는가?"

"두 가지 모두 사실이오!"

"그럼 총사령관은 어떻게 되었는가? 아트레우스의 아들 아가멤논 말이다."

이 질문을 받자 오레스테스는 피에 물든 지난날의 악몽이 떠올라 몸을 떨었다.

"모르오! 그 이야기라면 더는 묻지 마시오!"

그렇게 말하고 그는 고개를 돌려버렸다. 그러나 이피게네이아가 거절하기 힘들 정도로 너무나 애절하게 묻는 바람에 하는 수 없이 대답했다.

"죽었소! 그의 아내한테 처참한 죽임을 당했소!"

놀란 이피게네이아가 큰 소리를 질렀다. 그러나 그녀는 다시 마음을 진정시키고 질문을 계속했다.

"제발 자세히 얘기해주게! 불쌍하게 죽임을 당한 그분의 아내는 아직도 살아 있나?"

오레스테스가 대답했다.

"그 여인도 죽었소! 자기 아들에게 죽었소. 아들이 아버지의 죽음에 대한 복수를 한 것이오. 그러나 그 일로 인해 아들은 지금 헤아릴 수 없는 고통을 당하고 있소!"

그의 말문이 열릴수록 이피게네이아의 궁금증은 더해만 갔다.

"아가멤논의 다른 자식들은 살아 있는가?"

"딸이 둘 있소. 엘렉트라와 크뤼소테미스."

"희생제물로 바쳐진 큰딸은 어떻게 되었지?"

"제물로 수사슴이 대신 쓰이고 어디론가 사라져버렸소. 아마 벌써 죽은 지 오래되었을 거요."

"아가멤논의 아들은 아직 살아 있나?"

이피게네이아가 걱정스러운 듯 물었다.

"살아 있소! 그러나 아주 비참한 꼴이 되어 여기저기 헤매고 있소!"

"아, 꿈이 잘못되었구나!"

이피게네이아는 소리 없이 한숨을 내쉬었다. 그런 다음 하인들에게 멀리 가 있으라고 지시했다. 그리고 그 포로들에게 조용히 말했다.

"잘 들어요. 우리가 하나가 된다면 당신들이나 나에게 모두 이득이 될 겁니다. 만약 내 편지를 당신과 나의 고향 뮈케나이에 전해주기만 한다면 당신 목숨은 살려주겠어요!"

오레스테스가 대답했다.

"친구를 외면하고 나 혼자 살기는 싫습니다! 나는 불행한 사나이입니다. 그러나 이 친구는 끝까지 내 곁을 떠나지 않았습니다. 어떻게 그를 죽게 내버려둘 수 있단 말입니까?"

이피게네이아가 말했다.

"형제처럼 고귀한 친구여! 내 동생이 당신 같다면 얼마나 좋을까요? 내게도 동생이 한 명 있어요. 그러나 멀리 떨어져 있지요. 그러나 두 사람 모두를 살려드릴 수는 없습니다. 왕이 절대로 용서하지 않을 테니까요! 그렇다면 당신이 희생되고 당신의 친구인 필라데스를 보내세요. 어느 분이 편지를 전해주건 난 상관이 없으니까!"

오레스테스가 물었다.

"나를 희생제물로 바치는 일은 누가 합니까?"

이피게네이아가 대답했다.

"여신의 명령을 받아 내가 합니다."

"어째서 연약한 당신이 남자들에게 칼을 휘두르는 것이지요?"

"아니에요. 나는 신성한 물을 당신의 머리에 적시기만 하고, 신전의 하인들이 도끼로 제물을 잡지요. 불태운 뼈는 여신상에 바쳐집니다."

오레스테스가 한숨 쉬며 말했다.

"아, 내 누이가 나를 묻어줄 수만 있다면!"

이피게네이아의 마음이 흔들렸다.

"그대의 누이가 머나먼 아르고스에 있다면 그건 불가능합니다. 하지만 같은 고향에서 온 분이여, 안심하세요! 내가 그대의 누이처럼 화장하는 장작 위에 향유를 뿌리고 꿀을 떨어뜨리고 무덤을 아름답게 꾸며주겠습니다. 그럼 이제 나는 가족에게 보내는 편지를 써 오겠어요!"

두 사람만 남게 되자 하인들이 먼발치에서 그들을 감시했다. 필라데스가 더는 참지 못하고 외쳤다.

"안 돼! 자네가 죽는다면 나 또한 더는 살 이유가 없네. 내게 이 수치스러운 일을 맡길 작정인가? 자네를 따라 넓은 바다를 건너왔듯 죽을 때도 자네를 따라가겠네. 그러지 않으면 포키스 인과 아르고스 인들이 나를 겁쟁이라며 비웃을 거야. 세상 사람들은 모두 내가 고향에 돌아가고 싶어 자네를 배반했다고 말할 거라고. 그리고 자네의 나라와 유산을 가로채기 위해 그랬다고 하겠지! 더구나 나는 지참금도 없이 엘렉트라를 아내로 맞이해 자네 매형이 될 몸이 아닌가. 그렇기 때문에 나는 자네와 함께 죽어야 하고 또 그러고 싶네!"

그러나 오레스테스는 그 말에 조금도 귀 기울이지 않았다. 두 사람이 계속 말다툼을 하고 있을 때 이피게네이아가 편지를 손에 들고 돌아왔다. 이피게네이아는 필라데스에게 편지를 반드시 가족에게 전해주겠다는 서약을 받았다. 그러면서 그 대가로 목숨을 살려주는 것이라고 했다. 이피게네이아는 잠시 생각하더니 만약 바다에서 불행한 일이 생겨 편지가 없어질 경우를 대비해 전달자에게 그 내용을 말해주었다.

"아가멤논의 아들, 오레스테스에게, 이피게네이아는 아울리스의 희생제단에서 옮겨져 아직 살아 있고 너에게 안부를 전한다."

오레스테스가 그녀에게 물었다.

"무슨 소리지요? 그녀가 어디 있습니까? 그녀가 죽은 자들 가운데서 다시 살아났나요?"

"여기 이렇게 서 있잖아요."

여사제가 계속 말했다.

"그만 방해하세요! '사랑하는 동생 오레스테스여, 내가 죽기 전에 먼 지역의 이민족으로부터 나를 구출해 아르고스로 데려가주기를 바란다. 이방인들을 죽여야 하는 이 신전의 제단에서 부디 나를 구원해다오! 그렇게 하지 않으면 너와 네 집안은 저주를 받을 것이다!'"

두 친구는 뜻밖의 일에 놀라 한동안 입을 다물지 못했다. 이윽고 필라데스가 이피게네이아의 편지를 받아 바로 옆에 있는 오레스테스에게 넘겨주며 말했다.

"좋습니다. 그렇게 하겠다고 당장 여기서 맹세할 수 있지요. 오레스테스! 자, 이 편지를 받아주게! 그대의 누이 이피게네이아가 보낸 것일세!"

오레스테스는 편지를 바닥에 던지더니 다시 만난 누이를 두 팔로 끌어안았다. 그러자 이피게네이아가 그를 뿌리쳤다. 동생임을 믿을 수 없었기 때문이다. 그녀는 오레스테스에게 아트레우스 집안의 가장 내밀한 이야기를 듣고 나서야 그가 동생인 것을 확인할 수 있었다.

그녀가 소리쳤다.

"아, 내가 가장 사랑하는 동생아! 네가 바로 내 동생이었구나. 내가 떠나올 때 너는 작고 귀여웠지. 아무 걱정 없이 유모의 품에 행복하게 안겨 있었지. 이제 우리 둘이 같이 있으니 정말 행복하구나!"

그러나 오레스테스는 근심에 잠겨 어느새 낯빛이 흐려졌다.

"지금 우리는 행복하지요! 그러나 이 행복이 언제까지 계속될까요? 고통과 파멸을 피할 수 없잖아요?"

이피게네이아도 커다란 불안감에 사로잡혔다. 그녀가 몸을 떨며 말했다.

"어떻게 탈출해야 하지? 내가 어떻게 야만족의 왕이 다스리는 나라에서 너를 구출할 수 있을까? 어떻게 해야 네가 친구와 함께 제단에서 죽지 않고 살아서 아르고스로 돌아갈 수 있을까? 포로들이 아직 죽지 않았기 때문에 초조해진 이 나라의 왕이 아마 곧 나타날 것이다. 그 전에 어서 불행한 우리 집안에 일어난 끔찍한 사건을 얘기해주려

무나!"

오레스테스는 그동안 있었던 일을 간략하게 이야기하고 엘렉트라와 친구 필라데스가 혼약했다는 즐거운 소식으로 끔찍한 이야기의 끝을 맺었다. 이피게네이아는 모든 이야기를 빼놓지 않고 들으면서도 사랑하는 동생을 어떻게 구출할지 궁리했다. 그리고 마침내 좋은 방법을 생각해냈다.

"드디어 적당한 방법을 찾았다! 너희들이 해안에서 잡혔을 때 일으켰던 광증(狂症)이 왕에게 좋은 핑곗거리가 될 수 있어. 왕에게 네가 어머니를 죽이고 아르고스를 떠나왔다고 그대로 말하겠어. 죄를 지어 더러운 몸이기 때문에 신의 마음에 드는 제물이 될 수 없다고 말하는 거야. 그러고는 아직 너에게 달라붙어 있는 살인의 피를 먼저 바닷물로 깨끗이 씻어야 한다고, 그리고 네가 더러운 손으로 여신에게 보호를 요청하면서 조각상을 만졌으니 여신상도 바닷물로 닦아야 한다고 왕에게 말하는 것이다. 거룩한 여신상에 손을 댈 수 있는 사람은 나뿐이니까 내가 여신상을 들고 너희의 인도를 받으며 배가 닻을 내린 곳까지 가는 거야! 그리고 필라데스도 실제로 그런 것처럼 살인 공모자로서 더럽혀진 몸을 씻으러 함께 가야겠지. 그러나 이 모든 일은 왕을 설득해야만 할 수 있어. 그러면 저기 너희를 감시하는 사람들을 더는 속일 필요도 없지. 우리 계획이 성공해 배를 타게 되면 그때부터는 너희가 일을 맡아라!"

이 모든 일을 남매와 그들의 친구가 신전 마당에서 꾸미는 동안 시종과 감시인들은 멀찌감치 떨어져 있었다. 포로들은 다시 감시인에게 넘겨졌고, 이피게네이아는 그들을 신전 내부로 안내했다.

얼마 지나지 않아 그 나라의 왕 토아스가 건장한 부하들을 거느리고 나타나 신전의 여사제를 찾았다. 그는 꾸물대는 것이 마음에 들지 않았다. 이방인들이 이렇게 오랫동안 여신의 높은 제단 위에서 화장 당하지 않는 것을 이해할 수 없었다. 그가 막 신전 앞에 도착했을 때 이피게네이아가 여신상을 팔에 안고 나타났다.

"아가멤논의 딸이여! 무슨 일인가?"

왕이 놀라 물었다.

"여신상을 왜 들고 나오는 거지?"

"왕이시여! 끔찍한 일이 일어났습니다."

이피게네이아가 이마를 찡그리며 대답했다.

"해안에서 잡힌 제물들은 깨끗하지 않습니다. 그들이 여신상을 껴안고 보호를 간청했는데 여신상이 돌아서서 눈을 감아버렸습니다. 두 사나이가 무서운 범죄를 저지른 사람들이기 때문입니다!"

이피게네이아는 이 외에도 어느 정도 사실인 오레스테스의 이야기를 왕에게 설명한 다음, 이 이방인들을 포함해 여신상을 정결하게 씻길 수 있게 해달라고 요청했다. 왕을 안심시키기 위해 그녀는 두 사람을 다시 묶고 악인으로서 햇빛을 볼 자격이 없다는 뜻으로 머리에 보자기를 씌우라고 명령했다.

이피게네이아는 안전을 위해 왕이 거느리고 온 노예를 붙여달라 청했다. 또한 왕에게 도시에 전령을 보내 모든 주민이 살인죄로 더럽혀지지 않도록 정결한 의식이 끝날 때까지 집 안에 머물러 있도록 해달라고 요청했다. 이것도 그녀가 영악하게 꾸며낸 말이었다. 그리고 왕에게는 그녀가 없는 동안 신전 안에 머물러 있으면서 향을 피워 신전을 깨끗이 해달라고 부탁했다. 또한 왕에게 이방인들이 신전 문을 나서면 얼굴을 천으로 가려 끔찍한 만행으로 더럽혀지지 않도록 하라고 주의를 주었다.

끝으로 그녀는 왕에게 다음과 같이 당부했다.

"왕이시여, 설령 제가 바닷가에 오래 있더라도 너무 초조하게 생각하지 마십시오. 이처럼 엄청난 죄를 씻어내려면 시간이 걸리니까요!"

왕은 모든 것을 허락했다. 왕은 오레스테스와 필라데스가 신전 밖으로 끌려 나가자 머리를 천으로 가렸다. 이피게네이아가 포로와 왕의 수행원과 함께 신전의 시야에서 사라져 해안가로 가는 데는 오래 걸리지 않았다.

토아스 왕은 신전 안에 머물며 그곳에서 여사제가 부탁한 향을 피우게 했다. 신전 건물이 커서 향을 피우는 데도 시간이 오래 걸렸다. 몇 시간이 지나 바닷가에서 전령이 급히 뛰어왔다. 흥분한 그는 숨을 헐떡거리며 현관으로 뛰어와서는 신전 문을 요란스럽게 두드렸고 욕설을 퍼부었다.

"여자의 마음은 믿을 수 없다더니!"

그가 외쳤다.

"이봐, 거기 안에 누가 있으면 어서 문을 여시오! 큰일이 난 것을 왕에게 알리러 온 사람이오!"

문이 열렸고 토아스 왕이 밖으로 나왔다.

"이 고요한 신전에서 소란을 피우는 자가 누구냐?"

바닷가에서 뛰어온 전령은 숨을 헐떡이며 말했다.

"이 신전의 여사제인 그리스 여인이 이방인들과 함께 우리의 고귀한 수호여신 조각상을 가지고 바다로 도망갔습니다. 정결의식은 모두 거짓말입니다!"

왕은 한 대 얻어맞은 듯 멍해져서 외쳤다.

"아니 뭐라고? 무슨 나쁜 생각으로 그랬단 말이냐? 그녀와 함께 도망간 놈들은 누구냐?"

전령이 대답했다.

"그녀의 동생 오레스테스입니다. 희생제물로 바치려던 바로 그 사나이입니다. 자초지종을 들어보시고 도망간 놈들을 잡을 방도를 생각해보십시오. 그들이 가야 할 길이 멀기 때문에 아직 시간이 있습니다. 오레스테스가 타고 온 배가 닻을 내렸던 바닷가에 도착한 이피게네이아는 결박한 포로들을 데리고 갔습니다. 같이 간 저희더러 더는 다가오지 말라고 하셨고요. 그래서 저희는 거룩하게 화장할 제물과 의식을 드리는 곳으로부터 멀리 떨어져 있었습니다. 그녀는 곧 이방인들의 결박을 풀어주더니 그들에게 앞서 가라 명령하고는 그 뒤를 따라갔습니다. 그런 행동이 의심스러워 보였지만 왕이시여, 저희들은 그저 바라볼 수밖에 없었습니다. 그런데 정말로 정결의식이 시작되는 것 같았습니다. 여사제가 주문을 외우며 이상한 방식으로 기도를 드리기 시작했기 때문입니다. 저희는 앉아서 기다렸습니다. 그런데 문득 결박이 풀린 두 사나이가 무방비 상태인 여사제를 죽이고 도망갈지도 모른다는 생각이 들었습니다. 그래서 얼른 일어나 시야를 가리는 바위로 뒤덮인 만 쪽으로 달려갔습니다. 저희는 바위로 된 해안에 가까이 갔다가 그리스 선박이 물 위에 떠 있고 쉰 명쯤 되는 노 젓는 인부들이 모두 자리를 잡고 있는 것을 보았습니다. 결박이 풀린 두 이방인은 아직 해안에 있었습니다. 배의 뒤편에서는 사람들 한 무리가 닻을 배 위로 올리고 있었고, 다른 사람들은 이방인들을 위해 줄사다리를 내려주고 있었습니다. 저희는 곧바로 정신을 차렸습니다. 속았다는 생각이 들자마자 아직 해안에 있던 여사제를 얼른 붙잡았습니다. 그러자 오레스테스가 자기 출생과 이곳에 오게 된 까닭을 소리쳐 말했습니다. 동시에 필라데스와 함께 이피게네이아를 구하러 달려왔습니다. 저희나 그들이나 모두 무기가 없어 맨손 격투가 벌어졌습니다. 하지만 곧 그리스 청년들에게 밀려 후퇴했습니다. 게다가 배의 뒤편에서는 그들을 보호하기 위해 정확히 저희를 겨냥한 화살이 마구 날아왔습니다. 그때 하필 큰 파도가 일어 배를 바닷가에 바짝 붙여놓았습니다. 그러자 오레스테스는 여신상을 든 이피게네이아를 팔로 안아 바다로 뛰어들어 줄사다리를 타고는 배로 올라가버렸습니다. 뒤이어 필라데스도 바다로 뛰어들어 잽싸게 배에 올라탔습니다. 세 사람이 모두 배에 오르자 배 안에 있던 사람들이 함성을 지르며 파도치는 바다를 향해 노를 저었습니다. 그런데 배가 해안가를 벗어나 순풍을 타고 한참을 달려 큰 바다에 도착하자 갑자기 맹렬한 바람이 몰아쳤습니다. 육지에서 멀리 나아갔던 배는 노 젓는 사람들의 필사적 노력에도 불구하고 다시 뒷걸음질쳐 왔습니다. 그러자 이피게네이아가 일어나 두 팔을 벌리고 큰 소리로 기도를 드렸습니다. '레토의 딸, 아르테미스 여신이시여! 당신은 동생 아폴론 신의 계시를 통해 오레스테스에게 그리스로 돌아갈 것을 요구하지 않았습니까? 여사제인 저를 구원해 당신과 함께 가게 해주십시오. 제가 이 나라의 왕을 속인 것은 용서해주십시오. 저는 오랫동안 강제로 그를 섬겨오지 않았습니까.

여신이시여, 당신도 동생이 있고, 또 그 동생을 사랑하시지 않습니까! 그러니 우리 남매의 우애를 어여삐 보시고 자비를 베푸소서!' 이피게 네이아의 기도에 힘을 얻은 선원들은 팔을 걷어붙이고 노를 저으며, 신들에게 간청하는 노래 '파이안'을 일제히 불렀습니다. 그러나 배는 여전히 육지로 밀려왔습니다. 그사이 일을 보고 드리기 위해 급히 달려온 것입니다. 지금 당장 그물과 사슬을 들고 해안으로 가 그들을 잡아야 합니다. 바다의 파도가 쉽사리 가라앉지는 않을 테니 이방인들이 도망갈 길은 막힌 셈입니다. 바다의 포세이돈이 자신이 세운 도시 트로이아를 파괴한 그리스 인들에게 아직도 화를 내고 있다고 합니다. 포세이돈은 모든 그리스 인들의 적이지만, 그중에서도 특히 아트레우스 일족의 적이라고 합니다. 제가 본 것이 틀림없다면 오늘 안에 아가멤논의 자식들을 모두 잡을 수 있을 겁니다!"

초조하게 이 긴 보고를 다 들은 토아스 왕은 즉각 해안 지역에 사는 모든 주민에게 명령했다. 말을 타고 해안으로 달려가 그리스의 배가 육지에 닿거든 배를 묶어놓고, 여신 아르테미스의 도움으로 도망간 범죄자들을 잡아 오라는 명령이었다. 그리고 배는 선원들과 함께 바닷속에 빠뜨리라고 명령했다. 그는 두 도망자와 신의를 저버린 여사제를 높은 절벽으로 끌고 가 직접 바다로 밀어버리거나 산 채로 말뚝에 꽂으리라 생각했다.

토아스 왕은 수많은 백성을 거느리고 앞장서서 바닷가를 향해 달렸다. 그런데 갑자기 하늘에서 신이 나타나 군사들의 길을 가로막으며 왕이 탄 말을 세웠다. 고귀한 여신 팔라스 아테네였다. 그 거대한 모습은 땅에서부터 구름 위까지 솟구쳐 눈길이 미치지 못할 정도였다.

여신 아테네는 천둥 같은 소리로 호통을 쳤다.

"토아스 왕이여! 누구를 잡으러 군사를 거느리고 흥분해서 숨이 턱에 차도록 달려가는가? 여신인 나의 말을 잘 들어라! 너의 군대를 쉬게 하고 내가 보호하는 자들을 가게 내버려둬라! 아폴론의 계시를 통해 운명이 오레스테스를 여기까지 오게 했고, 그는 이제 에리뉘에스로부터 해방되어 누이 이피게네이아를 고국으로 데리고 가는 것이다. 성스러운 아르테미스 여신상은 아르테미스 여신이 원하는 대로 나의 사랑하는 도시 아테나이로 가져갈 것이다. 포세이돈은 그들이 도망갈 수 있도록 나를 위해 바다를 잠잠하게 할 것이다. 그리고 오레스테스는 타우리스의 아르테미스 여신상을 아테나이에 있는 나의 거룩한 숲 속의 훌륭한 새 신전에 모실 것이다. 이피게네이아는 거기서 아르테미스의 여사제로 지내다 죽을 것이며, 왕후에 걸맞은 훌륭한 무덤을 갖게 될 것이다. 토아스 왕이여, 타우리스의 백성들이여! 그들이 가는 운명의 길을 방해하지 말고 그들에 대한 분노를 거두기 바란다!"

토아스 왕은 신들을 숭배하는 경건한 사람이었다. 그는 아테네 여신 앞에 엎드려 겸손한 목소리로 말했다.

"오, 팔라스 아테네 여신이시여! 신들의 소리를 듣고 귀 기울이지 않는 자가 있다면 그는 바보일 것입니다. 전능한 신과 맞서겠다는 생각은 결코 명예로운 것이 못 됩니다. 당신이 보호하는 자들이라면 원하시는 곳으로 여신상을 모셔가게 하십시오. 여신상을 당신의 나라에 무사히 세워놓기를 빌겠습니다. 저는 신에게 창을 들이대지 않겠습니다. 저희는 오던 길을 되돌려 우리 도시로 가겠습니다."

이렇게 해서 모든 일은 아테네가 말한 대로 되었다. 타우리스의 아르테미스 상은 아테나이의 신전에 잘 모셔졌고, 이피게네이아는 그곳의 여사제가 되었다. 오레스테스는 뮈케나이에서 아버지의 왕위를 이어받아 행복한 왕이 되었다. 그는 메넬라오스와 헬레네 사이에서 난 외동딸 헤르미오네를 아내로 맞아 스파르테 왕국도 함께 다스렸다.

헤르미오네는 이전에 아킬레우스의 아들 네옵톨레모스와 혼약했으나 네옵톨레모스가 죽어 그 결혼은 성사되지 못했다. 오레스테스는 그 이전에는 아르고스를 통치했다. 그래서 그는 아버지 시대보다도 더 강대한 왕국을 다스리게 되었다. 그의 누이 엘렉트라는 그녀의 남편 퓔라데스가 포키스의 왕위를 이어받게 했다. 그러나 크뤼소테미스는 결혼을 하지 못하고 일찍 죽었다. 오레스테스는 아흔 살까지 살았다. 그러나 오래되어 잊혀가던 탄탈로스 일족에 대한 저주가 되살아나, 그도 뱀에게 발뒤꿈치를 물려 죽고 말았다.*

*   오레스테스의 아들 티사메노스는 헤라클레스의 자손에게 공격을 받아 점령당할 때까지 펠로폰네소스 반도를 지배했다. 이 이야기는 1권 6장 '헤라클레스의 후예들'에 자세히 나와 있다.

2장

Die schönsten Sagen des klassischen Altertums

오뒷세우스, 포류를 계속하다

오뒷세우스 이야기 I

텔레마코스와 구혼자들

트로이아 원정을 떠났던 그리스 인들이 돌아왔다. 전쟁에서 죽거나 귀향길에 폭풍을 만나지 않은 영웅들은 이제 집으로 돌아와 제각기 행복하거나 불행한 생활을 영위하고 있었다. 오직 라에르테스의 아들인, 이타케의 왕 오뒷세우스만이 바다에서 표류해 이상한 운명에 사로잡혀 있었다.

  수많은 모험을 겪은 뒤 오뒷세우스는 고향에서 멀리 떨어진 무성한 원시림에 둘러싸인 오귀기에라는 무인도에 살게 되었다. 그곳에는 아틀라스의 딸이자 요정인 칼립소가 살고 있었다. 그녀는 오뒷세우스를 남편으로 삼고 싶어 그를 동굴에다 가뒀다. 그러나 오뒷세우스는 고국에 두고 온 아름다운 아내 페넬로페에 대한 신의를 지켰다. 올림푸스의 신들은 그를 불쌍히 여겼다. 그러나 오래전부터 그리스 인들을 적으로 여겨온 바다의 신 포세이돈만은 노여움을 풀지 않았다. 그는 오뒷세우스를 차마 죽이지는 못했지만 귀향길에 온갖 장애를 만들어 표류하게 만들었다. 그를 이 황량한 섬에 내던진 것도 포세이돈이 꾸민 일이었다.

신들은 회의를 통해 오뒷세우스를 섬의 여왕 칼륍소의 속박에서 구해내기로 결정했다. 아테네의 중재로 전령 헤르메스는 아름다운 요정 칼륍소에게 오뒷세우스를 고향으로 보내주라는 제우스의 뜻을 전하기 위해 오귀기에 섬으로 갔다. 아테네도 물과 땅을 건너가기 위해 황금 샌들을 단단히 신고, 수많은 영웅을 넘어뜨린 견고하고도 날카로운 청동 창을 들고 올륌푸스 바위산에서 질풍처럼 내려왔다. 여신은 그리스의 서쪽 해안에 자리 잡은 이타케 섬의 오뒷세우스 궁전 입구 앞에 섰다. 입구를 지나면 왕궁의 높은 문이 나왔다. 여신은 타포스 섬의 용감한 왕 멘테스가 창을 든 모습으로 변신했다.

오뒷세우스의 집은 슬픔에 잠겨 있었다. 이카리오스의 아름다운 딸, 즉 오뒷세우스의 아내 페넬로페와 어린 아들 텔레마코스는 이미 오래전부터 그 집의 주인이 아니었다. 트로이아가 함락되고 다른 영웅들이 돌아왔다는 소식은 벌써 전해졌지만, 오뒷세우스만은 돌아오지 않았기 때문에 그가 죽은 게 확실하다는 소문만 무성해지고 있었다.

이타케 섬에는 오뒷세우스 외에도 부유하고 힘센 사람이 많이 살았는데, 모두 열두 명가량이었다. 게다가 이웃의 섬 사메에서 스물네 명, 자퀸토스 섬에서 스무 명, 둘리키온에서 무려 쉰 명이나 되는 사람들이 의전관과 가수, 솜씨 좋은 요리사와 많은 노예를 데리고 페넬로페에게 청혼을 하고자 몰려들었다. 젊은 미망인에게 청혼한다는 구실

⟁

수많은 모험을 겪은 뒤 오뒷세우스는 고향에서 멀리 떨어진 무성한 원시림에 싸인 오귀기
에라는 무인도에 살게 되었다. 그곳에는 아틀라스의 딸이자 요정인 칼륍소가 살고 있었다.
그녀는 오뒷세우스를 남편으로 삼고 싶어 그를 동굴에 가뒀다.

〈오뒷세우스와 칼륍소가 있는 환상적인 동굴〉, 얀 브뤼헐 엘더, 조니 반 해프턴 갤러리.

아래 그들은 주인 없는 집에 머물면서 제멋대로 놀아났다. 이런 행패가 벌써 삼 년 이상 계속되고 있었다.

아테네가 멘테스의 모습으로 궁 안에 들어왔을 때 뻔뻔스러운 구혼자들은 현관에서 장기를 두고 있었다. 그들은 오뒷세우스의 우리에서 끌어내 잡은 소의 가죽을 깔고 앉아 있었다. 의전관과 시종들이 분주히 돌아다녔다. 큰 독에서 술과 물을 섞는 자가 있는가 하면 어떤 이는 해면으로 식탁을 훔치고 산더미처럼 쌓인 고기를 잘랐다.

이 집 아들 텔레마코스는 슬픈 마음으로 구혼자들 사이에 앉아 아버지가 하루속히 돌아와 이 뻔뻔한 구혼자들을 몰아내고 다시 주인자리에 앉아주었으면 하는 생각에 잠겨 있었다. 그는 이국 왕의 모습으로 변한 아테네 여신을 보고 급히 문으로 나가 맞이했다. 그는 오른손을 잡으며 왕을 환영했고, 두 사람은 둥근 천장이 있는 넓은 방으로 들어갔다.

아테네는 오뒷세우스의 창들이 꽂혀 있는 창꽂이에 자신의 창을 나란히 꽂아 세워놓았다. 텔레마코스는 아름답게 수놓은 쿠션이 있는 왕좌가 있는 식탁으로 손님을 인도해 앉을 것을 권한 후 발밑에는 발판을 놓았다. 시녀 한 사람이 손님에게 손 씻을 물이 담긴 황금 대야를 날라 왔다. 곧이어 단정한 차림의 여시종장이 빵과 고기를 내왔다. 시종이 빵과 고기를 자르자 의전관이 황금 잔에다 포도주를 가득 채웠다. 그러자 구혼자들이 우르르 몰려와 훌륭한 안락의자를 차지하고 말았다. 의전관은 다시 그들의 손에 물을 붓고, 시녀는 광주리에 빵을 가득 담았으며 값진 잔이 철철 넘치도록 술을 따랐다. 그들은 방금 전까지 향연의 자리에 있다 왔으면서도 산해진미를 모두 먹어치웠다.

그들이 춤추고 노래하고 싶어하자 의전관이 가수 페미오스에게 아름다운 리라를 주었다. 고집 센 구혼자들에게 떠밀린 페미오스는 리라 줄을 뜯으며 마음을 들뜨게 하는 노래를 부르기 시작했다.

구혼자들이 노래에 빠져 있는 동안 텔레마코스는 모습을 바꾼 여신의 귀에 얼굴을 가까이 대고 속삭였다.

"손님! 제가 드리는 말씀을 언짢게 생각하지 말아주십시오. 보십시오, 이 사람들은 여기서 남의 재산을 자신들의 것인 양 갉아먹고 있습니다. 이것은 제 아버지의 재산 아닙니까? 아마도 아버지의 뼈는 바닷가에서 썩고 있거나 파도에 시달리고 있을 겁니다! 아버지는 이들을 벌하러 돌아오시지도 못하겠지요. 그런데 고매한 분이시여, 당신은 누구시며 어디에 사시고 부모님은 또 누구신지 말씀해주실 수 없습니까? 분명 아버지 때부터 저희 집의 손님이실 테지요?"

아테네가 대답했다.

"나는 앙키알로스의 아들 멘테스요. 타포스 섬을 다스리고 있소. 테메세로 가서 청동을 철로 바꾸기 위해 배를 타고 여기까지 온 것이오. 그대의 할아버지 라에르테스에게 여쭤보면 알 것이오. 노인께서는 도시를 떠나 시골에서 고뇌의 나날을 보내고 계시다고 들었소. 그분이 그대에게 우리 두 집안이 조상 때부터 대대로 친분을 맺고 지내온 것을 설명해줄 거요. 나는 그대의 아버님이 벌써 돌아오셨을 줄 알고 찾아왔소. 그런데 그렇지가 않구려. 그대의 아버님은 분명 살아 계실 거요. 아마도 어느 황량하고 외딴 섬에 표류하여 억지로 그 섬에 붙들려 있을 것이오. 하지만 내가 점을 쳐보니 그 섬에 오래 머물러 계시지는 않을 것 같소. 곧 그 섬을 떠나 돌아오실 것이오. 그런데 텔레마코스, 그대는 정말 그의 아들이 분명하구려! 얼굴이 아버님을 꼭 닮았고 부드러운 눈매도 똑같소. 나는 트로이아 원정을 떠나기 전부터 아버님을 알고 있었지만 그 이후로 통 만나지를 못했소. 그런데 이 소동은 어찌 된 일이오? 손님을 접대하는 중이오, 아니면 혼인 잔치라도 치르는 중이오?"

텔레마코스가 한숨을 쉬며 대답했다.

"친절하신 손님, 옛날에 저희 집은 명망이 높았고 부유했습니다. 그러나 지금은 다릅니다. 당신이 보고 계신 여기 있는 사나이들은 모두 이웃 섬에서 왔는데 어머님께 매달려 우리 재산을 갉아먹고 있습니다. 어머니는 재혼을 거부하고 계시지만 그렇다고 안 할 수도 없습니다. 그사이에 이 식충이들이 저의 집을 모조리 갉아먹고 말 테니까요. 얼마 안 가 저도 죽여 없앨 것입니다!"

화가 치밀어 오르는 듯 여신이 말했다.

"아, 누가 뭐라고 해도 그대는 아버님이 필요하오! 이 성가신 식충이들을 궁전에서 어떻게 쫓아버릴 수 있을지 잘 생각하시오. 내가 좋은 방법을 알려주겠소. 내일 구혼자들에게 각자 자기 집으로 돌아가라고 명령하시오. 그리고 그대의 어머님께는 만일 진심으로 재혼을 원한다면 친정으로 돌아가 계시라고 말하시오. 그곳에서 결혼 준비를 하고 지참금도 마련해야 하오. 그리고 그대는 가장 좋은 배에 스무 명의 사공을 태우고 아버지를 찾으러 떠나는 거요. 우선 엘리스 지역에 있는 필로스로 가서 존경받는 네스토르 노인을 찾으시오. 거기서 아무 이야기도 듣지 못하면, 스파르테의 영웅 메넬라오스에게로 가시오. 메넬라오스는 맨 나중에 돌아온 그리스 인이니까. 거기서 혹시 아버님이 살아 계시고 귀향할 것이라는 소식을 듣는다 해도 일 년 정도는 더 참아야 할 것이오. 그러나 만일 아버님이 돌아가셨다고 하면 곧바로 돌아와 아버님 영전에 제물을 바치고 묘비를 세우시오. 궁에 여전히 구혼자가 들끓거든 꾀를 써서 죽이거나 공개적으로 죽일 방법을 생각하시오. 이제 그대는 더는 어린아이도 철없는 소년도 아니오. 저 젊은 오레스테스가 아버지를 죽인 아이기스토스에게 복수해 얼마나 큰 명성을 얻었는지 듣지 못했소? 이제 그대도 늠름하게 자랐으니 잘 처신하시오. 그대도 후세에 칭송받을 만한 일을 해보는 거요!"

텔레마코스는 손님의 유익한 충고와 아버지 같은 배려에 감사했다. 손님이 떠나려 하자 그는 선물을 건넸다. 그러나 멘테스로 변한 여신은 나중에 돌아가는 길에 들러서 받겠다며 사양했다. 그 뒤 여신 아테네는 서둘러 모습을 감춰버렸다. 여신은 굴뚝을 통해 새처럼 날아갔다. 텔레마코스는 손님이 사라지는 모습에 깜짝 놀랐으나, 그가 신인 것을 깨닫고 그의 충고를 깊이 새겼다.

한편 연회장에서는 리라소리와 노랫소리가 끊이지 않았다. 가수는 트로이아에서 돌아온 그리스 인들의 서글픈 귀향을 노래했고 구혼자들은 듣고 있었다. 그때 고독한 페넬로페는 발코니에 앉아 있었다. 노랫소리가 들려오자 그녀는 높은 계단을 내려와 구혼자들이 있는 연회장으로 걸어 들어갔다. 물론 두꺼운 천으로 얼굴을 가린 채였고 곁에는 시녀 둘을 거느리고 있었다. 그녀는 가수 페미오스에게 울면서 말했다.

"훌륭한 가수여! 그대는 슬픈 노래 말고 마음을 즐겁게 해줄 노래도 많이 알고 있을 겁니다. 그런 노래로 이 사람들을 즐겁게 해주세요. 그리고 제 가슴속을 깊이 괴롭히는 그런 슬픈 노래는 그만두세요! 그리스 전체에 명성을 떨치고도 여태껏 돌아오지 않는 남편의 일이 한순간도 제 마음에서 떠나지 않으니까요!"

그러자 텔레마코스가 상냥하게 말했다.

"어머니, 마음을 불태우는 노래를 불러 우리를 즐겁게 해주고 있는데 비난하시면 안 되지요. 죄는 가수에게 있는 것이 아니라 제우스에게 있습니다. 제우스가 그런 노래를 가수에게 불어넣어 자기가 원하는 대로 그를 흥분하게 만드니까요! 그러니 그냥 그리스 인들의 노래를 부르게 하세요. 돌아오지 않은 사람이 아버지 오뒷세우스 한 사람은 아닙니다. 얼마나 많은 그리스 인이 죽었습니까! 사랑하는 어머님께서는 내실로 들어가셔서 할 일을 하시고, 시녀들에게 오늘 해야 할 실 감는 일과 옷 짜는 일을 시키세요. 연설은 남자들이 해야 할 일이고, 특히 이 집을 다스리는 제가 해야 할 일이니까요."

페넬로페는 아들이 이치에 맞게 말하는 것을 보고 놀랐다. 전에는 그렇게 말하는 것을 들어본 적이 없었기 때문이다. 소년이던 아들이 갑자기 청년이 된 것 같았다. 페넬로페는 발코니로 돌아와 외롭게 지내고 있을 남편을 생각하며 눈물을 흘렸다.

텔레마코스는 술에 취해 날뛰며 소란을 일으키기 시작한 구혼자들에게로 걸어가 모두 한곳에 모이라고 외쳤다.

"그대 구혼자들이여, 늘 잔치를 즐기는 것은 좋지만 소란을 피우지는 말아주십시오! 조용하게 가수의 노래에 귀를 기울이는 것도 즐거운 일입니다. 내일 아침 민중회의를 소집하겠습니다. 그때 여러분께 솔직하고도 분명하게 집으로 돌아가달라고 요구할 것입니다. 여러분이 가져온 돈이 바닥나 남의 유산을 완전히 탕진하기 전에 말입니다!"

구혼자들은 이 말을 듣고 입술을 깨물었다. 그러나 그들은 청년의 단호한 말에도 별로 놀라지 않았다. 그들은 청혼을 하려거든 페넬로페의 아버지 이카리오스에게 가라는 텔레마코스의 제안을 무시하고 계속해서 그와 말다툼을 벌였다. 그러다 결국 구혼자들은 흩어졌고, 그제야 텔레마코스도 잠자리에 들 수 있었다.

이튿날 아침 일찍 잠자리에서 일어난 텔레마코스는 복장을 갖추고 어깨에 칼을 멨다. 방을 나선 그는 전령에게 민중회의를 열고 구혼자들도 부르라 명령했다. 많은 시민이 구름처럼 모여들자 텔레마코스가 창을 들고 나타났다. 팔라스 아테네가 기품과 우아함을 심어준 탓에 시민들은 그의 모습에 놀라 눈을 크게 떴다. 원로들도 왕자에게 공손히 자리를 내주었기 때문에 텔레마코스는 부왕 오뒷세우스의 의자에 앉았다.

늙어서 허리가 구부러진, 산전수전 다 겪은 영웅 아이귑티오스에게는 네 명의 아들이 있었다. 맏아들 안티포스는 오뒷세우스와 함께 트로이아 원정에서 돌아오다가 조난을 당했다. 둘째 아들 에우뤼노모스는 구혼자로서 와 있었고, 나머지 두 아들은 집에서 아버지의 일을 돌보고 있었다.

아이귑티오스가 제일 먼저 일어나 말했다.

"오뒷세우스가 출정한 뒤로 우리들은 전혀 모인 적이 없었소. 우리를 모이라고 한 것은 누구의 생각이오? 늙은 사람이오, 아니면 젊은 사람이오? 무슨 이유인지 말하시오. 군대가 쳐들어온다는 소식이라도 있었소? 아니면 나라를 위해 무슨 제안이라도 하고 싶은 거요? 어쨌든 회의를 열다니 기특한 사람이군. 그가 가슴속에 어떤 계획을 갖고 있는지 몰라도 제우스의 은총이 있기를!"

텔레마코스는 이 축복의 말에 고무되어 자리에서 일어나 전령 페이세노르에게서 왕홀을 받아들고 회중의 한가운데로 나아갔다. 그러고는 먼저 늙은 아이귑티오스를 보고 말했다.

"고귀한 노인이시여, 여러분을 소집한 것은 바로 접니다. 저 혼자 걱정하고 괴로워하다가 여러분을 모이시도록 했습니다. 저는 여러분의 지배자인 훌륭한 아버지를 잃었고, 지금 저희 집은 파산 지경에 있습니다. 그리고 어머니 페넬로페는 마음에도 없는 결혼을 강요당하고 있습니다. 제가 구혼자들에게 청혼은 외할아버지 이카리오스를 찾아가서 하라고 제안했지만 전혀 응하지 않고 있습니다. 그들은 매일 저희 집으로 찾아와 소를 잡아먹고 양과 염소로 잔치를 벌입니다. 또 뻔뻔하게도 지하 창고에서 좋은 포도주를 꺼내 마시고 있습니다. 한두 명도 아니고 그 많은 사람에게 제가 무엇을 할 수 있겠습니까? 구혼자들이여! 당신들의 행동이 부당하다는 것을 깨닫고 파렴치한 행동을 부끄럽게 여기시오. 신들의 벌을 두려워하시오! 아버지가 언제 당신들에게 무례한 짓을 하신 적이 있소? 그렇지 않았음에도 그대들은 나의 영혼에 부당한 아픔을 안겨주었소."

텔레마코스는 화가 치밀어 손에 쥐고 있던 왕홀을 땅에 메다꽂았다. 구혼자들은 묵묵히 아무 말도 하지 않았으나, 에우페이테스의 아들 안티노오스가 큰 소리로 반박했다.

"이 거만한 젊은이여, 우리에게 무슨 모욕을 줄 생각인가? 모든 책임은 구혼자들이 아니라 교활한 그대의 어머니에게 있다네. 삼 년이 지나 벌써 사 년이 되어가는데도 그녀는 여전히 우리 그리스 인들의 소원을 비웃고 있지 않은가! 모든 사람에게 호의를 보이면서 때에 따라 이 사나이 저 사나이에게 이야기를 하지만 마음속으로는 전혀 다른 생각을 하고 있지. 우리는 그녀의 계략을 훤히 들여다보고 있네. 그녀는 방에서 커다란 천을 짜기 시작하고는 구혼자를 모아놓고 이렇게 말했었지. '젊은 분들이여, 결혼 결정과 결혼식은 시아버지 라에르테스의 수의를 다 짤 때까지 기다려주세요. 언젠가 시아버님이 돌아가셨을 때 그리스의 여인들로부터 그렇게 명망 높았던 분에게 수의도 제대로 입혀드리지 못했다는 비난은 받기 싫으니까요.' 그녀는 이런 훌륭한 구실로 우리 마음을 사로잡았지. 그런데 사실은 낮에 천을 짜고 밤이 되면 촛불 밑에서 낮에 짜놓은 천을 몰래 다 풀어버렸지. 이렇게 그녀는 삼 년 동안이나 우리 요구를 모른 체하며 그리스 귀족인 우리를 속였네. 시녀들 중 한 사람이 밤에 그녀가 내는 소리를 듣고 알려주었기 때문에 우리가 옷감 짠 것을 풀고 있는 그녀에게 들이닥쳤던 걸세. 그리고 짜던 것을 완성하라고 강요했지. 그러므로 텔레마코스, 우리의 대답은 이러하네. 그대가 그대의 어머니를 아버지에게 보내드리고 싶은 만큼, 외할아버지나 어머니 스스로 선택한 사나이와 결혼시켜드려야 할 걸세. 만일 그녀가 여전히 우리 그리스 귀족을 조롱하고 계속 거짓으로 옷감을 짠다면 우리 역시 계속해서 그대의 유산으로 먹고살겠지. 그대의 어머니가 남편을 선택할 때까지 앞으로 계속 그대의 집에 머무를 걸세!"

텔레마코스가 대답했다.

"안티노오스여! 나는 어머니를 억지로 몰아낼 수 없소. 아무리 아버지의 생사를 모른다지만 나를 낳아 길러주신 어머니를 어떻게 쫓아내겠소. 외할아버지 이카리오스도 신들도 결코 용서하지 않을 거요. 그대들에게 아직 선악을 분간할 마음이 있다면 이 궁전을 나가 다른 곳에서 잔치를 열든지 아니면 그대들의 재산을 쓰시오. 홀로 남은 사람의 유산을 대가도 치르지 않고 먹어치우는 것이 즐겁다면 멋대로 그렇게 해보시오! 나는 제우스 신에게 그대들이 충분한 보상을 치르게 해달라고 큰 소리로 기도할 것이오!"

텔레마코스가 이렇게 말하자 제우스가 하늘에서 징조를 보내주었다. 독수리 두 마리가 산에서 날개를 활짝 펴고 내려와 서로의 곁을 맴돌았다. 독수리는 모여 있는 사람들의 머리 위를 날면서 위협이라도 하듯 아래를 살폈다. 그러더니 서로의 목줄기와 머리를 발톱으로 할퀴고는 다시 날아올라 이타케 섬 오른쪽으로 가버렸다. 이것을 본 새점쟁이 할리테르세스 노인은 구혼자들을 위협하는 무서운 파멸이 다가오고 있다고 해석했다. 그런 다음 그는 '오뒷세우스가 아직 살아 있고 이제 곧 나타날 것이며, 구혼자들은 모두 죽을 것'이라고 예언했다. 그러나 구혼자 중 한 사람인 폴뤼보스의 아들 에우뤼마코스가 그런 징조를 비웃으며 말했다.

"어리석은 늙은이야! 어서 집으로 돌아가 네 자식 운명이나 점쳐라. 우리를 속이려 들지 말고 말이다. 수많은 새가 햇빛을 받으며 날아다니는데 그 모든 것에 뜻이 담겨 있단 말이냐? 오뒷세우스가 먼 곳에서 죽었다는 것보다 확실한 사실은 없어!"

그렇게 구혼자들은 텔레마코스의 어머니가 궁전을 떠나 그녀의 아버지 이카리오스에게로 가서 새 남편을 골라야 한다며 주장을 굽히지

언젠가는 오뒷세우스가 반드시 돌아오리라는 믿음으로 페넬로페는 낮에는 천을 짜고 밤이
되면 촛불 밑에서 낮에 짜놓은 천을 몰래 다 풀어버렸다.

〈등불 옆에서 천을 푸는 페넬로페〉, 조지프 라이트, 1785년, 게티 빌라.

않았다.

텔레마코스도 더는 구혼자들을 몰아세우지 않았다. 그는 행방불명된 아버지를 찾기 위해 필로스와 스파르테로 갈 빠른 배와 노 젓는 사람 스무 명을 백성들에게 부탁했다. 그리고 아버지가 살아 계시다면 일 년 더 기다릴 것이고, 만일 돌아가셨다면 누군가가 어머니와 결혼해도 좋다고 했다. 그러자 오뒷세우스의 친구인 멘토르가 일어났다. 오뒷세우스는 트로이아 원정을 떠날 때 그에게 집안 일을 맡겼고, 그는 라에르테스의 감독 아래 모든 일을 잘 처리해왔다.

멘토르는 구혼자들에게 화를 내며 소리 질렀다.

"만일 왕홀을 가진 왕이 정의와 공정을 잊어버려 항상 화를 내고 포악한 짓을 했다면 사람들의 이런 행동이 놀라운 일은 아닐 것이다! 그대들 중 친절하고 아버지 같았던 지배자인 오뒷세우스를 모르는 자가 있는가? 이 구혼자들은 천벌도 받지 않은 채 그의 재산을 갉아먹고 있군. 오뒷세우스가 다시는 돌아오지 않으리라 믿고 하는 짓들이니 난 아무 말도 않겠다. 그러나 앉아서 구경만 하며 무도한 구혼자들에게 한마디 말도 하지 않는 다른 백성들에게는 화가 난다. 그들보다 머릿수도 훨씬 많지 않은가!"

그러자 가장 뻔뻔스러운 구혼자 중 한 명인 레오크리스토스가 비난하는 멘토르를 비웃으며 말했다.

"언제든지 오뒷세우스를 데려와보시지! 심술궂은 늙은이여, 오뒷세우스가 만찬에 갑자기 나타나 우리를 해칠 수 있는지 어디 한번 봅시다. 페넬로페는 오뒷세우스를 그리워하는 것처럼 보이지만 실은 그의 귀환을 가장 기뻐하지 않으리라는 내 말을 믿기 바라오. 나쁜 운명이 오뒷세우스를 없애주시길! 여러분, 이제 흩어집시다! 멘토르와 새 점쟁이 할리테르세스 노인은 서둘러 텔레마코스가 여행을 떠날 수 있도록 채비하시오. 무엇에 내기를 걸면 좋을까? 텔레마코스는 몇 주가 지나도 떠나지 못하고 여기 주저앉아 있을 것이오. 그리고 이 이타케 섬에서 그의 아버지에 대한 소식이 오기를 고대할 것이오. 그는 결코 여행을 마치지 못할 것이오!"

구혼자들은 떠들썩하게 소란을 피우고는 자리를 떴다. 마찬가지로 민중회의는 아무런 결정도 내리지 못한 채 끝났다. 시민들은 각자 집으로 돌아갔으나, 구혼자들은 다시 오뒷세우스의 궁으로 돌아가 진을 쳤다.

네스토르를 찾아간 텔레마코스

텔레마코스는 해안으로 내려갔다. 그는 밀물에 손을 씻고 나서 전날 사람의 모습으로 궁을 찾아왔던 낯선 신에게 기도를 올렸다. 그러자 팔라스 아테네가 아버지의 친구 멘토르의 모습으로 나타나 목소리도 그와 비슷하게 해서 말했다.

"텔레마코스야, 네 아버지 영리한 오뒷세우스의 정신을 이어받았다면, 또한 지금부터 겁먹지 않고 정신을 차린다면 네가 바라는 일을 행동에 옮길 수 있을 것이다! 나는 네 아버지와 친구였다. 이제 너를 위해 빠른 배를 마련하여 너를 인도해주겠다!"

텔레마코스는 멘토르가 이야기하는 줄로만 믿고 결심을 굳히고는 급히 집으로 되돌아갔다. 가는 도중 젊은 구혼자 안티노오스를 만났다. 그는 웃으면서 텔레마코스에게 손을 내밀며 말했다.

"이 망나니 같은 고집 센 젊은이여, 이제 더는 화를 내지 말게! 지금껏 해온 것처럼 우리와 함께 먹고 마시자고. 여행 준비는 사람들에게 맡기게. 배와 선원이 마련되면 그때 필로스로 가면 되지 않겠나?"

그러나 텔레마코스가 대답했다.

"아니오, 안티노오스. 더는 방탕한 당신들과 조용히 한식탁에 앉아 있을 수가 없소! 난 이제 어린애가 아니오. 내가 필로스로 가든지 아니면 남아 있든지 간에 앞으로 그대들은 다 자란 사나이를 상대해야 할 것이오. 나는 가겠소. 그 어떤 것도 내가 떠나기로 한 이 여행을 방해할 수 없을 거요!"

그렇게 말한 텔레마코스는 안티노오스의 손을 가볍게 뿌리치고는 서둘러 지하 창고로 내려갔다. 거기에는 황금과 청동이 산더미처럼 쌓여 있었으며, 옷상자에는 값비싼 옷들이 담겨 있었다. 또한 벽 쪽에는 향유 단지와 향기로운 포도주 통이 즐비했다. 시녀들의 우두머리 에우뤼클레이아가 그 창고를 지키고 있었다. 텔레마코스가 빗장을 걸어 잠그고는 그녀에게 말했다.

"유모! 포도주를 담은 손잡이 달린 단지 열두 개를 급히 마련하고, 곱게 간 곡식을 스무 말 정도 자루에 채워주세요. 그리고 이것들을 모두 한데 모아주세요. 밤이 되어 어머니가 잠자리에 드시면 가져갈 거니까요. 열이틀이 지나거나 어머니께서 나를 그리워하시면 그때는 제가 아버지를 찾으러 갔다고 말씀드려도 됩니다!"

착한 여시종장은 눈물을 흘리면서 그가 명령한 대로 하겠다고 맹세했다. 그동안 여신 아테네는 텔레마코스의 모습으로 변신해 여행을 함께 떠날 동지들을 모았고, 부자인 노에몬을 찾아가 배를 한 척 빌렸다. 그런 다음 구혼자들의 정신을 흐리게 하자, 그들은 손에서 술잔을 떨어뜨리고 모두 잠에 빠져들었다. 여신은 다시 멘토르의 모습으로 변해 텔레마코스에게 출항을 재촉했다.

잠시 후 둘은 해안으로 나가 선원들을 시켜 식량을 배에 싣도록 하고 자신들도 배를 탔다. 커다란 파도가 배의 밑바닥에서 철썩거렸고 바람도 돛을 한껏 부풀렸다. 그들은 신들에게 술을 바친 후 밤새 순풍을 타고 쏜살같이 항해했다.

태양이 솟아오를 무렵 네스토르의 도시 필로스가 항해자들의 눈앞에 나타났다. 마침 그곳에서는 사람들이 아홉 줄로 서서 검은 수소 아홉 마리를 바다의 신에게 제물로 바치고 있었다. 그들은 제물을 구워 포세이돈에게 바치고 그 나머지를 막 먹으려던 참이었다. 그때 이타케에서 온 사람들이 상륙했다. 멘토르의 모습을 한 아테네는 텔레마코스를 이끌고 필로스 인들이 모인 곳으로 서둘러 인사를 하러 갔다. 그곳에는 네스토르가 아들들과 함께 자리에 앉아 있었다. 그의 친구들은 식사 준비를 했고 시종들은 고기를 꼬치에 꽂아 굽고 있었다.

필로스 인들은 이방인들이 해안에 상륙하여 다가오는 것을 보고 몰려와 두 손을 내밀어 인사했다. 그리고 텔레마코스와 나란히 서 있는 아테네에게 자리를 권했다. 특히 네스토르의 아들 페이시스트라토스가 두 사람의 손을 잡아끌며 친절하게 연회에 초대했다. 그는 아버지 네스토르와 형 트라쉬메데스 사이의 상석에 이들을 앉혔다. 바닷가 모래 위에 푹신한 양털이 깔린 자리였다. 그리고 가장 좋은 고기를 두 사람에게 권했으며 황금 잔에 포도주를 부어 축배를 한 뒤 멘토르로 변한 아테네에게 말했다.

"이국에서 오신 분들이여, 포세이돈에게 기도하고 술을 바치십시오. 젊은 분도 그렇게 하십시오. 모든 사람에게는 신들의 가호가 필요하니까요."

아테네는 잔을 들고 바다의 신에게 네스토르와 그의 아들들 그리고 필로스 인에게 축복을 내려줄 것을 빌었다. 또한 무엇보다 텔레마코스가 바다를 건너온 목적이 이루어지기를 기도했다. 그러고는 술을 땅에 붓고 텔레마코스에게도 똑같이 하도록 권했다. 의식이 끝나자 사람들도 먹고 마셨다. 허기와 갈증이 가신 뒤 늙은 네스토르가 친절하게 말을 걸어 손님들의 이름과 찾아온 목적을 물었다. 텔레마코스는 모두 대답해주었다. 아버지 오뒷세우스에 대해 말할 때는 한숨이 절로 나왔다.

"지금까지 아버지의 운명을 알려고 애썼지만 헛수고였습니다. 아버지가 땅에서 적의 손에 살해되셨는지 아니면 거친 바다에 휩쓸려 돌아가셨는지 알 수가 없습니다. 그러니 혹시 목격하셨거나 지나가는 나그네에게라도 들어서 아버지의 슬픈 최후에 대해 알고 계시다면 말씀해주시길 간청합니다. 동정심에서 저를 위로하지 마시고 사실 그대로 모든 것을 말씀해주십시오!"

"사랑하는 젊은이여!"

네스토르가 대답했다.

"그대가 비참한 그 시절을 잊지 않고 있으니, 그때 어떤 일이 일어났는지를 모두 들어보게."

노인은 트로이아의 성벽 밑에서 죽은 가장 위대한 영웅들의 이야기와 아트레우스의 두 아들의 불화, 끝으로 자기의 귀향에 대해 늙은이답게 자세히 이야기를 늘어놓았다. 그러나 오뒷세우스에 관해서는 아는 바가 없었다. 반면에 뮈케나이의 아가멤논이 죽게 된 사연과 오레스테스의 복수에 대해서는 자세히 들려주었다. 네스토르는 텔레마코스에게 스파르테의 메넬라오스 왕에게 가라고 권했다. 메넬라오스는 폭풍 때문에 먼 해안으로 표류했다가 얼마 전에야 돌아왔으니 아마 오뒷세우스에 관한 소식을 알고 있을지 모른다는 것이었다.

멘토르로 변한 아테네는 제안을 받아들인 뒤 이어서 말했다.

"이렇게 이야기를 나누는 동안 어느새 밤이 깊었습니다. 오늘밤은 이 젊은이가 당신 집에서 묵도록 허락해주십시오. 난 배에서 지내며 그쪽 상황을 돌보겠습니다. 내일 아침에는 카우코네스 족에게 가서 오래전에 그들이 내게 진 빚을 거둬와야겠군요. 텔레마코스를 부탁합니다. 튼튼한 전차에 잘 뛰는 말을 매어 당신 아들과 함께 그를 스파르테로 보내주십시오."

말을 마친 아테네는 홀연히 한 마리 독수리가 되어 하늘로 날아올랐다. 모두들 놀라서 쳐다봤다. 네스토르는 텔레마코스의 손을 잡고 말했다.

"낙담하거나 실망할 필요 없네. 비록 젊은 나이지만 자네를 보호하는 신들이 인도하고 계시잖나! 함께 왔던 그분은 분명 제우스의 딸인 아테네 여신이네. 아테네 여신은 어느 그리스 인보다 용감한 자네 아버님의 명예를 늘 높여주었다네!"

노인은 여신에게 경건한 기도를 올리고는 이튿날 아침에는 한 살된 송아지를 제물로 바치겠다고 맹세했다. 그리고 아들과 사위들과 함께 텔레마코스를 필로스의 왕궁으로 안내해 거기서 묵게 했다. 그들은 왕궁에서 다시 한 번 신에게 술을 바치고 술잔을 돌려가며 마셨다. 그리고 각자 휴식을 취했다. 천장이 높고 널찍한 방에 텔레마코스를 위해 깨끗한 잠자리가 마련되었고, 그 옆에는 네스토르의 용감한 아들 페이시스트라토스가 누웠다.

아침 햇살이 궁전을 환히 비추자 늙은 네스토르 왕이 침대에서 일어나 현관 앞에 섰다. 그는 연회를 위해 현관문 앞에 마련된 희고 아름다운 대리석에 앉았다. 옛날에 그의 아버지 넬레우스가 즐겨 식사하던 자리이기도 했다. 그의 주위로 아들 여섯이 모였는데, 막내아들 페이시스트라토스가 이타케에서 온 손님과 함께 있었다. 그때 네스토르가 아테네에게 제물로 바치기로 맹세한 소가 끌려 나왔다. 소의 뿔에 황금 장식을 하기 위해 금세공장이 라에르케스가 불려왔다.

축하연을 위해 시녀들이 안락의자를 놓고 장작과 물을 준비했다. 배에서 텔레마코스의 동료들이 찾아왔다. 네스토르의 아들들은 금으로 장식한 소뿔을 잡아 소를 끌고 왔고, 또 다른 아들이 대야와 제물로 쓰일 보리를 가져왔다. 넷째 아들은 제물을 잡을 도끼를 가지고 왔고, 다섯째 아들은 소의 피를 받을 큰 접시를 내밀었다. 네스토르의 아내와 딸들이 기도하는 가운데 여섯째 아들 페이시스트라토스가 도끼로 제물이 될 소를 잡았다. 가장 맛있는 부위는 여신을 위해 태우고 그 위에 검은 포도주를 뿌렸다. 그리고 남은 고기는 꼬치에 끼워 구웠다.

텔레마코스는 희생제를 바치는 의식에는 참석하지 않았다. 여행길의 피로를 풀고자 더운물로 목욕을 하러 갔기 때문이다. 목욕이 끝나고 그는 길게 드리워진 아름다운 옷을 입고 화려한 외투로 몸을 감싼 채 사람들 속으로 들어갔다. 모두들 잔치에 취해 있었다. 즐거운 축하연이 끝나자 젊은 손님을 스파르테로 태워 보낼 마차에 아름다운 말이 매어졌다. 시녀장이 빵과 술, 그 밖의 식료품을 싣자 텔레마코스가 자리에 올랐다. 옆자리에는 페이시스트라토스가 앉아 고삐를 잡고 채찍을 휘둘렀다. 말은 나는 듯 달렸다. 어느새 필로스 시는 저 멀리에서 보였다. 그들은 말에게 쉴 틈도 주지 않고 하루 종일 달렸다.

해가 기울고 어둠이 찾아와 어스름한 기운이 내려앉을 무렵 그들은 파라이 도시에 도착했다. 그들은 오르실로코스의 아들인 그리스 인의 고귀한 영웅 디오클레스에게로 갔다. 디오클레스는 여행 중인 왕자들을 따뜻하게 대접했고, 그들은 디오클레스의 성에서 하룻밤을 묵었다.

이튿날 아침이 되자 두 사람은 잘 익은 보리가 물결치는 들판을 계속 달렸다. 저녁 어스름 무렵 두 개의 산맥 사이에 가로놓인 큰 도시, 라케다이몬 또는 스파르테라고 불리는 곳에 드디어 도착했다.

스파르테에 간 텔레마코스

스파르테의 궁전에서는 메넬라오스의 친구와 이웃들이 그를 둘러싸고 즐거운 향연을 벌이고 있었다. 가득 찬 손님들 앞에서 가수는 리라를 뜯었고 두 명의 곡예사가 흥겹게 재주넘기를 했다. 이 나라의 지배자 메넬라오스가 자녀 둘의 약혼식을 동시에 치르는 중이었다.

한 명은 헬레네의 딸인 사랑스러운 헤르미오네였다. 그녀는 아킬레우스의 용감한 아들 네옵톨레모스에게 신부로 보내기로 되어 있었다. 또 한 사람의 자녀는 메넬라오스가 첩에게서 낳은 아들 메가펜테스로 그는 스파르테의 귀족 여인과 약혼했다.

텔레마코스와 페이시스트라토스가 마차를 타고 성문 앞에 도착한 것은 마침 연회로 소란스러울 때였다. 그들을 처음 발견한 메넬라오스의 부하가 왕에게 이방인의 도착을 알렸다.

"잔치가 한창이니 말을 풀어놓고 여인숙에 머물도록 할까요?"

메넬라오스가 짜증을 내며 그에게 대답했다.

"이보게, 용감한 전사 에테오네우스! 무슨 바보 같은 소리를 하는 건가. 내가 다른 사람들에게 얼마나 많이 신세를 졌는가? 그런데 무슨 이유로 이방인들을 나의 거처에서 쫓아내겠는가. 빨리 말들을 풀어놓고 그분들을 잔치에 모셔 오라!"

부하는 시종들과 함께 급히 연회장을 떠났다. 입에 거품을 물고 있는 말들을 마차에서 풀어 마구간으로 끌어다 놓은 뒤 보리가 가득 든 사료도 주었다. 마차는 지붕 밑에 세워두었다. 호화로운 궁전 안으로 안내된 손님들은 상쾌한 목욕으로 여행의 먼지를 씻어냈다. 그런 다음 메넬라오스 왕 앞으로 인도되어 그의 옆에 앉아 굉장한 잔치를 함께했다.

텔레마코스는 궁전의 장식과 보물들에 놀라 친구의 귀에 대고 속삭였다.

"페이시스트라토스, 이것 보게. 둥근 천장을 가진 이 넓은 방에 가득히 빛나는 청동이며 황금과 은, 게다가 하얗게 윤기 나는 상아와 한없이 많은 보화까지 있군. 올림푸스에 있는 제우스 신의 궁전도 이보다 더할 수는 없을 것 같네!"

텔레마코스의 목소리가 어찌나 컸던지 메넬라오스도 충분히 들을 수 있었다.

"젊은이여!"

메넬라오스가 웃으며 말했다.

"제우스는 사람과 비교가 되지 않소! 제우스의 궁전이나 보화는 영원히 사라지지 않는다오. 사람들 중에서 나와 부를 겨룰 자가 없다는 말은 사실이오. 그러나 이런 보화를 가지고 돌아오기까지는 이루 말할 수 없는 수고와 방랑을 해야만 했소. 무사히 돌아오기까지 팔 년이나 걸렸다오. 나는 퀴프로스 섬, 포이니케, 아이귑토스, 아이티오페스, 리뷔에를 헤매고 다녔는데, 특히 리뷔에는 아주 대단한 나라요. 거기는 양이 날 때부터 뿔을 달고 나오고, 암양은 일 년에 세 번이나 새끼를 친다오. 주인과 목동에게 고기나 젖과 치즈가 떨어지는 적이 없다오! 이들 나라에서 많은 재화를 모으는 동안 뮈케나이에서는 형 아가멤논이 부정한 아내의 간계에 걸려 암살자의 손에 살해당했소. 그래서 난 많은 보화를 가지고 있어도 마음이 언짢아 편히 즐길 수가 없소! 그대들의 아버님이 누구신지 모르겠지만, 이런 이야기는 벌써 다 부친으로부터 들었으리라 믿소. 트로이아에서 전사한 영웅들이 아직 살아 있다면 나는 이 재산의 삼분의 일만으로도 만족할 텐데. 또 하나, 생각만 하면 밥도 목으로 넘어가지 않고 밤잠도 제대로 못 이룰 정도로 그 누구보다 나를 슬프게 하는 사람이 있소. 바로 오뒷세우스요. 오뒷세우스보다 더 많은 고통을 겪은 그리스 인은 없소. 오뒷세우스가 살았는지 죽었는지조차 모른다오! 아마 그의 늙은 아버지 라에르테스나 정숙한 아내 페넬로페와 원정 당시 젖먹이였던 아들 텔레마코스가 오래전부터 그를 애통해하고 있겠지."

아무 생각 없이 한 메넬라오스의 말은 텔레마코스의 마음을 슬프게 했다. 그는 눈썹 사이에서 떨어지는 눈물을 느껴 팔을 들어 자주색 외투로 그 눈물을 닦아야만 했다. 이 모습을 스파르테 왕에게 숨길 수는 없었다. 그리하여 스파르테 왕은 곧 젊은이가 오뒷세우스의 아들임을 알아차렸다.

그사이 왕비 헬레네가 향기 나는 자기 방에서 나왔다. 그녀의 아름다움은 여신에 비길 만했다. 우아한 시녀들이 왕비의 주위를 에워쌌다. 한 명은 의자를 가져오고, 다른 한 명은 양털 깔개를 펴고, 또 다른 한 명은 아이귑토스의 테바이 여왕이 선물로 보내온 은제 광주리를 날라 왔다. 광주리에는 털실꾸러미가 하나 가득 들어 있었고 그 위에는 대바늘이 잔뜩 있었다. 왕비는 의자에 앉아 발을 발판에 올려놓더니 호기심 어린 표정으로 새로운 젊은이들에 대해 남편에게 물었다.

"여기 있는 젊은이처럼, 기상이 드높던 오뒷세우스를 닮은 이는 처음 봤어요!"

헬레네가 남편에게 속삭이자 메넬라오스가 대답했다.

"나도 그렇게 생각하오. 손발이나 눈매, 얼굴과 머리털까지 모조리 빼닮았소! 게다가 아까 오뒷세우스가 겪은 곤란을 듣더니 눈물을 흘렸소."

텔레마코스의 동행자인 페이시스트라토스가 이 대화를 듣고 큰 소리로 말했다.

"메넬라오스 왕이시여, 말씀하신 대로 이 사람은 오뒷세우스의 아들 텔레마코스입니다. 너무나 겸손해 그 사실을 솔직히 말씀드리지 못한 것입니다. 제 아버지 네스토르가 저희를 이곳으로 보냈습니다. 혹시 왕에게서 오뒷세우스에 관한 소식을 들을 수 있을까 기대했기 때문입니다."

메넬라오스가 소리 높여 외쳤다.

"오, 신들이시여! 이 젊은이가 내가 가장 사랑하는 친구의 아들이라니! 오뒷세우스가 귀향길에 들러주었다면 내가 온 정성으로 맞이했을 텐데!"

왕이 계속해서 옛 친구를 그리워하는 말을 하자 모든 사람이 눈물을 흘리지 않을 수 없었다. 헬레네와 텔레마코스, 메넬라오스 자신과 네스토르의 아들도 울었다. 트로이아 성 앞에서 아버지를 구하고 죽은 자기 형 안틸로코스가 생각났기 때문이다. 결국 그들은 비통한 심정으로 저녁 만찬을 해봐야 좋지 않다는 생각이 들어 시종이 뿌려주는 물로 손을 닦은 다음 모두 잠자리에 들고자 했다.

이때 제우스의 딸로서 모든 종류의 마법을 알고 있던 헬레네는 재빨리 그들이 마실 마지막 포도주 잔에 근심과 고통스러운 기억을 영혼에서 모두 지울 수 있는 약을 집어넣었다. 누구라도 이 약을 마시면 부모가 죽거나 눈앞에서 아들이나 형제가 적의 칼에 죽더라도 하루 종일 눈물을 흘리지 않을 수 있는 약이었다. 덕분에 그들 모두가 밤이 늦도록 즐거운 대화를 나눴다. 드디어 손님들을 위한 호화로운 자주색 침대와 양탄자가 연회장에 마련되었다. 메넬라오스와 헬레네는 궁전 내실로 향했다.

이튿날 아침 메넬라오스 왕은 어떻게 해서 여행을 떠나오게 되었는지 자세히 물었다. 그리하여 친구 오뒷세우스의 이타케 궁이 어떤 상태에 놓였는지를 알게 되었다. 그는 그곳에서 행패를 부리는 구혼자들에 대해 듣고 격분해 말했다.

"무서운 사람의 거처에서 놀 생각을 하다니 한심한 작자들이구나! 사자가 푸른 골짜기로 동물들을 추적하러 나간 사이 사자의 보금자리에서 사슴이 새끼를 낳고 진을 치고 있구나. 오뒷세우스는 틀림없이 돌아와 놈들을 경악스럽게 끝장내고 말 것이다. 내가 아이귑토스에서 여러 가지 모습으로 변하는 바다의 신 프로테우스를 강제로 잡아 그리스 영웅들이 겪을 운명을 알려달라고 협박했을 때 내게 이런 예언을 들려주었지. '어느 외로운 섬에서 고향을 그리워하며 눈물을 흘리고 있는 오뒷세우스가 보인다. 오뒷세우스는 그 섬에서 요정 칼립소에게 억지로 붙들려 있는데, 고향으로 가고 싶어하지만 배도 없고 사공도 없다.' 사랑하는 텔레마코스여, 이것이 내가 자네 아버지에 대해 말해줄 수 있는 모든 것이다. 자, 열하루나 열이틀 정도 이 궁전에 머물러다오. 떠날 때는 훌륭한 선물을 선사하겠다."

텔레마코스는 고마워했지만 머물지는 않으려 했다. 그래서 하는 수 없이 메넬라오스는 대장장이의 신 헤파이스토스가 만든 이 세상에서 둘도 없이 아름다운 금테두리를 두른 은제 단지를 선물했다. 그리고 염소와 양을 잡아 떠나는 손님들에게 맛있는 아침을 대접했다.

구혼자들의 음모

필로스와 스파르테에서 이런 일이 벌어지는 동안 이타케 섬에서는 구혼자들이 날마다 오뒷세우스의 궁전에서 원반던지기와 창던지기 등 여러 가지 놀이를 즐기며 흥청망청 지내고 있었다.

어느 날 구혼자들 가운데 가장 신분이 높고 품위도 있는 안티노오스와 에우뤼마코스 두 사람이 놀이판에서 벗어나 한편에 앉아 있었다. 이때 프로니오스의 아들 노에몬이 찾아와 말을 걸었다.

"여러분, 텔레마코스가 언제쯤 필로스에서 돌아올 것 같습니까? 그는 내가 빌려준 배를 타고 갔는데 이제 그 배가 필요합니다. 엘리스에 있는 내 목장으로 가서 말 한 마리를 데려와 조련해 써야 하거든요."

두 구혼자는 깜짝 놀랐다. 그들은 텔레마코스가 떠난 것을 전혀 모르고 있었다. 단지 시골에 있는 염소 목장이나 양돈장에 간 줄로만 알고 있었다. 두 사람은 텔레마코스가 노에몬의 배를 강제로 빼앗았다고 생각하고 몹시 화를 냈다. 그러자 노에몬이 그들을 진정시키며 말했다.

"아닙니다. 배는 내가 자진해서 빌려준 것입니다. 그렇게도 아버지를 걱정하는 젊은이에게 누가 거절할 수 있겠습니까? 거절하기가 쉽지 않지요. 게다가 가장 훌륭한 젊은이들이 그를 따라나섰고, 영웅 멘토르가 안내자로 함께 배에 탔어요. 아마도 그 사람은 멘토르의 모습으로 변한 신이 아닐까 하는 생각이 듭니다. 어제 아침에도 멘토르의 모습을 본 것 같거든요."

이렇게 말하고는 노에몬은 구혼자들과 헤어져 아버지의 집으로 돌아갔다. 그러나 남은 두 사람은 뜻밖의 소식에 당황하여 침울해졌다. 그들은 자리에서 일어나 다른 구혼자들이 잠시 경기를 중단하고 둥그렇게 앉아 쉬고 있는 곳으로 갔다. 안티노오스가 몹시 분개하여 그들 가운데에 서서 눈을 번득이며 말했다.

"텔레마코스가 엄청난 짓을 꾸미고 있소. 당돌하게도 배를 타고 떠난 것이오. 우리에게 재난이 닥치기 전에 제우스 신께서 놈을 해치워 주시면 좋으련만! 만약 여러분이 빠른 배와 선원 스무 명을 마련해준다면 내가 이타케와 사메 사이의 해협에 잠복했다가 오뒷세우스를 찾으려는 그들의 여행을 단번에 끝장내겠소!"

그들은 자리에서 일어나 놀이와 회의를 끝내고 궁전으로 들어갔다. 그러나 이 말을 엿들은 자가 있었다. 전령 메돈은 비록 그들의 시중을 들고 있었지만 오래전부터 비열한 구혼자들을 증오해왔다. 그는 궁전 정원 밖에 있었지만 그리 멀리 떨어져 있지 않았기에 안티노오스가 하는 말을 빠뜨리지 않고 모두 들을 수 있었다. 그는 급히 페넬로페의 방으로 달려가 여주인에게 사실을 낱낱이 보고했다. 페넬로페는 끔찍한 계략을 전해 듣고는 가슴이 두근거리고 무릎이 떨려 잠시 동안 할 말을 잊었다. 숨이 막혀왔고 눈에는 눈물이 가득 찼다. 시간이 조금 지나고 나서야 그녀는 겨우 입을 열었다.

"텔레마코스가 왜 여행을 떠났지? 아버지가 죽은 것도 모자라 우리 가문의 대를 완전히 끊어버릴 셈인가?"

그러나 메돈은 그녀에게 어떻게 설명해야 할지 몰랐다. 페넬로페는 방문 앞에 쓰러져 흐느꼈다.

"내게 말도 하지 않고 어떻게 여행을 떠날 수 있는 거냐! 내가 더 좋은 방법을 알려줬어야 했어. 지금 곧 늙은 종 돌리오스를 시아버님 라에르테스에게 보내 모든 사실을 알려드려라. 경험 많은 노인께서 분명 무슨 대책을 마련해주실 거야!"

그러자 늙은 시녀 에우뤼클레이아가 입을 열어 말했다.

"주인님께서 저를 죽이시더라도 더는 숨길 수가 없습니다. 사실 저는 다 알고 있었습니다. 제가 텔레마코스 님이 요구하신 모든 것을 준비해드렸습니다. 열이틀이 지나거나 주인님께서 아드님을 그리워하시기 전까지는, 이번 여행에 대해 아무 말 하지 않겠다고 맹세했습니다. 그러니 주인님께서는 이제 목욕을 하고 새 옷으로 갈아입으신 다음, 시녀들을 데리고 발코니로 나가십시오. 그곳에서 제우스의 딸인 아테네 여신에게 텔레마코스를 지켜달라고 간청하는 기도를 올리시는 게 좋겠습니다."

페넬로페는 노파의 충고에 따라 엄숙한 기도를 올린 뒤 식사도 하지 않고 슬픔에 잠겨 뒤척이다 잠이 들었다. 그러자 아테네가 페넬로페의 동생이자 영웅 에우멜로스의 아내인 이프티메를 꿈에 나타나게 했다. 이프티메는 페넬로페를 위로하고 아들 텔레마코스가 돌아온다고 알리고는 말을 이었다.

"걱정하지 말아요. 조카에겐 누구나 부러워하는 훌륭한 안내자가 동행하고 있어요. 바로 팔라스 아테네가 함께하고 있답니다. 여신이 텔레마코스를 구혼자들로부터 지켜주실 거예요. 저를 언니한테 보낸 것도 아테네 여신이에요."

말이 끝나자 이프티메의 환영은 닫힌 문 너머로 사라졌다. 페넬로페는 기쁨과 기운을 되찾고 잠에서 깨어났다. 그녀는 진실을 말해주는 새벽꿈을 믿었다.

　그사이 구혼자들은 계획대로 배를 마련했다. 안티노오스가 용감한 선원 스무 명과 함께 배에 올랐다. 이타케 섬과 사메 섬 사이의 해협 중간에는 깎아지른 절벽으로 된 바위섬이 있었는데, 안티노오스는 이 섬에 배를 대고 매복하여 텔레마코스 일행을 기다렸다.

오뒷세우스, 칼립소와 헤어져 폭풍에 휩쓸리다

제우스의 전령 헤르메스가 공중에서 바다로 내려왔다. 헤르메스는 갈매기처럼 큰 파도 사이를 날아 신들의 회의에서 결정된 대로 칼립소의 섬 오귀기에로 찾아왔다. 그는 아름다운 곱슬머리를 가진 요정 칼립소가 집에 있는 것을 보았다. 부엌에서는 연기가 피어올랐고, 삼나무 장작이 타는 냄새가 온 섬에 퍼지고 있었다. 칼립소는 방에 앉아 맑은 목소리로 노래 부르며 황금 실패를 잡고 아름다운 천을 짜고 있었다.

　칼립소의 방이 있는 동굴은 개암나무, 포플러나무, 삼나무가 우거진 숲의 그늘에 가려져 있었다. 숲에서는 푸른 매, 올빼미, 까마귀 같은 온갖 새가 날아다녔다. 바위로 만든 차양 위에는 포도덩굴이 덮여 있었고 무성한 잎사귀 사이로 가지가 휘어질 만큼 잘 익은 포도송이가 먹음직스럽게 달려 있었다. 동굴 근처에서 네 개의 샘이 솟아나 사이좋게 사방으로 흘러 푸른 초원을 촉촉히 적셔주었다. 그 초원에는 씀바귀와 담쟁이, 그 밖의 약초와 꽃이 가득했다.

신들의 전령인 헤르메스는 이토록 훌륭한 곳에 자리 잡은 요정의 집에 감탄했다. 그는 넓은 동굴 안으로 들어갔다. 칼립소는 신들의 전령이 가까이 오는 것을 봤고, 보자마자 그가 누구인지 금세 알았다. 신들은 멀리 떨어져 살고 있어도 서로의 모습을 잘 알아볼 수 있기 때문이었다. 그러나 헤르메스는 그곳에서 오뒷세우스를 발견하지 못했다. 언제나 그렇듯 오뒷세우스는 해안가에 앉아 눈물을 흘리며 거친 바다를 앞에 두고 고향 생각에 빠져 있었다.

칼립소는 헤르메스 신을 진정으로 환영했다. 그러나 그가 가져온 소식을 듣고 놀라 멈칫했다가 겨우 말을 꺼냈다.

"잔인하고 시기심 많은 신들이여! 불사의 신이 죽을 수밖에 없는 운명의 인간을 사랑하는 남편으로 선택하는 것을 그냥 두고 볼 수 없다는 겁니까? 부서진 배의 용골에 매달려 이곳 해안 기슭으로 떠밀려 온 사람을 죽음에서 구해주었는데 그와 인연을 맺어서는 안 된단 말인가요? 용감한 그의 친구들은 모두 바다 밑으로 가라앉았고 배는 벼락을 맞았지요. 그는 혼자서 나뭇조각을 타고 이곳까지 흘러왔습니다. 나는 불쌍한 조난자를 따뜻하게 맞아 음식을 주고 기운을 북돋워줬습니다. 게다가 나는 그에게 죽지 않고 영원한 청춘을 누리게 해주겠다는 약속까지 했어요. 그러나 제우스의 명령을 피할 도리는 없겠지요. 그가 다시 끝없는 바다로 나가도 좋아요. 대신 나보고 그를 호송하라는 무리한 요구는 하지 마세요. 내 배에는 선원도 없고 노도 없어요! 하지만 그가 무사히 고향 바닷가에 도착할 수 있도록 훌륭한 조언은 해줄 생각입니다."

칼립소의 대답에 만족한 헤르메스는 다시 서둘러 올림푸스로 올라갔다. 칼립소는 상심한 오뒷세우스가 앉아 있는 해안가로 내려가 그의 곁에 다가가 말을 걸었다.

"불쌍한 친구여! 당신의 삶을 더는 우울하게 흘려보내지 마세요. 당신을 보내드리겠어요. 어서 튼튼한 각목을 잘라 청동으로 이어 뗏목을 짜고 가장자리에는 높은 판자를 붙이세요. 내가 물과 포도주와 음식을 실어드리고 옷도 드리겠어요. 그리고 육지에서 순풍을 보내드리지요. 신들이 당신을 무사히 고국으로 인도해주시길 빌어요!"

오뒷세우스는 의심스러운 눈초리로 여신을 보며 말했다.

"아름다운 요정이여, 당신은 분명 다른 생각이 있는 것 같소! 나를 해칠 재앙을 꾸미고 있지 않다고 신들에게 맹세하기 전에는 절대로 뗏목을 타지 않겠소."

칼립소가 살며시 웃더니 오뒷세우스를 상냥하게 어루만지며 대답했다.

"쓸데없는 걱정은 하지 마세요. 대지와 하늘과 저승의 강 스튁스를 걸고 맹세컨대 나는 조금도 당신을 해칠 생각이 없어요! 그런 곤경에 빠졌을 경우를 생각해 조언을 드리는 거예요."

그렇게 말한 칼립소가 앞서 걸어가자 오뒷세우스가 그 뒤를 따랐다. 오뒷세우스와 칼립소는 동굴로 들어가 석별의 정을 나누었다.

곧 뗏목이 짜였다. 닷새째 되는 날, 오뒷세우스의 배는 돛에 바람을 잔뜩 안았다. 바닷물이 차오르자 오뒷세우스는 노를 잡고 익숙하게 배를 조종하며 나아갔다. 그리고 잠도 자지 않고 끊임없이 하늘의 별을 보며 칼립소가 가르쳐준 별의 위치로 진로를 잡았다. 그렇게 그는 열이레 동안 항해를 계속했다. 열여드레 째 되는 날 드디어 어렴풋이 떠 있는 파이아케스 족 나라의 산맥이 보였다. 그의 눈앞에 펼쳐진 검은 산맥은 검푸른 바다 위에 방패를 엎어놓은 형상이었다.

그런데 그때 아이티오페스에서 돌아오던 바다의 신 포세이돈이 솔 뤼모이 족의 산에서 오뒷세우스를 봤다. 바다의 신은 신들의 마지막 회의에 참석하지 않았었다. 그는 자기가 없는 틈을 타 신들이 오뒷세 우스를 도와주려 한 사실을 알아차렸다.

"좋아, 그렇다면!"

바다의 신이 혼잣말로 중얼거렸다.

"어디 톡톡히 혼 좀 나봐라!"

포세이돈은 구름을 모으고 삼지창으로 바닷물을 일으킨 다음 온갖 폭풍을 불러일으켜 서로 싸우게 했다. 그러자 땅과 바다가 완전히 어 둠에 휩싸였다. 모든 폭풍이 오뒷세우스의 뗏목 둘레로 쌩쌩 소리를 내며 지나가자 오뒷세우스의 심장이 방망이질치고 무릎이 덜덜 떨렸 다. 그는 이럴 바에야 트로이아 인의 창에 맞아 죽는 편이 훨씬 나았 겠다고 탄식했다. 그러나 한숨을 쉬는 동안 큰 파도가 위에서부터 덮 쳐와 뗏목을 소용돌이 속으로 처박았다. 얼이 빠진 그의 손에서 키가 빠져나갔다. 뗏목은 산산조각이 났고 돛대와 활대도 성난 바다 위로 여기저기 흩어져버렸다. 오뒷세우스는 성난 물결에 휘말리고 말았다. 젖은 옷이 그의 몸을 점점 더 깊은 바다로 잡아당겼다.

오뒷세우스는 가까스로 바다 위로 다시 떠올라 짠 바닷물을 토해내 고 뿔뿔이 흩어진 뗏목 쪽으로 헤엄쳐 갔다. 그리고 다행스럽게도 가 장 커다란 조각을 잡아서는 그 한가운데에 올라탔다. 가을바람에 날 리는 낙엽처럼 산산조각 난 뗏목을 타고 표류하는 오뒷세우스를 본 바다의 여신 레우코테아가 이 불쌍한 조난자를 딱하게 여겼다. 그래서 소용돌이치는 파도에서 물개처럼 뗏목조각 위로 뛰어올라 말했다.

"오뒷세우스, 내 말을 들어요! 옷을 벗고 뗏목을 폭풍에 맡기세요. 여기 있는 내 베일을 가슴에 두른 다음 바다가 주는 공포를 무시하고 헤엄을 치세요."

오뒷세우스가 베일을 받자 여신은 사라졌다. 오뒷세우스는 잘못 본 것이 아닌가 싶었지만 바다의 여신의 충고를 따랐다. 포세이돈이 가장 거칠고 큰 파도를 보내자 뗏목의 나머지 부분마저 완전히 산산조각 났다. 오뒷세우스는 각목 하나를 마치 말 타듯 올라탄 뒤 칼립소가 선물한 길고 무거운 옷을 벗어던졌다. 그러고는 여신의 베일을 가슴에 두르고 밀려오는 파도 사이로 뛰어들었다. 오뒷세우스가 대담하게 바다로 뛰어드는 것을 보자 포세이돈은 고개를 가로저으며 말했다.

"그렇게 파도 속을 헤매라! 비참하게 만들어주겠다!"

이렇게 말하고 바다의 신은 궁전으로 돌아갔다. 이리하여 오뒷세우스는 이틀 낮 이틀 밤을 큰 파도에 시달리며 바다 위를 떠돌아야 했다. 드디어 깎아지른 절벽에 파도 부딪히는 소리가 들리고 숲이 우거진 육지가 보였다. 그곳까지 어떻게 해서든지 헤엄쳐 가야 한다고 마음을 먹기도 전에 그는 산더미 같은 파도에 휩쓸려 저절로 해안가에 닿았다.

오뒷세우스는 두 손으로 바위 모서리를 잡았다. 그러나 거센 파도가 순식간에 다시 밀려와 그를 바다로 끌어당겼다. 오뒷세우스가 살기 위해 필사적으로 헤엄을 치는 동안 마침내 알맞게 얕은 물가와 작은 강물이 바다로 쏟아지고 있는 만이 보였다. 여기서 오뒷세우스는

폭풍에 휘말린 오뒷세우스는 가까스로 바다 위로 다시 떠올라 짠 바닷물을 토해내고 뿔뿔이 흩어진 뗏목 쪽으로 헤엄쳐 갔다. 가을바람에 날리는 낙엽처럼 산산조각 난 뗏목을 타고 표류하는 오뒷세우스를 본 바다의 여신 레우코테아가 이 불쌍한 조난자를 딱하게 여겨 자기 베일을 던져주며 거친 파도를 빠져나갈 방법을 알려주었다.

〈오뒷세우스와 레우코테아〉, 알레산드로 알로리, 1580년경, 토스카나 은행.

이 강의 신에게 간절히 기도를 올렸고 그의 소원이 이루어져 바다가 잔잔해졌다. 그가 육지로 헤엄쳐 갈 수 있게 되었다. 오뒷세우스는 소리도 내지 못하고 숨도 쉬지 못한 채로 땅에 푹 쓰러졌다. 입과 코로 계속 바닷물이 들어왔다. 그는 긴장감으로 온몸이 뻣뻣하게 굳은 채 그만 정신을 잃고 말았다.

다시 숨을 쉬기 시작하고 의식을 되찾자 그는 여신 레우코테아에게 감사를 드렸다. 그리고 여신에게 돌려주려고 베일을 물결 위로 던졌다. 그러고는 갈대 속에 몸을 내던지듯 주저앉아 다시 밟을 수 있게 된 대지에 입을 맞추었다.

살을 에는 밤바람이 동쪽에서 불어와 벌거벗은 오뒷세우스는 온몸이 얼어붙는 것 같은 추위에 몸을 떨었다. 언덕으로 올라가 근처 숲속에 몸을 숨기는 게 좋을 듯했다. 그는 야생의 올리브나무와 손질한 올리브나무 두 그루가 얽힌 부분 아래에서 쉴 만한 곳을 찾았다. 잎이 우거진 나무 밑에는 바람도 비도 햇빛도 새어들지 않았다. 오뒷세우스는 그곳에 낙엽을 잔뜩 쌓아 잠자리를 만들고는 그 속으로 들어가 몸 위에 잎을 가득 덮었다. 금세 기분 좋은 잠이 눈꺼풀에 내려앉아 여태껏 겪어온 고난과 앞으로 겪어야 할 고난을 모조리 잊게 했다.

오뒷세우스와 나우시카아의 만남

오뒷세우스가 숲속에 누워 피로로 인한 잠에 취해 있는 동안 그의 수호신 아테네는 자애롭게 오뒷세우스를 돌보아주었다. 오뒷세우스가 도착한 곳은 스케리아 섬으로, 이곳에 훌륭한 도시를 세운 파이아케스 족의 영토였다. 아테네 여신은 급히 현명한 왕 알키노오스가 나라를 지배하고 있는 그곳으로 갔다.

여신은 왕궁으로 가서 시집가지 않은 공주 나우시카아의 침실을 찾았다. 그녀는 여신처럼 아름답고 우아했다. 천장이 높고 밝은 방에 곤히 잠든 공주를 시녀 두 사람이 지키고 있었다. 아테네는 산들바람처럼 공주의 침대로 가서 머리맡에 서더니 소꿉동무로 변했다. 그리고 공주의 꿈속에 나타나 말을 걸었다.

"어머나, 게으름뱅이 아가씨! 그러다가 어머님에게 얼마나 꾸중을 들으려고. 너는 빨지 않고 장롱 안에 넣어둔 네 고운 옷을 한 번도 꺼내 손본 적이 없지? 결혼식이 다가오면 너와 네 들러리를 위해 아름다운 옷이 필요할 거야. 그럼 어떻게 해야지? 네가 사랑하는 부모님도 깨끗한 옷을 보면 정말 기뻐하실 거야! 날이 밝거든 어서 일어나 옷을 빨러 가자꾸나. 내가 따라가서 빨리 끝내도록 도와줄게. 너도 조금 있으면 시집갈 몸 아니니? 벌써부터 이 나라 귀족들이 아름다운 공주를 아내로 삼으려 하고 있으니까!"

여신이 공주를 떠났다. 공주는 황급히 잠자리에서 일어나 부모님 방으로 갔다. 어머니는 이미 화롯가에 앉아 시녀들과 함께 보랏빛 비단을 짜고 있었다. 왕은 현관에서 딸과 마주쳤다. 왕은 파이아케스의 주요 인사들에게 모이라고 명령했기 때문에 그리로 가는 길이었다. 공주는 아버지의 손을 잡고 어리광 부리듯 말했다.

"아버지, 마차 좀 내주세요. 제가 가진 소중한 옷을 빨러 강가로 갈 수 있게요. 옷이 아주 더러워졌어요. 아버님도 깨끗한 옷을 입고 회의에 나가시는 게 좋겠어요. 아직 장가를 가지 않은 아들 셋을 포함해 다섯 아들들도 외출할 때나 무도회에 갈 때 깨끗이 빤 옷으로 훌륭하게 치장하고 싶어할 거예요. 모두 제가 해야 할 일이지요!"

공주는 자신의 결혼을 생각하고 그렇게 말한 것이었지만 속마음을 아버지한테 말하기가 부끄러웠다. 그러나 아버지는 금방 알아채고 말했다.

"그래, 커다란 짐마차와 나귀를 쓰도록 해라. 곧 시종들에게 일러 준비시키마!"

나우시카아는 방에서 고운 옷을 가져다가 짐마차에 실었다. 어머니가 가죽부대에 담은 포도주와 빵 그리고 채소도 함께 실어주었다. 또한 나우시카아가 마차에 올라타자 어머니는 시녀들과 함께 목욕을 하고 나서 몸에 바를 올리브기름이 담긴 병도 주었다.

나우시카아는 마차를 잘 몰았기 때문에 손수 채찍과 고삐를 잡고 시녀들과 함께 깨끗한 강기슭으로 향했다. 그곳에서 그녀는 나귀를 마차에서 풀어주고 우거진 초원에서 한가로이 풀을 뜯게 했다. 그런 다음 커다랗게 파인 물웅덩이로 옷가지들을 날랐다. 부지런한 소녀들이 밟기도 하고 비비기도 하면서 빨래를 했다.

빨래가 끝나고 깨끗한 조약돌이 깔린 해안가에 모든 옷가지를 차례로 펼쳐놓았다. 그런 다음 소녀들은 함께 목욕을 하고 몸에 올리브기름을 골고루 발랐다. 그리고 물가의 초원에 앉아 가져온 음식을 맛있게 먹으면서 햇볕에 빨래가 마르기를 기다렸다.

아침식사가 끝나자 소녀들은 쓰고 온 베일과 거추장스러운 옷을 벗고는 초원에서 춤을 추거나 공을 가지고 즐겁게 놀았다. 나우시카아가 먼저 노래를 부르기 시작했다. 그녀의 아름다움과 우아한 얼굴은 다른 소녀들보다 뛰어났다. 모두들 노래를 따라 부르며 즐거워했다. 그런데 나우시카아가 공을 상대편에게 던지는 순간, 숨어 있던 아테네가 공이 옆으로 빗나가게 했다. 그래서 공은 상대편 손에서 벗어나 강으로 굴러 떨어졌다. 이를 본 소녀들이 일제히 큰 소리로 외치는 바람에 근처의 올리브나무 밑에서 자고 있던 오뒷세우스가 눈을 떴다. 그가 귀를 기울이더니 몸을 일으키며 중얼거렸다.

"도대체 어떤 종족이 사는 곳에 온 거지? 내가 야만적인 도적떼 소굴에 들어온 것은 아니겠지? 산의 요정이나 샘물의 요정처럼 즐거운 소녀들의 목소리가 들리는구나. 이제야 내가 사람답게 사는 사람들 근처에 와 있는 모양이다!"

오뒷세우스가 혼잣말을 했다. 그는 오른손으로 우거진 관목에서 잎이 가득 붙은 작은 가지를 꺾어들어 발가벗은 몸을 감춘 채 숲속에서 나와 모습을 드러냈다.

수많은 고난을 겪은 오뒷세우스가 고운 처녀들 틈에 서자 마치 산에 사는 야수와 같은 몰골이었다. 게다가 개펄 흙을 뒤집어쓰고 있었기 때문에 처녀들은 그가 바다귀신인 줄 알고 바닷가 모래톱으로 이리저리 도망쳤다. 그러나 나우시카아만은 그 자리에 그대로 서 있었다. 아테네가 그녀의 가슴에 용기를 불어넣었던 것이다. 그녀는 이방인을 향해 돌아섰다.

오뒷세우스는 처녀에게 다가가 도시로 가는 길을 가르쳐달라고 무릎을 꿇고 말하는 것이 좋을지, 아니면 멀리 떨어진 곳에서 공손하게 간청하는 편이 나을지를 생각하느라 망설였다. 그는 멀리서 공손하게 간청하는 것이 좋겠다고 생각하고 그녀를 불렀다.

"여신인지 처녀인지 모르겠지만 당신에게 간절히 청합니다! 당신의 모습이나 아름다움이 아르테미스를 닮았군요. 당신이 사람이라면 부모와 형제는 축복을 받은 사람이라고 찬양하고 싶습니다. 당신을 신부로 맞아 집으로 데려가는 사람은 가장 운 좋은 사람일 겁니다. 그러니 저를 자비의 눈으로 보아주십시오. 저는 이루 말할 수 없는 고초를 겪었습니다. 오귀기에 섬을 빠져나온 지가 어제로 스무 날이 됩니다. 폭풍에 휩쓸려 바다를 표류하다가 이름도 알 수 없고 아는 사람도 없는 이곳까지 가까스로 떠밀려온 것입니다. 부디 저를 불쌍히 여겨주십시오! 나의 몸을 가릴 것도 좀 주시고 당신이 살고 있는 마을도 가르쳐주십시오. 신들이 그대에게는 마음이 원하는 남편을, 그대의 집에는 평화와 화목을 내려주시길 빌겠습니다."

그 말을 듣고 나우시카아가 대답했다.

"이방인이여, 당신은 나쁘거나 어리석은 사람 같지 않군요. 저와 우리 도시에 도움을 청한 이상 옷이든 그 밖의 무엇이든 원하시는 것을 드리겠습니다. 도시의 이름도 우리 민족의 이름도 가르쳐드리지요. 이들과 이 나라에 사는 사람들은 파이아케스 족이며, 저는 위대한 왕 알키노오스의 딸입니다."

이렇게 말하고 그녀는 시녀들에게 용기를 불어넣어주었다. 그리고 이방인에 대한 공포심을 가라앉히며 시녀들을 불러 모았다. 시녀들은 꼼짝도 않고 서로 미루기만 하다가 겨우 공주의 말에 따랐다.

오뒷세우스가 강가의 한적한 곳에서 목욕을 마치자 시녀들은 가져온 옷 가운데 외투와 긴 옷을 골라 숲속에 내려놓았다. 오뒷세우스가 묵은 때를 씻고 향유를 바른 뒤 공주에게서 얻은 옷을 입자 몸에 꼭 맞았다. 게다가 수호신 아테네가 그의 모습을 한층 아름답고 완벽해 보이도록 치장해주었다. 여신은 그의 머리에서 아름다운 곱슬머리가 흘러내리게 했고 얼굴과 어깨에 우아함을 주었다. 그렇게 아름다운 모습으로 오뒷세우스가 강가의 숲에서 나와 처녀들 옆에 앉았다.

나우시카아는 오뒷세우스의 훌륭한 모습을 놀라움으로 바라보면서 시녀들에게 말했다.

"분명 모든 신이 이분을 박해하지는 않는 것 같아. 신들 가운데 어느 한 분이 이분을 보호하면서 파이아케스 족의 나라로 데리고 오신 거야. 처음에는 그렇게 볼품없더니 지금은 그야말로 신과 같지 않은가! 아, 우리 도시에도 이런 사람이 있어 내 남편이 될 운명이라면 얼마나 행복할까. 자, 어서 이 이방인에게 마실 것과 먹을 것을 드려 기운을 차리시게 해드려라!"

식사가 마련되자 오뒷세우스는 오랫동안 못 먹었던 음식을 먹고 마시며 원기를 회복했다. 그런 다음 빨아 말린 옷가지를 모두 나귀가 끄는 마차에 실었다. 나우시카아는 마부 자리에 탔다. 그리고 오뒷세우스에게는 걸어서 시녀들과 함께 마차를 따라오게 했다.

"초원과 밭을 지날 때까지만 따라오세요."

나우시카아는 상냥하게 말을 이었다.

"그러면 곧 도시가 보일 겁니다. 높은 성벽이 도시를 둘러싸고 있습니다. 바다를 따라 도시가 세워졌기 때문에 도시 양편에는 좁은 통로가 이어지는 훌륭한 항구가 있습니다. 도시에는 광장과 함께 바다의 신 포세이돈의 장엄한 신전이 있고, 그곳에서는 그물이나 돛과 노 등

배의 연장 같은 것을 팔고 있어요. 파이아케스 족은 활이나 화살은 거의 다룰 줄 모르지만 대신에 다들 뛰어난 뱃사람이거든요. 선량한 이방인이시여, 나는 우리가 도시 근처로 갔을 때 사람들 입에 오르내리는 것을 피하고 싶습니다. 여기 사람들은 아주 뻔뻔하니까요. 농부가 우리를 보면 이렇게 말할 겁니다. '아주 멋지고 훌륭한 이방인이 나우시카아를 따라가는군! 어디서 저런 사람을 발견했을까. 저 사람은 분명히 그녀의 남편일 거야!' 그것은 제게 너무 가혹한 이야기예요. 만일 제 친구가 결혼 전에 부모도 알지 못하는 낯선 사나이와 어울리면 저도 그 친구를 좋아하지 않을 테니까요. 그러니까 당신은 샘이 솟아 초원으로 흘러나오고 아테네 여신이 거룩하게 여기는 포플러나무 숲에 도착하면, 그곳에서부터 도시에 도착할 때까지는 전령의 목소리가 겨우 들리는 거리에 멀리 떨어져 계세요. 그리고 우리가 도시에 들어갈 때쯤 뒤를 따라와주세요. 아버지의 궁은 훌륭하니까 다른 집들과 금세 구별될 거예요. 그곳에서 어머니의 무릎을 안고 청하세요. 어머니의 호의를 얻게 되면 당신은 반드시 조상들이 계신 고향을 다시 볼 수 있을 거예요."

나우시카아는 그렇게 말한 다음 마차를 몰았다. 천천히 가는 마차 뒤를 시녀들과 오뒷세우스가 따랐다. 그는 아테네의 성스런 숲에 머물러 여신에게 보호자가 되어달라고 간청하는 기도를 올렸다. 아테네는 그의 기도를 들었다. 그러나 여신은 근처에 있는 아버지의 형제 포세이돈이 두려웠다. 그래서 낯선 지역에서 그에게 모습을 드러내려 하지 않았던 것이다.

공주 나우시카아는 어느새 아버지의 궁전에 도착했다. 그때 오뒷세우스는 신성한 숲을 나와 도시로 가는 길에 접어들고 있었다. 아테네가 여전히 떠나지 않고 그를 지켰다. 불손한 파이아케스 족이 무기도 없는 오뒷세우스에게 해를 끼칠까 봐 주위를 어둡게 만들어 그를 알아보지 못하게 했다. 성문 바로 근처까지 왔을 때, 아테네는 물동이를 손에 든 젊은 파이아케스 족 소녀의 모습으로 변해 오뒷세우스 앞에 나타났다.

"아가씨!"

오뒷세우스가 말을 걸었다.

"알키노오스 왕의 궁전으로 가는 길을 알려주지 않겠습니까? 나는 먼 나라에서 온 길 잃은 이방인입니다. 아는 사람이 전혀 없어요."

소녀의 모습으로 변신한 여신이 말했다.

"알려드리고말고요. 선량한 분이여, 존경받는 저의 아버지가 바로 근처에 살고 계세요. 조용히 저를 따라오세요. 이곳 사람들은 이방인에게 그다지 호의적이지 않거든요. 대담한 바다에서 사는 것이 이곳 사람들을 완고하게 만들었나 봐요!"

이렇게 말하면서 여신은 잰걸음으로 앞장섰고 오뒷세우스가 그 뒤를 따랐다. 아무도 그를 알아보지 못했기에 오뒷세우스는 탈 없이 항구와 배 그리고 탑이 솟아 있는 도시의 성벽을 감탄하며 구경할 수 있었다.

조금 있다가 아테네가 입을 열었다.

"나그네 아저씨, 이것이 알키노오스 왕의 궁이에요. 걱정 말고 곧장 들어가세요. 무슨 일에서든지 용감한 사람이 성공하는 법이니까요! 그리고 한 가지 말씀드리자면 우선 왕비를 찾으세요. 왕비는 아레테라고 하며 원래는 왕의 조카입니다. 선왕인 나우시토오스는 거인족 왕인 에우뤼메돈의 딸 페리보이아가 포세이돈과의 사이에서 낳은 아들인데, 선왕 또한 두 아들을 낳았지요. 그중 한 분이 우리의 왕인 알키노오스이고 다른 한 분이 렉세노르예요. 렉세노르는 오래 살지 못하고 딸 하나만 남겨놓았지요. 그 딸이 우리의 왕비 아레테입니다. 알키노오스는 지상에서 더 이상 존경할 수 없을 정도로 그녀를 존경하고 모든 백성이 또한 그녀를 존경하지요. 왕비님은 분별력이 뛰어나 남자들의 싸움도 그 지혜로 해결해주십니다. 만약 아저씨가 왕비님께 호의를 품고 그분을 아저씨 편으로 만들 수만 있다면 아무 걱정이 없을 거예요."

변신한 여신은 이렇게 말하고 사라졌다. 오뒷세우스는 화려한 궁전을 넋 놓고 바라보며 가만히 서 있었다. 치솟은 궁전은 마치 태양처럼 빛났다. 문턱에서 맨 안쪽까지 청동으로 만든 담이 양옆으로 서 있고, 그 담들은 푸른 강철로 장식되어 있었다. 궁에는 안에서 잠그는 황금색 문이 있었는데, 청동 주춧돌로 받친 문기둥에는 황금 화환이 새겨져 있으며 문의 고리는 금이었다. 문 좌우에는 헤파이스토스가 만든, 금과 은으로 된 개가 왕궁 문지기처럼 앉아 있었다.

오뒷세우스가 넓은 홀로 들어가자 왕들이 향연 때 항상 앉는 안락의자가 둥글게 놓여 있었다. 그 의자 위에는 아름답게 수놓은 양탄자가 덮여 있었다. 파이아케스 족은 사교적이어서 먹고 마시기를 좋아했다. 높은 받침대 위에는 황금 소년 조각상들이 있었는데 그들이 뻗은 손에서는 횃불이 들려 불타고 있었다. 그 횃불이 밤의 연회 때마다 손님들을 비춰주는 것이었다. 궁전에는 쉰 명의 시녀가 있었다. 그녀들은 맷돌로 곡식을 갈거나 옷감을 짜거나 앉아서 물레를 돌렸다. 이 나라의 사내들이 뱃사람이었다면 여인들은 뛰어난 직녀였다.

궁전 밖에는 사각형 모양으로 십 헥타르 규모의 정원이 펼쳐져 있고 둥근 기둥으로 이어진 울타리가 쳐져 있었다. 정원에는 잘 익어가는 배나무와 무화과나무, 석류나무, 올리브나무, 사과나무가 심어져 있었는데 여름이나 겨울이나 늘 과실이 열려 있었다. 파이아케스 나라에는 사시사철 따뜻한 서풍이 불어 어떤 나무가 꽃을 피우는 동안 어떤 나무에서는 항상 열매가 열렸다.

정원에서 이어지는 평지로는 포도밭이 한없이 펼쳐져 있었고 한쪽에서는 햇볕을 받아 포도알이 무르익고 있었다. 다른 한쪽에는 압착장으로 보낼 포도송이가 쌓여 있었다. 또 어떤 곳은 이제 막 열매가 맺히거나 포도송이가 점차 진하게 물들어가고 있었다. 정원의 다른 끝에는 향기로운 꽃이 만발한 꽃밭이 있고, 거기서는 두 개의 샘이 흘러나왔다. 하나는 정원을 휘돌아 흐르고 하나는 마당 입구로 나가 높은 궁전을 따라 흐르고 있었다. 시민들은 그 물을 길어다 썼다.

오뒷세우스는 이 도시의 화려함을 한동안 넋을 잃고 바라보다 궁전 안으로 들어갔다. 그는 왕의 연회실을 향해 걸음을 서둘렀다. 거기서 파이아케스 귀족들이 모여 연회를 열었다가 날이 저물어 자러 가기 전에 헤르메스에게 올리는 술을 바치며 연회를 마무리하는 참이었다.

오뒷세우스는 안개에 싸인 채 손님들 사이를 빠져나가 왕과 왕비 앞으로 다가갔다. 그때 아테네의 신호로 오뒷세우스의 둘레에 드리웠던 어둠이 사라졌다. 오뒷세우스는 아레테 왕비 앞에 엎드려 그녀의 무릎을 끌어안고 외쳤다.

"오, 렉세노르의 고귀한 따님이신 아레테여! 당신과 당신의 남편 앞에 엎드려 청원합니다. 신들께서 두 분에게 건강과 장수를 주시길! 당신들이라면 분명 길을 잃고 헤매는 제가 다시 고국으로 돌아갈 수 있도록 주선해주실 것입니다. 저는 가족을 떠나 오랫동안 떠돌아다니며 고통을 당했습니다."

이렇게 말하고 오뒷세우스는 타오르는 불 옆에 있던 화로의 재 속에 앉았다. 파이아케스 족은 뜻밖의 광경에 놀라 말을 잃었으나, 손님 가운데 가장 나이가 많고 세상 경험이 풍부한 노인 에케네오스가 왕에게 말했다.

"알키노오스여! 세상 어느 곳에서도 이방인을 재 속에 앉히는 것은 칭찬받을 일이 못 됩니다. 여기 계신 다른 손님들도 분명 저와 같은 생각일 것입니다. 그러니 이 사람을 일으켜 우리와 똑같이 훌륭한 의자에 앉히시지요. 시종들에게 명해 새 술을 물에 섞어 손님의 권리를 보호하는 제우스에게도 신주를 바치도록 합시다. 시녀들이 음식을 내오게 하여 새로 오신 손님의 기운을 찾아줍시다!"

선량한 왕은 에케네오스 노인의 말을 따랐다. 그는 손수 오뒷세우스의 손을 잡아 일으켜 세운 뒤 귀여운 아들 라오다마스가 앉았던 의자, 즉 자기 옆자리에 앉혔다.

제우스에게 술을 바치는 헌주가 끝나고 손님들이 일어나자 왕은 이튿날 축하연에도 꼭 참석해달라고 손님들에게 청했다. 그리고 오뒷세우스에게 이름과 출신도 묻지 않은 채 반드시 고국으로 보내주겠다고 약속했다. 이 이방인을 자세히 살펴볼수록 이 세상에 둘도 없이 빛나는 기품이 느껴졌는데, 이는 아테네가 여전히 오뒷세우스를 감싸주고 있어서였다.

왕이 덧붙였다.

"그대는 혹시 불사의 신 아니시오? 때때로 신들은 사람의 모습을 하고 잔치에 참석하시니까. 그렇다면 우리 도움은 필요 없을 텐데 말이오. 오히려 우리가 그대에게 보호를 청해야겠지!"

"아닙니다. 마음속으로라도 그렇게 생각하지 마십시오!"

오뒷세우스가 민망해하며 왕에게 대답했다.

"저는 크기나 모습에서 불사의 신들과는 비교가 되지 않습니다. 저는 여러분과 똑같이 인간에 지나지 않습니다. 그러나 가장 고통받은 인간입니다. 만약 여러분께서 이 세상에서 가장 불행한 사람을 아신다면 데려와주십시오. 저는 기꺼이 그 사람의 불행과 저의 불행을 바꾸겠습니다! 이 궁전에 들어올 때 저는 주린 배를 채우는 것 말고는 아무것도 생각할 수 없었습니다. 그러니 이제 제가 불쌍한 인간임을 아시겠지요!"

손님들이 연회장을 떠나자 넓은 거실에 왕과 왕비만이 오뒷세우스와 함께 남았다. 아레테는 그가 입고 있는 아름다운 외투와 긴 옷을 보고 자기가 짠 옷임을 알아챘다.

"이방인이여! 먼저 묻고 싶은 것이 있습니다. 당신은 누구시며, 어디서 오셨나요. 그리고 그 옷은 누구에게서 얻으셨나요? 당신은 바다에서 표류한 끝에 이리로 왔다고 말씀하지 않으셨나요?"

오뒷세우스는 오귀기에 섬에서 칼립소와 지냈던 일과 비참했던 마지막 항해를 겪은 대로 이야기하고, 나우시카아를 만났던 일과 그녀의 고결한 마음에 대해서도 숨기지 않고 이야기했다.

그가 이야기를 끝낼 즈음 알키노오스가 미소 지으며 말했다.

"내 딸의 행동은 옳았소. 그러나 해야 할 일을 한 가지 잊었구려. 그 애는 시녀들과 함께 그대를 즉시 궁으로 모셔와야 했소."

"왕이시여, 그런 일을 가지고 훌륭한 공주님을 나무라지 말아주십시오."

오뒷세우스가 대답했다.

"왕께서 말씀하셨듯 공주는 그렇게 하려고 했습니다. 그러나 제가 겁이 나서 거절했지요. 혹시 왕께서 화를 내실지도 모르니까요."

"아니오. 까닭 없이 화를 내지는 않소이다."

왕이 그에게 말했다.

"모든 일에는 질서가 있는 법이오. 그러나 만약 그대와 같은 사람이 내 딸을 아내로 원하도록 신들이 인도해주시고 그대가 이 궁전에 머물러준다면 궁전도 재산도 기꺼이 남겨드리고 싶소! 그러나 나는 누구도 억지로 붙들어놓지는 않을 것이오. 그대는 내일 출국 허가를 받을 것이오. 내가 배와 선원을 내줄 테니 원하는 곳으로 가셔도 좋소. 만약 고향이 가장 멀리 있는 섬이라 해도 그곳까지 보내드리겠소!"

오뒷세우스는 이 약속에 진심으로 감사를 표했다. 그는 융숭한 대접을 해준 왕에게서 물러나와 푹신한 침대에 누워 오랜 고초로 인한 피로를 풀었다.

이튿날 아침 일찍부터 알키노오스는 사람들을 시장 광장으로 불러 모았다. 왕은 손님을 광장으로 데려갔다. 두 사람은 아름답게 조각된 두 개의 돌 위에 나란히 앉았다. 그동안 여신 아테네는 전령으로 모습을 바꿔 거리를 돌아다니며 도시의 지도자들을 집회로 불렀다. 사람들이 몰려들어 시장 광장의 통로와 앉을 곳이 시민들로 꽉 찼다.

모인 사람들은 오뒷세우스를 놀라운 듯 바라보았다. 아테네가 여전히 그의 모습에 신과 같은 위엄을 불어넣어주었기 때문이다. 잠시 후 왕은 격식을 갖춘 말로 이방인 오뒷세우스를 백성들에게 소개하고, 쉰두 명의 파이아케스 족 젊은이들을 배에 태워 이방인을 도와줄 것을 요청했다. 왕은 동시에 이 이방인을 위해 왕궁에서 축하연을 베풀 것이니 그 자리에 참석한 지도자들은 모두 와달라며 초청했다. 그리고 또 아폴론으로부터 노래의 재능을 받아 신의 목소리를 지닌 가수 데모도코스를 부르라 명령했다.

집회가 끝나자 젊은이들이 배를 준비했다. 돛대와 돛을 가져왔고 가죽고리에 노를 매달고 돛을 폈다. 이 일이 끝나자 젊은이들은 왕궁으로 갔다. 왕궁은 이미 복도며 마당이며 큰 방까지, 초대받은 손님들로 가득 차 웅성거렸다. 잔치에 쓰기 위해 양 열두 마리, 돼지 여덟 마리, 소 두 마리를 잡았다. 먹음직스러운 요리에서 김이 모락모락 피어올랐다.

의전관이 가수를 데리고 왔는데 그는 음악의 여신들인 무사이로부터 복과 화를 동시에 받은 사람이었다. 다시 말해 여신들은 그의 눈에서 빛을 빼앗아 간 대신, 마음을 맑고 밝은 노래로 빛나게 해준 것이다. 안내자가 이 가수를 손님들 한가운데의 기둥 옆 안락의자에 앉혔다. 그리고 그 기둥 못에다 리라를 걸었다. 그러고는 소경의 손을 잡아 그것을 만지게 해서 위치를 가르쳐주었다. 가수 앞에는 탁자가 하나 놓여 있었고, 탁자 위에는 음식을 가득 담은 광주리와 언제나 마실수 있게 술을 가득 채운 잔이 준비되어 있었다. 가수는 식사가 끝나자목청을 가다듬고, 그 무렵 이미 널리 알려져 있던 트로이아 전쟁의 노래를 불렀다. 노래의 내용은 모든 사람의 입에 오르고 있던 용감한 영웅 아킬레우스와 오뒷세우스에 관한 것이었다.

오뒷세우스는 자신을 높이 찬양하는 노래가 들리자 옷으로 얼굴을가렸다. 그는 눈가에 맺힌 눈물을 남에게 보이지 않으려고 애썼다. 가수가 노래를 마칠 때마다 오뒷세우스는 가렸던 얼굴을 드러내고 술잔을 들었으나, 노래가 시작되면 다시 얼굴을 가려야만 했다. 아무도 알아채지 못했지만 옆자리에 앉아 있던 왕은 오뒷세우스의 깊은 한숨소리를 들었다. 그래서 왕은 노래를 중지시키고 이방인을 위해 경기를열도록 명했다.

왕이 말했다.

"우리 파이아케스 족은 권투와 씨름, 멀리뛰기와 달리기에서 어떤족속보다 뛰어나다고 자부하오. 자, 한번 구경하고 고향의 가족들에게 전해주시오!"

파이아케스 족은 왕의 말에 따라 연회가 끝나자마자 서둘러 광장으로 향했다. 광장에는 젊은 귀족이 여럿 서 있었다. 그중에는 알키노오스 왕의 세 아들 라오다마스, 할리오스, 클뤼토네오스도 있었다. 먼저이 세 사람이 그들 앞에 펼쳐진 모래 경주로에서 달리기 시합을 했다.셋은 정해진 결승점을 향해 바람처럼 달려갔고 경주로에는 먼지가 일었다. 클뤼토네오스가 다른 둘을 앞서기 시작하더니 가장 먼저 결승점에 다다라 우승했다. 이어서 씨름이 시작되었고 젊은 영웅 에우뤼알로스가 이겼다. 그다음 멀리뛰기에서는 파이아케스 족의 암피알로스가 우승하고, 원반던지기에서는 엘라트레우스, 마지막으로 권투 경기에서는 왕자 라오다마스가 승리를 거두었다. 그때 승리자 라오다마스가 모여 있는 젊은이들 가운데에 서서 말했다.

"친구들이여, 저 이방인이 이런 경기를 할 줄 아는지 한번 시험해보는 것이 어떻겠나! 그는 허벅다리와 발이 잘 발달했고, 팔뚝에는 힘줄이 솟아 있으며, 목도 튼튼한 것이 체격이 매우 뛰어나 보이니 말일세. 지금은 고통과 시련 때문에 괴로워도 어디 한창때의 힘이 사라지기야 했겠는가!"

"옳은 말이야!"

에우뤼알로스가 응수했다.

"자네가 가서 경기를 하자고 권해보게나."

라오다마스는 친절하고도 정중한 말로 오뒷세우스에게 경기를 권했다. 그러나 오뒷세우스는 이렇게 대답했다.

"젊은이들! 여러분은 나에게 창피를 줄 생각이오? 근심 많은 나는 도저히 경기를 할 마음이 없소! 나는 온갖 고생을 견뎌왔다오. 지금은 고향으로 돌아갈 생각밖엔 들지 않는구려."

그러자 라오다마스가 화를 내며 말했다.

"이방인이시여! 정말 당신의 행동을 보면 경기에 익숙하지 않은 사람 같군요. 아마 선장이나 상인이나 물건 중개상인 모양입니다. 전혀 용사로는 보이지 않습니다."

이 말에 오뒷세우스가 눈살을 찌푸리며 말했다.

"친구여, 듣기 좋은 말은 아니구려. 그대는 정말 고집 센 소년처럼 보이오. 신들은 한 사람에게 미모와 기품이라는 천성과 달변과 지혜라는 선물을 모두 주지 않소. 추하게 생겼더라도 그가 하는 말은 매력이 넘쳐 사람들을 황홀하게 하고 넋을 잃고 듣게 만드는 사람도 있소. 그런 사람은 민회에서 뛰어난 모습을 보이고 사람들이 그를 불사의 신처럼 존경하오. 반대로 생긴 것은 신처럼 보여도 말에 아무런 기지가 없는 사람도 있소. 어쨌든 나는 이런 경기에 관한 한 초보가 아니오. 젊고 팔에 자신이 있을 때는 가장 강한 자와도 싸웠던 나요. 그러나 지금은 전쟁과 폭풍이 내 기운을 모조리 빼놓고 말았소. 그러나 그대가 도전을 한 이상 거기에 응하겠소!"

그렇게 말하고 오뒷세우스는 외투도 벗지 않고 자리에서 일어났다. 그는 원반을 집어 들었다. 파이아케스의 젊은이들이 늘 쓰는 것보다 더 크고 두껍고 무거운 원반이었다. 그가 원반을 힘껏 던지자 윙 소리가 났다. 그가 던지는 것을 보고 곁에 늘어서 있던 파이아케스 족 사람들의 목이 움츠러들었다. 원반은 목표선을 훨씬 지나서까지 계속 날아갔다. 아테네는 급히 파이아케스 족 사람으로 변해 원반이 떨어진 장소에 표시를 한 뒤 말했다.

"당신이 던진 원반은 어디에 떨어졌는지 장님도 알 수 있을 겁니다. 다른 사람들보다 훨씬 먼 곳에 있으니까요. 이 경기에서 당신을 이길 사람은 없을 것입니다!"

오뒷세우스는 사람들 중 자기편이 생긴 것을 보고 기뻐했다. 어느 정도 마음이 놓이자 그가 말했다.

"자, 젊은이들이여! 할 수 있으면 저기까지 던져보시오! 그리고 나를 심하게 모욕한 그대들도 이리 와서 무엇이든 자신 있는 경기로 나와 승부를 겨뤄봅시다. 누가 와도 피하지 않고 기꺼이 상대하겠지만 라오다마스만은 사양하겠소. 누구나 자신을 환대해주는 주인과는 다투고 싶지 않은 법이니까. 내가 가장 자신 있는 것은 활이오. 수많은 동료가 나와 활쏘기 경쟁을 벌였지만, 그때마다 적을 처음으로 맞히는 사람은 나였소. 트로이아 전쟁에서 본 그리스 인 필록테테스만이 나보다 뛰어났었소. 그와 나는 트로이아에서 종종 활쏘기 연습을 했었소. 창을 던져서도 잘 맞힐 수 있소. 나는 다른 사람이 활을 쏘아 화살을 보낼 때보다 더 멀리로 창을 던질 수 있소. 다만 달리기만은 여러분들 가운데 나를 능가하는 사람이 있을지도 모르오. 왜냐하면 폭풍우 치는 바다가 내 다리의 기운을 빼앗아 가버렸으니까 말이오.”

청년들이 움찔했다.

알키노오스 왕이 말했다.

“이방인이시여! 그대는 자신의 탁월함을 훌륭히 보여주었소이다. 이제는 아무도 당신의 힘을 의심하지 못할 것이오. 그러나 고국으로 돌아가 부인과 아이들을 만나면 우리의 남자다움에 대해서도 전해주시오. 물론 권투나 씨름은 대단할 것이 없지만 달리기에서는 매우 뛰어나며 항해에도 능숙하오. 연회와 음악, 춤이라면 선수라고 할 정도라오. 아름다운 옷과 따뜻한 욕장, 부드러운 침대가 모두 여기에 갖춰져 있지요. 자, 무희들아, 선원들아, 달리기 선수들아, 가수들아, 이 이방인 손님에게 드리는 선물로 너희 재주를 마음껏 보여드려라. 그리고 데모도코스의 리라를 가져오너라.”

의전관이 곧바로 일어나 리라를 가지러 갔다. 뽑혀 나온 사람들 아홉 명이 바닥을 평평하게 하고 둥근 무대를 만들어 춤을 출 수 있게 했다. 한 악사가 리라를 가지고 중앙에 자리를 잡자 젊은이들이 춤을 추었다. 그들은 아름다운 박자에 맞춰 잽싼 몸놀림으로 발을 움직였다. 오뒷세우스는 경탄해 마지않았다. 이처럼 빠르고 우아한 춤을 본 적이 없었다. 가수 데모도코스는 신들의 생활에 관해 즐거운 이야기들을 담은 유쾌한 노래를 불렀다.

원무가 끝나자 왕은 아들 라오다마스와 온순한 할리오스에게 같이 춤을 추라 명했다. 두 사람은 아무도 겨룰 엄두를 못 내는 춤의 명수들이었다. 그들은 아름다운 공을 한 손에 쥐고 준비를 했다. 한 명이 공을 공중으로 던지고 그대로 몸을 뒤로 젖히면, 다른 사람이 높이 뛰어올라 발이 땅에 닿기 전에 그 공을 받았다. 그리고 두 사람은 서로 사뿐사뿐 교대로 몸을 돌리며 춤을 추었고, 둥그렇게 늘어선 젊은이들은 손뼉을 쳤다.

오뒷세우스가 감탄하며 왕에게 말했다.

"알키노오스 왕이여! 정말 이 세상에서 가장 뛰어난 무용수들이라고 자랑하실 만합니다. 춤추는 재주에서 여러분을 따를 사람은 없을 것입니다!"

알키노오스는 매우 흐뭇했다.

"그대들은 이 손님이 우리에게 하신 말을 들었소? 이분은 매우 슬기로운 분이니 그에 걸맞은 훌륭한 선물을 드립시다. 자, 이 나라에 사는 열두 명의 왕이 열세 번째 왕인 나까지 포함해 각자 외투와 나들이옷을 한 장씩 가져오고, 거기다 한 탈란톤*가량의 황금을 더 보태도록 합시다! 이 세 가지를 그에게 큰 선물로 드려 손님이 기쁜 마음으로 우리와 헤어질 수 있게 합시다. 그리고 에우뤼알로스는 정중하게 사과를 올려 손님과 화해하는 것이 어떻겠는가?"

왕의 의견에 모두 찬성했다. 전령이 선물을 모으러 다녔고, 에우뤼알로스는 칼자루는 은이면서 상아로 만들어진 칼을 손님에게 건네며 말했다.

"우리가 당신에게 모욕적인 말을 하고 말았습니다. 부디 흘려 넘겨주십시오! 그리고 신들께서 당신이 즐겁게 귀향하도록 도와주시길 빌겠습니다. 건강과 평안을 빕니다!"

"그대에게도 건강을!"

오뒷세우스가 대답했다.

"이런 선물을 주고 후회하지 않겠는가?"

이렇게 말하고 나서 오뒷세우스는 훌륭한 칼을 어깨에 걸었다. 선물을 왕비 앞에 모두 쌓아놓았을 때는 해질 무렵이었다. 왕비는 알키노오스에게 부탁해 옷을 넣을 아름다운 상자를 가져오게 하고, 그 속에 선물을 넣고 오뒷세우스를 위해 궁전까지 나르도록 했다.

왕은 모인 사람들과 함께 궁전으로 가서 거기서도 아름다운 옷과 또 다른 선물을 오뒷세우스에게 주었다. 훌륭한 황금 주전자도 주었다. 그리고 손님을 위한 목욕물이 마련되는 동안 왕비는 상자 속에 든 값비싼 선물을 가리키며 말했다.

"돌아가는 배 안에서 도둑맞지 않도록 뚜껑을 잘 살펴보고 상자를 꽉 닫으세요."

＊　탈란톤(talanton)은 '저울, 계량된 것'을 뜻하는 고대 그리스의 무게 단위이다.

오뒷세우스는 조심스럽게 뚜껑을 닫고 여러 번 매듭을 지으며 상자의 끈을 단단히 묶었다. 그리고 따뜻한 목욕물로 몸을 씻어 기분이 상쾌해졌다.

오뒷세우스는 다시 사람들이 모인 연회석으로 돌아가고자 현관 근처를 지나가다 넓은 거실 입구의 기둥 앞에 홀로 서 있는 아름다운 나우시카아를 보게 되었다. 이 도시에 들어온 이후로는 그녀를 한 번도 본 적이 없었다. 나우시카아는 남자들의 연회에서 멀리 떨어진 내실에 틀어박혀 있었기 때문이다. 그녀는 고귀한 손님을 다시 한 번 만나 작별의 인사를 하고 싶었다. 공주는 고귀한 영웅의 모습을 지닌 오뒷세우스의 모습을 한참 동안 넋 놓고 바라보다가 그가 현관으로 들어서는 것을 보고는 말했다.

"귀한 손님이시여, 건강과 신의 축복이 있기를! 고국으로 돌아가더라도 저를 잊지 말아주세요. 저는 당신에게 생명의 은인이니까요."

오뒷세우스가 감동해서 대답했다.

"고귀한 나우시카아여! 만일 제우스가 내게 귀국의 기쁨을 맛보게 해주신다면, 나는 생명의 은인인 당신을 날마다 신처럼 받들 거요!"

이렇게 말하고 그는 다시 넓은 거실로 들어가 왕 옆에 앉았다. 거실에서는 시종들이 고기를 잘라 나누고 커다란 단지를 기울여 잔에 술을 붓고 있었다. 눈먼 가수 데모도코스도 다시 인도를 받아 나와 넓은 거실의 중앙 기둥 옆의 자리에 조금 전처럼 앉았다.

오뒷세우스는 의전관에게 눈짓하여 자기 앞에 놓인 구운 돼지고기 등심을 잘라 접시에 수북이 담아 내밀었다.

"의전관, 가수에게 이 고기를 가져다주지 않겠나? 내 비록 떠돌이의 몸이지만 약소하게나마 경의를 표하고 싶네. 가수들은 모든 사람에게 존경을 받지. 그들이 여신 무사이에게서 노래를 배우고 여신들의 은총을 받기 때문일세."

눈먼 가수는 그 선물을 고맙게 받았다. 그가 식사를 마치자 오뒷세우스는 다시 한 번 데모도코스에게 말했다.

"친애하는 가수여, 자네는 아폴론이나 무사이 여신에게서 이런 멋진 노래를 배웠지만 나는 어느 누구보다도 자네를 찬양하네. 자네는 마치 모든 것을 보고 들은 것처럼 그리스 영웅들의 운명을 생생하고 정확하게 말해주고 있네. 어서 노래를 계속해 저 멋진 목마 이야기와 오뒷세우스의 활약을 들려주게!"

가수는 기쁘게 그 말을 따랐다. 모든 사람이 그의 노래를 경청했다. 오뒷세우스는 자신의 활약을 찬양하는 노래를 듣자 또다시 남몰래 눈물을 흘렸다. 그것을 알아챈 사람은 이번에도 알키노오스뿐이었다. 왕이 다시 가수의 노래를 중지시키고 파이아케스 족에게 말했다.

"리라 연주를 잠시 쉬도록 하는 것이 좋겠소. 가수의 노래가 누구에게는 즐겁지 않은 모양이오. 우리가 즐거운 연회에서 노래를 듣는 동안 이 우울한 손님은 계속 슬픔에 잠겨 있소. 아마 유쾌한 기분이 들지 않는 것 같소. 그러나 인정 많은 사람에게 손님은 형제와 마찬가지라오. 자, 이방인이시여! 당신의 부모는 누구이며 나라가 어디인지 이제 말씀해주시지 않겠소? 귀하게 태어났든 천하게 태어났든 간에 이름은 있을 게 아니오? 나의 파이아케스 족 사람들이 당신을 고향으로 데리고 가려면 당신의 나라와 고향을 알아야 하지 않소. 그들은 지명만 알면 한밤중이나 안개 낀 상황에서도 찾아갈 거요!"

이 호의에 찬 말에 오뒷세우스도 진심으로 대답했다.

"고귀하신 왕이여, 당신의 가수가 저를 즐겁게 해주지 않았다고 생각하지 마십시오! 오히려 신과 같은 목소리로 노래하는 그에게 귀를 기울이는 것이 커다란 기쁨입니다. 손님들이 차례로 앉아 그 앞의 식탁에 빵과 고기를 가득 쌓아놓고, 시종들은 술 주전자를 가지고 분주히 잔을 채우고, 온 백성이 잔치의 즐거움을 함께하며 가수의 노래에 귀를 기울이는 것보다 더 좋은 일이 어디에 있겠습니까. 여러분은 저의 고생담을 듣고 싶으십니까? 이야기를 하다 보면 아마도 저는 더욱 근심과 고통에 빠져들 것입니다. 어디서부터 시작해야 할지 모르겠군요. 그리고 과연 어디서 이야기가 끝이 날지도 모르겠습니다. 그보다 먼저 제 가문과 조국에 대해 말씀드리겠습니다."

오뒷세우스, 표류 이야기를 시작하다

"나는 라에르테스의 아들 오뒷세우스입니다. 많은 사람이 내 이름을 알고 있지요. 나의 영리함은 온 세상에 퍼져 있습니다. 원래 나는 햇빛이 잘 드는 섬 이타케에 살았습니다. 섬 한가운데에는 숲으로 뒤덮인 네리톤 산맥이 솟아 있지요. 내 고향은 험한 땅이지만 사람을 씩씩하게 키워줍니다. 고향은 누구에게나 가장 달콤한 곳이지요. 자, 그럼 트로이아 땅을 떠나오면서 내가 겪은 불행한 귀향 이야기를 들어보십시오.

일리오스 지역을 떠난 우리는 바람에 밀려 키코네스 족이 사는 도시 이스마로스에 닿았습니다. 나는 동료들과 함께 그 도시를 정복했습니다. 그곳 사나이들을 모두 죽였고 여자들을 다른 전리품과 함께 나눠 가졌습니다. 내 충고에 따라 우리 일행은 그 도시에서 급히 철수하기로 했었지요. 그런데 생각이 모자란 몇몇 친구가 전리품에 눈이 멀어 그대로 주저앉았어요. 그동안 도망친 키코네스 족은 오지에 사는 동료들과 함께, 해안에서 잔치를 벌이던 우리를 습격해 왔습니다. 우리는 압도적인 힘에 당했지요. 우리가 타고 온 배마다 여섯 명씩 동료가 전사했고 살아남은 사람들은 죽지 않으려고 재빨리 도망쳤습니다.

우리는 서쪽으로 항로를 잡았지요. 죽음을 피한 것은 기뻤지만 동료를 잃어 마음이 슬펐습니다. 그때 제우스 신이 북풍을 보냈습니다. 바다도 육지도 구름과 어둠으로 뒤덮였지요. 우리는 돛대가 기울어진 채 그곳을 빨리 지나치려 했습니다. 그러나 돛을 내리기도 전에 돛대는 부러졌고 돛은 갈기갈기 찢어지고 말았습니다. 그래도 가까스로 해안으로 노를 저어가 닻을 내렸고, 다시 돛대를 세워 새 돛을 올릴 때까지 이틀 밤과 이틀 낮을 보냈습니다. 배를 앞으로 조종하면서 우리는 곧 고향에 도착할 수 있으리라는 희망에 부풀었지요.

그런데 펠로폰네소스 반도의 남쪽 기슭 말레아 곶을 막 돌아갈 무렵, 갑자기 북풍이 불더니 넓은 바다로 배를 밀어내기 시작했습니다. 우리는 아흐레 동안 폭풍에 시달리고, 열흘째 되는 날 로토스 열매를 먹고사는 로토파고이 족이 사는 해안에 이르렀지요. 해안에 상륙하여 맑은 물을 마신 뒤 동료 두 사람에게 전령을 딸려 보내며 정찰을 일렀습니다. 그들은 마침 회의를 하는 로토파고이 족을 만났는데 이 종족은 선량했습니다. 우리를 해치지 않았을 뿐 아니라 세 사람을 친절하게 대하며 환영해주었어요. 그런데 음식으로 내놓는 로토스 열매가 아주 독특한 효과를 내더군요. 로토스 열매는 꿀보다 더 달았습니다. 이것을 먹은 사람은 고향은 까맣게 잊어버리고 계속 이 나라에 살고 싶어하는 것이었습니다. 그래서 우리는 그곳에 남겠다고 울며불며 버티는 그들을 억지로 배로 끌고 와야만 했습니다.

우리는 다시 항해를 이어갔고 이번에는 잔인한 종족 퀴클롭스들의 나라에 닿았습니다. 이 종족은 스스로 땅을 일구지 않고 모든 것을 신들에게 맡기고 있었습니다. 농부나 경작자가 돌보지 않아도 모든 식물이 정말 잘 자라고 있었지요. 밀과 보리, 알이 큰 포도들이 쑥쑥 자라고 있었는데, 제우스가 보드라운 비를 내려 은혜를 베풀기 때문이었습니다. 그들은 법률도 없고 회의를 여는 일도 없이 모두 높은 바위산 동굴에 살고 있었어요. 그 동굴에서 퀴클롭스들은 처자와 함께 무엇이든 자기네 좋은 대로 살았습니다. 다른 사람은 전혀 상관하지 않았지요.

이 퀴클롭스의 땅에서 조금 떨어진 만에 숲으로 뒤덮인 섬이 있었습니다. 그곳에는 야생 염소들이 많이 살았지요. 그곳 염소들은 사냥꾼을 두려워할 줄 모르고 그저 유유히 풀을 뜯더군요. 그 섬에는 사람이 살고 있지 않았던 것입니다. 배를 만들 줄 모르는 퀴클롭스들은 바다를 건너올 수 없었습니다. 아주 비옥한 땅이라 조금만 손질하면 번영하는 곳으로 바뀔 섬이었는데도 말입니다. 해안 일대에는 습기 많은 초원이 펼쳐져 있었고 한 번도 갈아본 적 없는 경작지는 부드러웠으며 땅은 기름졌습니다. 포도 재배에 매우 적당한 언덕도 있었지요.

또한 이 섬에는 어떤 바람이라도 막아주는 좋은 포구가 있어 배를 매놓거나 닻을 내리거나 할 필요가 없을 정도로 안전했습니다. 만 쪽으로는 바위의 구멍에서 맑은 물이 솟아나왔고 그 둘레에는 푸르른 포플러나무가 늘어서 있었지요. 우리의 배를 지켜주는 어떤 신이 컴컴한 밤에 우리를 그곳으로 인도한 것이었습니다. 날이 밝자 섬으로 올라가 신나게 염소를 사냥했어요. 굉장히 많이 잡았는데, 열두 척의 배에 각각 아홉 마리씩 나눠 주고도 열 마리가 남았을 정도였어요. 그날 우리는 하루 종일 해안가에 앉아 저녁 늦게까지 신선한 염소고기를 맛보며, 키코네스 족의 마을에서 빼앗아 온 오래된 포도주를 마셨습니다.

다음 날 아침, 나는 슬슬 맞은편 나라를 살펴보고 싶은 생각이 들었습니다. 그곳에 사는 퀴클롭스 종족에 대해서는 전혀 알지 못했으니까요. 그래서 많은 동료를 내 배에 태워 그쪽으로 건너갔습니다. 도착해보니 가장 튀어나온 해안에 무성하게 우거진 월계수로 뒤덮인 커다란 바위틈새가 있었어요. 거기에 많은 양과 염소가 있었고 그 주위에는 돌과 소나무와 전나무 등 키 큰 나무들이 자라 있었습니다. 이 울타리 안에는 거인이 살고 있었어요. 이 거대한 사나이는 혼자서 먼 목초지로 가축 떼를 몰고 다녔는데, 다른 종족은 물론 자기 동족과도 사귀지 않고 악행만 일삼았습니다. 그 거인이 바로 퀴클롭스였어요. 우리는 해안가를 눈으로 자세히 관찰하며 그 모든 것을 알 수 있었지요.

나는 용감한 동료 열두 명을 선발하고 다른 사람들은 남아서 배를 지키라고 명령했습니다. 나는 키코네스 족이 사는 도시 이스마로스의 아폴론 신관으로부터 그의 집과 가족을 구해준 답례로 받은 최고의 술이 담긴 가죽부대를 갖고 있었어요. 우리는 이 가죽부대를 훌륭한 음식과 함께 광주리에 담아 가지고 갔습니다. 그것으로 회유를 할 생각이었지요. 그 거인은 첫눈에도 다루기가 어려워 보였고, 그 어떤 강제력을 쓴다 해도 굴복하지 않을 것처럼 보였기 때문입니다.

동굴에 도착하니 거대한 사내는 가축을 끌고 목초지로 나간 뒤였습니다. 우리는 곧 빈 동굴 안으로 들어갔는데, 생각보다 내부가 잘 꾸며져 있어 놀랐습니다. 몇 개의 소쿠리에는 커다란 치즈덩어리가 가득 들어 있었어요. 동굴 안에 만들어놓은 우리 안쪽으로 새끼양과 새끼염소가 가득했는데 품종별로 갈라놓았더군요. 여기저기에 광주리가 있었고 젖이 가득 든 통, 대접, 젖 짜는 들통 등이 놓여 있었습니다. 처음에 동료들은 치즈를 가지고 도망을 치든지 양과 염소를 배에 싣고 이웃 섬의 동료들에게 돌아가자고 자꾸 졸라댔습니다. 그 말을 들었더라면 얼마나 좋았을까! 그러나 나는 그 이상한 동굴의 주인을 직접 보고 싶은 호기심에 사로잡혔습니다. 도둑질보다는 선물로 받아 가는 편이 낫다고 생각했지요. 그래서 우리는 불을 피워 제물을 잡아 바쳤어요. 그러고는 치즈를 조금 집어먹으면서 동굴의 주인이 돌아오기를 기다렸습니다.

드디어 그가 돌아왔습니다. 거대한 어깨에는 저녁 요리를 만드는 데 쓸 마른 장작을 산더미처럼 짊어지고 왔더군요. 그 장작을 땅바닥에 던지자 겁날 정도로 큰 소리가 쿵 하고 났습니다. 우리는 모두 공포에 떨며 동굴 한쪽에 숨어 있었습니다. 그를 살펴보니 숫양과 숫염소는 밖의 우리 속에 남겨두고 살찐 암놈을 동굴로 몰아넣더군요. 그러고는 커다란 바위로 동굴 입구를 막았어요. 그 바위는 바퀴가 네 개 달린 마차 스물두 대로 끌어도 움직일 수 없을 만큼 컸습니다.

그는 땅바닥에 편안히 앉아 양과 염소의 젖을 차례로 짰어요. 그리고 새끼양에게 어미양의 젖꼭지를 물게 한 뒤, 짜놓은 젖의 반을 응고시켜 치즈를 만들었습니다. 그렇게 만든 치즈를 반은 광주리에 넣었습니다. 나머지 반은 커다란 식기에 담아두었어요. 그는 매일 그것을 먹었던 게지요. 모든 일을 마친 그가 불을 지폈고 그제야 구석에 숨어 있던 우리를 발견했어요. 우리도 그때 처음으로 무서운 거인의 몸집을 정확히 볼 수 있었습니다. 거대한 사내는 다른 퀴클롭스들처럼 번쩍이는 외눈을 가지고 있었어요. 두 발은 마치 천년 묵은 나무줄기 같았고, 팔이나 손은 화강암덩어리를 가지고 공놀이를 할 수 있을 정도로 크고 힘세 보였습니다.

'너희 이방인들은 누구냐?'

거인이 쉰 목소리로 말했는데 마치 산에 울려 퍼지는 천둥소리 같았습니다.

'너희들은 바다 건너 어디에서 왔느냐? 너희들은 해적이냐? 무슨 일을 하는 놈들이지?'

우리는 큰 목소리에 놀라 심장이 오그라드는 것 같았지요. 그러나 나는 얼른 정신을 차리고 대답했습니다.

'아니요. 우리는 그리스 인들입니다. 우리는 트로이아를 멸망시키고 고국으로 돌아가는 길에 바다에서 표류하게 되었습니다. 우리는 당신 무릎에 매달려 당신의 보호와 손님으로서 당연히 받아야 하는 선물을 청합니다. 자비로운 분이시여, 제발 신들을 두려워하여 우리의 말을 들어주십시오. 제우스께서도 도움을 청하는 자는 보호해주시고 그를 학대하는 자에겐 벌을 내리십니다.'

그러나 퀴클롭스는 소름끼치는 소리로 웃으며 대답했습니다.

'너는 정말 멍청이구나. 지금 너희와 상대하는 자가 누구인지 모르는군. 나는 신이니 신의 벌이니 하는 것은 아랑곳하지 않는다. 퀴클롭스 족은 천둥의 신 제우스가 신들을 이끌고 쳐들어온다고 해도 눈 하나 까딱하지 않아! 우리가 훨씬 더 강력하기 때문이지. 마음에 안 들면 너나 네 친구들은 모두 죽는다. 자, 어서 말해봐라! 타고 온 배를 어디에 숨겼느냐? 닻을 내린 곳이 가까운 곳이냐, 아니면 먼 곳이냐?'

그렇게 거인은 사악한 의도를 가지고 물었지요. 그러나 나는 영리하게 거짓말로 대답했습니다.

'선량한 분이시여, 대지를 뒤흔드는 포세이돈이 제 배를 이 섬 근처 암초에 내동댕이쳐 모두 산산조각 나고 말았습니다. 나와 이 열두 명의 동료만 겨우 도망쳐 나왔습니다.'

거인은 이 말에는 대답도 하지 않고 커다란 팔을 뻗더니 우리 동료 두 사람을 잡아 마치 강아지처럼 땅바닥에 내동댕이쳤습니다. 동료들의 피와 뇌수가 사방으로 튀었지요. 그러더니 거인은 산에 사는 사자처럼 죽은 동료의 사지를 뜯어 저녁식사로 먹었어요. 내장과 고기와 골수가 든 뼈까지 깨끗이 먹어치웠지요. 우리는 이 극악무도한 행위를 보고 두 손을 쳐들어 제우스에게 도움을 청하면서 비통해했습니다.

이 괴물은 배가 부르자 우유로 목을 축인 다음 동굴바닥에 큰 대자로 누웠습니다. 나는 거인에게 달려들어 옆구리를 칼로 찌를까도 생각했습니다. 그러나 곧 이런 생각이 들었지요. '우리 힘으로 무엇을 할 수 있는가? 누가 이 동굴 입구를 막은 큰 바위를 치울 수 있을까?' 그 바위를 치우지 못하면 결국 비참한 죽음을 면할 수 없었습니다. 그래서 우리는 코를 골고 자는 거인 옆에서 극도의 공포를 느끼며 아침을 기다려야 했습니다.

날이 새자 거인이 일어나 불을 지피고 젖을 짜기 시작하더군요. 일을 모두 마친 그는 전날처럼 또다시 동료 두 사람을 잡아 우리를 경악하게 하고는 그들을 아침으로 먹어버렸습니다. 그러고 나서 그는 바위를 치워 살찐 가축을 동굴 밖으로 내몬 뒤 마치 화살집 뚜껑을 닫듯 다시 바위로 동굴을 막았지요. 거인은 날카롭게 울리는 휘파람을 불며 가축 떼를 산으로 몰고 갔습니다. 우리는 죽음의 공포 속에 남아 있었지요. 모두들 다음에는 자기가 먹힐 차례구나 하고 생각했어요. 나는 어떻게 하면 거인을 공격해 복수할 수 있을지 마음속으로 계획을 세웠습니다.

그러다가 좋은 생각이 떠올랐지요. 동굴 속 우리에는 단단하게 생긴 푸른 올리브나무로 만든 몽둥이가 굴러다니고 있었어요. 마르면 가지고 다니려고 거인이 잘라둔 것 같았습니다. 우리에게 그 몽둥이는 길이로 보나 굵기로 보나 커다란 배의 돛대와 꼭 같았어요. 나는 그 몽둥이를 한 팔로 들 수 있을 만한 굵기로 잘랐습니다. 그리고 그 말뚝을 동료들에게 주어 끝을 뾰족하게 깎도록 했으며, 그 후 그것을 불로 지져 단단하게 만들었지요. 이렇게 완성된 말뚝을 동굴 속 높이 쌓인 거름 속에 조심스럽게 감춰두었습니다. 그리고 거인이 잠들었을 때 이 말뚝으로 거인의 외눈을 찌를 사람들을 제비로 뽑았어요. 동료들 중 가장 용감한 자 넷이 뽑혔는데, 바로 내가 뽑고 싶었던 사람들이었고 다섯 번째는 나였습니다.

저녁이 되자 끔찍한 거인이 가축 떼를 몰고 돌아왔습니다. 이번에는 가축을 앞마당에 남겨두지 않고 모조리 동굴 속으로 몰아넣더군요. 거인이 어떤 의심을 품었거나 신이 우리를 위해 배려해주셨는지도 모르지요. 거인은 이제까지 그랬던 것처럼 바위를 굴려 입구를 막고 일을 하고는 또다시 동료 두 사람을 잡아먹었습니다. 그동안 나는 가죽부대에 들어 있던 짙은 포도주를 나무 대접에 하나 가득 따라 거인에게 다가가 말했습니다.

'퀴클롭스, 자 어서 이것을 마셔보세요! 사람 고기에는 이 포도주가 제일 잘 어울린답니다. 우리가 얼마나 좋은 술을 배에 싣고 왔는지 곧 알게 될 겁니다. 만일 우리를 불쌍히 여겨 고향으로 보내준다면 이 술을 선물하겠습니다. 그런데 당신은 정말 광폭하고 무서운 사람이에요. 이래서야 누가 당신을 찾아오겠습니까? 우리를 이런 식으로 취급하면 안 됩니다.'

퀴클롭스는 아무 말도 않고 나무 대접을 들더니 목이 말랐는지 단숨에 마셔버리더군요. 달콤한 술이 그를 취하게 하는 것을 알 수 있었습니다.

술을 다 마신 그가 처음으로 친절하게 말했어요.

'이방인아, 한 잔 더 마시게 해다오. 그리고 네 이름을 말해봐라. 당장 너에게 좋은 선물을 주어 기쁘게 하고 싶다. 우리도 퀴클롭스 족의 땅에서 나는 술이 있지. 너도 내 이름을 알아두는 것이 좋겠군. 내 이름은 폴뤼페모스다.'

퀴클롭스가 그렇게 말하자 나는 술을 새로 따라주었지요. 나는 세 번이나 대접이 넘치도록 부었고 거인은 어둠 속에서 세 번이나 잔을 비웠습니다. 그가 술에 취해 몽롱해진 것 같아 나는 꾀를 내어 말했지요.

'폴뤼페모스, 내 이름을 알고 싶어했지? 내 이름은 특별하다네. 나는 우티스라고 하네. 세상 사람들은 모두 나를 우티스*라고 부르지. 부모님은 물론 친구들도 다 그렇게 부른다네.'

그러자 거인이 이렇게 대답했습니다.

'그래, 이제 선물을 주겠다. 다른 동료들을 처치한 뒤에 너를 맨 마지막으로 먹어주마. 이 선물이 마음에 드는가, 우티스?'

퀴클롭스는 뭐라고 마지막 말을 중얼거리더니 벌렁 자빠져 바닥에 드러누웠습니다. 굵은 목을 옆으로 돌린 채 만취해서는 요란스럽게 코를 골았어요. 취한 거인은 술과 인육을 토해내더군요. 지금이다 싶어 나는 불이 붙을 때까지 말뚝을 잿더미 속에 집어넣었습니다. 곧 말뚝에서 불꽃이 튀자 제비로 뽑은 네 명의 동료와 함께 말뚝의 뾰족한 끝으로 거인의 눈을 찔렀습니다. 우리는 목수가 배의 용골에 송곳으로 구멍을 뚫듯 말뚝을 힘껏 돌렸어요. 불타는 말뚝이 눈썹과 눈꺼풀에 깊숙이 박혀 둘을 붙여놓더니 타닥타닥 소리를 내며 탔습니다. 초점을 잃은 눈은 뜨거운 쇠붙이가 찬물에 담길 때 나는 쉭 소리를 냈지요. 상처를 입은 거인이 소름 끼칠 정도로 큰 비명을 질렀습니다. 우리는 겁에 질려 동굴 한쪽 구석으로 도망쳤습니다.

폴뤼페모스는 말뚝을 눈에서 잡아 뽑았는데 눈구멍에서 피가 펑펑 쏟아졌지요. 거인은 말뚝을 멀리 던져버리고 미친 사람처럼 날뛰었습니다. 잠시 후 이상한 소리를 질러 산에 사는 동족 퀴클롭스들을 불렀어요. 그러자 그들이 사방에서 몰려와 동굴을 에워싸고 형제에게 무

* '우티스'는 그리스 어로 '아무도 아니다(nobody)'라는 뜻이다.

슨 일이냐고 물었지요.

그러자 거인이 동굴 안에서 소리쳤습니다.

'우티스야! 친구들, 나를 죽이려는 자는 우티스야! 계략으로 나를 죽이려는 자는 아무도 아니라고!'

이 말을 듣고 퀴클롭스들이 말했지요.

'아무도 자네를 해치려 하지 않았다면 왜 소리를 지르는 건가? 아, 자네는 병에 걸렸구먼! 우리 퀴클롭스들에게 그런 병을 고칠 약은 없다네!'

그렇게 외치고 그들은 급히 떠나갔지요. 나는 마음속으로 웃었습니다. 장님이 된 퀴클롭스는 고통스럽게 신음하면서 동굴 속을 휘청거리며 돌아다녔습니다. 그리고 마침내 동굴 입구의 바위를 밀어 제치더니 우리가 양들에 섞여 달아날까 봐 그 앞에 앉아 두 손으로 주위를 더듬었습니다. 그런 식으로 도망갈 거라고 생각하다니, 거인은 나를 어리석은 사람으로 본 것이지요. 그동안 나는 최고의 계략을 찾기 위해 온갖 생각을 다 해봤습니다. 그때 우리 주변에는 복슬복슬한 털로 덮인 통통한 숫양이 몇 마리 있었습니다. 크고 멋진 놈들이었지요.

나는 소리를 죽이고 퀴클롭스의 버드나무 침상에 있는 길고 유연한 가지로 숫양을 세 마리씩 맸습니다. 가운데 있는 양의 배 쪽 복슬복슬한 털에 동료 한 사람씩 매달리게 하고 다른 두 마리는 좌우에 바짝 붙어 이 숨겨진 짐을 보호하며 나르도록 했지요. 나는 그중에서 가장 몸집이 큰 양을 택했습니다. 양의 등을 손으로 잡고 배 밑으로 돌아 두 손으로 복슬복슬한 배의 털에 꽉 매달렸지요. 이렇게 우리는 숨죽이고 아침이 오기를 기다렸습니다. 드디어 아침이 왔습니다. 먼저 수

놈들이 동굴에서 껑충껑충 뛰어나갔지요. 암양과 암염소들은 젖이 불어 우리 안에서 울고 있었습니다.

고통스러운 거인은 나오는 숫양의 등을 한 마리씩 조심스럽게 만지며 도망자가 타고 있지 않은가 살펴보더군요. 어리석은 그는 양의 배까지는, 그러니까 내 계략은 생각도 못한 것이지요. 드디어 나의 숫양도 천천히 동굴 입구로 걸어갔습니다. 복슬복슬한 긴 털에 무거운 나까지 배 밑에 숨기고 말입니다. 폴뤼페모스는 이 양을 쓰다듬으며 말했습니다.

'귀여운 숫양아! 너는 왜 다른 양보다 우리에서 그렇게 늦게 나오는 거냐? 너는 다른 양들이 앞서가는 것을 견디지 못했잖아. 꽃피는 초원이나 냇가로 가는 것도 맨 먼저였고 저녁에 우리로 돌아오는 것도 제일 먼저였잖아? 너의 주인이 눈을 잃은 것이 슬퍼서 그러냐? 만일 네가 나처럼 생각하고 말할 수 있다면 저 악인과 그의 부하들이 숨은 곳을 말해줄 수 있을 텐데. 그러면 그놈의 뇌를 동굴 벽 사방에 뿌려놓아 아무도 아니라는 놈에게서 받은 이 고통의 대가를 단단히 치르게 해줄 텐데!'

퀴클롭스는 이렇게 말하고 숫양을 밖으로 내보내주었습니다. 이렇게 해서 우리는 모두 무사히 밖으로 나올 수 있었습니다. 동굴에서 조금 떨어진 곳에서 내가 먼저 양을 놓아주고 다음에 동료들을 풀어줬습니다. 슬프게도 동료들의 수는 일곱 명으로 줄어 있었지요. 우리는 서로 부둥켜안고 기뻐하다가 또 잃어버린 동료를 생각하고 슬퍼졌습니다. 그러나 나는 모두에게 소리 내어 울지 말라는 눈짓을 한 뒤 훔친 양을 데리고 급히 배로 갔습니다. 우리가 모두 다시 자리에 앉아 파도를 헤치며 노를 저어 해안에서 소리가 미치는 곳까지 떨어졌을 때 나는 양을 데리고 해안 언덕을 올라가는 퀴클롭스를 보고 비웃으며 소리쳤습니다.

'퀴클롭스야, 너는 강한 자의 동료를 먹어치운 것이다! 너는 드디어 너의 악행에 대한 벌을 받은 것이다. 제우스와 신들의 벌을 톡톡히 받은 것이다!'

거인은 이 말을 듣자 화가 머리끝까지 치밀었습니다. 그는 산에서 커다란 바위를 들어 소리가 난 쪽을 향해 내던졌지요. 바위가 우리 배의 키 끝을 조금 빗나갔을 정도로 정확한 조준이었습니다. 그러나 떨어지는 바위 때문에 바닷물이 솟아올라 우리 배는 다시 해안으로 떠밀렸습니다. 우리는 괴물에게서 도망치기 위해 죽을힘을 다해 노를 저어 다시 앞으로 나아갔지요. 동료들은 거인이 돌을 또 던질 것이 무서워 말렸으나, 나는 다시 한 번 소리쳤습니다.

'잘 들어라, 퀴클롭스! 언젠가 누가 와서 네 눈을 멀게 한 사람이 누구냐고 묻거든 네 동족에게 한 것같이 어리석은 대답일랑 하지 말고 이렇게 말해라. 나를 장님으로 만든 것은 이타케 섬에서 온 라에르테스의 아들, 트로이아의 정복자 오뒷세우스라고!'

거인이 울부짖으며 외쳤지요.

'아, 분하다! 나에 대한 옛 예언이 이렇게 이뤄지다니. 옛날에 우리 중에 에우뤼모스의 아들 텔레모스라는 예언자가 있었다. 그는 퀴클롭스 나라에서 늙었지. 어느 날 그는 내가 오뒷세우스에 의해 시력을 잃게 될 거라고 예언했었다. 그래서 나는 항상 나와 똑같이 크고 강한 놈이 찾아와 싸울 것이라고 생각하고 있었다. 그런데 이 조그만 놈이

퀴클롭스 족이 사는 곳에 표류한 오뒷세우스 일행은 폴뤼페모스의 바위 동굴에 갇히게 된다. 오뒷세우스 일행이 엄청난 괴력을 지닌 외눈박이 퀴클롭스 족 폴뤼페모스의 눈에 불태운 말뚝을 박아 탈출을 시도하고 있다.

〈오뒷세우스가 폴뤼페모스의 눈을 찌르다〉, 알렉산드로 알로리, 1580년경, 토스카나 은행.

나를 술 취하게 하여 장님으로 만들어버렸구나! 오뒷세우스야, 이번에는 손님으로 대접하고 싶으니 돌아와라! 그러면 바다의 신 포세이돈에게 부탁하여 안전하게 길안내를 받게 해주마. 왜냐하면 나는 포세이돈의 아들이니까. 아, 그분만이 나를 구원해주실 수 있겠구나!'

그리고 그는 뒤돌아서서 이렇게 말을 끝맺었습니다.

'오뒷세우스가 가능한 한 늦게 그리고 불행하게 누구에게나 버림받아 집으로 돌아가게 하시고, 자기 배가 아닌 남의 배로 집으로 돌아가게 하소서. 그리고 집에 가서도 오직 불행만을 맛보게 하소서!'

그렇게 그는 기도했습니다. 나는 음흉한 바다의 신이 그 기도를 들어준 것으로 믿습니다. 기도를 마친 그는 다른 돌들보다 엄청나게 큰 바윗돌을 집어 두 번째로 우리에게 던졌습니다. 그러나 우리는 바윗돌이 떨어져 물결이 일어나는 것을 이겨내고 마음을 달래며 앞으로 노를 저어갔습니다.

곧 우리는 먼젓번의 섬으로 돌아갔습니다. 거기에는 우리의 다른 배들이 만에 숨어 정박해 있었고 동료들이 걱정하면서 우리를 기다리고 있었지요. 그들은 환성을 올리며 우리를 맞아주었습니다. 우리가 뭍에 내려 첫 번째로 한 일은 빼앗아 온 퀴클롭스의 가축을 동료들에게 나눠 주는 것이었습니다. 그러나 동료들은 내가 그 배 밑에 숨어 도망쳤던 숫양을 맨 먼저 나에게 주더군요. 그래서 나는 숫양을 즉시 제우스에게 제물로 바치고 신을 위해 넓적다리고기를 구웠습니다. 그러나 신께서는 제물을 물리치면서 우리와 화해하려 하지 않았습니다. 제우스 신은 우리 배와 나를 제외한 동료들 전부를 파멸시키기로 마음먹으셨던 것입니다.

그러나 우리는 그런 줄은 꿈에도 몰랐지요. 그래서 태양이 바다로 떨어질 때까지 모든 걱정을 잊고, 그날은 하루 종일 즐겁게 먹고 마셨습니다. 그리고는 해안에 누워 파도소리를 들으며 잠을 잤습니다. 날이 밝자마자 우리 모두는 배에 올라타 고향을 향해 노를 저었습니다."

다시 표류하게 된 오뒷세우스

오뒷세우스가 이야기를 이어갔다.

"그다음 우리는 어느 섬에 닿았어요. 그곳에는 신들의 신뢰를 받는 힙포테스의 아들 아이올로스가 살고 있었지요. 이 섬은 물 위에 떠 있었고 섬을 둘러싼 미끄러운 암벽 위에는 견고한 청동 성벽이 세워져 있었습니다. 아이올로스는 궁전에 여섯 명의 아들과 여섯 명의 딸을 두고 있었지요. 그는 아내와 아이들과 함께 날마다 잔치를 즐기고 있었습니다.

착한 왕은 꼬박 한 달 동안 우리를 궁전에 머물게 했고, 트로이아와 그리스 인들의 귀향에 대해 열심히 물었지요. 나는 그 물음에 하나하나 자세히 대답했습니다. 그리고 마지막으로 우리의 귀국이 빨리 이루어지게 해주십사 부탁하니까, 왕은 모든 것을 친절하게 도와주고 아홉 살 난 황소의 가죽으로 만든 불룩하고 두꺼운 주머니를 주었습니다. 아이올로스는 아버지 제우스로부터 바람을 관리하라는 명령과 함께 모든 바람을 마음대로 불게 하거나 가라앉히는 힘을 가졌기 때문이었습니다.

아이올로스는 손수 번쩍이는 은실로 만든 밧줄로 가죽 주머니를 나의 배에 단단히 졸라매고는 바람이 조금이라도 새지 않게 해주었습니다. 그는 바람을 다 준 것이 아니라 궁전에 온갖 종류의 바람을 충분히 남겨두었지요. 우리는 곧 그것을 알 수 있었습니다. 우리가 배를 타자 그가 뒤에서 아주 부드러운 서풍을 보내 주었기 때문입니다. 덕분에 우리는 쉽고 빠르게 고향으로 출발할 수 있었습니다. 그런데 우리는 스스로의 어리석음 때문에 커다란 불행에 빠졌습니다.

우리 배는 아흐레 밤낮을 바람을 타고 앞으로 나아갔습니다. 열흘째 되는 날, 고향인 이타케 섬 근처에 오자 해안의 파수꾼이 피워놓은 불을 볼 수 있었어요. 그때 나는 몹시 피곤해 나도 모르게 잠에 빠졌습니다. 조금이라도 빨리 고향땅을 밟기 위해 계속해서 배의 돛을 올리고 내리느라 바빴던 데다 이 일은 결코 남에게 맡기지 않았기 때문이지요. 그런데 내가 자는 동안 배에 있던 동료들이 아이올로스 왕이 선물한 가죽주머니에 무엇이 들어 있는지 궁금해하기 시작했던 것입니다. 모두들 내가 가죽주머니에 금과 은을 가득 싣고 가는 것이라고 생각했던 모양입니다. 가장 욕심 많은 한 사람이 이렇게 말하기 시작했어요.

'저 오뒷세우스는 어디를 가든 대단한 존경과 대우를 받지. 트로이아에서도 얼마나 많은 전리품을 가져왔다고! 그런데 모든 위험과 고생을 무릅쓴 우리는 맨손으로 고향에 돌아가야 하다니 말이 돼? 이번에는 또 아이올로스가 그에게 금과 은이 가득 든 주머니를 주었단 말이지. 주머니 속을 열어 얼마나 많은 보물이 들었는지 보는 게 어때?'

다른 동료들 모두 그의 사악한 제안을 즉시 받아들였습니다. 가죽

주머니가 마침내 열렸습니다. 동여맨 밧줄을 푸는 순간 모든 바람이 사나운 소리를 내며 일제히 불어 나와 우리들의 배를 다시 바다 한가운데로 밀어내버렸습니다.

나는 거친 폭풍소리에 잠이 깨어 일어났지요. 닥쳐온 불행을 알게 되었을 때 순간적으로 나는 갑판에서 뛰어내려 바다에 빠져 죽는 편이 낫겠다고 생각했습니다. 그러나 다시 정신을 차리고 무슨 일이 일어나도 배에 남아 견뎌내자고 결심했습니다. 화가 난 폭풍은 우리 배를 다시 아이올로스 섬으로 밀어버렸습니다. 나는 부하들을 배에 남겨놓고 동료 한 사람과 전령을 데리고 성 안으로 급히 들어갔습니다. 아이올로스 왕은 마침 왕비와 아이들과 함께 점심을 들던 참이었습니다. 그들은 우리가 되돌아온 것을 보고 적잖이 놀라더군요. 까닭을 들은 그 바람의 관리자는 자리에서 일어나 화를 내며 외쳤습니다.

'저주받은 인간아! 그대는 분명 신들에게 복수를 당하고 있다! 그런 악인은 집에 머물게 할 수도 도와줄 수도 없다! 어서 나의 궁전에서 나가라!'

이렇게 저주를 퍼부으며 왕은 한숨을 내쉬는 나를 쫓아냈습니다. 우리는 침울한 마음으로 항해를 계속했어요. 이레가 지나고 그 어디에도 섬의 그림자라곤 찾아볼 수 없게 되자 동료들은 노를 저을 용기마저 잃고 말았습니다.

마침내 우리들은 탑이 많은 어떤 해안가에 이르렀습니다. 그곳은 라이스트뤼고네스 족이 사는 텔레퓔로스라는 땅이었습니다. 그러나 우리는 그것을 전혀 알지 못했고, 도시의 흔적이라고는 찾아볼 수도 없었습니다. 우리가 들어간 항구는 아주 훌륭했습니다. 사방이 암벽으로 둘러싸여 있어 입구는 좁았지만 항구 안의 물은 늘 조용해 물결조차 일지 않았지요. 나는 우선 배를 항구에 대고 해안의 암벽으로 기어올라 육지 쪽을 바라보았습니다. 그 어디에서도 경작지나 농부, 소 같은 것은 보이지 않더군요. 오직 큰 도시에서 나오는 듯한 연기가 하늘로 올라가는 것만 보였습니다. 나는 정찰을 위해 동료 두 사람을 뽑아 전령을 딸려 보냈습니다. 세 사람은 육지로 올라간 후 곧바로 길 하나를 찾아냈지요. 그 길은 숲을 지나 아까 말한 연기 나는 곳으로 이어졌고, 길 끝에 이르자 도시가 나타났습니다. 도시 앞에서 그들은 물을 긷고 있던 라이스트뤼고네스 족의 왕인 안티파테스의 억센 딸을 만났습니다. 그녀는 도시 사람들이 물을 길러 오는 아르타키에 샘으로 내려온 참이었습니다.

세 사람은 처녀의 키가 몹시 큰 데 놀랐습니다. 처녀는 친절하게 아버지의 궁전을 가르쳐주고 이 나라와 도시 그리고 지배자에 대해 묻는 대로 대답해줬습니다. 도시로 들어가 궁전에 도착했을 때 세 사람은 깜짝 놀라 그 자리에 멈춰 섰습니다. 그곳엔 체구가 거대한 라이스트뤼고네스의 왕비가 서 있었기 때문입니다. 왕비는 산봉우리만큼이나 컸습니다. 라이스트뤼고네스 족은 거인족이며 식인종이었던 것입니다.

왕비가 즉시 왕을 불렀고 왕은 우리가 보낸 일행 중 한 사람을 잡아 저녁 요리로 만들라고 명령했습니다. 다른 두 사람은 죽음의 공포에 사로잡혀 배로 도망쳐 왔습니다. 왕이 큰 소리로 사람들에게 무기를 들라고 하자 기간테스와 비슷하게 생긴 천 명의 거인이 우리에게 커다란 돌을 던졌습니다. 다른 배 안에서는 죽음의 비명소리와 배가 부

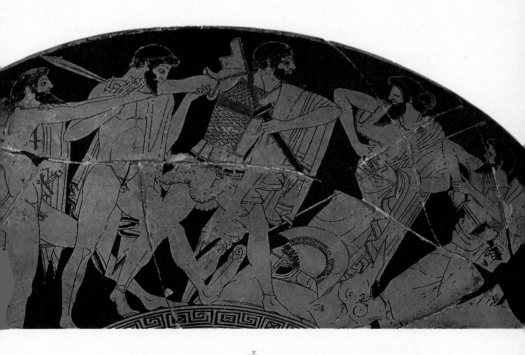

표류하던 오뒷세우스 선단은 라이스트뤼고네스 족이 사는 텔레퓔로스에 도착했다. 라이스
트뤼고네스 족은 거인족으로 식인종이었다. 왕은 오뒷세우스가 보낸 일행 중 한 사람을 잡
아 저녁 요리로 만들라고 명령했다. 다른 두 사람은 죽음의 공포에 사로잡혀 배로 도망쳐
왔다. 왕이 큰 소리로 사람들에게 무기를 들라고 하자 기간테스와 비슷하게 생긴 천 명의
거인이 커다란 돌을 던졌다. 그리하여 오뒷세우스의 배를 제외한 나머지 배들은 무수한 주
검들을 태운 채 파도 속으로 가라앉았다.

〈오뒷세우스와 그의 선원들을 공격하는 라이스트뤼고네스 족〉, 기원전 1세기 중엽의 벽화, 바티칸 미술관.

서지는 소리밖에 들리지 않았습니다. 오직 내가 탄 배만은 바위 뒷편에 매두어 큰 돌을 맞지 않았습니다. 그러나 나머지 배들은 모두 가라앉아버렸습니다. 나는 살아남은 동료들을 배 위로 끌어올리고 무사히 항구에서 빠져나왔습니다. 다른 배들은 무수한 주검들을 태운 채 파도 속으로 가라앉았습니다.

우리들은 배 한 척에 빽빽하게 탄 채 항해를 계속했습니다. 그러다 아이아이에라는 이름의 섬에 도착했습니다. 이 섬에는 태양신 헬리오스와 오케아노스의 딸 페르세 사이에서 난 자식이자, 아이에테스의 남매인 매우 아름다운 반신(半神)이 살고 있었습니다. 그녀는 '키르케'*라고 불렸으며 그 섬에 멋진 궁전을 가지고 있었습니다. 우리들은 그녀에 대해 아무것도 몰랐습니다. 섬의 항구로 들어가 닻을 내린 뒤, 긴장과 불안과 우울함으로 피로해져 바닷가 풀밭에 누워 있었습니다.

사흘째 되던 날 아침, 나는 칼과 창을 들고 섬을 정찰하러 나갔습니다. 드디어 한 가닥 연기가 피어오르는 것이 보이더군요. 키르케의 궁전에서 나오는 연기였습니다. 그러나 이전에 겪은 온갖 고초가 떠올라 나는 그쪽으로 가지 않고, 일단 동료들이 있는 곳으로 돌아와 척후병을 보냈습니다. 그때 이미 우리는 오래도록 제대로 먹지 못한 상태였습니다. 그런데 돌아오는 길에 신이 우리 중 누군가를 불쌍히 여겼는지 큰 뿔이 난 수사슴 한 마리를 보내주셨어요. 사슴은 목이 말라 숲에서 냇가로 재빠르게 내려오던 참이었습니다. 나는 달아나는 사슴의

＊　1권 2장 '아르고 호 원정대 이야기'에서 황금 양가죽을 훔쳐 도망가던 이아손과 메데이아가 도움을 청했던 마녀 키르케이다. 그녀는 콜키스 왕 아이에테스의 남매이자 태양신 헬리오스의 딸이다.

등을 겨냥해 창을 던졌고, 창은 사슴의 배 아래를 관통했습니다. 사슴은 비명을 지르고는 넘어졌습니다. 나는 사슴을 발로 밟고 창을 뽑아낸 다음 어깨에 짊어져 배로 날랐습니다. 그러나 너무 무거워 창에 의지하면서 가야만 했습니다.

동료들은 내 어깨 위에 있는 사슴을 보자 기뻐서 모두 일어났습니다. 서둘러 사슴 요리를 시작했고, 우리는 배에서 빵과 포도주를 가져와 만찬을 차렸습니다. 나는 동료들에게 내가 본 연기에 대해 보고했습니다. 그러나 동료들은 완전히 용기를 잃어버린 상태였지요. 우리의 희망을 두 번이나 뒤엎은 퀴클롭스의 동굴과 라이스트뤼고네스 왕의 항구가 생각났기 때문이었습니다. 그들은 눈물을 흘렸지만 나만은 용기를 꺾지 않았습니다. 나는 전체 동료와 부하를 두 부대로 나누었고, 한쪽은 내가 이끌고 다른 한쪽은 에우뤼로코스가 이끌기로 했습니다. 그러고는 제비를 청동 투구에 넣고 흔들었습니다. 에우뤼로코스의 제비가 뽑혀, 그가 스무 명의 부하를 데리고 즉시 연기가 난 쪽으로 떠났습니다. 부하들이 한숨을 내쉬며 그를 따라갔지요.

조금 후 이 부대는 섬의 아늑한 골짜기에 숨겨진 키르케의 궁전을 찾아냈습니다. 궁전은 잘 다듬은 바위들로 화려하게 꾸며져 있었습니다. 그러나 동료들은 궁전 입구 앞마당에서 날카로운 이빨을 드러낸 늑대와 사자가 다니는 것을 보고 깜짝 놀랐습니다. 그들은 이 괴물들을 보고 공포에 사로잡혀 무시무시한 그곳에서 빨리 도망치려고 했습니다. 하지만 그러기도 전에 곧바로 들짐승들에게 포위되었습니다. 그런데 이 짐승들은 일행에게 아무런 해도 끼치지 않았고 사납게 덤벼들지도 않았습니다. 심지어 먹이를 주려고 온 주인을 맞는 개처럼 긴 꼬리를 흔들어 반기며 천천히 다가왔습니다. 나중에 안 일이지만, 이 짐승들은 원래 인간이었는데 모두들 키르케의 마법으로 모습이 변한 것이었지요.

짐승들이 아무 짓도 하지 않자 동료들은 다시 용기를 얻어 궁전 현관으로 다가갔습니다. 문 안쪽에서 뛰어난 가수 키르케의 노랫소리가 울려 퍼졌지요. 그녀는 노래를 부르며 일하고 있었습니다. 키르케는 여신들만이 짤 수 있는 크고 멋진 옷감을 짜고 있었습니다. 맨 먼저 궁전 안을 들여다보고 이 광경을 목격한 사람은 저와 각별한 우정을 맺은 용사 폴리테스였습니다.

폴리테스의 의견에 따라 동료들은 키르케를 불러냈습니다. 그러자 키르케는 상냥하게 현관으로 나와 동료들을 궁으로 초대했습니다. 모두 그녀를 따라갔으나 에우륄로코스만은 뒤에 남았습니다. 에우륄로코스는 신중한 사나이였고, 지난번 사건을 겪으며 경계심을 갖게 되었기 때문에 그녀를 의심쩍어했던 것입니다.

키르케는 아주 매혹적으로 다른 동료들을 궁전 안으로 안내해 장식이 달린 커다란 의자에 앉혔지요. 그러고는 치즈, 곡식, 보릿가루, 떫은맛이 나는 프람네 산(産) 포도주를 가져오게 해 뒤섞었습니다. 그녀는 이렇게 과자 반죽을 하면서 불행을 가져오는 독도 몰래 섞었습니다. 이 독은 불쌍한 손님들의 의식을 빼앗아 고향을 잊어버리게 만들었습니다. 동료들은 맛있어 보이는 그 과자를 먹자마자 당장 털이 뻣뻣한 돼지로 바뀌어 꿀꿀거렸습니다. 마녀 키르케는 그들을 모조리 돼지우리에 몰아넣었지요. 그러더니 맛있는 음식 대신 다른 돼지처럼 도토리 열매와 산수유나무 열매를 먹이로 던져주라고 명령했습니다.

멀리서 이 모든 것을 지켜보던 에우륄로코스는 그만 눈을 감아버렸습니다. 그는 죽어라 도망쳐 배로 돌아왔고 저와 함께 남아 있던 사람들에게 동료들의 끔찍한 운명을 알렸습니다. 그러나 그가 우리에게 왔을 때, 처음에는 끔찍한 공포로 인해 한마디 말도 내뱉지 못했어요. 눈에서는 눈물이 흘렀고 그의 영혼은 완전히 절망에 빠진 것처럼 보였지요. 우리가 몹시 의아해하며 거듭 묻자 그제야 겨우 입을 열어 동료들의 비참한 운명을 이야기했습니다. 이 끔찍한 소식을 듣고 나는 곧바로 칼을 어깨에 메고 활을 짊어진 다음, 당장 궁전으로 안내하라고 했습니다. 그러나 에우륄로코스는 두 팔로 나의 무릎을 끌어안고 제발 자신이 거기 다시 가지 않게 해달라며, 나더러도 가지 말라고 애원했어요.

에우륄로코스는 훌쩍거리며 말했습니다.

'제 말을 믿으십시오. 당신은 잃어버린 동료들 중 한 사람도 데려올 수 없을 겁니다. 또한 당신 자신도 돌아오지 못할 겁니다. 그러니 어서 빨리 이 끔찍한 해안에서 도망칩시다!'

나는 에우륄로코스에게 남아 있으라 하고 나 자신은 필연적 운명에 의해 그곳으로 갔습니다. 가는 도중 매우 젊은 사람을 한 명 만났는데, 그 젊은이는 내게 황금 지팡이를 내밀더군요. 그래서 그가 신들의 전령 헤르메스임을 알았습니다. 헤르메스가 친절하게 내 손을 잡고 말했습니다.

'불쌍한 사람이여, 잘 알지도 못하는 숲속에서 무엇 때문에 그리 급하게 뛰어가는가? 그대의 동료들이 마녀 키르케의 돼지우리에 갇혀 있어 그들을 구하러 가는 것이오? 그러나 그 전에 그대도 그들처럼 되고 말 것이오. 자, 그대의 손에 마법이 걸리지 않는 약초를 주겠소. 이 약초만 있으면 마녀의 마법도 그대를 해칠 수 없을 것이오.'

이렇게 말하고 헤르메스는 꽃은 우윳빛이고 뿌리는 검은색인 약초 몰뤼를 땅에서 뽑아 나에게 주었습니다.

'그녀는 달콤한 포도즙을 만들고 거기에 마법의 즙을 섞으려 할 것이오. 그러나 이 약초는 그대가 돼지로 변하지 않게 해줄 것이오. 그리고 또 키르케가 긴 마법지팡이로 그대를 건드리면 날카로운 칼을 뽑아 마치 죽일 듯한 기세로 키르케에게 달려드시오. 그러면 마녀에게서 어떤 술책도 부리지 않겠다는 신성한 맹세를 쉽게 받아낼 수 있소. 그러고 나면 그대는 아무런 위험도 없이 마녀와 함께 지낼 수 있으며, 그녀가 시키는 모든 일을 해도 괜찮소. 일단 친해지면 그대의 부탁을 거절하지 않고 동료들을 돌려보내줄 것이오!'

헤르메스는 이렇게 말하고 올륌푸스로 돌아갔습니다. 나는 불안한 마음으로 마녀의 궁전을 향해 서둘러 갔지요. 그녀를 부르자 키르케가 현관문을 열고 친절하게 맞아주었습니다. 나는 화가 나서 심사가 뒤틀렸지만 그녀가 원하는 대로 궁전 안으로 들어갔습니다. 마녀는 나를 훌륭한 왕좌로 데려가더니 내 발밑에다 발판을 대주더군요. 그리고 정말로 황금 잔에다 자기가 만든 포도주를 따르는 것이었습니다. 마녀는 내가 다 마시기를 기다릴 수가 없었던 모양입니다. 내가 금세 돼지로 바뀔 것이라고 생각하며 아무런 의심도 하지 않은 그녀는 마법지팡이로 나를 건드리며 말했습니다.

'어서 돼지우리의 친구들에게 가거라!'

그러나 나는 허리에서 칼을 뽑아 죽일 듯 그녀에게 덤벼들었습니다.

표류하던 오뒷세우스 일행은 아이아이에 섬에 도착했다. 그 섬에는 잔인한 아이에테스의
남매인 매우 아름다운 반신 키르케가 살았다. 키르케의 궁전에 먼저 도착한 오뒷세우스의
동료들은 그녀의 마법으로 돼지로 변했다. 이에 헤르메스의 조언을 들은 오뒷세우스가 동
료들을 구하기 위해 그녀를 찾아가자, 키르케가 현관문을 열고 친절하게 맞이했다.

〈오뒷세우스에게 마법의 술잔을 주는 키르케〉, 존 윌리엄 워터하우스.

마녀는 비명을 지르며 바닥으로 몸을 내던지더니 내 무릎을 끌어안고는 무서워하며 외쳤습니다.

'아! 나의 술을 마시고도 돼지로 변하지 않는 힘이 있는 당신은 누구십니까? 나의 강한 마법에 저항할 수 있는 인간은 여태껏 없었습니다. 아마 당신은 슬기로운 오뒷세우스일 겁니다. 헤르메스가 예전에 당신이 오리라는 것을 예언했습니다. 만일 그렇다면 칼을 거두세요. 그리고 우리 친구가 됩시다!'

그러나 나는 위협하는 태도를 늦추지 않고 대답했지요.

'키르케! 나의 동료들을 돼지로 바꾼 당신에게 내가 어떻게 친절할 수 있겠소? 어떻게 당신이 내 몸에 해를 끼칠 계략을 꾸미지 않는다고 믿을 수 있겠소? 그러나 만약 절대로 해치지 않겠다는 신성한 맹세를 한다면 친구가 되어주지!'

여신 키르케는 즉시 내 요구대로 맹세했고, 나는 만족스럽게 걱정 없이 밤을 보냈습니다.

다음 날 아침 일찍 네 명의 아름답고 고상한 시녀요정들이 여신의 방을 부지런히 치웠습니다. 첫 번째 요정은 왕좌에 훌륭한 붉은빛 깔개를 놓고, 두 번째 요정은 왕좌 앞에다 은으로 된 식탁을 펼쳐 그 위에 황금 광주리를 올려놓았습니다. 세 번째 요정은 은 단지에서 술을 섞고 식탁 위에 황금 잔을 놓았습니다. 그리고 마지막으로 네 번째 요정은 신선한 샘물을 막 길어다 불 위에 올려놓은 세발솥에 부어 끓였습니다. 저를 위해 준비한 목욕물이었습니다. 목욕을 하고 나서 시녀들이 제 몸에 기름을 바르고 옷을 입혀주었고, 나는 키르케와 함께 아침을 먹게 되었습니다. 산해진미가 식탁에 즐비했으나 나는 거의 손도 대지 않은 채 슬픈 마음으로 아름다운 여주인과 마주 앉아 있었지요. 마침내 키르케가 물었습니다.

'어째서 슬픈 표정으로 아무 말도 하지 않고 계십니까?'

나는 이렇게 대답했지요.

'정의심과 제대로 된 감정을 가진 인간이라면 동료가 비참한 처지에 있는 것을 뻔히 알면서 어떻게 천연덕스럽게 술을 마시고 음식을 먹을 수 있겠소? 내가 식사를 즐기길 바란다면 나의 사랑하는 동료들을 이 눈으로 보게 해주시오!'

키르케는 곧 마법지팡이를 손에 들고 방을 나갔습니다. 그리고 돼지우리의 빗장을 열고 동료들을 모두 밖으로 몰아 나왔습니다. 모두 아홉 살 난 돼지의 모습을 한 동료들이 우글우글 저를 에워쌌습니다. 키르케는 모든 돼지에게 마법의 즙을 발랐지요. 그러자 갑자기 돼지의 털가죽이 벗겨지고 모두 사람의 모습으로 돌아왔습니다. 게다가 이전보다 더 젊고 아름다운 모습이었습니다.

그들은 기쁜 마음으로 내게 달려와 손을 내밀었습니다. 그러나 곧 자신들의 비참한 운명을 깨닫고 모두 울거나 비통해했습니다. 그러자 여신이 내게 미소를 지으며 말했습니다.

'자, 사랑하는 영웅이여! 당신 뜻대로 했습니다. 이번에는 제 말을 들어주세요. 당신의 배를 해안으로 끌어올려 짐을 해안 바위굴에 감추고 사랑하는 동료들과 여기서 저와 함께 지내시지요.'

키르케의 달콤한 말이 내 마음을 사로잡았습니다. 나는 배에 남겨두었던 동료들한테 돌아갔습니다. 그들은 내가 벌써 죽었다고 생각하며 슬퍼하고 있다가 내가 나타나자 기쁨의 눈물을 흘리며 달려왔지요. 배를 육지로 끌어올리고 여신과 함께 머물 것을 제안하자 모두 찬성했습니다. 그러나 에우륄로코스만은 동료들을 말리며 말했습니다.

'마녀가 우리를 사자나 늑대나 돼지 같은 끔찍한 모습으로 변하게 해서 자기 궁을 지키게 할 속셈인 것인데 자네들은 마녀의 궁전으로 가려 하다니! 죽고 싶어 환장들을 했나? 오뒷세우스의 분별없는 짓이 우리를 퀴클롭스의 손에 넘겼을 때 퀴클롭스가 우리 동료들을 어떻게 했던가?'

이런 비난의 소리를 듣자 나는 그가 가까운 친척임에도 불구하고 칼을 뽑아 들어 그 목을 잘라버리려 했습니다. 그러자 동료들이 내 팔에 매달리며 진정시켰지요.

그렇게 해서 우리 모두는 키르케의 궁으로 떠났습니다. 내 위협에 깜짝 놀라 에우륄로코스도 거절하지 못하고 따라왔습니다. 한편 키르케는 그사이 동료들을 목욕시키고 향유를 발라주고 훌륭한 옷을 입혀 놓았더군요. 우리는 그들이 즐겁게 식사하는 것을 보았습니다. 우리는 기뻐서 울고 포옹하며 재회의 기쁨을 나누었지요. 여신이 모두를 격려해주고 매우 융숭한 대접을 해주었기 때문에 우리는 나날이 즐거워져 꼬박 일 년을 거기 머물렀습니다. 그렇게 한 해가 다 갈 무렵 동료들은 저를 불러 이제 귀향 준비를 하자고 충고했습니다. 그들의 충고에 마음이 움직여 나는 그날 밤 키르케의 무릎에 매달려 처음 약속대로 고향으로 돌아가게 해달라고 청했습니다.

그녀는 이렇게 대답했습니다.

'당신 말이 맞습니다. 오뒷세우스! 당신을 강제로 오랫동안 붙잡아 두는 것은 저한테 어울리지 않는 일이에요. 그러나 귀향하기 전에 당신들은 한 번 더 돌아가야만 합니다. 하데스와 페르세포네의 나라, 어둠의 나라를 찾아가 테바이의 눈먼 예언자 테이레시아스의 영혼을 만나 미래에 대해 물어보세요. 테이레시아스는 페르세포네의 총애를 받아 죽은 뒤에도 아직 예언의 힘을 잃지 않았으니까요. 다른 사람들의 죽은 영혼은 그저 그림자와 같습니다.'

이 말을 듣고 나는 눈물을 흘리며 비통해했습니다. 죽은 자들이 사는 세계가 너무나 두려웠기 때문입니다. 산 사람이 하계로 내려간 적이 한 번도 없는데, 도대체 누가 나를 인도할 수 있겠느냐고 물었지요.

'안심하고 돛대를 높이 달아 돛을 펴세요. 북풍이 당신들을 실어다 줄 겁니다. 배가 대지를 휘감고 도는 오케아노스의 나지막한 해안에 닿으면 오리나무, 포플러나무, 버드나무를 함께 볼 수 있을 거예요. 거기가 페르세포네의 작은 숲이에요. 바로 저승으로 가는 입구지요. 퓌리플레게톤 강과 스튁스 강의 지류인 코퀴토스 강이 아케론으로 흘러들어가는 바로 그곳의 바위계곡에서 지하 세계로 가는 동굴을 발견할 수 있을 거예요. 그곳에 구멍을 파고 꿀, 우유, 포도주, 물 그리고 보릿가루를 죽은 자들의 영혼을 위한 제물로 바치세요. 이타케로 귀향하면 그들을 위해 제물을 바치겠다는 맹세도 하세요. 그 밖에 테이레시아스에게는 검은 숫양을 제물로 바치겠다고 약속하세요. 그다음에는 검은 털을 가진 암수 한 쌍의 양을 제물로 바치는 겁니다. 당신의 동료들이 신들을 위해 양을 태우며 기도할 때 두 강이 합류해 심연으로 떨어지는 곳을 똑똑히 보십시오. 그러면 당신에게 죽은 자의 영혼이 나타나고, 그 망령들이 밝은 곳으로 나와 산 제물의 피를 마시려 할 겁니다. 그때 당신은 칼을 뽑아 그들을 막으세요. 테이레시아스에게 질문하는 일이 끝나기 전에는 그들을 가까이 오게 해서는 안 돼요. 테이레시아스가 당신에게 다가와 귀향에 대해 설명해줄 테니까요.'

이 말에 나는 어느 정도 위로가 되었습니다. 이튿날 아침, 동료들을 모아놓고 출발 준비를 시켰습니다. 동료들 중에는 나이도 가장 어리고 유달리 용감하지도 영리하지도 않은 엘페노르라는 자가 있었습니다. 그런데 그는 전날 밤 키르케의 달콤한 술에 취해 동료와 떨어진 채 찬 공기를 마시려고 궁전의 평평한 지붕 위에 누워 있었지요. 그는 거기서 초저녁에 잠이 들어 아무에게도 간섭받지 않고 밤새도록 잠을 자고 있었습니다. 갑자기 동료들이 부산하게 떠드는 소리에 엘페노르가 잠에서 깨어 벌떡 일어났습니다. 그러고는 자기가 있는 곳이 어디인지 잊어버리고는 그냥 뛰어내리고 말았어요. 계단을 타고 내려와야 했지만 비틀거리며 그 높은 지붕에서 뛰어내린 겁니다. 그는 목뼈가 부러졌고 그의 영혼은 그 자리에서 하데스에게 갔습니다.

나는 동료들을 주위에 불러놓고 말했습니다.

'그대들은 이제 곧장 사랑하는 고국으로 갈 수 있으리라고 생각할 거요. 그러나 안타깝게도 상황은 그렇지가 못하오. 여신 키르케는 우리에게 전혀 다른 여행을 마련해놓았소. 우리는 무서운 저승으로 내려가 거기서 테바이의 예언자 테이레시아스의 망령에게 귀향에 관해 물어봐야만 하오!'

이 말을 듣자 동료들은 걱정으로 가슴이 찢겨나갔습니다. 그들은 큰 소리로 한탄하고 머리털을 쥐어뜯었어요. 그러나 탄식해도 소용없는 일이었습니다. 나는 그들에게 함께 배로 가자고 했습니다. 키르케가 우리보다 먼저 도착해 희생양 두 마리를 배에다 싣고 붙들어 매놓은 뒤 제물로 바칠 꿀과 술 그리고 보릿가루를 풍족하게 실어놓았더군요. 우리가 배에 도착하자 키르케는 말없이 작별인사를 하고 곁을 지나갔습니다. 우리는 바다에 배를 띄우고 돛대를 세운 뒤 우울한 기분으로 노 젓는 자리에 앉았습니다. 키르케가 보내준 돛을 부풀리는 순풍을 타고 우리 배는 바다 한가운데로 나갔습니다."

저승에 간 오뒷세우스

오뒷세우스는 잠시 휴식을 취한 뒤, 귀를 기울이고 있는 파이아케스 족에게 이야기를 계속했다.

"태양이 바다에 가라앉을 때, 우리 배는 이상한 순풍에 밀려 세상 끝에 있는 킴메리오이 족의 해안에 닿았습니다. 대지를 감싸 도는 오케아노스 강으로 이어지는 그 해안은 영원한 안개에 덮여 햇빛이 전혀 비치지 않았습니다. 우리는 키르케가 말해준 대로 죽은 자의 강들이 합류하는 바위에 닿았습니다. 그래서 그녀의 지시대로 제물을 바쳤습니다. 양의 목에서 흐른 피가 바윗구멍 속으로 떨어지자 죽은 자의 영혼들이 깊은 하계에서 바윗구멍 입구로 올라왔습니다.

젊은이, 늙은이, 어린아이, 소녀 들의 영혼, 그리고 상처가 벌어지고 피투성이가 된 갑옷 입은 영웅들의 영혼이 나타났습니다. 그들은 소름끼치는 신음소리를 내며 제물이 바쳐진 구멍 주위를 떼 지어 날아다녔습니다. 머리끝이 쭈뼛했지요. 나는 급히 키르케가 충고한 대로 동료들에게 양을 태워 신들에게 기도를 올리게 했습니다. 그리고 나

자신은 허리에서 칼을 뽑아 들고, 테이레시아스에게 질문하고 대답을 듣기 전에 망령들이 제물의 피를 마시지 못하도록 막았지요.

맨 먼저 다가온 것은 우리의 동료 엘페노르의 영혼이었는데, 그의 육체는 키르케의 궁전에서 아직 묻히지 못하고 있는 상태였습니다. 망령은 눈물을 글썽거리며 내게 자신의 불운을 호소했습니다. 부디 아이아이에 섬으로 돌아가 자기를 위해 훌륭한 장례식을 치러달라고 애원했지요. 약속을 해주니 망령이 내 앞에 앉았습니다. 엘페노르의 망령은 저쪽에 나는 이쪽에 앉아 슬픔에 잠겨 이야기를 주고받았지만, 제물로 바친 피는 칼로 지키고 있는 채였습니다.

곧바로 내가 트로이아 원정을 떠날 때 아직 살아 계셨던 어머니 안티클레이아의 망령이 찾아왔습니다. 그녀는 아무 말 없이 피를 노려보았습니다. 그녀는 아들을 보았지만 알아보지 못했지요. 그때 테이레시아스의 망령이 오른손에 황금 지팡이를 들고 나타났습니다. 테이레시아스는 곧 저를 알아보고 이야기를 시작했습니다.

'라에르테스의 고귀한 아들이여! 그대가 태양빛을 떠나 이 무서운 곳에 찾아온 것은 무슨 까닭이오? 어쨌든 바윗구멍에서 칼을 거두시오. 내가 제물의 피를 마시고 그대의 운명을 예언할 수 있게.'

그 말을 듣고 나는 바윗구멍에서 칼을 거두어 칼집에 넣었습니다. 망령은 검은 피를 마시자마자 예언을 시작했습니다.

'오뒷세우스, 그대는 조국으로 가는 즐거운 귀향에 대해 내게 물으려 찾아왔소. 그러나 한 신이 그러한 귀향을 곤란하게 만들 거요. 그대는 대지를 뒤흔드는 신 포세이돈의 손에서 벗어날 수가 없소. 포세이돈의 아들 폴뤼페모스를 장님으로 만들어 포세이돈에게 심한 고통을 안겨주었기 때문이오. 그렇다고 해도 그대의 귀향이 전혀 가망이 없는 것은 아니오. 동료들과 함께 마음을 단단히 먹으시오. 그대들은 우선 트리나키에 섬에 상륙하게 될 거요. 그 섬에서 태양신의 거룩한 소와 양에게 손을 대지 않는다면 귀향은 이루어질 것이오. 그러나 그 동물들에게 해를 끼친다면 예언하건대 그대의 배와 동료들은 파멸할 것이오. 운이 좋아 파멸을 피하더라도 그대는 오랜 시간이 지난 후 비참한 꼴이 되어 낯선 배를 타고 홀로 귀향할 것이오. 그리고 고향으로 돌아가더라도 기다리고 있는 것은 고통뿐이오. 거만한 인간들이 그대의 아내 페넬로페에게 청혼하고 재산을 탕진하고 있소. 이들을 꾀나 힘으로 꺾어 누르거나 때려죽이고 난 뒤 평온한 행복이 오랫동안 그대에게 미소 짓는다 하더라도 만년에는 노를 어깨에 메고 언제까지나 방랑할 거요. 바다와 배 그리고 음식에 소금을 치지 않는 사람들을 만나기까지 계속해서 떠돌게 되오. 그리고 그 나라에서 만난 이방인이 그대에게 곡식 터는 키를 짊어지고 있구나 하거든 노를 땅에 세워놓고 포세이돈에게 제물을 바치고 다시 고국을 향해 떠나는 거요. 그렇게 하면 그대의 나라가 번영하는 가운데 바다에서 멀리 떨어진 곳, 즉 육지에서 평화롭게 늙어 죽게 될 거요.'

이것이 테이레시아스의 예언이었습니다. 나는 예언자에게 고마워하며 계속 물었지요.

'저기 제 어머니의 망령이 앉아 있습니다. 존경하는 노인이시여, 어떻게 하면 어머니가 아들을 알아볼 수 있는지 제발 가르쳐주십시오!'

예언자가 대답했습니다.

'어머님께도 제물의 피를 마시게 해드리시오. 그러면 곧 입을 열어

테이레시아스는 페르세포네의 총애를 받아 죽은 뒤에도 예언의 힘을 잃지 않았다. 그래서 오뒷세우스는 귀향에 관한 예언을 듣기 위해 산 자의 몸으로 저승을 찾아갔다. 테이레시아스의 망령이 오른손에 황금 지팡이를 들고 나타났고, 그는 곧바로 오뒷세우스를 알아보았다. "라에르테스의 고귀한 아들이여! 이 무서운 곳에 찾아온 까닭은 무엇이오? 어쨌든 바윗구멍에서 칼을 거두시오. 내가 제물의 피를 마시고 그대의 운명을 예언할 수 있게."

〈테이레시아스가 오뒷세우스에게 예언하다〉, 알레산드로 알로리, 1580년경, 토스카나 은행.

말할 거요.'

내가 구멍에서 칼을 치우자 어머니가 제물의 피를 마셨습니다. 곧 어머니는 저를 알아보고 눈물을 흘리며 말씀하셨습니다.

'사랑하는 아들아! 어째서 너는 살아 있으면서도 죽은 자의 나라에 내려왔단 말이냐? 트로이아가 함락되고도 여전히 방랑하면서 아직도 고향 이타케로 돌아가지 못했느냐?'

나는 그에 대해 설명한 뒤 어머니가 어떻게 돌아가셨는지 물었습니다. 내가 집을 떠나 트로이아로 향했을 때는 그녀가 살아 계셨기 때문입니다. 그리고 두근거리는 가슴으로 고향 집은 어떻게 되었는지 물었지요. 그러자 어머니의 망령은 이렇게 대답했습니다.

'넌 네 처가 걱정되어 묻고 있지만 페넬로페는 집에서 굳게 정절을 지키고 있단다. 낮이나 밤이나 너를 생각하며 울고 있지. 네 아들 텔레마코스가 왕홀을 쥔 채 재산을 관리하고 있다. 너의 부친 라에르테스는 시골로 내려가서는 도시로 나오지 않고 계신다. 그곳에서도 왕의 방이나 부드러운 침대에서는 안 주무신다. 겨울 내내 화로 옆에서 종들이 입는 옷을 걸친 채 짚단 위에서 주무시고, 여름에는 노천에서 한 묶음의 나뭇가지를 깔아 잠자리로 삼고 계신다. 너의 운명을 애석하게 생각해 그러시는 거란다. 사랑하는 아들아! 나도 어떤 병에 걸린 것이 아니라 너를 걱정하다가 죽은 것이야.'

나는 어머니에 대한 그리움으로 몸이 마구 떨렸습니다. 그러나 어머니를 팔에 끌어안으려 하자 그녀의 모습은 환영처럼 사라져버렸어요. 그러더니 이번에는 다른 망령들이 찾아왔지요. 그들은 유명한 영웅의 부인들이었습니다. 그들은 각각 제물로 바친 양의 피를 마시고 나서 자기들의 운명을 얘기했습니다.

여인들이 차례로 사라지자 저를 가슴 깊이 감동시킨 망령이 나타났지요. 그리스 민족의 총사령관 아가멤논이 찾아온 것입니다. 커다란 그의 망령은 우울한 모습으로 구멍 쪽으로 다가와 제물로 바친 피를 마셨어요. 그는 저를 알아보고 울기 시작했지요. 아가멤논은 손을 뻗어 저를 만지려 했으나 소용이 없었습니다. 그의 사지에는 전혀 힘이 없었기 때문입니다. 그는 먼 곳으로 내려가 그곳에서 나의 간절한 물음에 대답해주었지요.

'고귀한 오뒷세우스! 나를 죽인 것은 그대가 생각하듯 바다의 신의 노여움도 아니고, 성에서 적에게 죽임을 당한 것도 아니오. 구유에 매인 소를 때려죽이듯 내 처 클뤼타임네스트라와 그의 정부 아이기스토스가 목욕탕에서 나를, 처자에 대한 그리움으로 가슴 설레며 고국으로 돌아온 나를 죽인 것이오. 그러니 오뒷세우스여! 그대에게 충고해두겠는데 아내에게 너무 잘해주지 말고 그녀의 애정에 감복해 비밀을 털어놓지 마시오. 그러나 그대의 부인은 분별 있고 정절을 지키는 사람이니 그대는 행복한 것이오! 우리가 그리스를 떠날 때 부인의 가슴에서 젖을 먹던 텔레마코스, 그 어린아이가 청년이 되어 이제 아버지에 대한 사랑으로 정성을 다해 그대를 맞이할 거요. 극악무도한 내 아내는 나를 죽이기 전에 아들의 모습을 볼 여유도 주지 않더군. 그러니 충고하건대, 이타케 해안에 상륙할 때는 몰래 숨어들어가시오. 여자란 당최 믿을 수가 없으니까.'

이렇게 음울한 말을 남기고 아가멤논의 망령은 발걸음을 돌려 사라졌습니다. 그다음에는 아킬레우스와 그의 친구 파트로클로스의 망령이 그리고 안틸로코스와 대 아이아스의 망령이 찾아왔습니다. 먼저 아킬레우스의 망령이 피를 마신 다음 저를 알아보고는 깜짝 놀랐지요.

나는 그에게 이리로 온 까닭을 이야기했습니다. 그리고 내가 '가장 유명한 그리스 인 아킬레우스는 하계에서도 죽은 사람들의 통치자로서 축복을 받으니 좋겠소'라고 칭찬했더니 아킬레우스는 기분 나쁜 듯 말했습니다.

'오뒷세우스, 죽음에 대해 나를 위로하려 들지 마시오! 죽은 사람의 왕이 되느니 차라리 재산이 없어 남의 밭을 가는 품팔이일지라도 살아 있는 편이 좋단 말이오.'

그러더니 아들 얘기를 부탁하기에 나는 아킬레우스의 아들 네옵톨레모스의 영웅적 삶에 대해 들려주었지요. 아들의 선행과 갖가지 영예로운 이야기를 듣더니 이 고귀한 망령은 만족스럽고 힘찬 걸음걸이로 다시 지하의 나라로 내려가 모습을 감췄습니다.

그동안 피를 마신 또 다른 망령들이 말을 하기 위해 내게로 왔습니다. 다만 옛날에 아킬레우스의 무기를 얻기 위해 나와 다투다가 져서 자살한 대 아이아스의 망령만은 한쪽 옆에 딱 붙어 서서 아직도 노여워하고 있었지요. 나는 부드러운 말투로 아이아스의 망령에게 말을 걸었습니다.

'텔라몬의 아들이여! 그대는 아킬레우스의 갑옷 때문에 죽어서도 아직까지 불만을 품고 있소? 그 갑옷은 신들이 그리스 인들에게 재앙을 주기 위한 것이었소. 전쟁에서 우뚝 솟은 탑과 같던 그대가 그 갑옷 때문에 죽었을 때 우리는 아킬레우스의 죽음 다음으로 슬퍼했소. 그러나 우리 중 누구도 그대의 죽음에 책임이 없소. 그것은 제우스가 우리에게 보내준 운명이었으니까. 그러니 고귀한 왕이여, 기분을 가라앉히고 이리 와서 나와 같이 이야기를 나눕시다!'

그러나 아이아스의 망령은 아무 대답도 없이 다른 영혼들이 있는 어둠 속으로 사라졌습니다.

그다음에 본 것은 훨씬 옛날에 죽은 영웅들의 망령이었습니다. 죽은 사람을 다스리는 미노스 왕, 손에 몽둥이를 들고 살쾡이나 사자의 망령을 잡는 힘센 사냥꾼 오리온, 악행 때문에 대머리독수리 두 마리가 양쪽에서 간을 쪼고 있는 티튀오스, 턱까지 물이 차 있으면서도 목이 말라 물을 마시려고 하면 발아래 검은 바닥이 드러나기 때문에 갈증을 느끼며 연못 한가운데 서 있는 탄탈로스가 보였습니다. 배, 무화과, 석류, 올리브, 사과 열매들이 주렁주렁 달린 가지가 그의 머리 위에 뻗어 있었지만, 잡으려 하면 바람이 불어 가지를 하늘 높이 치켜올려 탄탈로스의 손은 허공을 잡았지요.

또한 끝없는 고역에 시달리는 시쉬포스의 모습도 보였어요. 시쉬포스는 커다란 바위를 산 위로 밀어 올리려 애쓰고 있었습니다. 죽을힘을 써서 바위를 굴려 산꼭대기에 이르면 바위는 곧바로 손에서 미끄러져 다시 산기슭으로 굴러 떨어졌습니다. 그러면 시쉬포스는 또다시 일을 해야 했지요. 온몸에서 식은땀이 흘렀고 그의 머리는 먼지투성이였습니다. 시쉬포스 바로 옆에는 헤라클레스의 망령이 서 있었습니다. 하지만 그것은 다만 환영에 불과했습니다. 헤라클레스 자신은 청춘의 여신 헤베의 남편이 되어 올림푸스의 신들 사이에서 행복한 삶을 살고 있기 때문이지요. 그러나 그의 망령은 우두커니 서서 마치 활시위에 화살을 메겨 적을 쏴 죽이려는 것처럼 무섭게 주위를 둘러보고 있었지요.

헤라클레스의 망령이 사라지자 영웅들의 망령이 떼 지어 몰려왔습니다. 나는 그 속에서 테세우스와 그의 친구 페이리토오스의 모습을 찾으려 했습니다. 그러나 수많은 망령이 소름 끼치는 굉음을 지르자 나는 갑자기 고르고 메두사의 머리를 보는 듯한 공포에 사로잡혔습니다. 나는 동료들과 함께 급히 바윗구멍에서 벗어나 다시 오케아노스 해안의 배로 돌아왔습니다. 그리고 엘페노르의 망령과 약속한 대로 키르케 섬을 향해 돛을 달고 귀항했던 것입니다."

오뒷세우스, 헬리오스의 분노를 사다

오뒷세우스가 이야기를 계속했다.

"우리들은 아이아이에 섬에서 불행하게 죽은 동료의 시체를 화장해 그의 뼈를 땅에 묻고 봉분을 만들어 묘비를 세워주었습니다. 그리고 키르케의 따뜻한 대접을 받고 그녀에게서 온갖 위험에 대한 조언과 풍부한 식량을 받아 다시 항해를 이어갔지요.

키르케의 예언대로 우리가 처음으로 극복해야 할 위험이 세이렌들의 섬에서 기다리고 있었습니다. 세이렌 자매는 노래를 잘하는 요정으로 그 노래를 들으면 모두 마법에 걸리게 되지요. 그녀들은 푸른 바닷가에 앉아 그곳을 지나는 사람들에게 아름다운 마법의 노래를 불러줍니다. 그 노랫소리에 홀려 섬으로 다가온 자는 죽게 되지요. 그래서 세이렌들의 바닷가에는 썩어가는 시체와 뼈가 가득 흩어져 있습니다.

그런데 이 유혹하는 요정들의 섬 옆에서 우리 배가 멈춰버렸습니다. 그때까지 배가 앞으로 나아가도록 밀어주던 순풍이 갑자기 딱 멎어 수면이 마치 거울처럼 되었기 때문입니다. 동료들은 돛을 내리고 배를 앞으로 움직이기 위해 노를 잡았습니다. 그러나 나는 키르케의 예언을 기억해냈습니다.

'당신이 세이렌들의 섬에 도착했을 때 그녀들의 노래가 위협할지 모르니 동료들의 귀를 밀랍으로 막아 아무것도 못 듣게 하세요. 당신이 만일 세이렌들의 노래를 듣고 싶다면 동료에게 부탁해 손발을 돛대에다 꽉 붙들어 매게 하세요. 그리고 당신이 풀어달라고 아무리 애원해도 그럴수록 밧줄을 더 단단히 묶으라고 하세요!'

그래서 나는 커다란 밀랍덩어리를 잘라 반죽해 부드럽게 만든 다음 동료들의 귀를 꽉 막았습니다. 그다음 이번에는 동료들이 나를 돛대 밑동에 묶었습니다. 그리고 그들은 노 젓는 자리에 앉아 안심하고 배를 앞으로 몰았습니다. 세이렌들은 배가 다가오는 것을 보고 매혹적인 처녀의 모습으로 기슭에 서서 세상에 둘도 없는 달콤한 목소리로 노래를 했지요. 그 노래는 이렇게 들렸습니다.

자, 이리 오세요. 칭송이 자자한 오뒷세우스여
그리스 인들의 위대한 영광이여
이곳으로 배를 몰아 우리의 소리를 들어보세요.
우리 입에서 나오는 감미로운 목소리를 듣기 전에
검은 배를 타고 이 앞에서 노를 저어간 사람은 없어요.
우리 목소리를 들으면 더 많은 것을 알게 되어 즐겁게 돌아가지요.

우리는 트로이아 평야에서 그리스 인들과 트로이아 인들이

신의 뜻에 따라 겪었던 모든 일을 알고 있으니까요.

풍요한 대지 위에서 일어나는 일은 무엇이든 다 알고 있으니까요.

이렇게 그들은 노래했습니다. 내 가슴속에서는 그 노래를 더 듣고 싶다는 욕망이 솟아올랐지요. 그래서 나는 머리를 흔들어 동료에게 밧줄을 풀라고 신호했습니다. 그러나 그들은 소리가 들리지 않았기에 더 힘껏 노를 저었습니다. 그중 에우뤼로코스와 페리메데스는 내가 미리 명령해둔 대로 더욱 굵은 밧줄로 저를 졸라맸어요. 우리가 그 섬을 무사히 지나 세이렌들의 노랫소리가 들리지 않는 곳까지 오자 동료들은 비로소 귀에서 밀랍을 떼어내고 밧줄을 풀어주었습니다. 나는 동료들의 인내심에 진심으로 감사했지요.

우리는 노를 저어 앞으로 나가다가 곧 멀리 보이는 물기둥과 성난 파도를 발견했습니다. 그것은 카립디스였습니다. 하루에 세 번 바위 밑에서 거품을 뿜으며 솟았다가 제자리로 돌아가는 소용돌이였어요. 그 커다란 입은 지나가는 배를 모조리 삼켜버렸습니다. 동료들이 너무 놀라 손에서 노를 놓아버리는 바람에 배가 움직이지 않았어요. 나는 급히 뱃전으로 올라가 동료 한 사람 한 사람을 격려했지요.

'사랑하는 친구들이여! 우리가 위험에 처했던 적이 어디 한두 번이었소? 무슨 일이 일어나건 퀴클롭스의 동굴보다 더한 고난은 아닐 거요. 그때도 나의 지혜가 그대들을 돕지 않았소! 그러니 모두 내 말을 따르시오. 노 젓는 자리에 딱 버티고 앉아 용기를 내서 노를 저어 파도를 넘어갑시다! 안 그러면 큰 파도가 우리를 삼킬 거요. 제우스께서

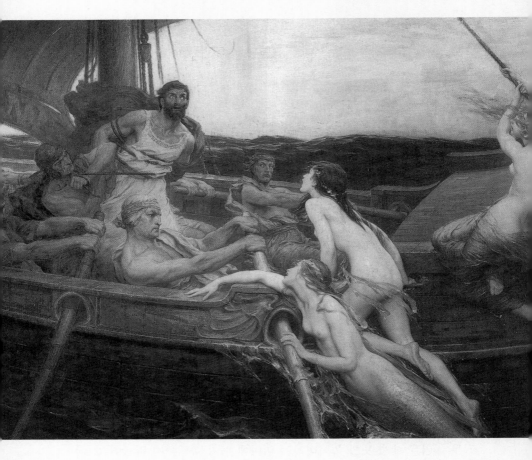

오뒷세우스의 배는 세이렌 자매가 사는 섬 옆에서 멈춰버렸다. 세이렌의 노래를 들으면 모두 마법에 걸려, 그 노랫소리에 홀려 섬으로 다가온 자는 모두 죽었다. 오뒷세우스는 키르케가 알려준 대로 밀랍덩어리를 반죽해 동료들의 귀를 막았고 자신의 몸은 돛대 밑동에 묶게 했다. 세이렌들의 노랫소리가 들려오자 오뒷세우스는 그 노래를 더 듣고 싶다는 욕망이 솟아올랐다. 오뒷세우스는 동료에게 밧줄을 풀라고 했으나 그들은 미리 이야기해둔 대로 더욱 굵은 밧줄로 오뒷세우스를 졸라맸다.

〈오뒷세우스와 세이렌〉, 허버트 제임스 드레이퍼, 1909년, 페렌스 미술관.

우리가 이 고난에서 빨리 벗어날 수 있도록 도와주실 것이오. 키잡이여! 정신을 바싹 차리고 거품이 이는 큰 파도를 타넘을 수 있게 그대가 할 수 있는 한 최선을 다해 배를 조종하시오. 바위에 바짝 붙어서 가면 소용돌이 속으로 말려들어가지 않을 거요!'

이렇게 나는 키르케에게 들은 대로 카립디스의 소용돌이에 대해 경고했지만, 바위 뒤편에서 우리를 기다리고 있는 괴물 스퀼라에 대해서는 현명하게도 아무 말 하지 않았습니다.

그러나 나는 키르케가 일러준 금지사항을 잊고 있었습니다. 그녀는 이 괴물과는 싸울 생각조차 하지 말라고 했었습니다. 그러나 나는 잔뜩 무장을 하고 두 개의 창을 손에 든 채 갑판에 버티고 서서 괴물을 만날 준비를 했습니다. 그런데 눈을 부라리며 찾아봐도 괴물의 모습은 보이지 않았습니다. 나는 죽음의 공포에 완전히 사로잡혀 점점 좁아지는 해협으로 다가갔지요. 스퀼라에 대해 키르케는 이렇게 말했어요.

'스퀼라는 죽일 수 있는 상대가 아니라 죽지 않는 재난입니다. 그녀에게는 용기도 소용없어요. 살길은 오로지 하나, 도망치는 것뿐이에요. 스퀼라는 카립디스와 마주보는 바위에 살고 있어요. 그 바위는 뾰족한 머리가 하늘 높이 솟아 있으며, 영원히 갤 줄 모르는 검은 구름에 싸여 햇빛을 받는 일 없는 평평한 바윗돌이 탑처럼 우뚝 솟아 있지요. 이 바위에는 캄캄한 동굴이 하나 있는데 스퀼라는 그 동굴에 살아요. 막 태어난 개가 짖는 소리처럼 바다 위에 메아리치는 요란한 소리로 그녀가 동굴에 있다는 것을 알 뿐입니다. 이 괴물은 볼품없이 생긴 열두 개의 발과 여섯 개의 뱀목을 가지고 있어요. 세 줄로 늘어선 이를 가진, 보기만 해도 몸이 오싹해지는 여섯 개의 얼굴이 무시무시한

웃음을 띠며 희생물을 씹으려 이를 드러내고 있습니다. 그녀는 몸통의 반을 동굴 속에 숨기고 구멍 위로는 여섯 개의 머리만을 내밀어 바다표범과 돌고래와 커다란 바닷동물을 잡아먹지요. 이제껏 스퀼라 옆을 지났는데도 해를 입지 않은 배는 없었습니다. 선원들이 알아차리기도 전에 그녀가 여섯 개의 입에 달린 이빨로 배에서 사람을 하나씩 물고 갔기 때문입니다.'

나는 마음속으로 그 광경을 그리며 주위를 돌아보았으나 헛수고였습니다. 그동안 우리 배는 카립디스 바로 옆에 와 있었습니다. 카립디스는 목이 마른 듯 바닷물을 구멍으로 들이마셨다가 도로 뱉어내곤 했지요. 그래서 카립디스는 불에 올려놓은 냄비처럼 끓었습니다. 이 괴물이 바닷물을 토해내는 동안에는 흰 거품이 높이 일었습니다. 그러나 괴물이 다시 들이마시기 시작하면 흐려진 물이 깊은 바윗구멍 속으로 흘러들어가면서 바위가 큰 소리를 내고 검은 진흙의 깊은 심연이 내려다보였습니다. 이 광경을 보고 얼어붙은 우리는 뜻하지 않게 배와 함께 왼쪽으로 벗어나, 갑자기 여태껏 보이지 않던 스퀼라 바로 옆에 와 있게 되었습니다. 그 순간 괴물은 크게 벌린 여섯 개의 입으로 단번에 가장 용감한 여섯 명의 동료를 갑판에서 덥석 물어 갔습니다. 나는 괴물의 이빨 사이에서 동료들의 손과 발이 버둥거리는 것을 봤습니다. 그들은 괴물의 입 속에서 내 이름을 부르며 도와달라고 했지만 눈 깜짝할 사이에 씹어 먹히고 있었습니다. 지금까지 표류하며 갖은 고생을 다했지만 그렇게 처참한 광경은 본 적이 없었지요.

그러나 우리는 다행히도 카립디스의 소용돌이와 스퀼라의 바위를 빠져나올 수 있었습니다. 그리고 트리나키에 섬이 햇빛에 반짝이며 우리들 앞에 나타났습니다. 태양신 헬리오스의 거룩한 소와 양의 울음소리가 벌써부터 바다 위로 들려왔습니다. 수많은 불행으로 깨달음을 얻은 나는 하계에서 눈먼 테이레시아스로부터 받은 경고를 생각했습니다. 그리고 동료들에게 가장 고통스러운 운명이 우리를 위협하니 헬리오스의 섬을 피하라고, 테이레시아스와 키르케의 경고를 들려주었지요. 그러나 이 말이 동료들을 절제하게 만들어주지는 못했습니다.

에우릴로코스가 화가 나서 말했습니다.

'오뒷세우스! 당신은 참 독한 사람이에요. 우리는 긴장과 피로로 기진맥진했습니다. 정말로 당신은 우리가 섬에 상륙해 원기를 되찾지 못하게 할 겁니까? 이대로 쥐 죽은 듯 고요한 밤에 황량한 검은 바다를 헤쳐가란 말입니까? 만약 어둠 속에서 광폭한 남풍이나 거친 소리를 내는 서풍이 불면 어쩔 셈입니까? 적어도 캄캄한 오늘 밤만은 손님에게 저토록 친절한 손짓을 보내는 해안가에 닻을 내립시다!'

나는 이 항의를 듣고 적의를 품은 신이 우리에게 고통을 안겨주기로 결정했음을 깨달았습니다. 그래서 이렇게 말했습니다.

'에우릴로코스! 나를 강제로 어쩔 필요는 없네. 자네들은 많고 나는 혼자니까. 그러니 자네들 뜻을 따르겠네. 그러나 태양신의 소와 양 떼가 눈앞에 나타나더라도 한 마리도 죽이지 않겠다고 신들에게 맹세해주게! 우리는 친절한 키르케가 실어준 양식에 만족하며 참아야 하네.'

모든 사람이 기뻐하며 내게 맹세했지요. 그리고 우리 배는 담수가 바닷물로 흘러드는 포구로 들어갔습니다. 모두 배에서 내려 당장 저녁 준비를 했습니다. 식사를 한 뒤에는 스퀼라에게 잡아먹힌 동료들을 슬퍼했지만 항해에 지친 우리는 눈물을 흘리다 어느새 잠이 들었습니다.

그러나 밤이 아직 삼분의 일가량 남았을 때 제우스가 무서운 폭풍을 보냈습니다. 새벽녘에 우리는 서둘러 배를 해안의 동굴로 안전하게 끌어와야 했습니다. 이 지독한 날씨로 인해 상당 기간을 섬에 머물러야 했기 때문에 나는 동료들에게 신성한 소를 죽이지 말라고 다시한 번 경고했지요. 사실 우리는 그로부터 꼬박 한 달 동안 섬에 머물러 있었습니다. 남풍은 좀처럼 그치지 않았고 잠깐씩 동풍으로 바뀔뿐이었습니다. 그런데 그것도 모두 역풍이었습니다. 키르케가 마련해준 음식과 술이 남아 있는 동안은 아무런 어려움이 없었어요. 그러나그 음식을 다 먹어버려 배가 고파지자 동료들이 물고기나 새를 잡으러 나갔지요. 나는 이 어려운 상황에서 빠져나갈 방법을 가르쳐줄 신이나 사람을 혹시 만날 수 있지 않을까 하고 해안선을 따라 헤맸습니다. 동료들로부터 멀리 떨어진 곳까지 가서 두 손을 바닷물에 씻은 다음 하늘 높이 쳐들고 공손히 꿇어 엎드려 신들에게 은총을 빌었지요. 그러자 신들은 기도하고 있는 저에게 꿀맛 같은 잠을 보내주었습니다. 내가 멀리 있는 동안 에우륄로코스는 동료들 가운데에 서서 파멸로 끝날 일을 권고하고 있었지요.

'내 말을 들어보게, 지독한 곤경에 빠진 친구들이여!'

그는 그렇게 입을 뗐습니다.

'인간에게 죽음은 무서운 것이지만 그중에서 가장 끔찍한 운명은 굶어 죽는 것일세! 어째서 우리는 헬리오스의 소 중 가장 훌륭한 소를 신들에게 제물로 바치고 남은 고기를 먹어서는 안 된다는 말인가? 주저할 게 뭐가 있나? 만약 우리가 무사히 이타케로 돌아가면 훌륭한 신전을 세워 헬리오스를 위로하고 제물로 바치면 되지 않겠나? 만일 헬리오스가 잠시 화가 나 폭풍을 보내 우리 배를 바다 밑으로 가라앉혀도 어쩔 수 없지. 이런 쓸쓸한 섬에서 굶어 죽을 바에야 한순간이라도 숨을 쉬고 바다에 빠져 죽는 편이 나아!'

이 말은 굶주린 동료들의 마음을 흔들었습니다. 그들은 근처에서 풀을 뜯고 있는 헬리오스의 소 몇 마리를 몰아왔습니다. 그러고는 신들에게 기도를 올린 다음 소를 잡고 내장을 꺼내 기름진 넓적다리 고기와 함께 바쳤습니다. 술은 벌써 다 마셔버려 한 방울도 없었기 때문에 내장과 넓적다리 고기에는 맑은 물을 뿌렸을 뿐이었습니다. 그때 신들이 내 눈꺼풀에서 잠을 몰아냈지요. 동료들에게 돌아왔을 때는 멀리서도 고기 굽는 냄새가 코를 찔렀고, 그들은 아직도 많이 남은 고기를 꼬치에 꽂아 식사를 하려고 자리 잡던 참이었습니다.

나는 하늘을 향해 외쳤습니다.

'아버지 제우스여, 그리고 다른 여러 신이여! 저를 저주하기 위해 잠에 빠지게 하셨군요. 내가 자는 동안 동료들이 무슨 짓을 한 것입니까!'

그사이 이미 태양신은 시종 여신에게서 자신의 신성한 소를 죽인 악행에 대한 소식을 들었습니다. 분노한 헬리오스는 올림푸스 신들에게 가서 이 부당한 행위를 고발했습니다. 범죄자들이 충분한 벌을 받지 않을 경우 태양 전차를 타고 하데스로 내려가 다시는 지상을 비추지 않겠다고 위협하는 소리를 듣자 화가 난 제우스는 왕좌에서 벌떡 일어나 말했습니다.

'헬리오스여, 신들과 인간을 항상 비춰주어라! 내가 곧 저 저주받은 도둑들의 배를 벼락으로 박살 내서 심연 속에 처박아주겠다!'

제우스가 한 이 말은 나중에 고귀한 요정 칼립소가 신들의 전령 헤르메스에게서 듣고 전해준 것입니다.

나는 동료들에게로 돌아와 그들을 꾸짖었습니다. 그러나 이미 엎질러진 물이었습니다. 소는 도살되어 내 앞에 가로놓여 있었습니다. 불길하고 무서운 징조가 이미 일어난 악행을 증언하고 있었습니다. 쇠가죽이 마치 살아 있는 것처럼 주위를 기어 다니고, 꼬치에 꽂힌 생고기와 구운 고기가 소처럼 울어댔습니다. 그러나 배고픈 동료들은 전혀 개의치 않았습니다. 그로부터 엿새 동안 그들은 소고기를 먹었습니다.

이레째 되는 날 겨우 폭풍이 가라앉은 듯해 우리는 다시 배를 타고 바다 한복판으로 나갔습니다. 계속 나아가 섬이 시야에서 사라졌을 때 제우스가 검푸른 구름을 바로 우리 머리 위에다 펼쳐놓았습니다. 우리 아래 있는 바다가 점점 어두워졌지요. 갑자기 서쪽에서 맹렬한 폭풍이 몰려와 돛대의 두 밧줄이 끊어지자 돛대가 우지끈 소리를 내며 뒤로 넘어지는 바람에 배 위에 있던 모든 장비가 내동댕이쳐졌습니다. 모든 짐이 키잡이의 머리 위로 떨어져 그는 두개골이 깨진 채 잠수부처럼 바다에 떨어져 파도 속에 파묻혀버렸어요. 그때 무서운 소리를 내며 벼락이 떨어져 배가 박살 나며 유황가스로 가득 찼습니다.

동료들은 바닷속으로 떨어졌고 마치 바다오리처럼 배 주변에서 떴다 가라앉았다 했지만, 마침내 모두 죽고 말았습니다. 드러난 용골 위로 휜 돛대가 소리를 내며 떨어져 완전히 걸쳐졌습니다. 배는 결국 못쓰게 되었습니다. 그러나 나는 침착하게 아직 돛대에 매달려 있던 가죽 끈을 잡아 그것으로 용골과 돛대를 붙들어 맸습니다. 그 뗏목을 타고 신들의 이름을 부르며 사납게 날뛰는 폭풍에 몸을 맡겼지요.

마침내 그렇게 사납던 폭풍도 겨우 잠잠해지고 서풍도 가라앉았습니다. 그러자 이번에는 남풍이 불어대는 바람에 새로운 불안에 떨어야 했습니다. 다시 스퀼라와 카륍디스 쪽으로 밀려갈 위험에 놓였기 때문입니다. 결국 그렇게 되어버렸습니다. 날이 밝자마자 나는 스퀼라의 뾰족한 바위기둥과 바닷물을 토해냈다 다시 들이마시는 무서운 카륍디스를 볼 수 있었습니다.

카륍디스 옆으로 밀려가자 그 괴물은 순식간에 소용돌이치더니 돛대를 삼켜버렸지요. 나는 바위에서 뻗어 나온 무화과나무의 가지를 움켜잡고 박쥐처럼 공중에 매달렸습니다. 그렇게 나는 흔들거리며 소용돌이 속에서 다시 용골과 돛대가 튀어나올 때까지 카륍디스 위에 있었습니다. 튀어나오는 그 순간 다시 뗏목으로 옮겨 타 좁은 용골 위에 앉아 두 손을 노로 삼아 소용돌이에서 빠져나갔지요. 만약 자비로우신 제우스 신이 뗏목을 바윗구멍의 깊은 입에서 끌어내고 스퀼라의 바위를 비켜가게 해주지 않았더라면 나는 파멸하고 말았을 것입니다.

그로부터 아흐레 동안 다시 바다 위를 떠돌아다니다 열흘째 되는 날 밤에 자비로운 신들은 저를 칼륍소가 사는 오귀기에 섬으로 데려가주었습니다. 칼륍소는 저를 간호해주고 기운을 회복시켜주었습니다. 고귀하신 왕이시여, 그 이야기는 할 필요가 없겠지요. 어제 이미 당신과 왕비께 나의 마지막 모험에 대해서는 이야기했으니까요."

오뒷세우스, 파이아케스 족과 작별하다

오뒷세우스가 긴 이야기를 끝내고 휴식을 취했다. 열중해서 듣던 파이아케스 족 사람들은 이야기에 감동해 한동안 아무 말도 하지 못했다.

마침내 알키노오스 왕이 침묵을 깨고 말했다.

"그대에게 행운이 있기를 기원하오! 그대는 이 왕궁에서 맞이한 가장 고귀한 손님들 중 한 분이시오. 내 궁전을 방문한 이후로는 그대가 더는 고향으로 가는 길을 잃지 말고 아버지의 집으로 돌아가 이제까지 겪은 불행을 깨끗이 잊기 바라오. 나의 궁전에 있는 친애하는 친구들과 손님들이여, 내 말을 들으시오! 아름다운 옷상자 안에는 귀한 손님을 위한 훌륭한 옷이 준비되어 있고, 솜씨 있게 세공한 황금과 그밖에 나와 다른 왕들이 보내는 많은 선물도 들어 있소. 게다가 우리들 모두 각각 커다란 세발솥과 대접을 더불어 드립시다. 물론 개인들이 이처럼 많은 선물을 하기는 힘들겠지만, 우리는 민회에서 충분히 보상받을 수 있을 것이오!"

이 말에 모두 기꺼이 동의했고, 모임은 끝이 났다. 이튿날 아침, 파이아케스 족은 선물을 배에 실어 날랐다. 선원들이 노 젓는 데 방해되지 않도록 알키노오스가 손수 그 짐을 좌석 밑에 조심스럽게 놓았다. 일을 다 끝내고 왕궁으로 모두 돌아오자 작별연회가 마련되어 있었다. 제우스에게 산 제물을 바친 뒤 축하잔치가 시작되었고, 온 백성에게서 크게 존경받는 눈먼 가수 데모도코스가 아름다운 노래를 불러 흥을 돋우었다. 그러나 오뒷세우스의 마음은 이미 그곳을 떠나 있었다. 그는 연회실 창문을 통해 태양의 위치를 바라보며 빨리 해가 지기를 고대하고 있었다. 하루 종일 밭일을 하던 농부가 저녁상을 고대하는 것과 같았다.

마침내 오뒷세우스는 주저하지 않고 주인인 왕에게 말했다.

"칭송받는 영웅이신 알키노오스여! 이만 제주를 따르시고 저를 돌아가게 해주십시오! 당신께서는 제가 진정으로 원하는 모든 것을 베풀어주셨습니다. 선물은 모두 배에 실려 있고 항해 준비도 완전히 끝났습니다. 신들이 당신께 축복을 내려주시고, 저에게는 집으로 돌아가 나무랄 데 없는 아내를 다시 보고 자식과 친척과 친구 들을 무사히 만날 수 있게 해주소서!"

오뒷세우스가 원하는 바를 말하자 모든 파이아케스 족 사람들이 소리 내어 동감을 표했다. 알키노오스는 의전관 폰토노오스에게 명해 손님들의 잔에 다시 술을 채우게 했다. 그리고 모두 자리에서 일어나 약속이나 한 듯 손님의 무사귀환을 위한 술을 올륌푸스 신들에게 바쳤다. 오뒷세우스가 일어나 왕비 아레테에게 잔을 내밀며 말했다.

"고귀하신 왕비님, 영원히 잘 사십시오! 저는 이제 고향으로 돌아갑니다. 당신도 이 집에서 자녀들과 백성들 그리고 고귀한 남편과 함께 이 기쁨을 누리시길 빕니다!"

이렇게 말하고 오뒷세우스는 궁전 현관을 나섰다. 오뒷세우스에게 이별의 악수를 건넨 왕의 명령으로 전령이 그를 안내했고 왕비의 명령으로 세 명의 시녀가 배까지 따라왔다.

첫 번째 시녀는 아름다운 옷을 들었고 두 번째 시녀는 굳게 닫힌 상자를 들었으며 세 번째 시녀는 술과 음식을 들었다. 이 모든 것이 배에 실렸다. 갑판에는 부드러운 아마포가 깔렸다. 오뒷세우스는 말없이 배에 올라 모피 위에 앉았다. 노 젓는 사람들이 자리에 앉았다. 배의 밧줄이 풀리고 선원들이 노를 젓자 배는 의기양양하게 파도를 헤치며 나아갔다.

3장

Die schönsten Sagen des klassischen Altertums

오뒷세우스, 고향으로 돌아오다

오뒷세우스 이야기 II

오뒷세우스, 이타케로 가다

오뒷세우스의 잠은 달콤했다. 그러나 죽음과 같은 깊은 잠이었다. 배는 마치 네 마리의 말이 끄는 마차처럼 또 허공을 가르며 나는 매처럼 빠르게 전진했다. 배는 신들이 그 영리함을 시기하고 그 어떤 인간보다도 많은 고민을 견뎌낸 거룩한 인간과 더불어 귀한 보물들을 싣고 가는 중임을 아는 것 같았다. 지금 오뒷세우스는 전쟁과 바다에서 겪은 과거의 일들을 잊고 가장 편한 잠에 빠져 있었다.

하늘에 뜬 샛별이 날이 밝아오는 것을 알릴 무렵 배는 전속력으로 이타케 섬을 향해 나아갔다. 곧 배는 늙은 바다의 신 포르퀴스에게 바쳐진 항구로 들어갔다. 가파른 암벽으로 이루어진 두 개의 곶이 양쪽에서 바다로 돌출해 안전한 항구를 형성하고 있었다. 포구 가운데에는 잎사귀가 큰 올리브나무가 서 있었고 그 옆에는 쾌적한 동굴이 있었다. 동굴 어두운 구석에 바다의 요정들이 살았는데, 동굴에는 돌로 된 주전자와 항아리가 있고 그 속에는 벌꿀이 들어 있었다. 요정들은 돌로 만든 베틀에서 자주색 실을 가지고 훌륭한 옷을 짓고 있었다. 절대로 마르지 않는 두 개의 샘이 이 동굴을 관통하며 흘렀다.

동굴에는 입구가 두 개였다. 그중 하나는 한밤중에 인간을 위해 열렸고 숨겨진 다른 입구는 정오경에 불사의 요정들을 위해 열렸다. 이 입구는 아직 사람이 발을 들여놓은 적이 없었다. 동굴 근처에 도착한 파이아케스 족은 잠에 빠진 오뒷세우스를 담요와 침대째 배에서 내려 동굴 앞 올리브나무 아래의 모래밭에 눕혔다. 알키노오스 왕과 귀족들이 준 선물도 모두 배에서 내려 조심스럽게 길 한편에 가져다놓았다. 오뒷세우스가 잠을 자는 동안 지나는 사람이 훔쳐가지 않도록 해놓은 것이었다. 파이아케스 족 사람들은 신들이 오뒷세우스에게 잠을 보내준 것으로 여겼기 때문에 그를 깨우지 않았다. 그들은 다시 노를 저어 파이아케스 족의 나라로 돌아갔다.

그러나 바다의 신 포세이돈은 파이아케스 족에게 몹시 화가 나 있었다. 그들이 아테네 여신의 도움을 받아 자신의 먹잇감인 오뒷세우스를 빼앗아 갔기 때문이다. 그래서 포세이돈은 제우스에게 파이아케스 족의 배에 복수하게 해달라고 청했다. 제우스는 복수를 허락했다. 배가 돛에 바람을 가득 안고 파이아케스 족의 땅인 스케리아 섬 근처에 들어오자, 포세이돈이 파도 속에서 불쑥 올라와 평평한 손으로 배를 때리더니 다시 파도 사이로 모습을 감췄다. 그러자 갑자기 배는 그 위에 실린 모든 것과 함께 암벽으로 변했고, 바다 밑바닥에 단단하게 뿌리를 내렸다. 파이아케스 족은 배가 돌아온다는 소식을 듣고 급히 해안으로 와 있었는데, 지금까지 전속력으로 항해하던 배가 갑자기 딱 멎었기 때문에 깜짝 놀라 눈을 크게 떴다.

알키노오스 왕이 모여 있던 사람들에게 말했다.

"슬픈 일이지만 부왕께서 말씀하셨던 아주 옛날의 예언이 이제 이뤄지는 것이오. 그 예언에 의하면 포세이돈은 숙련된 뱃사람인 우리가 이방인을 무사히 고향으로 데려다준 것에 대해 가슴속 분노가 치밀어, 이방인을 데려다준 파이아케스의 배를 해안에서 암벽으로 바꾸어 이 도시를 에워싸리라고 했었소. 앞으로 우리는 도시에 구원을 요청하는 이방인을 절대로 호송하지 맙시다. 그리고 노한 바다의 신을 위해 열두 마리의 소를 제물로 바칩시다. 그리하면 포세이돈께서도 우리를 불쌍히 여겨 이 마을을 바위산으로 에워싸지 않을 거요."

파이아케스 족은 이 예언을 듣고 몹시 놀라 서둘러 제사를 준비했다.

한편 이타케의 해안 기슭에서 잠이 깬 오뒷세우스는 이미 오랫동안 고향을 떠나 있었기 때문에 그곳이 어디인지 알아보지 못했다. 더구나 팔라스 아테네는 오뒷세우스가 악행을 행한 구혼자들을 벌하기 전까지 그의 주위를 안개로 감싸 눈에 띄지 않게 만들어 아내와 주민들이 그가 돌아왔음을 알지 못하게 했다. 그래서 그에게는 꼬불꼬불한 길도, 포구도, 하늘로 솟아오른 절벽도, 키 큰 나무도 모두 낯설게 보였다. 그는 땅에서 일어나 주위를 둘러보고 나서 이마를 치며 탄식했다.

"나는 왜 이리 불행한가! 또 다른 낯선 사람들에게 온 것인가, 아니면 악한 인간들에게 와버린 것인가? 이 선물을 들고 어디로 도망쳐야 하지? 나를 친절하게 대해준 파이아케스 족에게 그대로 머물러 있을 걸 그랬구나! 그러나 지금은 그들도 나를 배신했군. 이타케로 데려다 준다고 약속해놓고 이런 낯선 섬에다 내버리다니. 복수의 신 제우스여, 그들에게 복수를 내려주시기를! 분명 내 물건도 훔쳐갔을 거야."

오뒷세우스는 주변을 둘러보았다. 세발솥도, 대접도, 금과 옷가지도 모두 정연히 갖춰져 있었다. 수를 세어보았지만 놀랍게도 아무것도 없어지지 않았다. 오뒷세우스는 고향을 그리며 정처 없이 바닷가를 걸었다. 그때 여신 아테네가 상냥한 젊은 목동으로 변신해 나타났다. 목동의 모습이기는 했으나 왕자처럼 훌륭한 옷을 입고 아름다운 샌들을 신었으며 손에는 창을 들고 있었다. 오뒷세우스는 사람을 만난 것이 기뻐 이 지역의 명칭이 무엇인지, 섬인지 대륙인지를 친절한 말투로 물었다.

여신이 대답했다.

"맨 먼저 나라의 이름을 물으시는 것을 보니 틀림없이 먼 곳에서 오신 모양이군요. 동쪽에서도 서쪽에서도 이 나라를 알고 있지요. 산이 많아 아르고스처럼 말을 방목할 수는 없지만 가난한 땅은 아닙니다. 포도와 곡식이 매우 풍부하지요. 염소와 소가 많고, 아름다운 숲과 우물이 충분히 있습니다. 또한 이곳 주민들 때문에 이 나라는 유명합니다. 아주 멀리 떨어진 트로이아라는 나라에서 물어봐도 이타케 섬에 대해 얘기해줄 것입니다!"

고국의 이름을 듣고 오뒷세우스는 매우 기뻤다. 그러나 그는 수상한 목동에게 자기 이름을 곧바로 말해주지는 않았다. 그는 자기가 머나먼 크레테 섬에서 재산의 반을 가지고 왔으며, 남은 반은 아들들에게 남기고 왔다고 꾸며서 말했다. 재산을 훔치려던 강도를 죽여버렸

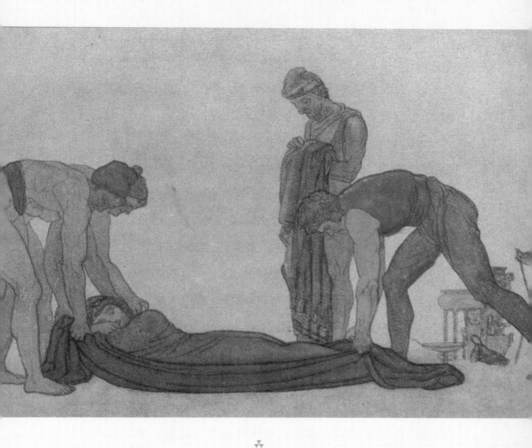

오뒷세우스는 달콤한 잠에 깊이 빠져 있었다. 그는 전쟁과 바다에서 겪은 과거의 일들을 잊고 가장 편한 잠을 잤다. 파이아케스 족은 동굴 근처에서 잠에 빠진 오뒷세우스를 담요와 침대째 배에서 내려 동굴 앞 올리브나무 아래 모래밭에 눕혔다. 그러고는 알키노오스 왕과 귀족들이 준 선물들을 배에서 내리더니 조심스럽게 길 한편에 가져다놓았다.

〈잠이 든 오뒷세우스〉, 《호메로스 이야기》에 실린 삽화, 1885년.

기 때문에 고향을 떠날 수밖에 없었다고도 했다. 그는 그렇게 계속해서 이야기를 꾸며댔다. 그가 말을 끝마치자 팔라스 아테네가 미소를 지으며 그의 뺨을 만졌다. 그러더니 갑자기 아리따운 아가씨의 모습으로 변했다.

아테네가 말했다.

"그대를 계략으로 이기려는 자는 설령 신일지라도 가장 영악하지 않으면 안 되겠군. 자기 나라에서조차 본모습을 드러내지 않으니 말이다! 그러나 쓸데없는 이야기는 그만하기로 하지. 내가 신들 가운데서 가장 분별력이 뛰어난 것처럼 그대는 인간들 가운데 가장 영리하니까. 그러나 그대는 나를 알아보지 못했다. 그대가 위험에 빠졌을 때 항상 곁에 있었으며, 파이아케스 족이 그대에게 호의를 갖도록 한 것이 바로 나라는 것도 알지 못했다. 지금 나는 그대가 파이아케스 족으로부터 받은 선물을 감추는 것을 도와주고 궁전에서 어떤 일이 벌어지고 있는가를 얘기해주고 의논하기 위해 이곳에 왔다."

오뒷세우스가 놀라 여신을 올려다보며 말했다.

"당신이 여러 가지 모습으로 변해서 오시는데 인간 따위가 어떻게 알아볼 수 있겠습니까, 고귀하신 제우스의 따님이시여! 오히려 저는 트로이아가 함락된 이후에도 당신의 진짜 모습을 뵌 적이 없습니다. 다만 파이아케스 나라에서는 제게 당신을 알 수 있게 해주셨고, 도시로 가는 길을 가르쳐주셨지요. 아버지의 이름을 걸고 간청합니다. 제가 정말 사랑하는 고국에 돌아왔는지 말씀해주십시오. 저를 위로하거나 호리려고 하신 말씀은 아니겠지요?"

"그대의 눈으로 확인해보라!"

아테네가 대답했다.

"포르퀴스의 항구를 모르겠는가? 저기 올리브나무를, 그대가 몇 번이나 산 제물을 바치던 요정의 동굴과 저 검은 숲의 산맥을 보아라. 그대도 잘 알고 있는 네리톤 산이다!"

이렇게 말하고 아테네가 재빨리 오뒷세우스에게서 안개를 걷어가자 눈앞에 고향이 나타났다. 오뒷세우스는 너무 기뻐 어머니 대지에 엎드려 입을 맞추고 토지의 수호신 요정들에게 기도했다. 그리고 여신은 그가 가져온 선물들을 바위틈에 숨기는 일을 도왔다. 모든 것을 잘 숨긴 뒤 그 앞에 돌을 굴려 막았다.

여신과 오뒷세우스는 올리브나무 아래 앉아 페넬로페의 구혼자들을 파멸시킬 방책을 의논했다. 아테네는 그의 궁전에서 벌어지는 구혼자들의 뻔뻔스러운 구혼 행각과 아내 페넬로페의 지조에 대해 자세히 말해주었다.

모든 이야기를 듣고 오뒷세우스가 소리쳤다.

"아, 내 신세여! 자비로우신 여신이시여, 만일 당신이 그런 사정을 모두 말씀해주지 않았다면 뮈케나이의 아가멤논처럼 저도 궁전에서 모욕적인 죽음을 맞이했을 겁니다. 그러나 당신이 정말 도와주신다면 저 혼자 삼백 명의 원수를 상대해도 무서울 것이 없습니다."

그의 말에 여신이 대답했다.

"오뒷세우스, 안심해라! 나는 결코 그대를 버리지 않을 것이다. 무엇보다 이 나라 사람이 그대를 알아보지 못하도록 해주겠다. 늘름한 사지를 줄이고 머리에서 갈색 머리털이 사라지게 해주마. 나는 그대의 몸을 누더기로 싸서 역겹게 만들어놓을 것이다. 또 빛나는 눈을 멍청하게 만들어 구혼자들뿐 아니라 그대의 아내나 아들들이 전혀 알아볼 수 없게 추한 사람으로 만들겠다. 먼저 너의 가장 충실한 종인 돼지치기에게 가라. 그는 그대를 진심으로 따르는 사람이다. 코락스 바위에 있는 아레투사 샘에서 돼지를 치는 그를 발견할 수 있을 것이다. 그곳으로 가 궁전에서 일어난 일을 모두 물어보아라. 그동안 나는 급히 스파르테로 가 그대의 사랑하는 아들 텔레마코스를 불러오겠다. 텔레마코스는 메넬라오스 왕에게 아버지의 안부를 물으러 가 있으니까."

오뒷세우스가 약간 화가 나서 물었다.

"어째서 텔레마코스에게 모든 것을 진작 얘기해주지 않으셨습니까! 당신은 모든 일을 다 아시지 않습니까? 텔레마코스까지 나처럼 불행하게 바다를 헤매고 다니는 동안 남들이 그의 재산을 다 갉아먹게 하실 작정입니까?"

그러나 여신은 오뒷세우스를 격려하고 위로하며 말했다.

"아들 걱정은 말아라! 내가 그곳으로 인도해 간 것이니까. 그곳으로 여행을 보낸 것은 젊은 그가 다른 나라에서 교육을 받고 명성을 얻어 훌륭한 사나이로서 구혼자들과 맞서게 하려는 뜻이다. 게다가 그는 고통당하지 않고 편안하게 메넬라오스 궁전에서 지내고 있으며, 아무런 부족함 없이 잘 있다. 구혼자들이 배에 복병을 숨겨놓고 텔레마코스가 고향으로 돌아오기 전에 죽이려고 일을 꾸미고 있는 것은 사실이지. 하지만 아무 걱정 하지 마라. 그리되기 전에 구혼자들이 땅에 묻히고 말 것이다!"

이렇게 말한 여신은 지팡이로 오뒷세우스의 몸을 가볍게 두드렸다.

그러자 곧바로 오뒷세우스의 사지가 줄어들면서 누더기를 입은 거지 모습이 되었다. 여신은 그에게 거지지팡이와 천조각을 엮어 만든 보기 싫은 누더기 바랑을 주고 사라졌다.

오뒷세우스, 돼지치기 에우마이오스를 찾아가다

전혀 알아볼 수 없는 모습으로 변한 오뒷세우스는 숲이 우거진 산맥을 넘어 여신이 지시한 곳을 찾아갔다. 그는 정말로 그곳에서 가장 충실한 종인 돼지치기 에우마이오스와 만났다. 그는 산맥의 고원에서 에우마이오스를 발견했다.

에우마이오스는 고원에서 무거운 돌을 날라다 가축을 위한 울타리를 만들었다. 그는 열두 개의 울타리를 세워 돼지우리를 만들었는데, 울타리마다 쉰 마리의 어미돼지를 넣어 키우고 있었다. 암놈보다 수가 적은 수놈들은 울타리 밖에서 키웠다. 구혼자들이 매일 연회를 위해 가장 살찐 수돼지 한 마리씩을 요구했기 때문이다. 그래도 아직 삼백육십 마리의 수돼지가 남아 있었다. 이 돼지들 옆에서는 야수처럼 사나운 개 네 마리가 망을 보고 있었다.

돼지치기 에우마이오스는 마침 소가죽을 잘라 아름다운 샌들을 만드는 중이었다. 나머지 하인들은 흩어져 있었다. 세 명은 방목하는 돼지와 함께 초원에 있었고, 네 번째 하인은 주문받은 대로 커다란 돼지를 뻔뻔한 구혼자들에게 가져다주려고 도시로 갔다.

개들이 먼저 오뒷세우스를 발견하고는 크게 짖으며 달려들었다. 그는 지팡이를 손에서 떨어뜨리며 주저앉았다. 만일 그때 샌들용 가죽을 내려놓고 급히 오두막집 문을 열고 뛰쳐나온 돼지치기가 개들에게 돌을 던지며 쫓아내지 않았다면, 오뒷세우스는 자기 집 개한테 물리는 창피를 당할 뻔했다.

에우마이오스는 주인을 거지로 알고 말했다.

"노인장, 하마터면 개들이 찢어 죽일 뻔했습니다! 그랬더라면 가뜩이나 속상한 나는 더욱 속상했을 겁니다. 먼 곳에 계신 불쌍한 주인님을 무기력하게 애처로워하는 것만으로는 나에게 충분하지 않단 말인가 하고 말이지요. 내가 여기 앉아 다른 사람들을 먹이기 위해 주인의 살찐 돼지를 사육하는 동안에도 주인은 비참한 상황이 되어 빵 한 조각 얻지 못하고 이국을 헤매고 계시겠지요. 아직 살아 계시다면 말입니다. 불쌍한 분이여! 오두막으로 들어와 술과 음식으로 원기를 되찾으세요. 배가 부르면 그때 어디서 왔는지, 어떤 고통을 참고 견뎠는지, 어째서 그런 불쌍한 꼴이 되었는지 얘기하도록 하십시오!"

두 사람은 오두막으로 들어갔다. 돼지치기는 손님을 위해 바닥에 나뭇잎과 마른 나뭇가지를 깔고, 폭신폭신한 영양 털가죽으로 만든 자기 이불을 그 위에 펴 손님에게 앉도록 권했다. 오뒷세우스가 환대에 감사하자, 에우마이오스가 대답했다.

"노인장, 보십시오. 손님을 소홀히 대해서는 안 됩니다. 아무리 보잘것없는 손님이라도 말입니다. 물론 내가 베푸는 것은 하찮습니다. 훌륭하신 주인님이 궁전에 계셨더라면 지금보다 내 처지가 훨씬 나았을 거예요. 주인님이 내게 집과 아내를 주셨을 것이고, 그러면 손님께도 더 나은 대접을 해드릴 수 있었겠지요. 그러나 주인님은 돌아가셨답니다. 그렇게 많은 용사들을 죽음으로 몰아넣은 헬레네 가족은 재앙받아 망하는 게 마땅해요!"

그렇게 말하고 돼지치기 에우마이오스는 긴 옷을 띠로 묶더니 새끼 돼지들이 모여 있는 울타리로 갔다. 그는 손님을 대접하기 위해 새끼 돼지 두 마리를 잡은 다음 고기를 잘라 꼬치에 끼웠다. 그리고 고기에다 흰 밀가루를 뿌려 구운 고기를 식지 않게 꼬치째로 손님 앞에 내놓았다. 그는 주전자에서 오래 숙성시킨 달콤한 술을 나무 잔에 따라 오더니 손님 앞에 앉으며 말했다.

"이방인이여, 충분히 있으니 많이 드십시오. 이건 새끼돼지고기입니다. 살찐 돼지는 구혼자들이 먹어치웠기 때문입니다. 그 무도한 인간들은 그 어떤 뻔뻔스러운 해적보다 더 신들을 두려워하지 않는 놈들이에요! 그놈들은 아마 나의 주인이 돌아가셨다는 소식을 들었는지도 몰라요. 이제 더는 여주인께 구혼을 하지도 않고, 또한 집으로 갈 생각도 하지 않은 채 태평하게 남의 재산만 축내고 있는 겁니다. 밤낮없이 그것도 하루 한두 번이 아니라 여러 번 가축을 잡아먹고 술통을 차례로 비우고 있어요. 아, 나의 주인님은 부자 스무 명을 합친 것만큼 부자였답니다! 열두 무리의 소 떼와 그에 못지않은 양, 돼지, 염소 무리를 가지고 계셨어요. 이 지역만 해도 똑똑한 사내들이 돌보는 열한 무리의 염소 떼가 있어요. 그러나 매일 가장 좋은 염소를 뽑아 구혼자들에게 바쳐야만 합니다. 나는 돼지 떼를 망 보는 우두머리지만 그런 내가 매일 가장 좋은 돼지를 골라내 아귀 같은 포식가들에게 보내야 한다고요!"

돼지치기가 이렇게 말하는 동안 오뒷세우스는 아무 생각 없는 사람처럼 한마디 말도 없이 열심히 고기를 먹어치우고 술을 급히 들이 켰다. 그러나 마음속으로는 구혼자들에 대한 복수만 생각하고 있었 다. 배부르게 먹고 마시자 돼지치기가 그에게 다시 한 번 술을 부어 주었다.

오뒷세우스는 기분 좋게 건배한 다음 말했다.

"사랑하는 친구여, 당신 주인에 대해 좀 더 자세히 얘기해주시오! 나는 멀리 낯선 지역을 헤매고 다녔기 때문에 어쩌면 그 사람을 알지 도 모르겠소. 그리고 어디선가 한 번쯤 만났을지도 모르지."

그러나 돼지치기가 믿을 수 없다는 표정으로 대답했다.

"당신이 주인님 이야기를 들려준다고 해서 우리가 쉽게 믿을 줄 압 니까? 머물 곳을 찾던 떠돌이들이 여주인이나 아드님 앞에 와서 우리 의 불쌍한 주인님에 대해 허무맹랑한 이야기를 늘어놓아 눈물 흘리게 하고, 외투와 윗옷을 얻고 대접받은 게 한두 번이 아니에요. 그러나 주인님은 분명히 오래전에 들개나 새들의 먹이가 되었든지, 아니면 물고기 밥이 되어 조약돌 깔린 해안가에 그분의 유골이 뒹굴고 있을 겁니다. 아! 더는 그렇게 훌륭한 주인을 만날 수 없을 거예요. 그분은 아주 친절했고 마음도 착했습니다. 주인님을 생각하면 지배자가 아니 라 형 같다는 생각이 듭니다."

"사랑하는 친구여!"

오뒷세우스가 말했다.

"의심 많은 당신이 주인의 귀향을 확실히 부정하기 때문에 맹세를 하고 말하겠습니다. 오뒷세우스는 돌아옵니다. 외투나 윗옷은 그대의 주인이 돌아온 다음에 받지요. 나는 가난한 사람이지만 꾸며낸 말로 대접받고 싶지는 않소. 나는 거짓말을 죽기보다 싫어하오. 제우스와, 손님을 맞이하는 이 식탁과, 오뒷세우스의 화로에 맹세할 테니 내 말을 잘 들어주시오. 이달이 지나가면 오뒷세우스는 궁전에 나타나 그의 아내와 아들을 괴롭히는 뻔뻔스러운 놈들을 혼내줄 거요."

그러자 에우마이오스가 대답했다.

"노인장, 주인님이 집으로 돌아와도 나는 당신이 소식을 전해준 것에 보상할 생각은 없어요. 그러니까 쓸데없는 소리 그만하고 조용히 술이나 드시면서 다른 이야기를 해주십시오. 맹세 따위는 집어치워요! 나는 주인님에 대한 희망을 더는 갖고 있지 않아요. 이제는 그분의 아들 텔레마코스를 걱정할 뿐입니다. 텔레마코스에게서 나는 주인님의 몸과 마음을 다시 보게 되기를 희망했지요. 그러나 신인지 아니면 인간인지 어떤 자가 그의 마음을 현혹해 텔레마코스는 지금 배를 타고 아버지에 대한 소식을 듣기 위해 퓔로스로 떠났답니다. 한편 구혼자들은 오래된 아르케이시오스* 가문의 마지막 자손을 죽여버리려 매복해 기다리고 있어요. 어쨌든 노인장! 이번에는 그쪽 고생담을 얘기해주시구려. 당신은 누구이고 어떻게 이타케에 왔소?"

그러자 오뒷세우스는 자기는 크레테 섬의 부잣집 아들이지만 집안이 망해 크레테 섬을 떠나 온갖 모험을 겪었다며 꾸며낸 이야기를 길게 들려주었다. 자신은 트로이아 전쟁에도 참가했는데 거기서 오뒷세우스와 알게 되었다고 했다. 그리고 귀국 도중 폭풍을 만나 테스프로토이 족의 나라에 표류했고, 그곳 왕한테서 다시 오뒷세우스에 대해

＊   라에르테스의 아버지로 오뒷세우스에게는 할아버지가 된다.

들었다는 것이었다. 왕의 손님으로 있던 오뒷세우스는 자기가 도착하기 전에 제우스 신의 조언을 얻기 위해 도도나 신전으로 갔다고 했다. 오뒷세우스가 길게 꾸며낸 이야기를 끝마쳤을 때 돼지치기는 몹시 감동해서 말했다.

"불행한 이방인이여, 당신이 내게 자세히 들려준 힘겨웠던 방랑 이야기가 내 마음을 완전히 감동시켰습니다! 그러나 아직 한 가지는 믿을 수가 없구려. 그건 오뒷세우스에 관한 이야기요. 당신은 뭣 때문에 그런 엉터리 거짓말을 하는 거요? 어떤 아이톨리아 인이 내게 말하기를 크레테 섬의 이도메네우스 궁전에서 오뒷세우스가 폭풍으로 난파된 배를 수리하는 것을 보았다고 거짓말을 한 뒤부터 나는 주인에 대해 묻거나 찾아보기가 싫어졌소. 알고 보니 그는 살인 혐의로 도망쳐 온 사람이었다오. 그는 오뒷세우스가 여름이나 늦어도 가을에 동료들과 함께 막대한 재산을 가지고 돌아올 거라고 했었지. 그러니 불행한 나그네여, 거짓말로 내 비위를 맞추려 애쓸 필요 없어요. 그렇게 하지 않아도 손님으로서 대접은 받을 수 있소."

"훌륭한 목자여!"

오뒷세우스가 대답했다.

"그렇다면 약속을 합시다. 만일 오뒷세우스가 정말로 돌아오면 내게 외투와 윗옷을 주어 내가 가고 싶어하는 둘리키온으로 보내주시오. 만일 그대의 주인이 돌아오지 않으면 종에게 명령하여 나를 바위 끝에서 바다로 밀어 떨어뜨려 다른 거지들이 다시는 거짓말을 못하게 하시오."

돼지치기가 그의 말을 가로막았다.

"내 오두막으로 데려와 대접한 손님을 죽이면 악명만 높아지지요. 그리고 일생 동안 두 번 다시 제우스에게 기도를 할 수 없을 거요! 저녁때가 다 되었군요. 나의 종들이 돌아올 시간입니다. 함께 즐겁게 지냅시다."

과연 얼마 안 가 목동들이 돼지들과 함께 돌아왔다. 돼지들은 꿀꿀거리며 울타리 안으로 몰려 들어갔다. 돼지치기는 손님을 위해 다섯 살짜리 돼지 한 마리를 잡도록 목동에게 명령했다. 그리고 고기의 일부를 요정들과 헤르메스 신에게 바치고 기도를 올렸다. 다른 일부는 목동들에게 주고 가장 좋은 어깨살은 자기 눈에는 그저 거지로밖에 보이지 않는 손님에게 주었다.

오뒷세우스는 진심으로 감동해서 감사의 말을 했다.

"선량한 에우마이오스여, 이런 모습으로 찾아온 나를 그대가 소중히 대해준 것처럼 제우스께서 그대를 돌봐주시기를!"

돼지치기는 식사를 하면서 오뒷세우스와 친절하게 이야기를 주고받았다. 두 사람이 오두막에서 즐거운 마음으로 배불리 먹는 동안, 하늘에서는 구름이 달을 가리고 서풍이 불더니 비가 억수같이 쏟아졌다. 누더기 옷을 걸친 오뒷세우스는 몹시 추위를 느꼈다. 그는 이 목자가 정말로 자신을 생각해 따뜻한 외투를 벗어줄지 시험해보기로 했다. 그래서 다시 이야기를 꾸며냈다.

"내 말을 들어보시오, 에우마이오스와 다른 목동 여러분! 맛있는 술이 입을 간질이니 말하지 않고는 못 배기겠소. 옛날 오뒷세우스와 메넬라오스와 나는 한 무리의 용사들과 함께 트로이아 성이 마주 보이는 갈대밭과 늪 사이에서 무장을 하고 매복한 채 밤을 맞이했소. 눈보라 치는 북풍이 불어왔고 지독한 추위 때문에 방패 주위가 금방 얼어붙었다오. 다른 두 사람은 전혀 아무렇지 않은 양 외투로 몸을 둘둘 감싸고 추위에도 아랑곳 않고 방패 밑에서 잠들어버렸소. 그런데 나는 출발할 때 사려 깊지 못하게도 외투를 친구에게 맡기고 왔소. 추위는 전혀 생각하지 못하고 방패와 띠만 가지고 나왔던 거요. 밤은 아직 삼분의 일가량 남았는데 새벽녘 한기가 살을 에는 듯하더군. 그래서 나는 옆에서 자고 있는 오뒷세우스를 팔꿈치로 쳐서 깨운 다음 이렇게 말했소. '이보게, 이렇게 밤이 계속되면 추위에 얼어 죽겠네! 어떤 악령이 외투도 없이 윗옷만 입으라고 나를 속였다네.' 회의에서나 전쟁에서나 훌륭한 오뒷세우스가 내게 이렇게 속삭였소. '조용! 다른 동료들이 듣겠네. 곧 도움을 받게 될 거야!' 이렇게 말하고 오뒷세우스는 몸을 일으켜 팔꿈치로 머리를 받치고 자고 있는 동료들에게 말을 걸었소. '전우여, 신들이 내게 경고하는 꿈을 보냈는데 아무래도 우리가 배에서 너무 떨어져 있네. 누가 아가멤논에게 가서 병사를 좀 더 보내달라고 재촉해주지 않겠나?' 이 소리를 듣고 전우들 중 한 사람인 안드라이몬의 아들 토아스가 재빨리 일어나 외투를 벗어 던지고 배로 달려갔지요. 나는 그의 외투를 두르고 아침 해가 솟을 때까지 기분 좋게 잘 수 있었소. 만일 내가 그때처럼 젊고 튼튼했더라면 돼지치기들이 용사에 대한 호의에서건 존경심에서건 나에게 밤의 한기를 막으라고 외투를 빌려주었을 것이오. 지금은 아무도 누더기만 걸친 나를 걱정해주지 않는구려!"

"당신이 우리에게 해준 이야기는 아주 훌륭한 비유군요."

에우마이오스가 웃으면서 말했다.

"이방인이여! 그렇게 이야기하니 옷뿐 아니라 다른 필요한 것도 가져다주지 않을 수 없군요. 물론 여기에는 여분의 외투가 없으니 내일은 다시 누더기를 걸쳐야 할 거요. 그러나 오뒷세우스의 아드님이 무사히 귀국하신다면 반드시 외투와 윗옷 따위를 모조리 갖춰 어디든 원하는 곳으로 당신을 보내줄 겁니다."

에우마이오스는 이렇게 말하고 일어나 손님을 위해 난로 근처의 바닥에 잠자리를 마련하고 양털가죽과 염소가죽을 깔았다. 오뒷세우스가 그 자리에 눕자 에우마이오스는 눈보라 속에서 입는 자신의 커다랗고 두꺼운 외투를 덮어주었다.

따뜻한 잠자리를 얻은 오뒷세우스가 잠에 빠져들었다. 목동들도 그 옆에 누웠다. 그러나 에우마이오스는 오두막 안에 잠자리를 정하지 않았다. 돼지한테서 멀리 떨어져 잠들고 싶지는 않았기 때문이다. 그는 칼을 어깨에 메고 두꺼운 외투로 몸을 감싼 다음 돼지우리로 나갔다. 바닥에 깔 푹신푹신한 염소가죽을 들고 숨어드는 개나 사람이 있으면 쫓아버리기 위해 손에는 날카로운 창을 들었다. 그는 눈보라 치는 북풍을 피해 울타리 앞에 누웠다.

돼지치기가 그런 복장으로 오두막을 나갈 때는 오뒷세우스도 아직 잠에 들지 않은 상태였다. 그는 돼지치기의 뒷모습을 지켜보며 이미 죽었으리라고 생각되는 주인의 가축을 성실히 돌봐주는 충실하고 정직한 종을 둔 것을 진심으로 기뻐했다. 오뒷세우스는 만족스러운 마음으로 단잠에 빠져들었다.

텔레마코스, 스파르테를 떠나다

그사이 여신 팔라스 아테네는 스파르테로 가서 퓔로스와 이타케 섬에서 온 두 젊은이가 메넬라오스 왕의 궁전에서 자고 있는 것을 보았다. 네스토르의 아들 페이시스트라토스는 단잠에 빠져 있었으나 텔레마코스는 잠을 이루지 못했다. 그는 아버지의 운명이 걱정되어 밤새도록 눈을 붙이지 못했다. 그러다 그는 제우스의 딸이 침상 앞에 서 있는 것을 보았다.

여신이 그에게 말했다.

"텔레마코스! 집을 떠나 먼 곳을 헤매고 돌아다니지 마라. 궁전에서는 뻔뻔한 자들이 그대의 재산을 나눠 갖고 있다. 곧바로 메넬라오스 왕에게 가서 그대의 어머니가 구혼자들 먹이가 되기 전에 고국으로 돌아가게 해달라고 부탁해라. 그녀의 아버지와 형제들이 에우뤼마코스를 남편으로 택하라고 요구하고 있기 때문이다. 에우뤼마코스가 다른 누구보다도 선물을 많이 보냈고, 또한 누구보다 많은 결혼 선물까지 약속했다. 만일 어머니가 에우뤼마코스를 남편으로 택하면 그대에게 무슨 일이 벌어질지 알 것 아닌가! 그러니 빨리 돌아가라. 그리고 최악의 경우에는 신들이 그대에게 알맞은 신붓감을 찾아줄 때까지 충실한 시녀에게 그대의 재산을 맡겨둬라. 또 한 가지 알아둘 것이 있다. 구혼자들 중 가장 용맹한 자들이 일을 꾸몄다. 그들은 이타케와 사메 사이의 해협에 잠복해 그대가 고국으로 들어가지 못하게 그 전에 없애려 하고 있다. 그러니까 멀리 다른 섬으로 돌아가고 밤에만 항해하도록 해라. 신이 순풍을 보내줄 것이다. 이타케 해안에 닿으면 동료들을 모두 도시로 보내고 그대는 충실한 돼지치기에게 가라! 거기서 아침까지 지내고 어머니 페넬로페에게 그대가 필로스에서 무사히 돌아왔음을 알리도록 해라!"

여신은 이 말을 하고 나서 다시 올림푸스로 날아 올라갔다. 텔레마코스는 뒤꿈치를 쳐서 네스토르의 아들을 깨운 다음 말했다.

"일어나게, 페이시스트라토스! 말들을 마차에 매주게. 귀국을 서둘러야겠네!"

잠에서 덜 깬 네스토르의 아들이 대답했다.

"뭐라고, 아직 한밤중이라 깜깜한데 떠나겠다는 건가? 아침이 올 때까지 기다리게. 그러면 메넬라오스 왕이 멋진 선물을 마차에 실어주고 친절한 작별인사와 함께 우리를 배웅할 걸세."

두 사람이 이런 이야기를 주고받는 동안 여명이 밝았다. 메넬라오스 왕은 두 젊은이보다 먼저 잠자리에서 일어났다. 메넬라오스가 복도를 걸어가는 것을 멀리서 본 텔레마코스는 급히 긴 옷을 입고 외투를 걸치고는 왕 앞으로 다가가 고향으로 돌아가게 해달라고 청했다.

메넬라오스는 텔레마코스를 친절하게 맞으며 말했다.

"텔레마코스! 자네가 귀향을 열망한다면 붙들어둘 생각은 없다. 손님에게 지나친 대접을 해서 불쾌감을 사고 싶지는 않아. 머물고 싶어하는 사람을 서둘러 보내는 것이나 서둘러 가려는 사람을 붙드는 것이나 똑같이 잘못된 일이니까 말이다. 다만 선물을 마차에 싣고 여인들에게 그대의 식사를 준비시킬 동안만 기다려다오."

텔레마코스가 대답했다.

"고귀한 왕이시여, 제가 아버지의 소식을 묻고 다니는 동안 이타케가 몰락하지 않도록 하기 위해 귀국하고자 합니다. 많은 위험이 저를 기다리고 있으며, 아버지의 궁전에서는 제가 상속받아야 할 재산이 점점 사라지고 있습니다."

메넬라오스는 식사 준비를 명한 뒤 헬레네와 아들 메가펜테스를 데리고 보물창고로 들어갔다. 그는 손수 황금 잔을 찾아내 자기 손에 들었고, 메가펜테스는 은 단지를 들고 가도록 했다. 헬레네도 옷상자를 열어 제일 밑바닥에 간직해뒀던, 자기가 수놓은 직물을 꺼냈다. 그것은 직물 가운데 가장 아름답고 또한 가장 길이가 길었다. 그들은 이 선물들을 들고 텔레마코스에게로 되돌아왔다. 메넬라오스는 그에게 황금 잔을 건네주었고 아들은 은 단지를 텔레마코스 앞에 놓았다.

그리고 헬레네가 직물을 건네주며 말했다.

"사랑하는 아들이여, 헬레네의 손으로 만든 이 선물을 기념으로 받으세요. 그대의 결혼식 때 젊은 신부에게 입혀주고 그때까지는 어머님 방에 놓아두세요. 그대가 즐거운 마음으로 조상들의 궁전으로 돌아가길 바랍니다."

텔레마코스는 정중히 인사하고 선물들을 받았다. 그의 친구 페이시스트라토스는 선물들을 보고 연신 감탄하며 마차의 짐칸에 실었다. 메넬라오스가 손님들을 다시 연회장으로 인도하여 작별연회의 음식을 들게 했다.

식사를 마친 두 사람이 마차에 타자 메넬라오스는 오른손에 술을 가득 담은 잔을 들고 말 앞으로 나와 무사귀환을 기원하며 신들에게 술을 바쳤다. 텔레마코스가 고맙다는 말과 함께, 돌아가서 아버지를 궁전에서 뵙고 메넬라오스의 환대에 대해 이야기할 수 있었으면 좋겠다는 바람을 나타냈다. 그때 궁전에서 기르는 거위를 낚아챈 독수리 한 마리가 소리를 지르며 쫓아오는 남녀에게 쫓겨 텔레마코스의 말 오른쪽으로 날아왔다. 모두들 이 징조를 기뻐했다.

헬레네가 말했다.

"여러분, 나의 예언을 들어주세요! 높은 산에 있는 둥지에서 이곳까지 날아와 우리의 궁전에서 먹이를 먹고 살찐 거위를 채간 저 독수리와 마찬가지로, 오뒷세우스는 오랜 방랑과 고난 끝에 복수를 하기 위해 고향으로 돌아올 겁니다. 아니면 마구 먹어대는 구혼자들을 파멸시키기 위해 이미 돌아와 있을지도 모릅니다!"

텔레마코스가 대답했다.

"제우스 신이여, 그렇게 되게 해주십시오! 고귀한 왕비시여, 당신 말씀대로 되면 저는 집으로 돌아가서도 당신을 여신처럼 섬길 것입니다."

이렇게 두 손님은 마차를 타고 서둘러 그곳을 떠났다. 저녁에 그들은 파라이의 훌륭한 영웅 디오클레스에게 들러 손님 접대를 받으며 또 하룻밤을 보냈다. 이틀째 되는 날 그들은 무사히 퓔로스에 도착했다. 그러나 마차가 도시로 들어가기 전에 텔레마코스는 젊은 친구에게 이렇게 부탁했다.

"네스토르의 아들 페이시스트라토스여, 나와 그대의 아버지는 서로 절친한 사이였고 이 여행을 통해 우리는 완전히 친구가 되었네. 자네의 연로하신 아버님께서 극진한 대접으로 나를 이 궁전에 붙들어두실까 봐 이 도시를 그냥 지나쳐 갈 수밖에 없는 나를 부디 나쁘게 생각하지 말아주게. 자네도 알다시피 나는 조금이라도 빨리 고향으로 돌아가야만 하니까 말일세."

페이시스트라토스는 이 부탁을 당연한 것이라 생각하고 말머리를 돌려 도시 옆을 지나 텔레마코스를 곧장 해안가의 배로 데려다주었다. 그곳에서 그는 진심으로 친구와의 작별을 안타깝게 여기며 말했다.

"어서 빨리 배를 타고 떠나게. 자네가 여기 있다는 걸 알면 아버지가 찾아와 궁전으로 데려가려 하실 테니까."

텔레마코스가 그의 말을 따랐다. 동료들이 배에 올라타 노 젓는 자리로 가서 앉았다. 텔레마코스는 해안에서 배의 키가 있는 뒤편으로 다가가 수호신 아테네에게 기도하면서 제물을 바쳤다.

이때 한 사나이가 허겁지겁 달려와 텔레마코스에게 두 손을 벌리며 외쳤다.

"젊은이여! 제물과 신들에, 그리고 그대와 부하들의 안전한 여행을 걸고 간청하오. 그대는 누구이고 어디 사는지 말해주시오."

텔레마코스가 그에게 모든 것을 사실대로 간략히 말해주자, 그가 계속해서 간청했다.

"나는 도망 중이오. 나는 예언자 테오클뤼메노스요. 나는 혈통으로는 필로스 출신이지만 원래 아르고스에 살았소. 그런데 그곳에서 싸움이 일어났고 나는 욱해서 귀족 가문의 어떤 사람을 죽이고 말았다오. 그자의 형제와 친척들이 나를 죽이겠다고 맹세했기 때문에 여기까지 도망쳐 왔소. 이제 나는 쫓기는 사람처럼 온 세상을 떠돌아다녀야만 한다오. 그러니 착한 젊은이여, 나의 간청을 받아들여 배에 태워주시오. 추적자들이 나를 바짝 뒤쫓고 있소!"

온화한 마음을 가진 텔레마코스는 이 낯선 사람을 흔쾌히 배에 태우고 이타케에서 돌봐주겠다고 약속했다. 그리고 먼저 그 사나이의 손에서 창을 받아들어 갑판에 놓고는 그와 함께 뱃머리에 걸터앉았다. 기슭에 매어두었던 배의 밧줄이 풀리고 돛대에서는 흰 돛이 펴졌다. 이윽고 배는 순풍을 받으며 나는 듯 앞으로 나아갔다.

돼지치기의 오두막에서 대화를 나누다

그날 저녁, 오뒷세우스는 이타케에 있는 돼지치기의 오두막에서 에우마이오스와 목동들과 함께 즐거운 저녁식사를 하고 있었다. 식사가 끝나자 그는 에우마이오스가 얼마나 더 머물게 해줄지 시험해보려고 말을 꺼냈다.

"친구여! 더는 당신들에게 폐를 끼치지 않게 내일쯤 지팡이에 의지해 도시로 가려 하오. 그러니 가는 길을 일러주고 나에게 길을 안내할 사람을 붙여주시오. 나는 신들의 이름으로 도시를 돌아다니며 약간의 포도주와 빵을 얻을 수 있는지 알고 싶소. 그리고 오뒷세우스 왕의 궁전으로 가서 그의 아내 페넬로페에게 내가 왕에 대해 알고 있는 것을 말씀드리고 싶소. 나는 잠잘 곳과 먹을 것을 위해 구혼자들에게 봉사하겠다 청원할 것이오. 장작 패는 것부터 불 피우는 것, 꼬치구이 굽기와 음식 내오기, 술 따르기…… 뭐 그런 일에서는 나를 따라올 자가 아무도 없으니까."

그러자 돼지치기가 눈살을 찌푸리며 말했다.

"손님! 무슨 말을 그렇게 하는 거요. 정말로 죽고 싶은 게요? 저 뻔뻔한 구혼자들이 당신에게 대접받기를 좋아할 것 같소? 저들이 부리고 있는 심부름꾼은 당신과는 전혀 다르다오! 세련된 옷을 입은 홍안의 미소년들은 언제나 머리에 기름을 바른 채 구혼자들의 명령을 기다리고 있어요. 그들은 항상 고기, 빵, 포도주가 가득한 식탁에서 시중을 들고 있다오. 당신이 이곳에 있어도 나나 내 부하들에게 부담되지 않으니 그냥 우리와 함께 있어요. 그리고 당신의 딱한 처지를 돌봐줄 오뒷세우스의 아드님이 돌아오기를 기다려요."

오뒷세우스는 돼지치기의 제안을 고맙게 받아들이고 오뒷세우스의 부모에 대해 이야기해달라고 청했다.

"아버님 라에르테스는 아직 살아 계시지만."

에우마이오스가 이어서 말했다.

"라에르테스는 부인과 아들을 잃고 몹시 슬픔에 잠겨 계시지요. 어머니는 아들이 행방불명된 것을 비관하다 돌아가셨어요. 그 착하신 분을 생각하면 저절로 눈물이 납니다. 그분은 나를 공주 크티메네와 함께 친아들처럼 길러주셨으니까. 나중에 공주가 사메로 시집갈 때, 부인은 내게 돈을 듬뿍 줘서 이 시골로 보내신 겁니다. 여러 가지로 모자라지만 일을 해서 그럭저럭 지내는 것이지요. 지금의 왕비 페넬로페는 나를 위해 아무것도 해줄 수가 없어요. 구혼자들에게 둘러싸여 감시당하고 있으니까. 충성스러운 시종도 절대로 왕비에게 가까이 갈 수가 없지요."

"착한 돼지치기로구먼!"

오뒷세우스가 이렇게 말하며 다시 물었다.

"당신은 어디 출신이며 어떻게 이곳 주인을 섬기게 되었소?"

돼지치기가 손님의 잔에 또 술을 따라주며 대답했다.

"노인장! 자, 마셔요. 그리고 내 긴 이야기를 끝까지 들어봐요. 여기서는 강제로 일찍 자라고 할 사람도 없으니 밤새도록 얘기해봅시다. 오르튀기아 건너편에 주민은 많지 않지만 풍부하고 비옥한 쉬리에 섬이 있는데 거기에는 도시가 두 개 있어요. 이 도시들을 오르메노스의 아들이자 나의 아버지인 크테시오스 왕이 강력하게 다스리고 있었답니다. 내가 아직 어렸을 때 그곳에 포이니케에서 온 사기꾼 선원들이 상륙했어요. 그들은 여러 가지 값싼 물건들을 배에 싣고 와 팔면서 오랫동안 해안에 머물렀습니다. 그때 우리 궁전에는 아름답고 날씬한 포이니케 여자가 하나 있었어요. 그녀는 아버지가 사 온 노예였는데 수예 솜씨가 좋아 매우 사랑을 받았지요. 이 여자가 어느 포이니케 선원과 친해지더니 완전히 그에게 반하고 말았어요. 선원은 그녀를 아내로 삼고 자기 고향이자 그녀의 고향인 시돈으로 데리고 가겠다고 약속했지요. 그러자 신의를 저버린 여자 노예는 내 아버지의 궁전에서 금을 잔뜩 가져와 뱃삯으로 주었을 뿐 아니라 더 좋은 것을 훔쳐 오겠다는 약속까지 하며 이렇게 말했지요. '나는 왕의 어린 아들을 키우고 있어요. 나이에 비해 퍽 영리한 아이인데 내가 집을 나서 심부름을 갈 때마다 항상 같이 따라오지요. 그 아이를 배로 데리고 갈게요. 당신들은 그 아이로 큰돈을 벌 수 있을 거예요.' 못된 여인은 그렇게 말하고 아무 일도 없었던 것처럼 궁전으로 되돌아왔습니다. 왜냐하면 선원들이 꼬박 일 년을 그 섬에 더 머물러 있었기 때문이지요. 드디어 선원들이 배에 짐을 잔뜩 싣고 돌아갈 준비를 하자 교활한 남자는 아버지의 궁전에 금목걸이를 팔기 위해 나타났어요. 어머니와 시녀들은 연회실에서 그 남자를 둘러싸고 서로 목걸이를 만져보고 눈으로 살피면서 가격을 흥정했지요. 그러는 동안 그 사람은 포이니케 여자에게 은밀한 눈짓을 했습니다. 남자가 궁전을 떠나자마자 여자는 내 손을 잡아 궁전에서 끌고 나왔습니다. 그런데 나오는 도중 대기실에서 회의를 끝마친 손님들을 위해 마련한 식탁 위에서 그녀가 금 주전자 세 개를 훔쳐 옷 속에 잽싸게 감추는 것을 봤어요. 아직 철모르던 나는 대수롭지 않게 여기며 여자의 뒤를 따라갔지요. 저녁 해가 막 떨어질 무렵, 우리는 항구에 도착해 다른 선원들과 함께 배를 탔습니다. 배는 순풍을 타고 엿새가량을 항해했어요. 소문에 의하면 배신했던 여인은 아르테미스의 화살에 맞아 갑자기 선창 바닥에 물개처럼 쓰러져 죽었다고 합니다. 시체는 바다에 던져져 고기밥이 되었고, 어린 나는 시중드는 이도 없이 홀로 남았지요. 그리고 포이니케 인들이 이타케 섬에 상륙했을 때 나는 늙은 라에르테스에게 팔려 갔던 겁니다. 이렇게 해서 이 나라를 처음으로 보게 된 것이지요."

"자기 운명에 불만을 가져서는 안 돼요."

오뒷세우스가 말했다.

"제우스께서는 불행과 함께 행복 또한 주었소. 당신을 친절한 사람의 손에 넘겨준 거요. 그 사람은 당신을 부족함 없이 대해주었고, 당신은 지금도 여전히 안락하게 지내고 있으니까 말이오. 그에 비하면 불쌍한 나는 항상 쫓겨 다니며 방랑하고 있지 않소?"

그런 이야기를 주고받는 동안 밤이 다 지나갔다. 그들은 아침 햇살이 깨울 때까지 잠시 눈을 붙였다.

돌아온 텔레마코스

그날 아침 텔레마코스는 동료들과 함께 이타케 섬 해안에 상륙했다. 아테네의 충고대로 그는 동료들에게 지체 없이 도시를 향해 노를 저어가도록 명령했고 그 보상으로 다음 날 즐거운 잔치를 베풀겠다고 덧붙여 약속했다. 그리고 자신은 돼지치기의 오두막으로 막 떠나려는 참이었다. 그러자 예언자 테오클뤼메노스가 텔레마코스에게 물었다.

"나는 어디로 가면 좋겠소? 도시에서 누가 나를 맞아주는 것이오? 그대의 어머니가 계시는 궁전으로 곧장 가면 되오?"

"우리 집안이 옛날 같았다면 주저 없이 그렇게 권했겠소만 구혼자들이 어머니와 만나지 못하게 할 거요. 게다가 내 어머니는 가장 외진 방에서 옷감을 짜고 계시다오. 이타케에서 높은 명성을 얻고 있는 폴뤼보스의 아들 에우뤼마코스의 집으로 가는 것이 현명하겠소. 그는 나의 어머니에게 구혼한 사람들 가운데 가장 뛰어난 사람이라오."

텔레마코스가 이렇게 말하는 동안 매가 비둘기를 잡아 깃털을 뜯으며 날아갔다. 이것을 보고 예언자가 텔레마코스의 손을 잡아끌며 그의 귀에 대고 속삭였다.

"텔레마코스, 내가 친 새점이 틀리지 않았다면 이 징조는 당신의 집안과 관계된 것이오. 다른 가문은 이타케를 지배하지 못할 것이오. 그대의 가문이 이 땅의 영원한 지배자요!"

텔레마코스는 테오클뤼메노스와 헤어지기 전에 친한 친구 클뤼티오스의 아들 페이라이오스에게 그를 소개하고, 자신이 도시로 돌아올 때까지 그를 친절하게 대접하고 보살펴달라고 부탁했다. 동료들은 그대로 배를 타고 출발했다.

한편 오뒷세우스와 돼지치기는 오두막에서 아침 준비를 하고 있었다. 종들이 돼지 떼를 밖으로 몰아냈다. 모두가 기분 좋게 식탁 앞에 앉았을 때 밖에서 발소리가 들렸다. 개들이 짖어대지 않고 시끄럽게 구는 것을 보니 다가오는 자를 반기는 모양이었다.

오뒷세우스가 돼지치기에게 말했다.

"분명 친구나 아는 사람이 찾아온 모양이오. 모르는 사람이라면 저렇게 하지 않고 나에게 했듯 했을 거 아니오."

그 말이 채 끝나기도 전에 사랑하는 아들 텔레마코스가 오두막 문 앞에 와서 섰다. 돼지치기는 너무도 놀라고 기뻐 손에 들었던 잔을 떨어뜨렸다. 그러고는 얼른 젊은 주인에게 달려가 마치 죽었던 사람이 되살아나기라도 한 듯 끌어안고 울면서 눈과 얼굴 그리고 손에다 마구 입을 맞췄다. 이국에서 십 년 만에 고향으로 돌아온 늦둥이 외아들을 맞는 아버지라도 이보다 더 환영해줄 수는 없었을 것이다. 텔레마코스는 궁전에 아직 아무 일도 일어나지 않았음을 돼지치기에게서 들은 다음에야 오두막의 문지방을 넘어섰다. 그는 돼지치기에게 창을 넘겨주고 오두막 안쪽으로 들어왔다. 아버지 오뒷세우스는 텔레마코스에게 자리를 내주려 했다. 그러나 텔레마코스는 그를 말리며 친절하게 말을 걸었다.

"이방인이여, 그대로 있어도 좋습니다. 에우마이오스가 내 자리를 만들어줄 겁니다."

그동안 에우마이오스가 젊은 주인을 위해 푸른 나뭇잎을 포개 푹신한 방석을 만들고 그 위에 양털가죽을 깔았다. 텔레마코스는 두 사람 곁에 앉았다. 돼지치기는 구운 고기를 접시에 담아 상을 차리고 빵이 담긴 그릇을 갖다놓았다. 그리고 나무통 속에서 포도주를 섞었다. 이리하여 세 사람이 함께 식사를 시작했다. 텔레마코스가 손님에 대해 묻자 에우마이오스는 오뒷세우스에게서 들은 이야기를 간단히 전했다.

"이 사람은 테스프로토이 족의 배에서 도망쳐 나와 우리 오두막으로 왔습니다. 당신에게 맡길 테니 당신 뜻대로 하십시오."

에우마이오스는 그렇게 이야기를 끝맺었다. 텔레마코스가 대답했다.

"자네 말을 들으니 걱정이 되는군. 상황이 이러하니 어떻게 그를 궁전에서 보호해줄 수 있겠나? 차라리 자네가 그를 여기에 붙들어두는 것이 좋을 걸세. 이 사람이 자네와 종들에게 부담이 되지 않도록 내가 윗옷과 외투, 샌들과 양날의 칼을 주겠네. 그리고 음식도 충분히 주지. 구혼자들에게 가는 것은 아무래도 찬성할 수 없네. 그들은 궁전에서 너무나 뻔뻔하게 행동하고 있고, 아무리 강한 사람이라도 그들을 어쩔 수 없으니까."

거지 행색의 오뒷세우스는 구혼자들이 아들을 업신여기고 무례한 행동을 하고 있다는 사실에 놀란 표정을 지었다. 그가 텔레마코스에게 물었다.

"백성들이 당신을 미워하오, 아니면 형제들과 다투는 중이오? 아니면 자진해서 굴복한 거요? 내가 오뒷세우스의 아들처럼 젊다면! 혹은 오뒷세우스가 돌아온다면 좋으련만. 그런 가망이 전혀 없는 것도 아니니까. 나라면 구혼자들의 오만불손한 짓을 계속 보고만 있으니 차라리 목이 잘려 죽는 쪽을 택할 거요!"

텔레마코스가 대답했다.

"아니요, 손님! 백성들은 나를 미워하지 않습니다. 또 나를 원수처럼 여기는 형제도 없습니다. 나는 집안의 외아들입니다. 그러나 주변의 모든 섬과 이타케에서 온, 적의를 품은 수많은 사나이가 내 어머니에게 구혼하고 있어요. 그걸 막지 못하시는 어머니는 피하고만 계시지만 얼마 못 가 우리 집안과 재산은 거덜이 나고 말 겁니다."

그러고는 텔레마코스는 돼지치기에게 말했다.

"에우마이오스, 수고스럽겠지만 급히 도시로 가서 구혼자들 모르게 어머니 페넬로페에게 내가 여기 있음을 알려드리게."

에우마이오스가 물었다.

"가는 김에 할아버지 라에르테스에게도 들러 당신이 돌아왔다고 전해야 하지 않을까요? 당신이 필로스로 떠난 뒤부터 음식도 물도 드시지 않고 밭일을 감독하러 나가지도 못하신답니다. 하염없는 슬픔에 잠겨 집에만 계셔서 무척 수척해지셨다고 합니다."

텔레마코스가 말했다.

"정말 안타깝지만 들르지 말고 곧바로 가게. 한시라도 빨리 어머님께 내가 돌아왔다는 것을 알려드려야 하니까!"

그는 이렇게 말하고 에우마이오스를 재촉했다. 돼지치기는 샌들을 꺼내 발에 단단히 묶고 창을 움켜잡고 급히 나갔다.

오뒷세우스, 아들에게 정체를 밝히다

여신 팔라스 아테네는 에우마이오스가 오두막을 떠날 때를 기다리고 있었다. 돼지치기가 떠나자 여신은 아름다운 처녀의 모습으로 문 앞에 나타났다. 그러나 그 모습은 텔레마코스에게는 보이지 않고 오뒷세우스와 개들한테만 보였다. 개들은 짖지 않고 끙끙거리며 마당 저 편으로 도망갔다. 여신이 눈짓을 하자 오뒷세우스는 여신의 명령을 알아차리고 곧바로 오두막에서 나왔다. 그는 여신이 담벼락에 서 있는 것을 보았다.

"오뒷세우스! 더는 아들에게 신분을 감출 필요가 없다. 두 사람이 함께 도시로 내려가 구혼자들을 없애버려라. 나도 그들과 가까이 있을 것이다. 저 무도한 구혼자들과 싸우고 싶으니까 말이야."

여신은 그렇게 말하고 황금 지팡이로 거지 오뒷세우스를 건드렸다. 그러자 그는 외투와 긴 옷을 입은 이전 모습으로 돌아왔다. 등과 허리가 쭉 뻗었고 검게 그을린 미끈한 얼굴과 부드러운 머리털도 돌아왔으며 턱에는 곱슬곱슬한 수염이 돋았다. 팔라스 아테네는 이내 사라졌다.

오뒷세우스가 다시 오두막으로 들어오자 아들이 놀라서 바라보았다. 그는 신이 나타난 것으로 여기고 얼굴을 돌리며 말했다.

"이방인이여, 당신의 모습이 완전히 바뀌었습니다. 틀림없이, 신들 가운데 한 분이시군요! 제물을 올릴 테니 우리에게 해를 끼치지 마십시오!"

"아니다, 나는 신이 아니다."

오뒷세우스가 외쳤다.

"아들아, 날 모르겠느냐? 나는 네 아버지다! 네 마음을 아프게 한 아버지다!"

오뒷세우스는 참았던 눈물을 왈칵 쏟아냈다. 아들에게로 달려가 얼싸안고 입을 맞췄다. 그러나 텔레마코스는 그 말이 믿어지지 않았다.

"아니, 아닙니다!"

텔레마코스가 외쳤다.

"당신은 아버지 오뒷세우스가 아니에요. 악령이 나를 더욱 괴롭히려고 속이는 겁니다. 인간이라면 어떻게 자기 힘으로 그렇게 모습을 바꿀 수 있단 말입니까!"

"사랑하는 아들아, 고향으로 돌아온 아버지를 그런 놀란 눈으로 바라보지 말아다오. 나는 이십 년 만에 고향으로 돌아온 네 아버지다. 모습을 바꾸는 놀라운 일은 여신 아테네께서 하신 거란다. 여신은 나의 모습을 어떤 때는 거지로 어떤 때는 젊은이로 바꿔주셨지. 신들에게는 인간의 모습을 천하거나 고귀하게 하는 것쯤 아무것도 아니란다."

오뒷세우스가 그렇게 말하고 앉았다. 그러자 텔레마코스도 뜨거운 눈물을 흘리며 아버지를 끌어안았다. 두 사람의 가슴속에 오랫동안 맺혀 있던 슬픔이 터져 나와 아버지와 아들은 큰 소리로 울었다. 아직 날지도 못하는 새끼들을 사람들에게 빼앗겨 우는 어미 새처럼 하염없이 울었다.

실컷 울고 나서 텔레마코스는 아버지에게 어떻게 고국에 돌아왔는지 물었다. 오뒷세우스는 기나긴 방랑 이야기를 들려주고 끝으로 이렇게 말했다.

"아들아! 지금 우리는 아테네의 명령에 따라 적들을 어떻게 죽일지 의논해야 한단다. 그들이 몇 명이나 되는지, 우리 둘만으로 싸울 수 있는지, 아니면 동료를 구해야 하는지 내가 파악할 수 있도록 구혼자들의 이름을 차례로 말해다오."

텔레마코스가 대답했다.

"아버지, 아버지는 강력한 팔힘을 가졌을 뿐만 아니라 지혜롭다는 명성도 함께 들어오셨습니다. 그런 말이 자랑스럽기는 하지만, 우리 둘이서 그렇게 많은 사람과 대적하기란 불가능합니다. 상대는 열 명이나 스무 명이 아니라, 훨씬 많습니다. 둘리키온에서만 쉰두 명의 용감한 젊은이가 왔는데 여섯 명의 종들과 동행했습니다. 또 사메에서 스물네 명, 자킨토스에서 스무 명, 이타케 자체에서 열두 명이 왔습니다. 그들 외에도 전령 메돈, 가수 한 명, 요리사가 두 명 있습니다. 그러니까 할 수만 있다면 우리 편을 찾아야 합니다!"

오뒷세우스가 아들에게 말했다.

"아테네와 제우스가 우리 편임을 잊지 말아라. 나의 궁전에서 싸움이 일어나면 두 신이 곧 도와주러 오실 것이다. 사랑하는 아들아, 넌 내일 아침에 도시의 집으로 돌아가 아무 일도 없는 양 구혼자들 사이에 앉아 있어라. 나는 다시 늙은 거지로 변해 돼지치기의 인도를 받아 네 뒤를 따라가겠다. 혹시 넓은 연회실에서 구혼자들이 나를 모욕하더라도, 그들이 나에게 물건을 던지거나 내 발을 잡아 질질 끌고 다니다가 문지방 밖으로 끌어내도, 분을 누르며 꾹 참아야 한다. 그들을 말로 진정시키도록 해라. 그러나 그들은 너의 말을 따르지 않겠지. 놈들은 곧 파멸의 길을 걸을 것이다. 내가 눈짓을 하면 너는 넓은 방 주위에 걸려 있는 무기를 궁전 위층 창고에 감춰라. 구혼자들이 무기를 찾으면, 그 무기들이 오뒷세우스가 있을 때는 광채가 났는데 난로 연기 때문에 광채가 사라져 아예 치워버렸다고 말해줘라. 하지만 우리두 사람을 위해 칼 두 자루, 창 두 자루, 소가죽 방패 두 개는 남겨라. 신들이 구혼자들을 현혹해 우리에게 덤벼들면 그걸 들고 싸워야 하니까. 오뒷세우스가 돌아왔음을 아무한테도 말해서는 안 된다. 라에르테스나 돼지치기는 물론이고, 네 어머니 페넬로페에게도 말해서는 안된다. 그동안 우리는 부하나 하인들 가운데 누가 아직도 우리를 존중하고 두려워하는지, 누가 우리를 잊어버리고 무시하는지 시험해보자꾸나."

그러자 텔레마코스가 말했다.

"사랑하는 아버지, 분부대로 하겠어요. 하지만 제 생각에 그런 시험은 큰 도움이 되지 않을 것 같습니다. 아버지가 사람들을 일일이 찾아다니려면 많은 시간이 걸릴 것입니다. 그러는 동안 구혼자들은 궁전에서 편안하게 아버지의 재산을 다 먹어치울 겁니다. 궁전의 시녀들을 조사하는 것은 제가 맡겠습니다. 그러나 각자의 집에 있는 부하들을 시험하는 일은 우리가 다시 궁전의 주인이 되는 날까지 미뤄두는편이 좋겠어요."

오뒷세우스는 아들의 말이 옳다고 생각하고 그의 사려 깊음을 기뻐했다.

한편 텔레마코스와 그의 동료들을 필로스에서 이타케로 태우고 온 배가 포구로 들어왔다. 왕자의 동행인들은 왕비 페넬로페에게 전령을 보내 아들의 귀국을 알렸다. 동시에 돼지치기도 같은 소식을 가지고 와서 양쪽에서 온 사람들이 궁전에서 마주쳤다. 전령은 시녀들이 있는 앞에서 페넬로페에게 큰 소리로 말했다.

"왕비님, 아드님이 돌아오셨습니다."

그러나 에우마이오스는 남이 듣지 않게 몰래 젊은 주인의 소식을 페넬로페에게 알렸다. 특히 그는 왕비에게 시녀 하나를 라에르테스에게 보내 기쁜 소식을 알려드리라고 했다. 돼지치기는 모든 소식을 전하고 서둘러 자기 오두막으로 돌아갔다. 구혼자들도 충실하지 못한 그 시녀를 통해 텔레마코스가 귀향했다는 소식을 들었다 그들은 의기소침해서 대문 앞 의자에 모여 앉았다. 구혼자 중 한 사람인 에우뤼마코스가 회의에서 이렇게 말했다.

"그 애송이가 용감하게 여행을 끝낼 줄은 몰랐소. 자, 어서 빠른 배를 한 척 준비해 바다에서 매복하고 있는 동료들에게 기다려도 소용없으니 그냥 돌아오라고 알립시다."

에우뤼마코스가 그렇게 말하는 동안 다른 구혼자인 암피노모스가 고개를 돌려 궁전 현관에서 포구를 바라다봤다. 그리하여 동료들을 태우고 매복을 하러 나갔던 배가 잔뜩 부푼 돛을 안고 포구로 들어오는 것을 보았다.

암피노모스가 외쳤다.

"동료들에게는 사람을 보낼 필요가 없겠소. 벌써 저기 돌아왔으니까. 어떤 신이 말을 해주었거나, 그들 자신이 텔레마코스의 배가 지나가는 것을 보고도 따라잡을 수 없었던 모양이오."

구혼자들이 해안 쪽으로 서둘러 내려갔다. 그들은 돌아온 동료와 함께 시내 광장으로 갔다. 그들은 광장에 아무도 들어오지 못하게 하고 자기들끼리 그곳에서 회의를 열었다. 매복한 사람들 중 책임자였던 구혼자 안티노오스가 앞으로 나와 말했다.

"동료들이여, 그를 놓친 것은 우리 책임이 아니오! 파수꾼을 차례로 하루 종일 해안 언덕 위에 세워놓았소. 텔레마코스가 땅에 상륙하기 전에 잡아서 은밀하게 암살하려고 해가 져도 항상 해협을 감시하며 돌아다녔소. 그러니 분명 신께서 그를 인도해 집으로 돌아오게 하신 거요. 더구나 텔레마코스의 배는 한 번도 우리에게 모습을 드러내지 않았소! 이제는 도시에서 그를 죽일 준비를 합시다. 그 어린애는 점점 영리해질 것이고 좀 있으면 우리보다 머리 하나는 더 크게 자랄 것이오. 백성들도 나중에는 우리들에게 적의를 품을 거요. 만일 우리가 텔레마코스를 죽이기 위해 매복했었다는 사실이 알려지면 백성들은 우리를 이 나라에서 몰아낼 거요. 그런 일이 일어나기 전에 장애물을 제거합시다. 텔레마코스를 처치하고 그의 재산을 나눠 가집시다. 궁전은 페넬로페와 그녀의 장래 남편을 위해 남겨둡시다. 만일 그대들이 내 생각이 마음에 들지 않아 텔레마코스를 살려두고 그의 재산도 그대로 두길 원한다면, 더는 그의 재산을 축내지 말고 각각 자기 나라에서 가져온 결혼 선물과 함께 왕비에게 구혼합시다. 그러면 그녀는 가장 많은 혼인 선물을 준, 운명에 의해 정해진 자를 선택할 거요!"

안티노오스가 말을 마치자 구혼자들 사이에서는 한동안 침묵이 흘렀다. 결국 둘리키온 출신 니소스의 아들 암피노모스가 일어났다. 그는 구혼자 가운데 가장 고귀한 집안 출신이고 마음씨도 고왔다. 왕비 페넬로페도 그가 현명한 말을 하기 때문에 그를 가장 마음에 들어했다. 암피노모스가 말했다.

"친구들이여, 나는 텔레마코스 암살에 찬성하고 싶지 않소! 왕가의 마지막 후손을 살해한다는 것은 무서운 일이오. 그러기 전에 신들의 뜻을 물어보는 것이 좋겠소. 만일 제우스의 신탁이 승인한다면 그때는 나도 텔레마코스를 죽일 준비를 해놓겠소. 그러나 신들이 그것을 거부한다면 그런 생각은 버리기 바라오."

구혼자들은 암피노모스의 제안이 마음에 들었다. 그들은 살해하려는 계획을 연기하고 궁전으로 되돌아갔다. 그러나 페넬로페의 심복인 전령 메돈이 이런 이야기를 엿듣고 그녀에게 모두 알려주었다. 페넬로페는 두꺼운 베일을 쓰고 시녀들을 데리고 구혼자들이 있는 넓은 연회실로 급히 나가 음흉한 제안을 한 안티노오스를 몹시 나무랐다.

"안티노오스, 당신은 뻔뻔스럽게 재앙을 꾸미는 사람이군요. 이타케 백성들이 당신을 동료들 가운데 가장 사리분별이 뛰어난 사람이라고 칭찬했는데 다 틀린 말이었어요. 당신은 결코 그런 사람이 아니군요. 당신은 왜 제우스께서도 귀를 기울이시는 탄원자들의 말은 들은 척도 않고 내 아들 텔레마코스의 죽음을 꾀하는 건가요? 당신의 아버지 에우페이테스가 우리 동맹국에 해적질을 했다가 사람들에게 쫓겨 이 궁전으로 도움을 청하러 도망쳐 왔던 일을 벌써 잊었나요? 뒤쫓던 사람들은 그를 죽이고 몸에서 심장을 끄집어내겠다고 했었지요. 그러나 오뒷세우스는 그렇게 날뛰는 사람들을 말리고 진정시켰어요. 그런데 그 아들인 당신이 오뒷세우스의 재산을 마구 써버리고, 오뒷세우스의 아내에게 구혼하고, 그것도 모자라 그 아들을 죽이는 것으로 아버지의 은혜를 갚으려 하나요?"

안티노오스를 대신하여 에우뤼마코스가 대답했다.

"고귀한 페넬로페여! 아들의 목숨은 걱정하지 마십시오. 내가 살아 있는 한 누구도 그에게 손대지 못하게 하겠습니다. 어릴 적 나도 오뒷세우스의 무릎에서 재롱을 부리고 맛있는 음식을 얻어먹었으니까요! 그렇기 때문에 오뒷세우스의 아들은 내게 가장 소중한 사람이라고 할 수 있습니다. 그가 살해될까 두려워할 필요가 없습니다. 적어도 구혼자들이 죽이지는 않을 겁니다. 물론 죽음이 신의 뜻이라면 아무도 피할 수 없겠지요!"

그는 매우 친절하게 말했지만, 사실 마음속으로는 죽일 방법만 생각하고 있었다. 페넬로페는 다시 방으로 돌아와 침상 위로 몸을 던졌다. 그녀는 잠들 때까지 남편을 생각하며 눈물을 흘렸다.

오뒷세우스가 집으로 돌아가다

그날 저녁 돼지치기가 오두막으로 돌아왔다. 오뒷세우스와 텔레마코스는 돼지를 잡아 저녁식사를 준비하는 중이었다. 아테네가 지팡이로 오뒷세우스를 다시 보잘것없는 거지 모습으로 만들었기 때문에 에우마이오스는 그를 알아보지 못했다.

"드디어 오는군!"

텔레마코스가 오두막으로 들어서는 에우마이오스를 반갑게 맞으며 물었다.

"이타케에서 새로운 소식을 가져왔는가? 구혼자들이 여전히 나를 노리고 있던가? 매복했던 자들은 철수했나?"

에우마이오스는 이타케에 입항한 두 척의 배를 보았다고 이야기했다. 텔레마코스는 만족스러운 미소를 지으며 에우마이오스가 눈치 채지 못하게 아버지에게 눈짓을 했다. 그리고 세 사람은 편안하게 식사를 한 다음 잠자리에 들었다.

이튿날 아침 일찍 텔레마코스는 도시로 갈 채비를 하면서 돼지치기에게 말했다.

"에우마이오스, 나는 이제 어머니를 보러 가겠네. 자네는 이 불쌍한 이방인과 함께 나중에 뒤따라오게. 그가 이집 저집 빵조각이나 술을 얻으러 다닐 수 있도록 해주게. 나를 찾아오는 모든 사람을 대접할 수는 없다네. 내 앞일도 걱정이 태산이니까. 만일 저 노인이 이런 말에 모욕을 느낀다면 그는 형편이 점점 더 어려워지겠지!"

오뒷세우스는 아들의 교묘한 연극에 마음속으로 적잖이 놀랐지만 시치미를 떼고 말했다.

"사랑스런 젊은이여! 나는 이곳에 오래 머물지 않을 거요. 거지는 시골보다 도시에서 얻을 것이 더 많으니까. 어서 먼저 가십시오. 나는 조금 더 불을 쪼여 누더기 입은 몸을 데우다 가겠소. 사람들이 말해준 것처럼 도시는 여기서 멀리 떨어져 있으니까, 좀 따뜻해지면 이 사람에게 데려가달라고 하지요."

텔레마코스는 서둘러 도시로 갔다. 궁전 앞에 도착했을 때는 아주 이른 아침이었다. 구혼자들은 아직 모습을 나타내지 않았다. 텔레마코스는 입구의 기둥에 창을 세워놓은 다음, 돌로 된 문지방을 넘어 연회실로 들어갔다.

연회실에서는 시녀들의 우두머리 에우뤼클레이아가 화려한 왕좌에 아름다운 양털 가죽을 깔고 있는 참이었다. 텔레마코스를 보자 그녀는 기쁨의 눈물을 흘리며 달려와 맞이했다. 다른 시녀들도 텔레마코스를 에워싸고 손과 어깨에 입을 맞추었다. 어머니 페넬로페도 방에서 나왔는데 그 모습이 아르테미스처럼 가냘팠고 아프로디테처럼 아름다웠다. 페넬로페는 울면서 아들을 끌어안고 얼굴과 눈에 입을 맞췄다.

"사랑스러운 아들아, 돌아왔구나. 돌아왔어!"

그녀가 흐느껴 울며 외쳤다.

"네가 허락도 받지 않고 사랑하는 아버지의 소식을 듣기 위해 몰래 퓔로스로 가버린 후 두 번 다시 너를 못 만나는 줄 알았다! 사랑하는 아들아, 어떤 소식을 가져왔는지 말해다오."

텔레마코스가 속마음을 깊이 누르고 대답했다.

"어머니, 저는 죽을 뻔했다가 가까스로 살아 돌아왔어요. 제발 아버지에 대한 슬픔을 불러일으키지 말아주세요. 이제 목욕을 하고 깨끗한 옷으로 갈아입으신 다음, 우리에게 보복을 허락해주신다면 감사의 제물을 충분히 바치겠다고 시녀들과 함께 신들에게 맹세하세요. 저는 광장으로 가서 여행길에 저를 인도해주었던 이방인을 궁전으로 데려오겠습니다. 제가 돌아올 때까지 친구에게 그 사람을 대접해달라고 부탁해놓았거든요."

페넬로페는 아들의 충고를 따랐다. 텔레마코스는 손에 창을 들고 개들을 앞세워 광장으로 재빨리 갔다. 여신 아테네가 그에게 특별한 우아함을 주었기 때문에 모든 시민이 그를 보고 놀랐다. 구혼자들도 텔레마코스 주위로 모여들어 면전에서 칭찬을 늘어놓았지만 마음속 으로는 사악한 계획을 짜고 있었다. 텔레마코스는 이 혼잡스러운 상 황에 머물러 있지 않았다. 그는 아버지의 오랜 친구들인 멘토르, 안티 포스, 할리테르세스 세 사람에게 가서 허락된 범위 내에서 이야기를 들려주었다. 그때 페이라이오스가 자기 손님인 예언자 테오클뤼메노 스의 손을 이끌고 그곳으로 왔다. 텔레마코스가 두 사람에게 인사하 자 페이라이오스는 텔레마코스를 보며 말했다.

"텔레마코스! 곧 시녀들을 나의 집으로 보내주지 않겠나? 메넬라 오스가 준 선물을 가져가야지."

텔레마코스가 대답했다.

"친구여, 그 선물은 자네 집에 그대로 두는 것이 좋겠네. 더구나 사 태가 어떻게 변할지 모르니까. 만일 내가 구혼자들에게 암살을 당해 그들이 내 재산을 나눠 가지게 되면, 그 귀중한 물건들을 그들보다는 자네가 갖는 편이 낫다네. 그와 반대로 내가 죽음으로 그들을 벌한다 면 그때 그 보물을 보내주게."

이렇게 말하고서 텔레마코스는 망명한 예언자 테오클뤼메노스의 손을 잡고 궁전으로 인도했다. 궁전에 도착한 두 사람은 목욕으로 피 로를 푼 뒤 연회실에서 아침을 들었다. 그들의 맞은편에 어머니 페넬 로페가 우아한 물레를 앞에 두고 앉아 있었다. 어머니가 아들에게 슬픈 목소리로 말했다.

"텔레마코스야, 나는 이제껏 해오던 대로 이층 방으로 올라가 홀로 외롭게 눈물로 침상을 적시는 것이 좋겠구나. 네가 아버지에 대한 이야기를 전혀 들려주려 하지 않으니까 말이다."

"사랑하는 어머니."

텔레마코스가 말했다.

"조금이라도 위안이 되신다면 제가 들었던 모든 이야기를 사실대로 전해드리지요! 퓔로스에서는 네스토르 노인이 반갑게 맞아주었습니다. 그러나 아버님에 대해 별로 아는 게 없었습니다. 그러나 노인은 제게 마차를 주고 아들을 딸려 스파르테로 보내주었습니다. 스파르테에서는 위대한 영웅 메넬라오스의 환대를 받았고, 또 트로이아 인과 그리스 인들에게 엄청난 고통을 가져다주었던 왕비 헬레네도 만났어요. 그곳에서 저는 드디어 메넬라오스 왕에게서 사랑하는 아버지에 대한 소식을 조금 듣게 되었습니다. 아이귑토스에서 바다의 신 프로테우스가 메넬라오스 왕에게 해주었다는 얘기였습니다. 바다의 신은 아버님이 오귀기에 섬에서 지독한 고난에 빠진 것을 보았답니다. 그 섬에서 요정 칼륍소가 아버님을 억지로 동굴에 붙들어두어 아버님에게는 고향으로 돌아갈 배도 노도 없었다는 것입니다."

그 말을 듣고 몹시 침울해진 페넬로페를 보더니 예언자 테오클뤼메노스가 텔레마코스의 말을 가로막았다.

"왕비님! 아드님은 모조리 다 아는 것이 아닙니다. 제 예언을 들어주십시오. 정말로 오뒷세우스는 이미 고향의 들녘 어딘가에 돌아와 있습니다. 어쩌면 숨어 돌아다니며 구혼자들을 멸망시킬 계획을 꾸미고 있는지도 모르지요! 새의 징조가 저에게 그렇게 말해주었고, 저는 곧바로 그것을 아드님에게 알렸습니다."

"고귀한 손님이여, 그대의 말대로 되길 빌겠어요."

페넬로페가 한숨을 쉬며 말했다.

"그렇게 되면 반드시 사례하겠습니다."

이렇게 세 사람이 대화를 나누는 동안 구혼자들은 궁전 앞의 평평한 정원에서 여느 때와 마찬가지로 원반던지기와 창던지기를 하며 즐거워하다가 의전관이 점심식사 때를 알리자 궁전 안으로 몰려들었다. 그러는 동안 오두막에 있던 에우마이오스와 오뒷세우스도 도시를 향해 떠났다.

거지 모습의 오뒷세우스는 볼품없는 누더기 바랑을 어깨에다 메고 돼지치기에게서 받은 지팡이를 손에 들었다. 두 사람은 종들과 개들에게 돼지우리를 지키게 했다. 그들은 얼마 지나지 않아 도시의 샘에 도착했다. 이 샘은 오뒷세우스의 선조들이 암벽을 파서 만든 것이었다. 샘물 주변에는 백양나무 숲이 있었고 바위에서는 맑고 투명한 물이 솟구쳐 나왔다. 그곳에 염소치기 멜란테우스가 시종 둘을 데리고 찾아왔다. 그는 구혼자들의 만찬에 쓸 가장 좋은 염소를 도시로 몰고 가는 중이었다. 멜란테우스는 두 사람을 보자 큰 소리로 욕설을 퍼부었다.

"쓸모없는 놈이 쓸모없는 놈을 이끌고 가는 것을 보니 유유상종이구먼. 저주받은 돼지치기야, 이렇게 굶주린 거지를 데리고 문전에 서서 빵부스러기라도 얻을 작정이냐? 그자를 나에게 넘겨주면 목동들한테 보내 염소우리를 청소하거나 새끼염소들에게 잎사귀 주는 일을 시켜주마. 치즈라도 얻어먹으면 바싹 마른 허리에 살이 붙지 않겠나? 물론 그는 주린 배를 채우는 재주밖에 배운 게 없을 테지!"

이렇게 말하고 멜란테우스는 고약하게도 오뒷세우스의 허리를 걸어찼다. 그러나 오뒷세우스는 길에서 비켜서지 않았다. 그는 지팡이로 그자의 머리를 후려쳐 일어나지도 못하게 해줄까 생각했으나 마음을 다스려 모욕을 참았다. 그와 반대로 에우마이오스는 뻔뻔스러운 염소치기의 면전에 욕설을 퍼붓고는 샘물을 향하여 말했다.

"신성한 샘의 요정들이여, 제우스의 따님들이여! 나의 주인은 옛날에 당신들에게 귀중한 제물을 바쳤습니다. 그러니 제 소원을 들어 영웅 오뒷세우스를 고향으로 돌아오게 해주소서! 오뒷세우스라면 이 뻔뻔하고 오만불손한 자를 혼내줄 수 있을 것입니다. 사실 세상에 이처럼 쓸모없는 목자도 없을 겁니다. 하루 종일 마을을 돌아다니는 것밖에는 할 줄 모르니까요!"

그러자 멜란테우스가 욕설로 대답했다.

"이 개 같은 녀석아, 너 같은 놈은 먼 섬에다 노예로 팔면 돈을 두둑이 받을 수 있지! 네가 자랑하던 텔레마코스는 아폴론의 화살을 맞거나 구혼자들의 단검에 찔려 아버지 오뒷세우스처럼 죽게 될 것이다!"

멜란테우스는 이렇게 독설을 퍼붓고 두 사람을 지나 오뒷세우스의 궁전으로 들어갔다. 그는 구혼자들 가운데에 있는 에우뤼마코스의 맞은편 식탁에 앉았다. 구혼자들은 이 사나이를 좋아해서 항상 잔치에 끼워주었기 때문이었다.

오뒷세우스와 돼지치기도 궁전 앞에 이르렀다. 오뒷세우스는 오랜만에 궁전을 다시 보게 되자 깊은 감동에 사로잡혔다. 그래서 돼지치기의 손을 잡고 말했다.

"에우마이오스, 오뒷세우스의 궁전이 틀림없구려! 참 훌륭한 궁전이요. 이렇게 많은 방이 일렬로 늘어서 있다니! 앞마당은 벽과 성탑이 아주 잘 지키고 있고 튼튼한 대문이 입구를 잘 막고 있구려. 정말로 이 성은 난공불락인걸. 그런데 요리 냄새가 여기까지 풍겨 오고 잔치의 여흥을 돋우기 위해 가수가 리라를 타며 노래하는 소리가 들려오는 것을 보니, 성 안에서 사람들이 잔치를 벌이고 있나 보오!"

두 사람이 의논했다. 돼지치기가 먼저 거실로 들어가 오뒷세우스를 위해 주위를 살피고 그동안 오뒷세우스는 입구에서 기다리기로 했다. 그들이 그런 이야기를 하는 동안 갑자기 문 옆에서 자고 있던 늙은 개 한 마리가 머리를 들고 귀를 쫑긋 세웠다. 그 개는 아르고스라고 불렀다. 오뒷세우스는 그 개를 트로이아 원정 이전부터 길렀었다. 아르고스는 예전에 남자들이 사냥을 갈 때면 꼭 따라가곤 했지만, 지금은 나이가 들어 무시를 당하고 있으며, 벌레투성이가 되어 문 앞에 버려진 똥거름 위에서 자고 있었다. 비록 그 모습은 늙어 변했어도 옛 주인 오뒷세우스를 알아보아 귀를 늘어뜨리고 꼬리를 흔들었다. 그러나 몸이 완전히 쇠약해져 오뒷세우스에게 다가올 수는 없었다. 그 모습을 본 오뒷세우스는 흐르는 눈물을 몰래 훔친 뒤 돼지치기에게 말했다.

"똥거름 위에서 자고 있는 저 개는 예전에는 이름깨나 날렸던 모양이오. 몸집을 보면 알 수 있지."

에우마이오스가 대답했다.

"물론이지요. 이 개는 불행한 저의 주인님이 가장 사랑하던 사냥개랍니다. 이 개가 숲속 골짜기에서 관목 사이를 달리며 들짐승을 어떻게 쫓아다녔는지 당신이 봤어야 합니다! 하지만 주인이 안 계시고부터는 이런 곳에 버려졌지요. 시녀들도 먹을 것을 주지 않았어요."

돼지치기는 이렇게 말하고 궁전 안으로 들어갔다. 그러나 아르고스는 이십 년 만에 주인을 다시 본 그 순간 머리를 늘어뜨리고 죽어버렸다.

거지 차림의 오뒷세우스, 연회실에 나타나다

궁전 안으로 들어서자 텔레마코스가 먼저 돼지치기를 알아보고 자기쪽으로 불렀다. 에우마이오스는 조심스럽게 주변을 살폈다. 그는 고기 자르는 사람이 연회 시작 전까지 앉는 의자를 끌어와 텔레마코스가 눈짓하는 대로 맞은편 식탁에 앉았다. 그러자 의전관이 고기와 빵을 내밀었다. 그의 뒤를 이어 곧바로 거지 오뒷세우스가 지팡이에 의지해 비틀거리며 들어왔다. 그는 현관 입구의 물푸레나무 문지방에 앉아 아름다운 조각이 새겨진 삼나무 기둥에 등을 기댔다. 텔레마코스는 그를 보자 앞에 놓인 바구니에서 빵을 통째로 꺼내고 고기를 한 움큼 집어 돼지치기에게 주며 말했다.

"에우마이오스, 이것을 저 이방인에게 주게나. 그리고 체면 차리지 말고 구혼자들에게 돌아다니며 구걸하라고 말해주게!"

오뒷세우스는 두 손으로 음식을 고맙게 받아 발밑의 바랑 위에 올려놓고 먹기 시작했다. 식사하는 동안 가수 페미오스가 노래로 손님들을 즐겁게 해주고 있었다. 그의 노래가 끝나자 연회장의 무리들이 떠드는 소리만이 울려 퍼졌다. 그때 여신 아테네가 눈에 보이지 않게 오 뒷세우스에게 다가오더니 구혼자들한테 빵조각을 구걸하러 다니면서 무도한 자들 가운데서도 조금이나마 올바른 생각을 가진 사람을 구별 하라고 일렀다. 여신은 물론 그들도 모조리 파멸시킬 작정이었다. 다 만 무도한 자들에 비해서는 편한 죽음이 기다리고 있을 뿐이었다.

오뒷세우스는 여신의 명령을 따라 구혼자들 사이를 돌아다니며 구 걸했다. 그는 오랫동안 구걸을 해온 사람마냥 능숙했다. 많은 구혼자 가 불쌍하게 여겨 그에게 동정을 베풀었다. 그러나 구혼자들 사이에 서 도대체 이자가 어떻게 여기 들어올 수 있었느냐는 질문을 누군가 가 던졌다. 그러자 염소치기 멜란테우스가 대답했다.

"이자를 본 적이 있어요. 돼지치기가 데려온 겁니다."

그러자 구혼자 안티노오스가 돼지치기에게 화를 내며 말했다.

"악명 높은 돼지치기야, 너는 무엇 때문에 이런 자를 도시로 데려왔 는지 말해라. 이 궁전에 부랑자가 이미 충분한데 왜 이런 밥버러지까 지 연회실로 끌어들이느냐?"

에우마이오스가 태연하게 대답했다.

"거참, 지독한 사람이군. 예언자, 의사, 건축가 또는 노래로 우리를 즐겁게 해주는 가수, 이런 사람들은 위대한 자의 궁전에서 앞다퉈 초 대합니다. 그러나 그들이 거지를 부르겠습니까? 저자가 스스로 찾아 왔지요. 그렇다고 내쫓지는 마십시오! 페넬로페와 텔레마코스가 이 궁전에 주인으로 계신 이상 이 사나이가 쫓겨나는 일은 없어야 할 테 니까요."

그러자 텔레마코스는 그에게 조용히 있으라 명하며 말했다.

"에우마이오스, 아무런 대꾸도 하지 말게. 다른 사람을 모욕하는 저 사람의 나쁜 버릇은 잘 알고 있지 않은가. 그리고 안티노오스, 당신은 내 후견인이 아니라는 것을 말해두겠소. 그러니 이 이방인을 궁전에서 쫓아내라고 나에게 명령하지 마시오. 내 재산을 아끼지 말고 이방인에게도 좀 나눠 주시오. 하지만 당신은 남에게 주기보다는 자신이 먹어치우는 것을 좋아하겠지!"

"이것 보시오, 이 무례한 소년이 나에게 창피를 주는군!"

안티노오스가 소리쳐 대답했다.

"만일 구혼자 모두가 이 거지에게 나만큼만 먹을 것을 주면 이 거지는 석 달 동안은 이 궁전에 발을 들여놓지 않을 것이오!"

이렇게 말하면서 안티노오스는 발판을 잡았다. 오뒷세우스가 문지방을 향해 돌아가는 길에 안티노오스에게도 구걸을 했다. 그가 아이컵토스와 퀴프로스를 지나온 긴 걸식 여행을 한탄하며 호소하자 안티노오스는 화가 나서 소리쳤다.

"어떤 신이 우리에게 이런 성가신 기생충을 보냈는가! 내 식탁에서 멀리 떨어져라! 아이컵토스니 퀴프로스니 하는 이야기는 듣고 싶지 않으니까."

오뒷세우스가 투덜거리며 돌아갈 때 안티노오스가 그의 등 뒤에다 발판을 던졌다. 발판은 오뒷세우스의 목과 가까운 오른쪽 어깨에 맞았다. 그러나 오뒷세우스는 바위처럼 꿈쩍도 하지 않은 채 잠자코 목을 흔들었다. 그는 문지방으로 되돌아가 구걸한 음식으로 가득 찬 바랑을 마루에 내려놓고 구혼자들에게 안티노오스의 무례한 행동을 탄식했다.

그러자 안티노오스가 거지에게 소리쳤다. "이 이방인아, 음식이나 처먹어라! 아니면 썩 꺼지든지! 네 손발을 붙들어 문지방에서 끌어내 사지에서 피가 날 때까지 끌고 다니기 전에!"

이 폭언을 듣자 구혼자들까지 화를 냈다. 그래서 구혼자 중 한 사람이 일어나 말했다.

"안티노오스! 불쌍한 인간에게 물건을 던지다니 몹쓸 짓이네. 만일 그가 사람의 모습으로 변한 하늘의 전령이면 어쩌려고 그러나? 실제로 그런 일이 종종 있지 않은가."

그러나 안티노오스는 이런 경고에도 아랑곳하지 않았다. 텔레마코스는 아버지가 수모를 당하는 것을 지켜보면서 분노를 억누르고 있었다.

페넬로페는 안방에서 열린 창으로 넓은 연회실의 광경을 낱낱이 볼 수 있었다. 그녀는 거지를 모욕하는 말을 들으면서 그를 불쌍히 여겼다. 그래서 조용히 돼지치기를 불러 거지를 데려오라고 명령했다.

"혹시, 저 거지가 남편에 관한 소식을 전해줄 수 있을지 모르오. 아니면 남편을 직접 보았을지도 모르지. 온 세상을 헤매고 다닌 사람처럼 보이니까."

그녀가 말했다.

"그렇습니다."

에우마이오스가 대답했다.

"구혼자들이 조용히 듣고자 하면 저 거지는 여러 가지 이야기를 해줄 수도 있을 겁니다. 사흘 동안 그를 집에 머물게 했는데, 그의 이야기는 마치 가수의 노래처럼 제 마음을 사로잡았지요. 그는 크레테 섬

출신이고, 오뒷세우스와는 아버지 때부터 외교관계를 맺었다고 합니다. 오뒷세우스는 지금 테스프로토이 족의 나라에 생존해 있으며, 곧 많은 보물을 가지고 귀국할 거라고 주장하더군요."

페넬로페의 마음이 움직였다.

"이야기를 들어보게 어서 가서 이방인을 이리로 불러오시오. 저 뻔뻔스러운 구혼자들! 오뒷세우스 같은 사람은 없구나. 그가 돌아온다면 텔레마코스와 함께 저 뻔뻔한 자들에게 바로 복수할 텐데!"

페넬로페가 이렇게 말할 때 텔레마코스가 넓은 연회실이 울릴 정도로 크게 재채기를 했다. 페넬로페가 웃으며 돼지치기에게 말했다.

"들었어요? 아들이 재채기를 한 것은 좋은 징조가 아니겠어요? 빨리 저 이방인을 불러다줘요!"

에우마이오스는 페넬로페의 명령을 거지에게 전했다. 그러자 거지가 대답했다.

"나도 왕비님께 오뒷세우스에 관해 알고 있는 것을 말씀드리고 싶소. 난 많은 걸 알고 있소. 그러나 구혼자들의 보복이 마음에 걸리는구려. 방금 저 나쁜 사람이 던진 발판에 얻어맞아 몹시 아프지만 텔레마코스도 다른 어느 누구도 막아주지 않았잖소. 그러니 해가 지면 찾아뵐 테니 그때까지 참고 기다려주셨으면 하오. 그리고 이 누더기 옷으로는 아무래도 추워서 견딜 수가 없으니 화로 옆에 앉혀주면 아는 대로 다 말씀드리겠소."

페넬로페는 한시라도 빨리 그를 만나고 싶었지만 그의 말에도 일리가 있어 참고 기다리기로 했다. 에우마이오스는 혼잡한 구혼자들 가운데로 돌아가 젊은 주인의 귀에다 속삭였다.

"저는 이제 오두막으로 가겠습니다. 주인님, 이제 필요한 일은 알아서 하셔야 합니다. 무엇보다 몸조심하십시오. 사악한 구혼자들이 당신을 위험에 빠뜨릴지 모르니 항상 조심하세요!"

그러나 텔레마코스의 간청으로 돼지치기는 저녁이 될 때까지 식탁에 함께 남아 있기로 했다. 저녁식사 후 돼지치기가 떠나면서 아침 일찍 돼지를 골라 가지고 오겠다고 약속했다.

오뒷세우스가 거지 이로스를 물리치다

구혼자들이 아직 궁전에 모여 있는 동안 이타카 시에서도 고약하기로 소문난 거지가 넓은 연회실로 들어왔다. 그는 엄청난 대식가로, 덩치는 무척 컸지만 근력이나 힘은 없었다. 원래 그는 집에서 붙여준 아르나이오스라는 이름이 있었지만, 도시의 젊은이들은 그를 이로스라고 불렀다. 이로스는 '심부름꾼'이라는 뜻이었다. 그가 삯을 받고 심부름을 했기 때문이다. 이로스는 경쟁자가 나타났다는 말을 듣고 시기심에 오뒷세우스를 궁전에서 몰아내려고 달려온 것이었다.

"이 늙은이야, 문간에서 꺼지지 못해!"

이로스가 들어서면서 그렇게 외쳤다.

"모두 눈짓으로 너의 발목을 잡아 끌어내라고 하는 게 안 보이느냐? 강제로 끌어내기 전에 썩 꺼져라!"

오뒷세우스가 불쾌한 표정으로 이로스를 노려보며 말했다.

"이 문간은 우리 두 사람이 있어도 충분히 넓지. 보아하니 자네도 나와 마찬가지로 가난한 모양이군. 자네 몫은 남겨줄 테니 너무 시기하지 말게. 날 화나게 해 서로 주먹다짐을 하지는 마세. 비록 나이는 먹었어도 자네의 입과 가슴 정도는 피로 물들일 수 있으니. 그럼 이 궁전도 내일부터는 자네가 없어져 조용하겠지만."

화가 치민 이로스가 소리를 질렀다.

"이 식충이가 뭐라고 떠드는 거냐! 길거리에서 장사하는 나이 먹은 여인네들처럼 말 한번 잘하는구나. 내 주먹을 몇 번 맞으면 너의 턱과 볼이 박살 나고 돼지주둥이처럼 생긴 입에서는 이빨이 튀어나와 바닥에 쏟아질 것이다. 나 같은 젊은이와 싸울 마음이 있기는 한 거냐?"

구혼자들이 큰 소리로 웃으며 두 사람이 다투고 있는 쪽으로 고개를 돌렸다.

이때 안티노오스가 말했다.

"자, 친구들이여! 저기 불 위에 굽고 있는 염소의 곱창에다 선지와 기름을 채워 만든 소시지가 보이지요. 저것을 이 귀하신 투사들에게 상품으로 주기로 합시다. 어느 쪽이건 이긴 자에게 원하는 대로 줍시다. 그리고 싸움에 진 거지는 이후부터 이 넓은 연회실에 일절 못 들어오게 합시다."

안티노오스의 제안이 구혼자들의 마음에 들었다. 오뒷세우스는 기가 죽은 늙은이처럼 멈칫거리는 시늉을 했다. 그리고 구혼자들에게 이 싸움에 끼어들어 이로스 편을 들지 않겠다는 약속을 해달라 요구했다. 구혼자들은 기꺼이 약속했고, 텔레마코스도 일어나 말했다.

"난 이 궁전의 주인이오. 그대를 해치는 자는 내가 상대해주겠소!"

구혼자들이 고개를 끄덕여 모두 그의 말에 찬성했다. 오뒷세우스는 옷을 띠로 졸라맨 다음 소매를 걷어붙였다. 그때 아테네 여신이 사람들이 눈치 채지 못하도록 오뒷세우스의 몸에 마법을 걸었다. 그래서 늠름한 근육을 가진 팔과 튼튼한 어깨와 가슴팍이 나타났다. 그것을 본 구혼자들은 깜짝 놀라 저마다 옆에 있는 사람들에게 중얼거렸다.

"저 노인의 누더기 속에 저런 늠름한 근육이 있었다니! 이제 불쌍한 이로스는 혼쭐이 나겠는 걸!"

이로스가 겁먹고 주저하자 종들이 억지로 띠를 매어주었다. 그의 사지가 벌벌 떨리고 있었다. 안티노오스는 결투가 자기 예상과 완전히 어긋나자 화를 내며 말했다.

"이 허풍쟁이야, 저 기운 없는 노인네가 무서워 떠는 거라면 너는 태어나지 말았어야 했다! 만일 싸움에 지면 너를 배에 태워 모든 사람이 무서워하는 에페이로스의 에케토스 왕*에게 넘겨줄 테다. 에케토스 왕은 너의 코와 귀를 잘라 개들에게 던져줄 것이다!"

안티노오스가 그렇게 소리치자 이로스의 사지가 더 떨렸다. 그러나 사람들이 그를 앞으로 밀어냈다. 두 사람이 결투를 하려고 주먹을 쳐들었다. 오뒷세우스는 한순간 이 불쌍한 사나이를 한방에 쳐 죽일까, 아니면 구혼자들의 의심을 사지 않도록 가볍게 일격을 가할까 망설였다. 그는 나중 것이 현명한 생각이라는 판단이 들었다.

서로 다가선 뒤 이로스가 주먹으로 오뒷세우스의 오른편 어깨를 때릴 때 오뒷세우스는 아주 가볍게 이로스의 귀 뒤편의 목을 때렸다. 그

---

* 에케토스 왕은 잔인하기로 이름난 전설적인 폭군으로 자기 딸이 애인과 만난 것을 벌하기 위해 두 눈까지 멀게 만들었다고 한다.

런데도 뼈가 부서져 입에서 피를 토하며 바닥에 쓰러져 허우적대며 이를 갈았다. 구혼자들이 손뼉 치며 소리 지르고 웃는 가운데, 오뒷세 우스는 이로스를 입구에서 앞마당으로, 다시 대문 밖으로 끌어내 궁 전 벽에 세워놓고 손에 지팡이를 쥐어주며 비웃었다.

"거기 앉아 개나 돼지를 쫓아라!"

그런 다음 그는 넓은 연회실로 돌아와 바랑을 챙겨 다시 문지방에 걸터앉았다.

오뒷세우스의 승리는 구혼자들에게 존경심을 불러일으켰다. 그들 은 웃으면서 오뒷세우스에게 다가와 두 손을 내밀며 말했다.

"이방인이여, 자네가 원하는 것을 제우스 신이 이뤄주시기를 빌겠 네! 더구나 저 귀찮은 거지를 몰아내주었으니까. 그놈은 이제 에케토 스 왕에게 가게 될지도 모르지!"

오뒷세우스는 그 말을 좋은 조짐으로 받아들였다. 안티노오스가 오 뒷세우스에게 기름과 선지로 채운 커다란 소시지를 주었다. 암피노모 스는 바구니에서 빵을 두 개 꺼내 주더니 자기 잔에 포도주를 채워 승 리자를 위해 건배했다.

"이방인 노인이여, 그대의 건강을 위해! 앞으로 모든 근심이 사라 지기를 빌겠소!"

오뒷세우스는 정색을 하고 암피노모스의 눈을 똑바로 쳐다보며 대 답했다.

"암피노모스! 당신은 참으로 사려 깊은 젊은이처럼 보이는군요. 아 마도 고귀한 분의 자제겠지요. 내가 말하는 것을 마음에 새겨두세요! 이 세상에서 인간만큼 허영심 많고 변덕스러운 것은 없답니다. 인간이란 신들의 보호를 받는 동안은 앞으로 자기에게 불행이 닥쳐오지 않을 것으로 여기지요. 그런데 한번 불행이 닥치면 그 불행을 견뎌낼 용기가 사라지는 겁니다. 나도 그런 경험을 했지요. 행복하던 시절에 나는 젊은 혈기로 해서는 안 될 일을 많이 저질렀어요. 그래서 나는 자만에 빠져 나쁜 짓을 하는 인간을 보면 타일러주고 신들의 선물을 겸손한 마음으로 받아들이라 충고하고 있지요. 구혼자들이 지금처럼 뻔뻔스럽게 행동하고 아마도 이 근처에 와 있을 사람의 부인에게 그렇게 모욕을 주는 것은 현명한 일이 아닙니다. 암피노모스여, 오뒷세우스와 마주치기 전에 착한 신이 당신을 이 궁전에서 데리고 나가주면 좋으련만!"

이렇게 말하고 오뒷세우스는 신에게 헌주한 다음 술을 마시고 잔을 젊은이에게 돌렸다. 구혼자 암피노모스는 머리를 숙이고 생각하더니 무슨 불길한 예감을 느끼기라도 한 듯 어두운 표정으로 넓은 연회실을 걸어갔다. 그러나 암피노모스는 아테네가 정해놓은 숙명에서 벗어날 수 없었다.

페넬로페, 구혼자들 앞에 모습을 나타내다

팔라스 아테네가 왕비 페넬로페의 마음에 구혼자들 앞으로 나가게 할 생각을 일으켰다. 그것은 모든 구혼자의 마음을 연모의 정으로 부풀게 하고, 아직 페넬로페 모르게 와 있는 남편과 아들 텔레마코스에게 눈부실 정도인 그녀의 아름다움과 정절을 과시하기 위해서였다. 충실한 늙은 시녀 에우뤼노메가 페넬로페의 결심에 동의하여 말했다.

"나가세요. 그리고 아드님께 적절한 때 조언해주세요. 그러나 아름다운 뺨이 눈물로 얼룩진 지금 모습으로 내려가지 마시고 목욕하고 향유를 바른 다음 구혼자들 앞으로 나가세요!"

그러나 페넬로페는 고개를 가로저으며 대답했다.

"착한 노파여, 그런 말 말아요! 화장 따위를 할 생각일랑 남편이 트로이아 원정을 나간 후부터는 완전히 없어졌는걸. 대신에 시녀 아우토노에와 힙포다메이아 두 사람을 불러줘요. 내 옆에 붙어 있도록. 혼자서 남자들한테 내려가는 것은 수치스러운 일이니까."

에우뤼노메가 분부를 받고 물러가 여신 아테네는 오뒷세우스의 아내를 달콤한 잠에 빠뜨려 안락의자에 편안히 눕힌 다음 그녀에게 이 세상에 없는 아름다움을 주었다. 아테네는 아프로디테가 카리테스 여신들과 원무를 출 때 바르는 암브로시아로 페넬로페의 얼굴을 씻기고, 그녀의 키를 높이고 풍만하게 했으며, 살결은 상앗빛이 나게 했다. 그리고 여신은 다시 모습을 감췄다. 두 시녀가 급히 들어오는 소리에 페넬로페는 잠에서 깨어 눈을 비비며 말했다.

"아! 정말로 달콤한 잠이었어. 신들이 당장이라도 이렇게 부드러운 죽음을 주신다면 이제 남편의 일을 슬퍼하거나 궁전의 일로 더는 걱정하지 않아도 될 텐데 말이야!"

이렇게 말하고 페넬로페는 의자에서 일어나 구혼자들이 있는 곳으로 내려갔다. 그리고 둥근 천정의 넓은 연회실 입구에 얼굴을 베일로 가리고 젊은 매력을 풍기며 조용히 서 있었다. 그 모습을 보자 모든 구혼자의 가슴은 방망이질했고 누구나 그녀를 아내로 삼아 자기 나라로 데리고 돌아가고 싶어했다. 왕비는 아들을 바라보며 말했다.

"텔레마코스야, 난 너를 알 수가 없구나. 정말이지 내 앞에 서 있는 너는 훌륭한 내 남편의 아들답게 키도 크고 멋진 젊은이지만, 지금보다 어릴 때가 훨씬 더 분별력이 있었다. 이 궁전으로 안식을 취하러 온 불쌍한 이방인이 심한 모욕을 받는데도 왜 가만히 참고 있느냐? 이걸 보면 앞으로 모든 사람이 우리를 욕할 것이다!"

그러자 텔레마코스가 대답했다.

"어머니께서 노여워하시더라도 저는 화를 내지 않을 것입니다. 그리고 저는 정의가 무엇인지도 알고 있습니다. 그러나 적의를 품은 사내들이 저를 둘러싸고 앉아 꼼짝 못하게 하고 있습니다. 어디에도 저를 도와줄 사람이 없습니다. 그건 그렇고 이 이방인과 이로스의 싸움은 구혼자들이 기대했던 대로 끝나지 않았습니다. 구혼자들이 궁전 문 앞에 앉아 있는 비참한 이로스처럼 기가 죽으면 좋으련만!"

텔레마코스가 그렇게 말했어도 구혼자들은 그 말을 들을 수가 없었다. 에우뤼마코스는 매혹적인 왕비의 모습에 넋이 나가 외쳤다.

"이카리오스의 따님이여, 만일 그리스의 모든 사람이 당신을 볼 수 있었다면 내일은 더 많은 구혼자가 몰려들 것입니다. 당신은 모든 여인 가운데 가장 뛰어난 외모와 고상한 정신을 가지고 계십니다!"

"에우뤼마코스여, 남편이 그리스 군에 끼어 트로이아로 출정한 후부터 나의 아름다움은 사라졌어요!"

페넬로페가 말했다.

"오뒷세우스가 되돌아와 내 삶을 보호해준다면 그때는 나도 다시 한 번 꽃을 피울 수 있겠지요. 그러나 지금은 상중입니다. 아! 오뒷세우스가 해안을 떠날 때 내 손을 잡고 마지막으로 이렇게 말했지요. '사랑하는 부인, 내 생각에는 아마 그리스 인들 모두가 트로이아에서 건강하게 귀환할 수는 없을 것이오. 트로이아 인들은 전쟁에 능숙한 용사들이며, 창던지기와 활쏘기, 전차경주에 뛰어나다고 하오. 그러니 나의 신이 나를 돌아오게 해줄지, 아니면 전쟁터에서 쓰러지게 할지 알 수가 없소. 집안일을 잘 꾸리고 지금껏 해오던 것보다 더 잘 아버님과 어머님을 보살펴드리시오. 그리고 아들이 다 자라도록 내가 귀국하지 않는다면, 당신이 원하는 사람과 결혼해 우리 가문을 떠나도 좋소.' 그가 그렇게 말했었는데 그 말이 모두 사실이 되었군요! 아, 끔찍한 재혼의 날이 다가오고 있으니 근심으로 그날을 맞이해야 하다니! 그런데 여기 구혼자들은 세상의 구혼자들과는 전혀 다른 풍습을 가지고 있군요. 다른 구혼자들은 명망 있는 자의 딸을 아내로 맞으려고 잔치에 쓸 소와 양을 가져오고 신부를 위해 선물을 가져오지요. 아무런 보상도 없이 남의 재산을 먹어치우는 법은 절대로 없어요!"

오뒷세우스는 슬기로운 이 말을 듣고 마음이 기뻤다. 구혼자들을 대표해 안티노오스가 대답했다.

"고귀한 왕비님, 우리 모두 기꺼이 당신에게 가장 훌륭한 선물을 드릴 테니 제발 거절하지 마십시오. 그러나 당신이 우리 중에서 남편을 선택할 때까지 우리는 고향으로 돌아가지 않겠습니다."

구혼자들이 모두 그의 말에 동의했다. 그들은 모두 종들을 보냈고 얼마 안 있어 선물들이 도착했다. 안티노오스의 선물은 화려하게 수놓은 긴 옷으로 아름답게 휜 갈고리 모양으로 잠글 수 있는 열두 개의 황금 장식이 아래까지 쭉 달려 있었다. 에우뤼마코스는 정교하게 만든 황금 브로치를 가져왔는데 태양처럼 빛나는 금속을 박아 넣었다. 에우뤼다마스는 한 쌍의 귀걸이를 가져왔는데 각각 세 개의 다이아몬드가 달려 있었다. 페이산드로스의 궁전에서는 가장 값비싼 보석이 잔뜩 달린 목걸이를 보내왔다. 그렇게 구혼자마다 특별한 선물을 선사했다. 시녀가 와서 그 선물을 받아 들자 페넬로페는 다시 위층 방으로 올라갔다.

오뒷세우스, 또다시 모욕을 당하다

구혼자들은 저녁이 될 때까지 원무를 추며 제멋대로 즐겼다. 어두워지자 시녀들은 넓은 연회실을 밝히기 위해 세 군데에 모닥불을 피웠고, 마른 장작에 소나무 가지를 섞어 그 속에 불을 붙였다. 불을 뒤적거리고 있는 그녀들 곁에 오뒷세우스가 다가가 말했다.

"오뒷세우스의 시녀들이여, 그대들은 위층에 계신 주인 옆에서 물레질을 하거나 양의 털을 빗겨주고 있는 편이 좋을 거요. 연회실의 모닥불은 나한테 맡겨요! 구혼자들이 날 밝을 때까지 있더라도 나는 지치지 않을 겁니다. 나는 잘 참으니까!"

시녀들은 서로 얼굴을 마주보며 깔깔 웃어댔다. 아름답고 젊은 시녀 멜란토가 말했다. 그녀는 페넬로페가 친딸처럼 키워주었지만 불성실하게도 구혼자 에우뤼마코스와 은근히 내통하고 있었다.

"이 불쌍한 거지야, 대장간이나 여관에 가지 않고 너보다 귀한 분이 많은 이 궁전에 와서 우리한테 이래라저래라 하다니 정신이 나간 게냐? 아니면 이로스한테 이겼다고 우쭐해져 제정신이 아닌가 보군. 더 힘센 사람이 억센 손으로 네 머리를 때려 피를 흘리게 한 다음 궁전에서 쫓아버리면 어쩌려고 그래."

오뒷세우스가 불쾌해져서 말했다.

"이 몹쓸 여인아, 그 건방진 말을 텔레마코스에게 일러 너를 갈기갈기 찢어줄 테다."

시녀들은 거지가 진심으로 그렇게 말한다 생각하고 무서워 떨리는 다리로 연회실을 도망쳐 나갔다. 오뒷세우스는 화로 옆에 앉아 불을 일으키며 복수의 계획을 짰다. 그러나 여신 아테네는 교만한 구혼자들의 마음을 충동질해 오뒷세우스를 조롱하고 모욕하게 만들었다.

"저 사람은 아마 신들이 살아 있는 등불로 이 연회실에 보내주신 모양이야. 머리털 한 가닥도 없는 대머리가 마치 횃불처럼 빛나니까 말이야!"

에우뤼마코스가 동료에게 이렇게 말하자 와 하고 웃음이 터져 나왔다. 그가 오뒷세우스를 바라보며 말했다.

"이보게, 내 집에 종으로 와서 머슴으로 살며 정원에서 장미를 꺾거나 나무를 심을 생각은 없나? 품삯과 먹을 것은 부족하지 않게 주겠다. 그러나 너는 베짱이처럼 땀 흘리지 않고 구걸해서 얻은 것으로 배를 채우는 편이 낫겠지."

"에우뤼마코스!"

오뒷세우스가 단호한 목소리로 대답했다.

"봄이 되면 당신과 초원에서 풀베기 경쟁을 하고 싶소. 나와 당신 둘이서 낫을 가지고 밤늦게까지 한눈팔지 말고 계속 풀베기를 합시다. 그러면 누가 더 오래 견디는지를 알게 되겠지요! 또 쟁기를 가는 것은 어떻소? 그러면 당신은 내가 한 번도 쉬지 않고 밭고랑을 가는 걸 보게 될 거요. 또 전쟁이 일어난다면 내가 방패와 투구와 두 자루의 창을 들고 맨 앞에 나서는 것을 보여주고 싶소. 그러면 나를 식충이라고 비웃을 생각은 하지 못할 거요! 당신은 오만한 사람이오. 당신은 아직까지 뛰어난 사람들과 겨뤄본 적도 없으면서, 단지 몇몇 보잘것없는 사람들과 겨뤄보고는 자신이 위대하고 힘세다고 생각하겠지. 그러나 만일 오뒷세우스가 고향으로 돌아오면 이 연회실이 아무리 넓어도 당신이 도망치기에는 매우 좁을 것이오!"

에우뤼마코스가 화가 머리끝까지 나서 소리쳤다.

"이 가련한 자야, 주정뱅이 같은 헛소리에 당장 상을 내려주마!"

이렇게 외치며 에우뤼마코스가 발판을 오뒷세우스에게 내던졌다. 그러나 오뒷세우스는 암피노모스의 무릎에 엎드렸기 때문에 발판은 오뒷세우스의 머리를 스치고 날아가 잔에 술을 따르던 사람의 오른손을 맞혔다. 술그릇이 큰 소리를 내며 마루에 굴렀고 술 따르던 사람은 외마디 비명을 지르며 뒤로 넘어졌다.

한편 구혼자들이 흥을 깨뜨려놓은 이방인을 욕하며 웅성거렸다. 이때 텔레마코스가 정중하지만 단호하게 손님들에게 잠자리에 들 것을 권했다.

그러자 암피노모스가 일어나 말했다.

"친구들이여, 옳은 말이라 생각하고 그의 말대로 합시다. 그대들은 저 이방인이나 오뒷세우스의 궁전에 있는 하인에게 말이나 행동으로 모욕을 주어서는 안 되오! 자, 이제 술을 한 잔 더 따라 신들에게 바치고 집으로 돌아갑시다. 그러나 이방인은 텔레마코스의 보호를 받고 여기 남아 있는 것이 좋겠소."

늙은 유모가 오뒷세우스의 정체를 알아채다

연회실에는 이제 오뒷세우스와 아들 텔레마코스만 있었다. 오뒷세우스가 아들에게 말했다.

"자, 서둘러 무기를 옮겨놓자."

텔레마코스는 유모 에우뤼클레이아를 불러 말했다.

"시녀들은 모두 방으로 물러가 있으라 일러놓으세요. 여기는 너무 습기가 많으니 아버지의 무기를 방으로 옮겨놓아야겠어요."

"잘 생각하셨어요. 이제야 집안을 돌보고 재산을 챙기시는군요. 그런데, 도련님! 시녀들이 없는데 누가 불을 들고 밝혀주지요?"

텔레마코스가 미소 지으며 대답했다.

"저기 이방인이 있잖아요. 내 빵을 먹는 자는 게으름을 피우지 못할 겁니다!"

아버지와 아들은 투구, 방패, 창 따위의 무기를 방으로 날랐다. 팔라스 아테네가 황금 등잔을 가지고 두 사람을 앞장서 이끌며 주위를 밝게 비추었다.

"이 무슨 기적일까요!"

텔레마코스가 낮은 목소리로 아버지에게 말했다.

"궁전의 벽이 밝게 빛나고 있어요! 벽장도, 소나무로 만든 대들보도, 기둥도 모조리 다 모닥불처럼 빛나고 있어요. 신이 우리와 함께하시는 것이 틀림없어요!"

오뒷세우스가 대답했다.

"아들아, 조용히 하고 너무 캐묻지 마라. 그것이 인간의 습관이다. 이제 좀 누워 자거라. 난 조금 더 있다가 어머니와 시녀들을 시험해볼 테니까."

텔레마코스가 떠나자 페넬로페가 자기 방에서 나왔다. 그녀의 아름다움은 꼭 아르테미스나 아프로디테 같았다. 페넬로페는 은과 상아가 박힌 안락의자를 불 옆으로 옮겨놓고 의자에 덮어놓은 양털가죽 위에 앉았다. 시녀들 한 무리가 와서 식탁의 빵과 잔 들을 치우고 식탁을 한쪽 옆으로 세워놓았다. 그리고 연회실의 불을 새로 밝히고 화덕에 불을 지폈다. 시녀 멜란토가 여전히 오뒷세우스를 놀려댔다.

"이방인아, 넌 밤새도록 여기서 헤매고 다닐 작정이냐? 이 횃불을 던지기 전에 지금껏 먹은 것으로 만족하고 당장 나가지 못할까!"

오뒷세우스가 시녀를 불쾌하게 바라보며 대꾸했다.

"내가 누더기 옷을 입고 구걸을 하니까 나에게 함부로 하는 것이냐? 이해할 수 없구나. 이건 고향을 잃고 방황하는 자들이 겪는 운명이다. 나도 행복한 때가 있었다. 부유한 집에 살았고, 유랑하는 이방인에겐 그의 모습이 어떻든 간에 그가 필요로 하는 것을 주었지. 시종들도 많이 부렸다. 그러나 제우스가 모두 빼앗아가 버렸다. 왕비가 언젠가 너에게 함부로 하는 날이 오면 이 생각을 꼭 해라. 오뒷세우스가 돌아오면 너도 나와 똑같은 운명이 된다는 것을! 오뒷세우스가 돌아올 희망이 전혀 없는 것이 아니다! 게다가 텔레마코스도 이젠 어린애가 아니니까, 그가 오뒷세우스의 뒤를 이으면 어떻게 할 거냐?"

페넬로페는 거지의 말을 듣고 교만한 시녀를 나무랐다.

"뻔뻔한 계집애, 나는 너의 좋지 못한 마음씨도 너의 행동거지도 잘 알고 있다. 너는 네 머리로 그 대가를 치르게 될 것이다. 내가 이 사람을 방으로 소중히 모셔서 남편 소식을 물으려 한다는 이야기를 못 들었느냐! 그런데도 이 사람을 멸시하다니!"

멜란토는 주눅이 들어 자리를 떴다. 페넬로페는 늙은 시녀 에우뤼노메에게 의자를 가져오게 하여 거지를 앉힌 뒤 말했다.

"이방인이여! 무엇보다 먼저 당신은 누구시며 어디서 오셨나요?"

오뒷세우스가 대답했다.

"왕비여, 나무랄 데 없는 여인이시여! 당신 남편의 명성은 위대합니다. 당신의 나라도 백성도 평판이 좋습니다. 무엇을 물으셔도 좋습니다만, 저의 가문이나 나라만은 묻지 말아주십시오. 너무나도 많은 불행을 겪어왔고 기억해야 할 것이 너무 많기 때문입니다. 제가 일일이 제 불행을 이야기한다면 시녀들이나 왕비께서 저를 꾸중하실까 두렵군요."

그러자 페넬로페가 말했다.

"이방인이여! 남편이 궁전을 떠난 뒤로는 더 나빠질 일도 없어요. 당신도 나에게 구혼을 하고 나를 위협하는 자들이 몇 명인지 알고 있지요? 나는 삼 년이란 세월을 꾀를 내서 피해왔습니다. 그러나 이젠 그것도 통하지 않게 되었어요."

페넬로페는 옷감 짜는 일에 대해 설명하고 시녀의 배신으로 탄로난 것을 이야기했다. 그녀는 이렇게 말을 끝맺었다.

"그런 까닭으로 이젠 재혼을 할 수밖에 없게 되었지요. 부모님께서 독촉하시고 아들도 유산이 자꾸 축난다며 화를 내고 있으니까요. 나에게 일어난 일을 알 수 있겠지요? 그러니 당신도 이름을 숨기지 말고 이야기해주세요. 설마 동화에 나오는 것처럼 은행나무나 바위 속에서 태어난 것은 아니겠지요."

"왕비께서 그렇게 말씀하시면 이야기하겠습니다."

오뒷세우스가 대답했다. 오뒷세우스는 이전에 꾸며낸 크레테 섬 이야기를 시작했다. 그 이야기를 사실로 믿은 페넬로페는 눈물을 흘렸다. 오뒷세우스는 그것을 보고 마음속으로 불쌍한 생각이 들었지만 그의 눈동자는 눈썹 밑에서 마치 무쇠처럼 움직이지 않았다. 한참 울고 나서 왕비가 다시 말했다.

"이방인이여! 당신 말대로 내 남편을 당신 집에 머물게 하면서 접대한 것이 과연 사실인지 확인해봐야겠어요. 그때 오뒷세우스가 어떤 옷을 입었고 어떤 모습이었으며, 그와 동행한 사람은 누구였나요?"

"헤어진 지 퍽 오래됐기 때문에 대답하기 어려운 질문이군요."

오뒷세우스가 말했다.

"영웅 오뒷세우스가 크레테에 있는 우리에게 도착한 것은 이십 년 전의 이야기니까요. 그러나 제 기억으로 그의 옷은 긴 양털로 만든 자주색의 겹옷으로, 이중으로 잠그는 황금 장식이 붙어 있고, 앞쪽에는 개에게 잡혀 앞발 사이에서 허우적거리는 새끼사슴을 그린 화사한 수가 놓여 있었고, 붉은 외투 속으로는 아주 고급스러운 흰 속옷이 보였어요. 그리고 곱슬머리에 갈색 얼굴을 한 에우뤼바테스라는 이름의 꼽추 전령이 따라다녔습니다."

왕비는 다시 눈물을 흘렸다. 모든 말이 정확히 맞아떨어졌기 때문이다. 오뒷세우스는 페넬로페를 위로하고자 또 다른 이야기를 꾸며내 들려주었다. 거기엔 트리나키에 섬에 상륙했던 이야기라든가, 파이아케스 족의 나라에 머무른 이야기 등 몇 토막의 진실이 섞여 있었다. 그리고 거지는 이 이야기를 테스프로토이 족의 왕한테서 들었다고 했다. 오뒷세우스는 도도나의 계시를 들으러 떠나기 전에 그 왕에게 들러 막대한 재산을 맡기고 갔으며, 그 재물을 자기도 실제로 보았다고 말했다. 그러니까 오뒷세우스가 분명 돌아올 것이라는 말도 잊지 않고 덧붙였다.

그러나 거지의 말은 페넬로페를 설득해내지 못했다.

"그런 일은 절대로 일어날 것 같지 않군요."

페넬로페는 풀이 죽어 말했다. 그리고 시녀들에게 명해 이방인의 발을 씻기고 따뜻한 잠자리를 만들어주도록 했다. 오뒷세우스는 밉살스러운 시녀들의 시중을 거절하고, 잠자리도 조잡한 짚단 그대로가 좋다고 했다.

"왕비님! 그러나 만일 저처럼 인생에서 온갖 고생을 겪어온 성실한 노파가 있다면 그 사람에게 발을 씻어달라고 하겠습니다."

"아, 그렇다면 에우뤼클레이아가 하도록 해요. 자넨 오뒷세우스를 키워줬지. 이분의 발을 씻겨드려요. 마침 연배도 자네 주인과 같을 테니 말이야."

"아, 어쩌면!"

에우뤼클레이아는 거지 쪽을 보더니 말했다.

"지금쯤은 오뒷세우스 님도 발과 손이 이렇게 되었을 거예요. 인간은 불행을 겪으면 나이를 빨리 먹는 법이니까요."

이렇게 말하며 늙은 유모가 울었다. 그녀는 이방인의 발을 씻길 준비를 하면서 상대방을 우두커니 바라보고 말했다.

"이 궁전에는 퍽 많은 손님이 찾아왔지만 당신만큼 목소리며 생김새며 발까지 모든 것이 오뒷세우스 님을 닮은 사람은 없었어요!"

"네, 우리 둘을 본 사람은 모두 그렇게 말하더군요."

오뒷세우스는 천연덕스럽게 대답했다. 오뒷세우스는 화로 옆에 앉고 에우뤼클레이아는 통에다 찬물과 더운 물을 섞었다. 유모가 발을 씻기기 시작했을 때 오뒷세우스는 조심스럽게 어둠 속으로 몸을 젖혔다. 오른쪽 무릎 위에 소년 시절 사냥을 나갔다가 멧돼지의 이빨에 찢겼던 깊은 상처가 그대로 남아 있어, 이 상처로 인해 노파에게 정체를 들킬까 염려되어 발을 어두운 쪽으로 끌어당겼던 것이다.

그러나 헛수고였다. 유모는 손바닥으로 그 부위를 씻다가 기쁨과 놀라움으로 오뒷세우스의 발을 물통 속에 빠뜨렸다. 청동 물통에서 물이 소리를 내며 튀었다.

"오뒷세우스, 내 귀염둥이 양반아, 당신이었군요!"

이렇게 유모가 외쳤다.

"당신을 이 두 손으로 받았었지요."

그러나 오뒷세우스는 오른손으로 유모의 입을 막고 왼손으로 그녀를 끌어당겨 재빨리 속삭였다.

"할멈, 나를 파멸시킬 작정이오. 물론 자네 말대로 나요. 그러나 아직 궁전의 아무에게도 알려서는 안 돼! 만일 시끄럽게 떠들어대면 내가 구혼자들을 때려잡은 뒤에는 자네도 신을 두려워하지 않는 저 시녀들과 같은 운명이 될 거요!"

"어째서 그런 섭섭한 말씀을 하세요?"

유모가 나지막하게 말했다.

"제 마음이 바위보다도 굳다는 것을 모르시나요? 하지만 다른 시녀들에겐 정말 조심하세요!"

한편 오뒷세우스는 발을 깨끗이 씻고 향유를 바른 다음, 잠시 동안 페넬로페와 이야기를 주고받았다.

"착한 이방인이시여!"

페넬로페가 말했다.

"내가 아직 살아 있을 남편을 두려워해서 아들 곁에서 재산을 관리해야 할지, 아니면 구혼자들 중에서 가장 훌륭한 선물을 주는 사람을 따라가야 할지 마음이 오락가락합니다. 텔레마코스가 아직 어렸을 때는 내가 결혼하는 것을 싫어했지요. 그러나 그 애도 청년이 되더니 구혼자들이 유산을 탕진할까 봐 내가 집을 나가기를 바라는군요. 당신은 현명해 보이니 내가 꾼 꿈을 해몽해주세요. 나는 이 궁전에 거위 스무 마리를 기르고 있었어요. 거위들이 물에 잠긴 보리를 먹는 모양이 재미있어 항상 바라보곤 하지요. 그런데 이런 꿈을 꾸었어요. 독수리 한 마리가 산에서 날아와 거위의 목을 물어뜯어 모두 죽여버렸어요. 죽은 거위가 온 궁전 안을 굴러다녔지요. 그리고 독수리가 하늘로 훌쩍 날아올라가자 나는 흐느껴 울기 시작했어요. 꿈은 계속되어 이웃 여인들이 찾아와 슬퍼하는 나를 위로하고 있는데 갑자기 독수리가 되돌아와 추녀 끝에 앉더니 인간의 목소리로 이렇게 말하는 거예요. '안심하시오, 이카리오스의 딸이여! 이것은 꿈이 아니고 곧 이루어질

누더기를 입고 거지처럼 변장하고 오뒷세우스는 자기 궁으로 돌아왔다. 복수를 하기 전까지는 아내 페넬로페에게조차 자신이 살아 있음을 비밀로 할 생각이었다. 페넬로페는 남편의 소식을 알고 있다는 거지 차림의 이방인을 유모를 시켜 씻겼다. 그를 씻기던 유모가 오른쪽 무릎의 상처를 보더니 오뒷세우스를 알아보고 말았다. "오뒷세우스, 내 귀염둥이 양반아, 당신이었군요!" 그러나 오뒷세우스는 오른손으로 유모의 입을 막고 왼손으로 그녀를 끌어당기며 재빨리 속삭였다. "할멈, 나를 파멸시킬 작정이오. 물론 자네 말대로 나요. 그러나 아직 궁전의 아무에게도 알려서는 안 돼!

〈유모에게 정체가 드러나는 오뒷세우스〉, 윌리엄 아돌프 부게로, 1849년, 라 로셸 미술관.

현실이오. 구혼자는 거위이고 독수리는 구혼자들을 무찌르기 위해 되돌아온 나 오뒷세우스요.' 독수리가 이렇게 말하자 나는 눈을 떴습니다. 그래서 곧 거위 쪽으로 가보니 거위는 연못 옆에서 한가로이 먹이를 쪼아 먹고 있었어요."

거지가 말했다.

"왕비님! 분명히 오뒷세우스가 꿈속에서 말한 대로입니다. 그 환영은 달리 해석할 도리가 없으니까요. 오뒷세우스는 돌아옵니다. 그리고 구혼자들을 모조리 죽일 것입니다."

그러나 페넬로페가 한숨을 내쉬며 말했다.

"하지만 꿈 따위는 거품처럼 허망하지요. 내가 오뒷세우스의 궁전을 떠나야 하는 무서운 날이 내일입니다. 그 전에 나는 경기를 열 작정이에요. 남편은 항상 열두 개의 도끼를 일렬로 세워놓고는 뒤로 한참 물러서서 도낏자루에 뚫린 구멍을 모두 화살로 쏘아 맞히곤 했습니다. 그러니까 내가 간직해둔 오뒷세우스의 활로 그런 기술을 부릴 수 있는 사람이 만일 구혼자들 가운데 있다면 나는 그를 따라갈 작정입니다."

"그렇게 하십시오, 고귀하신 왕비님!"

오뒷세우스가 단호하게 말했다.

"내일 당장 경기를 여십시오. 구혼자들이 활을 잡아당겨 열두 개의 도끼 구멍을 쏴 맞히기 전에 오뒷세우스가 돌아올 테니까요."

왕비 페넬로페는 이방인에게 잘 자라는 인사를 했다. 오뒷세우스는 에우뤼클레이아가 잠자리를 마련해준 방으로 갔다. 무두질하지 않은 소가죽 위에 양털가죽을 펼쳤고 외투로 이불을 대신했다. 그는 오랫동안 잠들지 못하고 뒤척였다. 구혼자들 편을 들고 있는 뻔뻔한 시녀들이 그의 옆을 지나가며 퍼부었던 조롱과 비웃음이 가슴속 깊은 곳에서 분노를 일으켰다. 그는 가슴을 치고 자책하면서 마음속으로 말했다.

'나의 마음이여, 참아라! 더 괴로운 것도 견뎌내지 않았던가! 퀴클롭스가 사랑하는 동료들을 먹어치운 것을 벌써 잊었는가. 참아라!'

그렇게 그는 자기 마음을 억눌렀다. 오랫동안 뒤척이며 구혼자들에 대한 복수를 다짐하고 있는데, 갑자기 처녀의 모습으로 나타난 아테네가 오뒷세우스의 베갯머리에 서서 그의 불안한 생각을 다음과 같은 말로 가셔주었다.

"소심한 오뒷세우스야! 그대는 보잘것없는 친구인 인간을 의지하고 있구나. 인간은 의지가 강하지도 힘이 세지도 못하다. 그러나 나는 여신이다. 나는 그대를 어떤 위험에서도 지켜줄 것이다! 살기등등한 군대 쉰 개에 둘러싸여 있더라도 그곳에서 구해줄 것이다. 그러니 안심하고 자라. 곧 그대의 슬픔으로부터 벗어나게 될 것이다."

이렇게 말하고 아테네는 오뒷세우스의 눈꺼풀에 달콤한 잠을 주었다.

페넬로페는 잠깐 잠이 들었다가 다시 깨어나 침상에 앉아 소리 내어 울었다. 그리고 눈물 흘리며 아르테미스 여신에게 기도했다.

"거룩하신 제우스의 따님이시여!"

그녀는 간청하며 큰 소리로 말했다.

"제가 남편 오뒷세우스의 신의를 저버리고 나쁜 사람과 재혼을 하기 전에 당장 제 심장에 화살을 꽂아주세요. 아니면 폭풍으로 휘말아 오케아노스의 먼 기슭으로 던져주세요! 낮에 울고 지내다 밤에라도 쉴 수 있다면 그 고통은 견딜 수 있습니다. 그러나 신은 자는 동안에도 가장 괴로운 꿈으로 저를 괴롭힙니다. 방금 남편이 군대를 이끌고 출정했을 때와 똑같은 모습으로 제 옆에 서 있는 꿈을 꾸었습니다. 그러나 꼭 현실처럼 여겨져 제 마음은 기쁨으로 꽉 찼습니다!"

페넬로페가 탄식했다. 오뒷세우스는 그녀의 울음소리를 들었다. 혹시라도 자기를 알아본 것일까 하여 불안해졌다. 그는 자리에서 급히 일어나 궁전을 나왔다. 그리고 밤하늘 아래 서서 자기 계획에 좋은 징조를 보여달라고 제우스에게 기도했다. 그러자 하늘 한구석에 거대한 빛이 나타나더니 궁전 위에서 갑자기 뇌성이 울려 퍼졌다. 궁전 부근 방앗간에서 밤새도록 맷돌을 갈던 여인이 하던 일을 멈추고 하늘을 쳐다보며 외쳤다.

"제우스께서 뇌성을 울리셨는데 멀리서도 구름이 보이지 않는구나! 이것은 분명 제우스께서 어떤 인간에게 징조를 보여주시는 것이다. 오, 신들과 인간의 아버지여, 나의 소원을 이뤄주시고 밤이나 낮이나 연회에 쓸 곡식을 빻게 하는 저주받을 구혼자들을 멸망케 하소서!"

길조를 본 오뒷세우스는 기뻐하며 궁전으로 되돌아왔다. 궁전은 점점 소란스러워졌다. 시녀들이 와서 화로에 불을 지폈다. 텔레마코스도 옷을 입고 내실 문턱을 넘어 짐짓 모른 척하고 유모를 불렀다.

"유모, 손님에게 먹을 것과 잠자리를 잘 챙겨드렸어요? 아니면 그냥 내버려두었나요? 나의 어머니는 분별력을 잃으신 것 같습니다. 사악한 구혼자들은 그렇게 존중해주고 그들보다 더 나은 사람은 존중하지 않으시니 말입니다."

에우뤼클레이아가 대답했다.

"나의 주인님을 비방하지 마세요. 이방인은 자기가 원하는 만큼 오랫동안 포도주를 많이 마셨습니다. 그러고는 더는 음식을 요구하지 않았다고 합니다. 이방인에게 훌륭한 잠자리를 제공했지만 그는 그것을 창피하게 여기더군요. 그것보다 조금 나쁜 잠자리를 마련해줬더니 간신히 받아들였답니다."

그러자 텔레마코스는 개를 앞세우고 서둘러 도시 광장에서 열린 민회에 참석했다. 시녀들 중에서도 가장 고귀한 에우뤼클레이아는 다른 시녀들에게 명령해 눈앞에 다가온 신월제(新月祭)를 준비하고 있었다. 어떤 시녀들은 깨끗한 안락의자에 붉은빛 담요를 깔았고, 어떤 시녀들은 식탁을 해면으로 닦거나 술병과 잔을 씻었다. 그리고 다른 스무 명의 시녀들은 맑은 물을 길러 급히 샘으로 갔다. 구혼자의 종들도 찾아와 궁전 앞마당에서 장작을 팼다. 돼지치기가 가장 살찐 돼지들을 끌고 와서 이방인 손님에게 반갑게 인사했다. 염소치기 멜란테우스가 목동 두 사람과 함께 골라 뽑은 염소들을 끌고 오자 종들이 염소들을 회랑에 매어놓았다.

멜란테우스는 지나가다 비웃는 말투로 오뒷세우스에게 말했다.

"늙은 거지야! 아직도 거기 붙어 대문 밖으로 안 나가고 있구나. 내 주먹맛을 보기 전에는 나와 헤어질 생각이 없는 모양이지? 네가 쫓아다닐 잔치가 여기밖에 없더냐!"

오뒷세우스는 이 모욕에 아무런 대꾸도 하지 않고 고개를 가로저었다.

그때 정직한 사나이가 궁전으로 들어왔다. 구혼자들을 위해 소 한 마리와 살찐 염소들을 배로 날라 온 소치기 필로이티오스였다. 그는 지나가며 돼지치기에게 물었다.

"에우마이오스, 얼마 전 궁전에 온 저 이방인은 누군가? 그의 모습이 오뒷세우스 왕과 무척 닮은 것 같네. 불행이란 왕조차 거지로 만들 수 있는 것이니까!"

그는 변장한 오뒷세우스에게 다가가 손을 내밀며 말했다.

"낯선 노인이여! 당신은 아주 불행해 보이지만 앞으로는 행복해지기를 기원합니다. 당신을 보니 오뒷세우스가 생각나 눈물이 납니다. 아직 그분이 이 세상에 살아 계시다면 누더기를 걸치고 세상을 떠돌아다닐 거예요! 그분이 젊었을 적에 나를 소 치는 목자로 만들어주셨지요. 덕분에 지금 나는 소 기르는 일이라면 자신 있습니다. 그런데 그렇게 키운 소를 다른 인간의 배를 채우기 위해 끌고 와야 하다니! 언젠가는 오뒷세우스가 돌아와 이 벌레 같은 놈들을 몰아낼 거라 믿기 때문에 이 나라를 떠나지 않고 지금까지 남아 있는 겁니다."

"소치기여!"

오뒷세우스가 말했다.

"그대는 나쁜 인간은 아닌 것 같군. 제우스에게 맹세컨대 오뒷세우스는 오늘이라도, 그대가 이 궁전에 있는 동안에 고향으로 돌아올 것이오. 그리고 그대의 두 눈은 그가 구혼자들을 어떻게 처벌하는지 보게 될 것이오!"

"제우스가 그렇게 해주시길 진실로 바랍니다!"

소치기가 말했다.

"그렇게 되면 나도 가만히 손을 놓고 있지는 않을 겁니다."

구혼자들의 잔치

구혼자들은 텔레마코스를 어떻게 살해할지 의논한 뒤 차례차례 궁전으로 왔다. 구혼자들이 외투를 벗자 하인들은 동물들을 잡아 구워서 그들에게 나눠 주었다. 하인들이 술독에 물을 섞고 돼지치기가 잔을 돌렸다. 소치기 필로이티오스가 깨끗한 바구니에 빵을 넣어 돌리고 염소치기 멜란테우스가 술을 따랐다. 그리고 잔치가 시작되었다.

텔레마코스는 아버지 오뒷세우스를 일부러 문 앞의 볼품없는 의자에 앉히고 조그만 식탁을 그 앞에 놓았다. 그리고 하인이 구워 온 소시지를 식탁으로 날라 오게 하고는 잔에 술을 따르며 말했다.

"여기서 천천히 드십시오. 아무도 당신을 모욕하지 못하게 할 테니!"

안티노오스도 동료들에게 이방인을 내버려두라고 타일렀다. 그가 제우스의 보호를 받고 있다는 것을 알았기 때문이다. 그러나 여신 아테네는 구혼자들을 부추겨 오뒷세우스를 조롱하게 만들었다. 구혼자들 중 사메에서 온 크테십포스라는 심술궂은 사나이가 있었다.

"구혼자 여러분, 내 말을 들어보시오!"

그가 얼굴에 비웃음을 띠고는 말했다.

"저 이방인은 오래전부터 우리처럼 제 몫의 요리를 들고 있소. 물론 텔레마코스가 이처럼 귀하신 손님을 무시한다면 그건 옳지 못한 일이오. 나도 그에게 경의를 표하는 뜻에서 특별한 선물을 주겠소. 이 선물로 자신의 더러운 몸을 씻겨준 고귀한 시녀에게 보상할 수 있을 것이오!"

이렇게 말하고 크테십포스는 억센 손으로 바구니 속에서 소 뼈다귀를 꺼내 거지 오뒷세우스를 향해 내던졌다. 그러나 오뒷세우스는 고개를 돌려 피했다. 그는 쓴웃음을 지으며 화를 가슴속 깊이 삭였다. 소 뼈다귀는 벽에 가서 부딪혀 떨어졌다.

그러자 텔레마코스가 일어나 외쳤다.

"크테십포스! 이방인을 맞히지 못한 것을 행운으로 여기시오. 그랬더라면 내가 창으로 그대를 찔렀을 것이고, 그대의 아버지는 결혼식 대신 장례식을 치렀을 거요! 앞으로 어느 누구도 내 집에서 난폭한 짓을 하면 용납하지 않겠소. 이방인을 모욕하려거든 차라리 날 죽이시오. 그런 못된 짓을 지켜보느니 죽는 편이 낫겠소!"

그가 정색하며 말하자 모두 잠자코 있었다. 한참 뒤에야 다마스토르의 아들 아겔레오스가 가까스로 일어나 말했다.

"텔레마코스의 말이 옳소! 그러나 텔레마코스와 그의 어머님은 이제부터 내가 좋은 뜻으로 하려는 말을 들어주시오. 시간을 질질 끌며 구혼자들을 기다리게 한 것은 오뒷세우스가 언젠가 고향으로 돌아오리라는 희망 때문임을 알고 있소. 그러나 이제 오뒷세우스가 돌아오지 않는다는 것은 의심할 여지가 없소. 자, 텔레마코스! 어머니에게 가서 우리 구혼자들 가운데 가장 훌륭한 사나이를 선택하도록 권해드리지 않겠소? 그럼 그대도 마침내 아버지의 후계자 자리에 앉을 수 있을 거요!"

텔레마코스가 의자에서 일어나 말했다.

"제우스께 맹세하지만 나 역시 구혼자 선택을 더는 미루지 않겠소. 난 오래전부터 어머니에게 구혼자 중 한 사람을 결정하라고 말씀드려 왔소. 그러나 강제로 어머니를 쫓아낼 수는 없는 일이오!"

텔레마코스의 말에 구혼자들이 큰 소리로 계속 웃어댔다. 아테네가 구혼자들의 정신을 미치게 만들었기 때문이다. 그들은 얼굴을 찌그러뜨리며 히죽히죽 웃었다. 그러면서 피가 뚝뚝 떨어지는 반쯤 익은 생고기를 먹고 있었다. 그런데 갑자기 눈에 눈물이 가득해졌다. 기고만장하던 기분은 어느새 가라앉고 깊은 우울에 빠졌다. 예언자 테오클뤼메노스가 이 모든 장면을 지켜보며 말했다.

"불쌍한 자들이여! 어찌 된 일인가? 그대들의 머리는 마치 밤의 어둠에 싸인 것 같고 눈에서는 눈물이 넘쳐흐르며 입에서는 한숨소리가 들리는구나! 모든 벽에서 피가 뚝뚝 떨어지고 연회실과 궁전 앞마당에는 하데스의 망령들이 우글거리는 것이 보인다. 하늘의 태양도 사라져버렸구나!"

그러나 구혼자들은 이내 다시 명랑해져 배를 움켜잡고 웃어댔다. 드디어 에우뤼마코스가 예언자를 가리키며 말문을 열었다.

"이 낯선 사나이는 얼마 전부터 우리들 가운데 와 있었는데 틀림없이 제정신이 아니구나. 하인들은 연회실에서 밤의 어둠만을 보는 이 자를 어서 길과 광장 쪽으로 데려가라!"

"에우뤼마코스, 그럴 필요 없다!"

테오클뤼메노스가 화를 내며 말했다.

"나는 눈도 귀도 발도 다 건강하며 머리도 정상이다. 내 발로 걸어 나가겠다. 재앙이 그대들에게 다가와 아무도 벗어나지 못한다는 것을 어떤 신이 내게 예언해주고 있다."

이렇게 말하고 테오클뤼메노스는 서둘러 궁전을 떠났다. 그리고 친한 친구 페이라이오스의 집으로 가 그곳에서 따뜻한 대접을 받았다.

구혼자들은 계속해서 텔레마코스를 비웃었다. 구혼자들 중 하나가 이렇게 말했다.

"텔레마코스, 이 세상에서 그대가 지금 대접하고 있는 손님보다 더 형편없는 손님을 대접한 사람은 없었소. 걸신들린 거지와 예언하는 미치광이라니! 그들과 함께 그리스 전역을 다니며 돈을 받고 시장에다 그들을 구경거리로 세우는 편이 더 좋았겠소."

텔레마코스는 아무 대꾸 없이 아버지 쪽을 바라보았다. 그는 일을 벌이기 위한 신호를 기다리고 있었다.

페넬로페를 얻기 위한 활쏘기 경기를 하다

이제 페넬로페가 등장할 때가 되었다. 페넬로페는 상아 손잡이가 달린 아름다운 청동 열쇠를 손에 들고 시녀의 호위를 받으며 멀리 있는 뒷방으로 갔다. 그곳에는 청동, 황금, 쇠로 만든 오뒷세우스 왕의 모든 귀중한 도구가 있었다. 그중에는 오뒷세우스의 활과 화살이 가득 든 화살집도 있었다. 이 활과 화살집은 전에 라케다이몬에서 온 친구가 선물한 것이었다.

페넬로페가 자물쇠로 문을 열자 빗장이 벗겨졌다. 마치 들소가 우는 것 같은 소리가 나면서 문짝이 좌우로 열렸다. 그녀는 안으로 들어가 옷과 투구가 담긴 궤짝들을 살펴보았다. 그때 못에 남편의 활과 화살집이 걸려 있는 것이 눈에 띄어 손을 뻗어 그것을 내렸다. 갑자기 슬픔이 복받쳐 올라 그녀는 의자에 앉아 활과 화살집을 무릎 위에 놓고 한참 눈물을 흘렸다. 겨우 일어난 그녀는 시녀들이 들고 있던 상자에 활과 화살집을 넣었다. 그리고 연회실에 있는 구혼자들 앞으로 걸어나가 조용히 하라고 명한 뒤 말했다.

"구혼자들이여, 나를 아내로 삼고 싶으신 분은 준비해주십시오. 이제부터 경기를 시작하겠습니다. 여기 나의 고귀한 남편이 남기고 간 큰 활이 있습니다. 이 활을 가볍게 잡아당겨 늘어놓은 열두 개의 도낏자루 구멍을 쏴 맞히는 분이 계시다면, 그를 따라 나의 첫 번째 남편의 궁전을 떠나겠습니다."

그리고 페넬로페는 구혼자들에게 활과 화살을 보여주라고 돼지치기에게 명했다. 돼지치기 에우마이오스는 울면서 상자에서 활과 화살을 꺼내 구혼자들 앞에 늘어놓았다. 소치기도 울고 있었다.

이것을 본 안티노오스가 화가 나서 소리쳤다.

"어리석은 촌놈아! 왜 눈물을 흘려 왕비의 마음을 무겁게 하는 것이냐? 잠자코 앉아 식사를 하든지 아니면 밖에 나가 울어라! 자, 구혼자 여러분, 이 힘든 경기를 해봅시다. 활시위를 당기기는 쉬운 일이 아닐 것 같소. 우리들 중에 오뒷세우스 같은 사나이는 없으니까. 그때 나는 겨우 말을 할 수 있을 정도로 어렸지만 지금도 그를 잘 기억하오."

이렇게 말하면서도 안티노오스는 마음속으로 벌써 활시위를 당겨 도낏자루 구멍을 쏴 맞힐 생각을 하고 있었다. 그러나 그는 오뒷세우스의 손에서 나간 첫 화살을 맞을 운명으로 결정되었다.

이번에는 텔레마코스가 일어나 말했다.

"정말로 제우스께서 나의 정신을 빼앗아 멍청하게 만들어버렸군요! 내 어머니는 구혼자를 따라 이 집을 떠나겠다고 선언하셨습니다. 그리고 나는 그것을 기뻐하고 있습니다. 자, 구혼자 여러분, 이 경기는 그리스 전역에서 더는 찾아보기 어려운 여인을 얻기 위한 경기입니다. 그 점은 여러분이 더 잘 아실 테니까 새삼스럽게 어머니를 치켜세울 필요는 없겠지요. 그러니 주저하지 말고 활을 잡아당기십시오! 내가 여러분을 이기게 된다면 어머니는 나와 이 집을 떠나지 않아도 되겠지요."

텔레마코스는 자줏빛 외투와 칼을 어깨에서 내던지더니 연회실 바닥에 도랑을 파서 도끼를 한 자루 한 자루 꽂아놓고 다시 흙을 밟아 다졌다. 보고 있던 사람들 모두가 텔레마코스의 기운과 치밀함에 감탄했다. 텔레마코스는 손수 활을 잡아 문지방 위에 세웠다. 그리고 활시위를 당기려고 세 번이나 시도해보았지만 힘이 모자랐다. 그는 죽을힘을 다해 네 번째 시위를 힘껏 잡아당겼다. 오뒷세우스가 안간힘을 쓰고 있는 그를 눈짓으로 말렸다.

"신이여! 제가 약골인가요, 아니면 아직 나이가 어려 모욕을 주는 사람들을 물리칠 수 없는 것인가요?"

텔레마코스가 외쳤다.

"이제 저보다 힘이 센 여러분이 해보십시오."

그렇게 말하면서 그는 활과 화살을 문간에 세워놓고 다시 왕좌로 돌아가 앉았다.

안티노오스가 일어나 의기양양한 얼굴로 말했다.

"자, 여러분! 저 끝에서 시작해 오른쪽으로 돌아가며 차례대로 해봅시다. 포도주를 따라주는 순서대로 말이오!"

그러자 항상 제일 구석진 곳의 커다란 술독 옆에 앉아 헌주했던 레오데스가 먼저 일어났다. 그는 구혼자들의 못된 짓을 불쾌하게 여기고 그 일당을 미워하던 유일한 사람이었다. 그는 문지방으로 나가 활시위를 당기려 애썼지만 허사였다.

"다른 사람이 해보시오."

그가 두 손을 축 늘어뜨리면서 외쳤다.

"나는 적합한 사람이 아니오. 그러나 활시위를 당길 사람은 여기서 아무도 없을 거요."

이렇게 말하고 활과 화살집을 다시 문간에 세웠다. 그러자 안티노오스가 그를 꾸짖었다.

"건방진 소리 마라, 레오데스! 그대가 당기지 못했다고 해서 다른 사람도 못하리라 생각하는가?"

안티노오스는 염소치기한테 말했다.

"이봐, 멜란테우스. 불을 피워 의자를 그 앞에 놓고 골방에서 두툼한 비곗덩어리를 가져와라. 바짝 마른 활을 따뜻하게 하고 기름을 바르면 좀 낫겠지!"

그의 명령대로 해보았지만 아무런 소용이 없었다. 구혼자들이 차례차례 활시위를 당기려 노력했지만 헛수고였다. 마지막으로 남은 사람은 가장 용감한 안티노오스와 에우뤼마코스뿐이었다.

오뒷세우스, 돼지치기에게 정체를 밝히다

소치기와 돼지치기가 궁전에서 나가는 길에 우연히 만났다. 오뒷세우스가 그들의 뒤를 따라 나왔다. 두 사람이 현관을 나와 앞마당을 가로지를 때 오뒷세우스가 불러 세워 낮은 목소리로 친근하게 말을 걸었다.

"친구들이여! 당신들은 믿을 수 있는 사람들이니 잠깐 말 좀 하고 싶소. 싫다면 하지 않겠소. 만일 지금 신께서 갑자기 오뒷세우스를 먼 곳에서 돌아오게 해준다면 어떨 것 같소? 당신들은 구혼자들 편을 들겠소, 아니면 오뒷세우스 편을 들겠소? 숨기지 말고 툭 털어놓아보시오!"

먼저 소 치는 사람이 외쳤다.

"아, 올림푸스의 제우스여! 이 소망이 이뤄져 그분이 돌아오신다면 내 팔로 그분을 도울 것이오!"

돼지치기 에우마이오스도 똑같이 모든 신에게 오뒷세우스가 돌아오게 해달라고 기도했다. 두 사나이의 속마음을 알게 된 오뒷세우스가 말했다.

"그럼 잘 들어라, 내가 바로 오뒷세우스다! 이루 말할 수 없는 고난 끝에 이십 년 만에 고국으로 돌아왔는데 나를 기쁘게 맞아준 것은 수많은 종 가운데 너희뿐이다. 나의 귀국을 신들에게 기도하는 것을 너희 말고 다른 사람에게서는 한 번도 들은 적이 없다. 구혼자들을 때려 잡은 다음 너희에게 아내와 논밭을 주고 궁전 옆에다 집을 지어주겠다. 그리고 텔레마코스에게 너희를 친형제처럼 대하라고 명하겠다.

만일 내가 하는 말이 믿기지 않는다면 어릴 적 사냥을 갔다가 멧돼지 이빨에 찔렸던 이 상처 자국을 봐라!"

이렇게 말하고 오뒷세우스가 누더기 옷을 쳐들어 커다란 상처를 드러내 보였다. 그러자 두 목부는 울음을 터뜨리며 주인을 얼싸안고 얼굴과 어깨에 입을 맞췄다. 오뒷세우스도 충실한 종들에게 입맞춤하며 말했다.

"이제 그만 울어라! 궁전 안의 사람들에게 들키면 안 되니까. 이제부터 한 사람씩 궁전으로 들어가자. 구혼자들은 내게 화살을 주지 않으려 할 것이다. 그러나 그대 에우마이오스는 구혼자들이 허락하지 않아도 활과 화살을 집어 나에게 넘겨줘야 한다. 동시에 시녀들에게는 뒷방 문의 빗장을 꼭 걸어 잠그라고 일러둬라. 연회실에서 어떤 소동이 일어나도 비명소리가 들려도 절대로 방에서 나오지 못하게 하고 차분하게 하던 일을 하라고 해라. 그리고 충실한 필로이티오스, 그대에게는 궁전의 바깥대문을 맡길 테니 빗장을 단단히 걸고 문고리를 밧줄로 묶어둬라."

이렇게 지시하고 오뒷세우스는 연회실로 되돌아갔다. 두 사람도 그의 뒤를 따라 들어왔다. 마침 그때 에우뤼마코스는 활을 불에 쪼이며 열심히 녹이고 있었다. 그러나 그는 활시위를 당기는 일에 실패해 한숨을 쉬며 침통하게 말했다.

"아, 정말로 비통하구나. 페넬로페를 얻지 못해 비통한 것이 아니다. 이타케나 그 밖에 다른 곳에도 그리스 여자는 얼마든지 있으니까. 다만 오뒷세우스에 비해 우리가 이렇게 무력하다는 것이 자자손손 비웃음을 당할 테니 그것이 비통할 따름이다!"

그러나 안티노오스가 타이르며 말했다.

"에우뤼마코스! 그렇게 말하지 말게. 오늘은 백성들의 큰 축제가 있는 날일세. 그러니 활시위를 당기는 건 적합하지 않아. 활은 가만히 놔두고 다시 술이나 마시자고. 도끼들은 연회실 바닥에 그대로 세워놓게. 내일 아폴론에게 제물을 바치고 활쏘기 경기를 마무리하세!"

그때 오뒷세우스가 구혼자들에게 말했다.

"오늘은 충분하니 이제 쉬시는 것이 좋겠지요. 내일은 멀리 쏘아 맞추는 아폴론이 우리 중 누군가에게 승리를 가져다주실 거요. 이 보잘것없는 손발에 옛날의 힘이 조금이라도 남아 있는지 시험해볼 수 있게 내게도 잠깐 그 활을 주시지 않겠소?"

그 말에 안티노오스는 화가 치밀어 올랐다.

"이 떠돌이가 완전히 정신이 나갔구나! 아니면 술에 취했느냐? 페이리토오스의 결혼식에서 술에 취해 날뛰었던 켄타우로스 에우뤼티온처럼 소란을 일으키려는 거냐. 에우뤼티온이 맨 먼저 살해되었음을 잘 생각해라. 네가 활시위를 당기자마자 너에게 재앙이 찾아올 것이다. 우리 중에서 너를 두둔할 사람은 하나도 없다!"

그러자 페넬로페가 말다툼에 끼어들었다. 그녀가 차분한 목소리로 말했다.

"안티노오스, 이 이방인을 경기에 끼워주지 않는 것은 올바르지 않은 일이에요! 당신은 혹시 이 거지가 활시위를 당겨 나를 아내로 데려가게 될까 봐 두려운가요? 이 사람은 그런 일을 해낼 수 없을 거예요. 그러니까 그런 걱정은 하지 않아도 됩니다. 그런 일은 도저히 있을 수 없을 테니까요! 불가능한 일이잖아요!"

"아니요, 왕비님. 그런 것을 두려워하지는 않습니다."

에우뤼마코스가 대답했다.

"우리는 그리스 인들이 흉을 볼까 봐 그러는 것입니다. '나쁜 사나이들이 오뒷세우스의 아내에게 구혼했지만 한 사람도 영웅 오뒷세우스의 활을 당기지 못했고, 마지막으로 타국의 거지가 찾아와 아무런 힘도 들이지 않고 늘어진 활시위를 당겨 도낏자루 구멍을 쏴 맞혔다.' 라고 말입니다."

그의 말에 페넬로페가 대답했다.

"당신들이 생각하듯 그는 그렇게 허약한 사람이 아닙니다. 그의 체격이 크고 튼튼한 것을 잘 보세요. 게다가 자신이 훌륭한 아버지의 아들로 태어났다고 자랑하지 않았습니까! 그가 활시위를 당긴다면 나는 그에게 외투와 상의 그리고 창과 검과 발에 신을 샌들을 줄 것입니다. 그것들을 가지고 그는 자기가 가고 싶은 곳으로 어디든지 갈 수 있을 겁니다."

텔레마코스가 끼어들어 말했다.

"어머님! 활에 관해서는 저 말고는 어떤 그리스 인도 명령할 권리가 없습니다. 만일 제가 지금 이방인에게 활을 선물로 주어 그것을 더 넓은 세상으로 가져가더라도 아무도 말리지 못합니다. 그러니 어머니는 방으로 가셔서 베틀과 물레에 앉아 일을 하시고 활 쏘는 일은 남자들에게 맡겨두세요."

페넬로페는 슬기로운 아들의 말에 놀라 그의 말을 따랐다. 그때 돼지치기가 활을 가져가려 했다. 화가 난 구혼자들이 소리쳤다.

"활을 어디로 갖고 가는 거냐! 미쳤느냐, 아니면 네가 기르는 개한테 갈가리 찢겨 죽고 싶으냐?"

돼지치기가 놀라서 활을 옆에 내려놓았다. 그러자 텔레마코스가 위협적인 목소리로 외쳤다.

"어서 활을 이리로 가져오라! 그대는 내가 하는 말만 들으면 된다. 그렇지 않으면 내가 어리다고 해도 그대를 돌로 내쫓겠다! 내가 그대보다 힘이 센 것처럼 구혼자들보다도 힘이 세면 좋으련만."

구혼자들은 그 말에 웃었고 돼지치기에 대한 화를 거두었다. 돼지치기는 활을 거지에게 넘겨주었다. 그리고 우두머리 시녀에게 뒷방의 빗장을 걸어 잠그라 명령했다. 소치기 필로이티오스도 궁전에서 뛰어나와 조심스럽게 바깥문을 잠갔다.

오뒷세우스는 모든 각도에서 활을 바라보며 나무로 만든 활이 벌레 먹거나 상한 곳은 없는지 살펴보았다. 그러자 구혼자 중 한 사람이 옆사람에게 속삭였다.

"저 사나이는 활을 잘 아는 것처럼 보이는군. 자기도 비슷한 활을 가지고 있었던 모양이지. 아니면 저것을 본떠 새 활을 만들 생각인가? 저 부랑자가 이리저리 활을 만지작거리는 것을 보게!"

오뒷세우스는 강한 활을 이리저리 살펴본 뒤 마치 가수가 리라 줄을 고르듯 손쉽게 활시위를 당겼다. 그는 오른손으로 시위를 튕겨 팽팽한 정도를 살폈다. 활은 제비의 지저귐처럼 맑은 소리를 냈다. 모든 구혼자가 놀라 움찔했고 낯빛이 창백해졌다. 바로 그때 제우스가 하늘에서 뇌성을 울려 좋은 징조를 알렸다. 오뒷세우스는 식탁 위에 올라 있던 화살 하나를 용감하게 집어, 활시위에 놓고 똑바로 겨누고 화살을 쏘았다. 화살은 도낏자루를 모조리 통과했다. 화살이 맨 앞의 도

오뒷세우스는 강한 활을 이리저리 살펴본 뒤 마치 가수가 리라 줄을 고르듯 손쉽게 활시위를 당겼다. 모든 구혼자가 놀라 움찔했고 낯빛이 창백해졌다. 바로 그때 제우스가 하늘에서 뇌성을 울려 좋은 징조를 알렸다. 오뒷세우스는 식탁 위에 올라 있던 화살 하나를 용감하게 집어, 활시위에 놓고 똑바로 겨누고 화살을 쏘았다. 화살이 맨 앞의 도낏자루 구멍으로 들어가 마지막 도낏자루 구멍으로 나왔다.

〈오뒷세우스가 활을 쏘다〉, 16세기 말 프리마티초에 바탕을 둔 그림, 퐁텐블로 성 국립 박물관.

끼자루 구멍으로 들어가 마지막 도낏자루 구멍으로 나온 것이다.

그러나 오뒷세우스가 말했다.

"텔레마코스, 당신은 궁전에 온 이방인에게 모욕을 주지 않았소! 구혼자들의 비웃음과 달리 내 힘은 아직 약해지지 않았소. 그러나 지금은 그리스 인들에게 만찬을 대접할 시간이오. 밤이 되기 전에 리라 소리와 노래로 제전을 즐깁시다."

오뒷세우스는 이렇게 말하고 아들에게 슬쩍 눈짓을 했다. 그러자 텔레마코스가 급히 칼을 어깨에 메고 창을 잡더니 아버지의 의자 옆에 딱 버티고 섰다.

오뒷세우스의 복수

그때 오뒷세우스는 누더기를 벗어버리고 활과 화살이 가득 든 화살집을 든 채 높은 문지방 위로 뛰어 올라갔다. 그러고는 재빨리 발밑에 화살을 흩어놓고는 구혼자들에게 외쳤다.

"구혼자 여러분! 첫 번째 경기는 끝난 것 같소. 이제부터는 두 번째 경기요. 이번 과녁은 이제까지 아무도 쏘아 맞힌 적이 없는 것으로 택하겠소. 내 화살이 빗맞을 거라고는 생각지 않소이다."

이렇게 말하고 오뒷세우스는 활을 들어 안티노오스를 겨냥했다. 안티노오스는 마침 손잡이 달린 황금 잔을 들어 아무 생각 없이 입에 갖다 대려는 참이었다. 오뒷세우스의 화살이 그의 목을 꿰뚫어 화살 끝이 반대편 목덜미로 나왔다. 손에 들렸던 잔이 떨어졌고 코에서는 피가 쏟아졌다. 그가 옆으로 쓰러지면서 발로 식탁을 밀어 넘어뜨리는 바람에 요리가 바닥에 떨어져 뒹굴었다. 화난 구혼자들이 의자에서 일어났다. 그들은 연회실 벽을 둘러보며 무기를 찾았지만 창도 방패도 없었다. 구혼자들이 허공에 대고 마구 욕설을 퍼부었다.

"저주받을 이방인아, 왜 사람을 쏘느냐? 우리의 가장 소중한 동료를 네가 죽였다. 그러나 그게 마지막 화살이 될 것이다! 네놈을 당장 독수리 먹이로 만들어버릴 테니까."

구혼자들은 오뒷세우스가 화살을 잘못 쏴서 안티노오스를 맞힌 것으로 생각할 뿐 자기들에게 닥친 재난을 전혀 눈치 채지 못했다. 오뒷세우스가 벼락같은 소리로 구혼자들을 향해 외쳤다.

"이 개 같은 놈들아! 내가 트로이아에 영원히 못 돌아올 줄 알았겠지. 그래서 너희들은 내 재산을 탕진하고 내 하녀들을 유혹했으며, 신들도 두려워하지 않고 내가 살아 있는데도 아내에게 구혼했지! 자, 이제 너희를 파멸시킬 때가 왔다."

이 말에 구혼자들은 하얗게 질려버렸다. 각자 아무 말도 못 하고 도망가려고 주위를 둘러보았다. 에우뤼마코스만이 정신을 차리고 입을 열어 말했다.

"당신이 정말 이타케 왕 오뒷세우스라면 우리를 욕하는 게 당연하오. 이 궁전과 나라에서 올바르지 못한 많은 일이 일어났으니까. 그러나 모든 책임을 져야 할 인간은 이미 당신 화살에 맞았소. 이 모든 일을 시작한 것이 안티노오스니까 말이오. 그는 당신 부인에게 정식으로 구혼한 것이 아니었소. 자기가 이타케 왕이 되기 위해 당신 아들 텔레마코스까지 은밀히 죽이려 했소. 그러나 이제 그 벌을 받았소이다. 같은 나라 사람인 우리를 아껴 당신과 화해하게 해주시오! 우리는 각각 스무 마리의 소로 보상하겠소. 그리고 마음이 풀릴 때까지 청동과 황금을 당신이 원하는 대로 가져오겠소!"

"아니다! 에우뤼마코스."

오뒷세우스가 불쾌하게 대답했다.

"네 재산 전부와 그 이상의 것을 준다고 해도 소용없다. 너희가 죽음으로 죄를 보상할 때까지 나는 가만있지 않을 것이다. 싸움을 하든 도망을 치든 좋을 대로 해라. 그러나 아무도 내게서 도망칠 수 없을 것이다!"

구혼자들은 심장과 무릎이 덜덜 떨렸다. 에우뤼마코스가 이번에는 다른 구혼자들을 향해 말했다.

"친구들이여, 아무도 무적인 그의 두 손을 말릴 수 없을 것 같소. 어서 칼을 뽑아들고 식탁을 방패로 삼아 화살을 막읍시다. 그리고 저자에게 덤벼들어 문간에서 쫓아낸 다음, 온 도시로 흩어져 도움을 청합시다."

이렇게 말하고 에우뤼마코스는 칼집에서 칼을 뽑아 무서운 고함소리를 내며 뛰어올랐다. 그때 오뒷세우스의 화살이 그의 가슴을 꿰뚫었다. 그의 손에서 칼이 떨어졌다. 에우뤼마코스가 식탁을 끌어안고 쓰러지는 바람에 음식과 잔이 땅에 떨어졌고 그는 바닥에 이마를 찧었다. 이번에는 암피노모스가 칼을 휘두르며 도망갈 길을 만들려고 오뒷세우스를 향해 돌진했다. 그러나 텔레마코스의 창이 등을 찔러 관통하자 그는 그대로 앞으로 고꾸라졌다. 창으로 찌르고 난 후 텔레마코스는 단숨에 소란스러운 구혼자들에게서 몸을 피해 문지방 위에 있는 아버지 옆에 섰다. 곧이어 아버지에게 방패와 창 두 자루, 청동 투구를 가져다주기 위해 문 쪽으로 뛰어나가 무기고로 들어갔다. 그는 자기편을 위해 방패 네 개, 창 여덟 개, 말총 장식이 달린 투구 네 개를 골랐다. 이 무기들로 우선 텔레마코스와 충실한 두 목부가 무장을 했고, 남은 한 벌의 무기를 오뒷세우스 앞에 가져다놓고 네 사람이 나란히 섰다.

오뒷세우스의 화살은 단 한 자루도 빗나가지 않고 구혼자들을 쏴 죽였다. 그들은 무더기로 쓰러졌다. 화살이 다 떨어지자 오뒷세우스는 활을 문기둥에 세워놓았다. 그리고 재빨리 네 겹으로 된 방패를 어깨에 메고 말총 장식이 흔들리는 투구를 쓰고 커다란 창을 두 자루 잡았다. 연회실 측면에는 또 하나의 문이 있어 그곳을 통해 복도를 지나 현관으로 가도록 되어 있었다. 그러나 이 출입문은 폭이 좁아 한 사람만 겨우 빠져나갈 정도였다. 오뒷세우스는 이 출입구를 에우마이오스에게 맡겼으나 마침 그가 무장하느라 자리를 비운 탓에 무방비 상태였다. 이것을 본 구혼자 아겔레오스가 소리쳤다.

"친구들이여, 옆문으로 도망치자! 도시로 가서 시민들을 선동하면 저자도 실컷 날뛰다 조용해질 것이다."

그러자 가까이에서 구혼자 편을 들던 염소치기 멜란테우스가 말했다.

"저건 문이 아닙니다. 출구도 복도도 몹시 좁아 겨우 사람 하나 빠져나갈 정도예요. 만일 저 네 사람 중 하나만 버티고 서 있어도 우리를 모두 막을 수 있습니다. 차라리 제가 몰래 빠져나가게 해주세요. 그러면 무기고에서 무기를 충분히 꺼내 오겠습니다."

염소치기는 몇 번이나 복도를 왔다 갔다 하여 열두 개의 방패와 투구, 열두 개의 창을 날라 왔다. 뜻밖에 적들이 무장하고 기다란 창을 들고 서 있는 것을 본 오뒷세우스가 놀라 텔레마코스에게 말했다.

"시녀와 염소치기의 배신이 우리를 망하게 하는구나!"

"아닙니다, 아버지! 그건 제 탓입니다."

텔레마코스가 말했다.

"아까 무기를 가지러 갔을 때 너무 서두르느라 무기고 문을 닫지 못했어요."

돼지치기가 곧 무기고로 자물쇠를 걸러 갔다가 염소치기가 또 무기를 꺼내러 오는 것을 열린 문틈으로 보았다. 그는 급히 문간으로 되돌아가 주인에게 알렸다.

"저 교활한 놈을 잡아버릴까요?"

오뒷세우스가 대답했다.

"그렇게 해라. 소치기와 함께 가서 무기고에 있는 놈을 덮쳐라. 손과 발을 뒤로 묶어 방 가운데 있는 기둥에다 굵은 밧줄로 붙들어 매서 오랫동안 고통 받게 해라. 그리고 문을 잠그고 이쪽으로 되돌아와라."

돼지치기는 오뒷세우스가 이른 대로 염소치기에게 숨어서 다가갔다. 그는 마침 무기고 한구석에서 무기를 찾는 중이었다. 한 손에는 투구, 다른 한 손에는 곰팡이투성이인 낡은 방패를 끼고 문 쪽으로 오는 것을 둘이서 잡아 바닥에 쓰러뜨리고 손발을 뒤로 돌려 묶었다. 기다란 밧줄을 천정 갈고리에 매달고, 그 밧줄을 몸에 묶어 기둥을 따라 서까래 가까이까지 높이 매달았다.

돼지치기가 말했다.

"우리가 푹신한 잠자리를 마련해주지. 잘 자라!"

그들은 문을 잠그고 오뒷세우스 옆으로 돌아왔다. 기대하지도 않았는데 다섯 번째 전사가 그들과 함께했다. 그것은 멘토르의 모습을 한 여신 아테네였다. 오뒷세우스는 여신임을 알아보고 기뻐했다. 구혼자들도 새로운 전사를 알아보았고, 곧 아겔레오스가 거칠게 외쳤다.

"멘토르, 구혼자들과 싸우려는 오뒷세우스에게 넘어가면 안 되오. 우리에게 대항한다면 그대는 물론 그대의 아버지와 아들까지 온 집안을 몰살하겠소!"

이 말이 아테네를 분노하게 했다. 여신은 오뒷세우스를 꾸짖으며 말했다.

"친구여, 그대의 용기는 구 년 동안 트로이아에서 보여준 것과 다르구나. 트로이아 시는 그대의 계략으로 멸망했지. 그런데 구혼자들에게 겁을 먹고 자기 나라의 궁전과 재산을 지키는 일에 머뭇거리는가!"

아테네는 오뒷세우스에게 용기를 불어넣으려고 그렇게 말한 것일 뿐 그를 위해 싸울 생각은 없었다. 여신은 갑자기 새의 모습으로 훌쩍 날아올라 제비처럼 연회실의 그을린 천정에 가 앉았다.

"허풍쟁이 멘토르가 사라졌소!"

아겔레오스가 동료들에게 소리쳤다.

"원수는 다시 저들 넷뿐이오. 자, 신중하게 싸웁시다. 모두가 한꺼번에 창을 던지지 말고, 그대들 여섯 명이 먼저 던지시오. 모두 오뒷세우스만을 잘 겨냥해서 던져요! 그가 쓰러지면 남은 자들은 걱정할 필요가 없소!"

그러나 아테네는 구혼자들을 성급하게 만들어 창을 마구 던지게 했다. 던진 창 하나는 기둥에, 하나는 문짝에, 다른 하나는 벽에 꽂혔다.

오뒷세우스가 자기편에게 소리쳤다.

"잘 겨냥해서 던져라!"

네 사람이 한꺼번에 창을 던졌고 모두 명중했다. 오뒷세우스는 데모프톨레모스를, 텔레마코스는 에우뤼아데스를, 돼지치기는 엘라토스를, 소치기는 페이산드로스를 맞혔다. 그들은 모두 바닥에 쓰러졌다. 아직 살아남은 구혼자들은 연회실 한구석으로 도망쳤지만, 곧 앞으로 나와 죽은 사람에게 꽂혀 있던 창을 뽑았다. 그리고 그것을 되던졌다. 그러나 이번에도 대부분 맞지 않았다. 다만 암피메돈의 창이 텔레마코스의 손목뼈를 스쳤고, 크테십포스의 창이 방패 위로 나온 돼지치기의 어깨에 상처를 입혔을 뿐이었다. 창을 던진 자들은 그 대가로 각각 상처 입은 두 사람이 던진 창에 살해되었다.

돼지치기는 이렇게 외치며 창을 던졌다.

"내 창을 받아라, 이 악당아! 우리 주인에게 소 뼈다귀를 던진 것에 대한 복수다!"

에우뤼다마스는 오뒷세우스가 던진 창에 맞아 쓰러졌다. 오뒷세우스는 이어서 다마스토르의 아들 아겔레오스를 창으로 찔러 죽였다. 텔레마코스는 레오크리스토스의 배를 창으로 찔렀다. 아테네는 천정에서 무서운 아이기스를 휘둘러 구혼자들을 위협했다. 구혼자들은 푸른 매의 발톱에 쫓기는 작은 새처럼 연회실 안에서 이리저리 도망쳐야 했다. 오뒷세우스와 그 일행이 문지방에서 뛰어내려 닥치는 대로 살육했기 때문에 연회실 바닥은 금세 선혈로 낭자했다.

구혼자 중 한 사람인 레오데스는 오뒷세우스의 발밑에 엎드려 무릎을 붙잡고 애원했다.

"제발 자비를 베푸십시오! 저는 이 궁전에서 나쁜 짓이라곤 한 적이 없습니다. 구혼자들을 말려봤지만 제 말을 들어주지 않았습니다! 저는 연회에서 신들께 헌주를 따르는 일을 했을 뿐 다른 짓은 전혀 하지 않았습니다. 그래도 죽어야 합니까?"

"네가 놈들의 헌주를 따랐다면!"

오뒷세우스는 엄격한 목소리로 말했다.

"적어도 구혼자들을 위해 기도는 올려줬을 것이다!"

오뒷세우스는 아겔레오스가 죽을 때 떨어뜨린 칼을 잡더니 애원하는 레오데스의 목을 쳤다. 떨어진 목이 먼지 속에서 굴렀다.

그 옆의 작은 문에는 가수 페미오스가 두 손에 리라를 안고 서 있었다. 그는 죽음의 공포에 사로잡혀 작은 문을 통해 도망칠까, 아니면 오뒷세우스의 무릎에 매달려 애걸할까 망설이다가 마침내 결심을 했다. 그는 리라를 의자와 술독 사이에 놓고 오뒷세우스 앞에 엎드렸다.

"제발 살려주십시오!"

그는 오뒷세우스의 무릎에 매달려 소리쳤다.

"신들과 사람에게 노래로 기쁨을 주는 가수를 죽이면 반드시 후회하게 됩니다. 제가 구혼자들 때문에 억지로 노래했다는 것은 아드님께서도 증언해주실 것입니다."

오뒷세우스가 칼을 쳐들고 망설이는 사이, 텔레마코스가 뛰어나와 외쳤다.

"아버님, 기다려주세요! 그 가수를 해치지 마세요. 죄가 없으니까요. 또 전령 메돈도 아직 죽지 않았다면 살려주세요. 메돈은 어릴 때부터 제 시중을 잘 들어주었고 항상 우리 편이었습니다."

메돈도 갓 벗겨낸 소가죽을 뒤집어쓰고 의자 밑에 숨어 있다가 이 소리를 듣고 기어 나와 텔레마코스의 발밑에 엎드려 애원했다. 무서운 얼굴을 하고 있던 오뒷세우스가 슬며시 웃으며 말했다.

"가수와 전령, 너희 둘 다 안심해라! 텔레마코스의 간청이 너희를 살렸다. 이제부터 도시로 가서 선행이 악행보다 얼마나 좋은가를 사람들에게 알려라."

두 사람은 급히 연회실에서 나왔다. 그러나 죽음의 공포로 떨리는 몸이 진정되지 않아 그냥 주저앉고 말았다.

시녀들을 처벌하다

오뒷세우스는 주위를 돌아보고 이제 살아 있는 적이 한 명도 없음을 알았다. 적들은 마치 어부가 그물에서 털어낸 물고기들처럼 뻗어 있었다. 오뒷세우스는 유모를 부르러 아들을 보냈다. 유모는 오뒷세우스가 마치 들소를 찢어죽이고 입과 가슴을 검붉은 피로 물들인 채 눈을 번뜩이는 사자처럼 죽은 자들 가운데에 서 있는 것을 보았다. 손과 발을 피로 물들인 채 오뒷세우스는 그렇게 서 있었다. 유모 에우뤼클레이아는 엄청난 광경을 보고는 쾌재를 부르며 환호했다.

"유모! 기뻐하는 것은 괜찮지만 환성을 올리지는 마시오. 죽은 자들 앞에서 환성을 올려서는 안 돼. 여기 이자들은 신들의 심판을 받고 죽은 것이지 내가 한 일이 아니오. 이제 궁전의 시녀들 중 나를 무시했던 자와 나에게 충실했던 자의 이름을 말해주시오!"

오뒷세우스가 정색하고 말했다.

"궁전에는 쉰 명의 시녀가 있습니다."

에우뤼클레이아는 대답했다.

"모두에게 제가 옷 만들고 양털을 빗질하고 집안일을 처리하는 방법을 가르쳐주었지요. 그들 중 열두 명이 등을 돌린 채 제 말이나 페넬로페의 말을 따르지 않았어요. 왕비님이 시녀 관리는 아드님에게 넘기지 않으셨거든요. 이제 주무시고 계신 왕비님을 깨워 이 기쁜 소식을 알리게 해주세요."

"아직 깨우지 않는 편이 좋겠군."

오뒷세우스가 말했다.

"그보다도 열두 명의 불충했던 시녀들을 이리로 보내시오."

에우뤼클레이아는 시키는 대로 했다. 시녀들이 떨면서 모습을 나타냈다. 오뒷세우스는 아들과 충실한 목부들을 불러 말했다.

"자, 어서 시체를 밖으로 나르고 저 여인들에게도 그 일을 시켜라. 그런 다음 시녀들이 의자와 식탁을 닦고 연회실을 깨끗이 청소하도록 해라. 그 일이 끝나면 여자들을 부엌과 궁전 벽 사이로 끌어내고 모두 칼로 죽여 구혼자들에게 자신을 내맡겼던 악행을 벌줘라."

여인들은 탄식하고 울부짖으며 한곳에 모여 있었다. 곧 오뒷세우스가 그들에게 일을 시키며 내몰았다. 여인들은 시체를 궁전 밖으로 끌어내고, 의자와 식탁을 깨끗이 씻었으며, 바닥을 닦고 더러운 것을 밖으로 내버렸다. 그런 다음 두 목부가 여인들을 도망갈 구멍이 없는 궁전 벽 사이로 몰아넣었다.

텔레마코스가 말했다.

"나와 내 어머니의 머리에 치욕을 쏟아 부은 이 뻔뻔스러운 여자들이 명예롭게 죽게 할 수는 없다!"

이렇게 말하고 그는 부엌의 대들보를 따라 기둥마다 밧줄을 걸어 팽팽하게 당긴 다음, 열두 시녀의 목에 올가미를 씌워 교수형에 처했다. 열두 명의 시녀는 나란히 밧줄에 목이 걸린 채 허공에서 잠시 발을 버둥대다 죽었다. 이어서 간악한 염소치기 멜란테우스가 궁전 앞마당으로 끌려나와 토막토막 잘렸다. 텔레마코스와 목부들이 그 일을 마치는 것으로 복수도 끝이 났다.

오뒷세우스는 에우뤼클레이아를 불러 유황 불씨가 담긴 냄비를 가져와 연회실과 궁전 그리고 마당에 두루 연기를 피우게 했다. 유모는 그 일을 시작하기 전에 왕에게 외투와 윗옷을 가지고 와서 말했다.

"내 아들이여, 우리 모두의 지배자이신 당신이 더는 그런 누더기를 입고 거실에 서 계시면 안 됩니다. 늠름한 영웅의 자태를 지닌 당신에게 누더기는 정말 어울리지 않습니다."

그러나 오뒷세우스는 옷을 옆에 놓게 하고 궁전 정화를 시작하라 일렀다. 궁전을 완전히 정화하는 동안에 유모가 충실한 시녀들을 불러냈다. 시녀들은 그렇게 그리던 주인 옆으로 달려와 기쁨의 눈물을 흘리며 오뒷세우스를 맞이했다. 그녀들은 얼굴을 오뒷세우스의 양손에 비벼대고 계속해서 입을 맞췄다. 오뒷세우스는 끝까지 자기에게 충성을 다한 시녀들을 보고 감격의 눈물을 흘렸다.

오뒷세우스와 페넬로페의 재회

연회실을 다 정화하고 난 다음 유모 에우뤼클레이아는 사랑하는 왕비에게 남편 오뒷세우스가 귀향했다는 소식을 알리려고 위층 방으로 올라갔다. 노파는 총총걸음으로 서둘렀지만 무릎이 마음먹은 대로 움직여주질 않았다. 그렇게 페넬로페의 머리맡에 도착한 유모는 잠든 왕비를 흔들어 깨우며 말했다.

"사랑하는 딸이여! 어서 일어나세요. 당신의 눈으로 직접 날마다 고대하던 일을 보세요. 오뒷세우스가 귀향해 궁전으로 돌아왔어요! 당신을 그렇게도 괴롭히고 오뒷세우스의 재산을 털어먹고 아드님을 모욕했던 뻔뻔한 구혼자들이 마침내 그분에게 모두 죽었답니다!"

페넬로페가 졸린 눈을 비비며 말했다.

"유모, 갑자기 바보가 된 거예요? 신들이 자네를 실성케 했나 보군요. 무엇 때문에 달콤한 잠에 빠져 있는 나를 그런 거짓 소식으로 깨우는 거지요? 오뒷세우스가 출전한 이래 이렇게 잠을 푹 잔 적은 없었는데! 만일 다른 시녀가 그랬다면 혼내는 정도로 끝내지는 않았을 거예요. 그대는 나이가 많으니 용서해주겠어요. 그러니 당장 방에서 나가 연회실로 내려가세요!"

"사랑하는 딸이여, 화내지 마세요!"

에우뤼클레이아가 말했다.

"연회실에서 모든 사람이 조롱했던 그 이방인 거지가 바로 오뒷세우스였어요. 당신의 아들 텔레마코스는 이미 그 사실을 알고 있었으나 구혼자들에게 복수하기 위해 비밀로 했던 것입니다."

왕비는 그 말을 듣고 잠자리에서 벌떡 일어나 유모에게 달려들었다. 그러고는 쏟아지는 눈물을 주체하지 못한 채 말했다.

"그대의 말이 참이라면, 오뒷세우스가 정말로 궁전 안에 있다면, 그가 어떻게 그리 많은 구혼자들을 해치웠는지 말해줘요."

"저도 그 광경을 보거나 듣지는 못했어요."

에우뤼클레이아가 말했다.

"우리 여자들은 문이 꽉 잠긴 방에서 그저 두려움에 떨고 있었으니까요. 그러나 신음소리는 분명히 들었습니다. 마침내 당신의 아드님이 부르시기에 나가보니 오뒷세우스가 시체들에 둘러싸여 서 있지 않겠어요? 구혼자들은 모두 바닥에 쓰러져 포개져 있었어요. 그분은 피투성이였지만, 그 모습은 당신 마음에도 들었을 겁니다. 그러나 지금 시체들은 모두 마당문 밖 먼 곳에 있고, 궁전은 제가 소독하는 유황으로 정화했으니 두려워하지 말고 내려가셔도 됩니다."

"유모, 난 아직도 믿을 수가 없어요."

페넬로페가 말했다.

"저 구혼자들을 죽인 것은 어느 신일 거야. 오뒷세우스가 아닐 거야. 그는 멀리 떨어진 곳에서 벌써 죽었을 거야!"

"의심도 많으세요."

유모가 머리를 흔들며 말해주었다.

"거짓말이 아니라는 증거를 말씀드릴게요. 멧돼지 이빨에 물려 생긴 주인님의 상처를 당신도 아시지요. 당신의 분부를 받아 거지의 발을 씻겨줄 때 그 상처를 보았어요. 바로 알려드리려 했지만 오뒷세우스가 제 입을 막으며 말렸어요."

"그렇다면 어서 아래로 내려가요!"

페넬로페는 두려움과 기대로 몸을 떨며 말했다. 두 사람이 나란히 연회실로 내려가 문턱을 넘었다. 그녀는 한마디 말도 없이 화롯가에서 불빛을 쬐고 있는 오뒷세우스 맞은편에 앉았다.

오뒷세우스는 기둥 옆에 눈을 내리깔고 앉아 그녀의 말을 기다리고 있었다. 그러나 왕비는 놀라움과 의심으로 할 말을 잃었다. 오뒷세우스의 얼굴이 맞는 것도 같고 아닌 것도 같았다. 그가 거지 옷을 입고 있어서였다. 보다 못해 텔레마코스가 어머니 옆으로 가서 웃으며 핀잔을 주었다.

"어떻게 그렇게 냉정하게 계실 수 있으세요? 어서 아버님 앞에 앉아 물어보세요, 어머니. 남편이 숱한 고생 끝에 이십 년 만에 귀국했다는데 어떤 여인이 그렇게 가만있겠습니까! 어머니는 가슴에 심장이 아니라 돌덩이를 가지고 계셨군요."

"사랑하는 아들아!"

페넬로페가 대답했다.

"놀라서 할 말을 잊은 것이란다. 남편에게 말을 걸 수도 물을 수도 얼굴을 똑바로 바라볼 수도 없구나! 그러나 그가 정말 내 남편 오뒷세우스고, 이 궁전으로 돌아왔단 말이지! 우리 둘은 비밀의 징표를 가지고 있으니까 확실히 서로를 알아볼 수 있을 것이다."

그러자 오뒷세우스가 부드러운 미소를 띠며 아들에게 말했다.

"네 어머니가 나를 시험하게 해드려라. 내가 보기 흉한 누더기를 입고 있어 어머니가 무시하는 것이다. 어떻게 어머니를 납득시킬지 생각해보기로 하자. 그러나 더 급한 일이 있다. 자신에게 복수할 사람이 얼마 없는 경우에도 사람을 죽였다면 집과 고향에서 도망치는 법이다. 그런데 우리는 이 섬과 이웃 나라의 기둥이 될 귀족 청년들을 죽였다. 어찌해야겠느냐?"

"아버지, 어떻게 해야 하는지는 아버지만이 생각하실 수 있습니다. 아버지는 이 세상에서 가장 슬기로운 분이시니까요."

텔레마코스가 말했다.

"그럼 내가 가장 현명한 방법을 말하지."

오뒷세우스가 대답했다.

"너도 목부도 다 궁전에 있는 사람이다. 우선 목욕을 하고 될 수 있는 대로 몸을 꾸미자. 시녀들에게도 좋은 옷을 입히고 가수는 리라로 음악을 연주하게 해라. 그럼 길을 가던 사람들도 이웃 사람들도 궁전에서 계속 잔치를 여는 줄로만 알 거다. 그리고 구혼자를 죽였다는 소문이 온 마을에 퍼지기 전에 시골로 내려가자. 그다음에 어찌해야 할지는 신께서 가르쳐주실 것이다."

얼마 후 궁전에서 리라 연주와 노랫소리가 울려 퍼졌다. 주민들이 길에 모여 속닥였다.

"이젠 의심의 여지가 없군! 페넬로페가 재혼해 궁전에서 결혼잔치가 한창인 모양이야. 아주 나쁜 여자야. 남편이 돌아올 때까지 결국 못 기다렸단 말인가!"

밤이 되자 사람들이 흩어졌다. 그 시각 목욕을 끝낸 오뒷세우스는 몸에 향유를 발랐다. 아테네가 다시 우아한 기품을 주었기 때문에 검은 곱슬머리가 어깨까지 물결치며 흘러내렸다. 그는 마치 신과 같은 모습으로 욕조에서 나왔다. 그리고 연회실로 돌아와 아내의 건너편

왕좌에 앉았다.

오뒷세우스가 말했다.

"정말 이상한 여인이로군! 신들은 당신에게 냉담한 마음을 주었구려. 남편이 이십 년 동안이나 온갖 고생을 하고 귀국했는데 이렇게 완강하게 남편을 인정하지 않는 여자는 없을 거요. 그렇다면 에우뤼클레이아, 내 잠자리는 자네가 어디 다른 곳에 준비해주시오. 이 사람의 가슴속에는 무쇠 심장이 들어 있으니까!"

그러자 페넬로페가 말했다.

"정말 알 수 없는 양반이세요! 제가 당신과 거리를 두는 것은 교만하거나 당신을 멸시해서가 아니에요. 저는 당신이 이타케에서 배를 타고 떠나실 때의 모습을 아직도 생생히 기억하고 있어요. 그래요, 에우뤼클레이아! 침대를 침실 밖으로 옮겨 이분의 잠자리를 만들어드려요. 그 위에는 양털가죽과 외투와 담요를 덮어드리고요."

이렇게 말하며 페넬로페는 남편을 시험해보았다. 그러자 오뒷세우스가 눈을 부릅뜨고 불쾌하다는 듯 말했다.

"부인, 그건 나를 아프게 하는 말이오. 내 침대는 젖 먹던 힘까지 모두 쓴다 해도 결코 인간이 움직일 수 있는 물건이 아니오. 그 침대는 내가 손수 만든 것이고 거기에는 큰 비밀이 있소. 이 궁전을 세운 장소의 한가운데에는 잎사귀 무성한 올리브나무가 거대한 기둥처럼 무럭무럭 자라고 있었소. 나는 그 올리브나무가 침실 안에서 자랄 수 있도록 그렇게 방을 지었소. 돌로 아름다운 방을 짓고 그 위에 훌륭한 나무 천장을 씌운 다음, 올리브나무의 우듬지를 잘라내고 그 굵은 줄기를 밑동에서부터 깎고 다듬어 침대 기둥으로 삼았소. 그리고 자로

갑자기 정체를 드러낸 오뒷세우스를 보고도 너무나 갑작스러워 페넬로페는 믿지 않는 눈치였다. 그러다 둘만이 아는 침대 이야기를 오뒷세우스가 들려주자, 확실한 징표를 발견한 그녀의 무릎이 떨렸다. 페넬로페는 울면서 의자에서 일어나 남편에게 달려가 두 팔로 목을 끌어안고 남편의 얼굴에다 몇 번이고 입을 맞추었다. 오뒷세우스와 페넬로페는 스무 해에 걸친 끝없는 불행을 서로 이야기하며 그날 밤을 보냈다. 왕비는 남편이 자기의 표류 이야기를 다 끝낼 때까지 한 번도 눈을 붙이지 않았다.

〈오뒷세우스와 페넬로페〉, 프란체스코 프리마티초, 1563년, 톨레도 미술관.

정확히 재 침대의 발을 만들고 마무리 조각을 했소. 침상은 금과 은과 상아를 섞어 정교하게 짰고 그것을 튼튼한 쇠가죽 끈으로 잡아 묶었소. 페넬로페, 이것이 우리의 침대요! 그런 침대가 또 있는지는 몰라도 만일 누군가 이 침대를 옮기려면 올리브나무를 뿌리째 뽑아야 할 거요."

확실한 징표를 발견한 왕비의 무릎이 떨렸다. 그녀는 울면서 의자에서 일어나 남편에게 달려갔다. 그리고 두 팔로 목을 끌어안고 남편의 얼굴에 몇 번이고 입을 맞추며 말했다.

"오뒷세우스, 당신은 항상 착하고 현명한 사람이었으니까 저에게 화를 내지 마세요! 영원한 신들은 우리에게 고통을 주셨지요. 신들은 우리가 함께 청춘을 보내다 평탄하게 늙어가니 시기하신 겁니다. 당신을 처음 본 순간부터 반갑게 맞지 못한 것을 노여워하지 마세요. 어떤 교활한 사기꾼이 나를 속이는 게 아닐까 하고 항상 불안에 떨어왔기 때문이에요. 이제 저와 당신 그리고 아버지 집에서부터 저를 따라온 문지기 노파 에우뤼노메만 아는 비밀을 말씀해주셨으니 저의 굳었던 마음이 풀려 납득하게 된 거예요!"

오뒷세우스와 페넬로페는 이십 년에 걸친 끝없는 불행을 이야기하며 그날 밤을 보냈다. 왕비는 남편이 자기의 표류 이야기를 다 끝마칠 때까지 단 한 번도 눈을 붙이지 않았다. 모든 이야기가 마무리되고 드디어 궁전의 모든 사람이 고대하던 잠자리에 누워 낮에 벌어졌던 소란스러운 일로부터 벗어나 휴식을 취했다.

오뒷세우스가 아버지를 만나다

다음 날 아침 일찍이 오뒷세우스는 여행 준비를 마치고 페넬로페에게 말했다.

"사랑하는 부인, 우리 두 사람은 이제까지 고통의 잔을 마지막 한 방울까지 다 마시며 살아왔소. 당신은 내가 돌아오지 않아 울었고, 제우스와 다른 신들은 내가 고향으로 돌아가는 길을 막으셨소. 이제 우리가 다시 만났으니 우리의 권력과 소유물은 더욱 안전할 거요. 아직 궁전에 남아 있는 재산은 당신한테 맡기겠소. 구혼자들이 뻔뻔스럽게 먹어치운 것은 일부는 그들이 구혼하기 위해 가져온 선물들로, 일부는 내가 먼 곳에서 가져온 전리품과 선물들로 대신하면 되오. 그러면 우리 농장은 꽉 차게 될 것이오. 이제 나는 오래전부터 아들 때문에 슬퍼하는 아버지가 계신 농장으로 가겠소. 그러나 구혼자들을 죽였다는 소문이 점점 도시로 퍼질 테니 일러둘 것이 있소. 시녀들과 함께 이층 방에 앉아 아무도 당신을 보게 하거나 질문할 기회를 주지 마시오."

오뒷세우스는 칼을 어깨에 메고 나서 아들 텔레마코스와 목부 두 사람을 깨웠다. 그들은 오뒷세우스의 명령으로 똑같이 무장을 하고 아침 햇살을 받으며 오뒷세우스를 따라나섰다. 그들은 서둘러 도시를 빠져나갔다. 그러나 수호신 팔라스 아테네가 짙은 안개로 감싸주었기 때문에 누구도 그들의 모습을 보지 못했다.

네 사람은 곧 노인 라에르테스가 잘 가꿔놓은 농장에 도착했다. 이 농장은 오뒷세우스의 아버지가 첫 번째로 상속받은 농장이었다. 농장

한가운데에는 농가가 있었고 그 주변으로 오두막 숙소가 있었다. 거기는 농장 일을 하는 시종들이 먹고 자는 곳이었으며, 시켈리아 출신의 노파도 그들과 함께 거기서 지냈다. 노파는 외떨어진 이곳 농장에서 사는 노인 라에르테스를 위해 모든 시중을 도맡아 해주고 있었다. 농가 앞에서 오뒷세우스가 아들과 목부들에게 말했다.

"우선 농가 안으로 들어가 점심용으로 살찐 돼지를 골라잡아다오. 난 아버지가 아직 나를 알아보시는지 그분이 일하고 계신 곳으로 가봐야겠다. 그리 오래 걸리지 않을 테니, 내가 아버지와 함께 돌아오면 모두 함께 즐겁게 식사하자꾸나."

오뒷세우스가 일행에게 칼과 창을 넘겨주자 그들은 집 안으로 들어갔다. 오뒷세우스는 과수원으로 가서 시종들의 우두머리인 돌리오스와 그의 아들과 다른 시종들을 찾아보았으나 아무도 보이지 않았다. 그들은 과수원의 울타리를 만들려고 가시나무 관목을 찾으러 나갔던 것이다.

오뒷세우스가 보니 늙은 아버지는 보기 좋게 늘어선 과수나무 사이에서 작은 나무를 뽑으려는 참이었다. 늙은 라에르테스는 마치 나이먹은 일꾼 같은 모습을 하고 있었다. 몇 군데나 기워서 남루하고 더러워진 옷을 입고, 가시덤불에 찔리지 않으려고 다리에 낡은 소가죽 각반을 차고 있었으며, 손에는 장갑을 끼고 머리에는 염소가죽 모자를 쓰고 있었다. 오뒷세우스는 늙어 허리가 구부러지고 근심으로 얼굴에 주름이 깊이 파인 불쌍한 아버지를 보자 슬픔이 복받쳤다. 그는 배나무에 기대어 울음을 터뜨렸다.

오뒷세우스는 당장에 아버지를 끌어안고 입 맞추며 아들이 돌아왔음을 알리고 싶었다. 그러나 아버지가 충격을 받지 않고 견딜 수 있을지 우선 시험을 해보기로 했다.

"노인이시여, 당신은 과수원 일을 매우 잘 아시는 것 같습니다. 포도도, 올리브도, 무화과도, 배도, 사과도 모두 다 훌륭하게 가꾸셨군요. 게다가 화단과 야채밭도 잘 가꾸어졌습니다. 그러나 모자란 것이 있습니다. 솔직히 말씀드린다고 기분 나쁘게 생각하지 마세요. 다만 노인께서 정작 자신은 알맞게 가꾸지 못하신 듯해서요. 불결하고 추한 옷을 입고 계신 걸 보니 말입니다! 당신 주인이 잘 돌봐주지 않는 모양이군요. 게을러서 그런 대접을 받는 것 같지는 않은데 말입니다. 당신의 용모와 풍채를 보면 여느 노예처럼은 보이지 않습니다. 오히려 왕의 풍모를 지니고 있습니다. 당신과 같은 사람은 목욕도 하고 잘 먹고 푹 쉬어야 합니다. 그러니 누가 당신의 주인인지 그리고 당신은 누구를 위해 이 농장에서 일하는지 말씀해주십시오. 아까 제가 만난 남자가 이 지역이 이타케라고 하던데 정말 그렇습니까? 그 사람은 아주 불친절한 사람이었어요. 제가 방문하려고 하는 친구가 아직 살아 있는지 물었더니 대답도 하지 않더군요. 오래전 저는 고향에서 한 사람을 대접한 적이 있습니다. 그는 이타케 태생으로 라에르테스 왕의 아들이라고 했지요. 저는 그 귀중한 친구를 아주 극진하게 대접하고, 작별할 때 기념으로 훌륭한 선물을 주었어요. 순금 일곱 탈란톤, 가장 아름다운 꽃무늬가 새겨진 술단지, 양탄자 열두 장, 긴 옷과 외투 열두 장, 또 그 친구가 직접 고른 재주가 뛰어나고 아름다운 처녀 네 명이었지요."

오뒷세우스는 그렇게 이야기를 꾸며댔다. 그러나 이 말을 들은 아버지 라에르테스가 갑자기 얼굴을 들었다. 그리고 눈물을 글썽거리며 말했다.

"훌륭한 이방인이여! 당신이 와 있는 이곳은 당신이 찾는 나라가 맞소. 그러나 여기에는 당신이 가져온 선물을 다 줘도 만족시킬 수 없는 오만하고 사나운 무리가 머물고 있소. 당신이 찾고 있는 사나이도 이젠 없어요. 만일 그가 살아 있어 이타케에서 당신을 만났다면 그 훌륭한 선물에 대해 흡족한 답례를 했을 거요. 그런데 당신의 불행한 친구가 당신 나라를 찾아간 지 얼마나 되었소? 왜냐하면 그는 나의 불쌍한 아들이기 때문이오. 지금쯤은 아마 어느 깊은 바다 밑에 누웠거나 들짐승이나 새의 먹이가 되어버렸겠지요. 그런데 대체 당신은 누구이며 어디서 왔소? 당신의 배와 동료들은 어디 있소? 아니면 여행자가 되어 남의 배를 타고 이 섬에 혼자 내린 것이오?"

"고귀하신 노인이시여! 아무것도 숨기지 않고 말씀드리겠습니다."

오뒷세우스가 대답했다.

"저는 알뤼바스 출신으로 아페이다스의 아들 에페리토스입니다. 폭풍 때문에 뜻밖에 시카니아에서 이곳 해안으로 표류해 온 것입니다. 제가 타고 온 배는 도시에서 멀지 않은 곳에 닻을 내렸습니다. 당신의 아들 오뒷세우스가 저의 고향을 떠난 것은 오 년 전의 일입니다. 그는 즐거운 마음으로 출발했고 좋은 징조가 그를 인도했습니다. 친한 친구 사이가 된 나와 오뒷세우스는 앞으로 자주 왕래하며 훌륭한 선물을 주고받을 생각이었습니다."

늙은 라에르테스는 눈앞이 캄캄해졌다. 그는 두 손으로 검은 흙을 움켜쥐더니 백발 위에 뿌리며 큰 소리로 통곡했다. 그러자 아들의 마음은 격정으로 들끓었고 가슴이 미어졌다. 그는 아버지에게로 달려가 얼싸안고 입을 맞추며 소리쳤다.

"아버지, 제가 바로 당신이 찾고 있는 자식입니다! 이십 년 만에 겨우 고향으로 되돌아왔습니다. 어서 눈물을 닦고 모든 비탄을 떨쳐버리십시오. 간단하게 말씀드리면 제가 구혼자들을 궁전에서 모두 해치워버렸습니다!"

라에르테스는 깜짝 놀라 오뒷세우스를 바라보더니 큰 소리로 외쳤다.

"그대가 정말 오뒷세우스라면, 그대가 귀향한 내 자식이라면 의심할 수 없는 증거를 보여 내가 믿을 수 있게 해주시오!"

"무엇보다 먼저 이 상처를 보십시오, 사랑하는 아버지!"

오뒷세우스가 말했다.

"이 상처는 멧돼지에게 물린 상처입니다. 외할아버지 아우톨뤼코스가 제게 약속하신 선물을 가져오게 하려고 아버지와 어머니가 저를 그곳으로 보냈을 때 생긴 것이지요. 다른 증거도 보여드리겠습니다. 옛날에 아버지께서 제게 주신 나무를 가리켜 보이지요. 제가 아주 어렸을 적 아버지를 따라 과수원에 온 적이 있어요. 그때 나란히 서 있는 나무 사이를 걷고 있었는데, 아버지는 여러 가지 나무를 가리키며 그 이름을 가르쳐주셨어요. 그때 배나무 열세 그루, 사과나무 열 그루, 작은 무화과나무 마흔 그루와 가을마다 탐스러운 송이를 맺는 포도나무 쉰 그루를 제게 주셨지요."

노인도 더는 의심할 수 없었다. 그는 그만 의식을 잃고 오뒷세우스의 가슴 위로 쓰러졌다. 오뒷세우스는 아버지를 튼튼한 팔로 안아 들었다. 그 후 의식을 되찾은 라에르테스가 큰 소리로 외쳤다.

"제우스와 신들이시여, 당신들이 살아 계셔서 모든 구혼자가 벌을 받았습니다! 그런데 아들아 또다시 네가 걱정되는구나. 이타케와 주변 섬에 사는 귀족 집안들이 너 때문에 자식을 잃었으니 말이다. 도시와 이웃 들이 반란을 일으킬 것이다."

"아버지, 기운 내세요. 지금은 그런 걱정일랑 하지 마세요. 저를 따라 집으로 돌아가시지요. 당신의 손자 텔레마코스가 목부들과 함께 우리를 기다리며 점심 준비를 하고 있습니다."

두 사람은 함께 농가로 들어갔다. 그들은 텔레마코스와 목부들이 벌써 고기를 잘라 나누고, 진줏빛 나는 주전자에 붉은 포도주를 따르고 있는 것을 보았다. 라에르테스는 식사를 하기 전에 충실한 늙은 시녀에게 목욕을 시켜달라고 했다. 목욕이 끝나자 그는 향유를 바른 다음 몇 년 만에 다시 화려한 왕의 옷을 입었다. 옷을 바꿔 입을 때 팔라스 아테네가 다가와 노인의 등을 쭉 펴주며 그의 모습에 위엄을 주었다. 그가 사람들 앞에 모습을 나타냈을 때 아들 오뒷세우스가 깜짝 놀라 아버지를 쳐다보고 말했다.

"아버지, 불멸의 신들 중 한 분께서 당신에게 훌륭한 모습을 주셨습니다!"

그러자 라에르테스가 말했다.

"그렇다. 신들에게 맹세하지만, 오늘은 다시 젊어지고 힘이 넘치는 느낌이구나! 내가 어제도 이랬다면 연회실의 네 옆에서 싸워 구혼자 몇 명은 넘어뜨렸을 거다!"

그들은 즐거운 대화를 나누며 식탁에 둘러앉았다. 그때 농장 관리인인 늙은 돌리오스가 아들들과 함께 농장 일을 마치고 지친 모습으로 돌아왔다. 그리고 문지방을 넘다가 거기 오뒷세우스가 앉아 있는 것을 보고 놀라 마치 대지에 뿌리박힌 듯 서 있었다.

오뒷세우스가 상냥하게 말을 걸었다.

"노인! 어서 아들들과 함께 자리에 앉게나. 우리는 벌써부터 자네들이 오기를 기다리고 있었네. 놀라는 일은 뒤로 미루시게."

돌리오스가 소리쳤다.

"우리의 소원이 이루어져 마침내 돌아오셨군요! 그런데 왕비께서는 이 일을 알고 계십니까? 아니면 사람을 보낼까요?"

"페넬로페도 다 알고 있으니 공연한 수고는 하지 않아도 되네."

오뒷세우스가 대답했다.

돌리오스가 자리에 앉자, 이번에는 그 아들들이 오뒷세우스를 에워싸고 손에 입을 맞추며 환영인사를 했다. 그러고는 자기 아버지 옆에 자리를 잡고 다 함께 즐거운 마음으로 식사를 시작했다.

아테네가 혼란한 도시를 잠재우다

그사이 이타케 시의 모든 거리에 소문이 급속히 퍼져 구혼자들을 덮친 잔인한 운명이 알려졌다. 살해된 자들의 가족이 사방에서 오뒷세우스의 궁전으로 몰려왔다. 그들은 궁전 마당의 한적하고 외진 곳에 쌓인 시체들을 찾아냈다. 그리고 복수하겠다며 이를 갈고 통곡을 했으며 각자 죽은 사람을 날라다 매장했다. 다른 도시와 섬에서 와 있던 구혼자들의 시체는 날랜 고깃배로 고향에 보내졌다. 구혼자의 아버지, 형제, 친척이 모두 광장에 모였다. 수많은 사람이 모인 회의장에서 에우페이테스가 일어났다. 그는 구혼자들 가운데 가장 젊고 오만불손했던, 그래서 오뒷세우스의 화살에 맨 먼저 죽은 안티노오스의 아버지였다. 그는 권세도 있고 명성도 높은 정정한 노인이었다. 아들의 죽음이라는 치유될 수 없는 고통이 그의 영혼을 괴롭혔다. 에우페이테스는 사람들 앞에서 눈물을 쏟으며 외쳤다.

"친구들이여! 내가 여러분 앞에 고발하는 사람이 이타케뿐 아니라 이웃 도시에 얼마나 많은 불행을 가져왔는지 생각해보시오! 스무 해 전에 그는 용감한 사람들을 가득 태우고 가서 배를 잃고 동료들도 잃었소. 결국 그는 혼자 귀국해 우리 족속들 중 가장 고귀한 젊은이들을 때려죽였소. 자, 어서 그들 뒤를 쫓아가 범죄자가 펠로폰네소스 반도에 있는 필로스와 엘리스로 도망치기 전에 잡아 옵시다! 그렇게 하지 않으면 우리는 창피해서 더는 얼굴을 들 수 없을 것이오. 만약 우리가 사랑하는 자식과 형제를 죽인 살인자들을 처벌하지 않는다면 후손들에게 영원한 수치로 남을 것이오. 양심상 나는 더 살아서는 안 되오. 아들의 망령이 나를 빨리 저승으로 끌어가주면 좋으련만! 그대들이 사나이라면 그들의 뒤를 쫓으시오. 바다를 건너 도망치기 전에 아버지와 아들을 잡아야만 하오!"

에우페이테스가 눈물 흘리며 말하자 그 자리에 모인 사람들이 동정심에 사로잡혔다. 그때 왕궁에서 가수 페미오스와 전령 메돈이 광장으로 나와 모인 사람들 가운데에 섰다. 벌써 죽은 줄로만 여겼던 두 사람이 살아 있는 것을 보고 사람들은 적잖이 놀랐다. 메돈이 발언 기회를 요구하고 사람들에게 말했다.

"이타케의 사내들이여! 제 말을 들어주십시오. 여러분에게 맹세코 말씀드리지만 오뒷세우스가 행한 것은 신들의 의지에 따른 것입니다. 나는 이 두 눈으로 신이 멘토르의 모습을 빌려 오뒷세우스 곁에서 그에게 용기를 불러일으키기도 하고 연회실 안을 돌아다니며 구혼자들의 넋을 나가게도 하는 것을 보았습니다. 구혼자들이 포개져 쓰러지도록 한 것도 신이 한 일입니다."

전령의 말에 모인 사람들이 공포에 사로잡혔다. 공포가 어느 정도 가라앉자 용사 마스토르의 아들로 머리가 하얗게 센 할리테르세스가 입을 열었다. 그는 좌중에서 유일하게 과거를 돌아보고 미래를 꿰뚫어볼 수 있는 사람이었다.

"이타케의 주민들이여! 내 말을 잘 새겨들으시오. 이번 일은 그대들에게 모든 책임이 있소. 그동안 어째서 그렇게 태만하게 손을 놓고 있었소? 그대들은 어째서 내 말도 멘토르의 충고도 듣지 않고 뻔뻔스러운 아들들을 말리지 않았소? 어떻게 그들이 밤낮으로 그곳에 몰려가 주인 없는 재산을 털어먹도록 놔두었느냐는 말이오. 게다가 오뒷세우스가 돌아오지 않으리라 생각하고 그의 아내에게 무례한 요구를 하는 것도 말리지 않았소. 이번에 궁전에서 일어난 일은 모두 그대들에게 책임이 있소. 그대들이 현명하다면 그 사나이를 결코 쫓아가지 않을 것이오. 만약 그런 짓을 하면 스스로 불러들인 재앙이 곧 그대들을 덮칠 것이오."

이야기를 마친 할리테르세스가 제자리로 돌아왔다. 모인 사람들 사이에 소란이 일면서 찬반이 갈렸다. 반은 화가 나서 자리를 박차고 일어났으며, 남은 반은 회의를 계속할 것을 고집했다. 격분한 반수의 사람들은 에우페이테스의 제안을 지지했다. 그들은 무장을 한 다음 도시 앞의 평원으로 모여들었다. 에우페이테스가 선두에 서서 아들과 다른 구혼자들의 죽음에 복수하기 위해 군대를 이끌었다.

팔라스 아테네가 올림푸스 산 위에서 무리의 출정을 내려다보고 아버지 제우스에게 가서 말했다.

"신들의 지배자여! 어떤 말로 당신의 지혜를 보여주려 하십니까? 당신은 평화로운 이타케 주민을 싸움과 불화로써 벌주려 하십니까, 아니면 두 무리의 불화를 평화롭게 처리하실 생각입니까?"

제우스가 말했다.

"딸아! 이미 결정된 일을 왜 자꾸 묻는 것이냐? 너는 나의 의지대로 결정한 것을 행했고, 결국 오뒷세우스가 귀향하여 복수할 수 있게 하지 않았더냐? 이제 내 뜻을 알았으니 앞으로 네가 좋을 대로 해라. 그러나 만약 내 마음을 알고 싶다면, 나는 이렇다. 구혼자들이 다 죽었으니, 오뒷세우스가 신성한 협정을 맺는다면 그는 영원히 백성들의 왕으로 남을 것이다. 사람들의 기억에서 아들과 형제가 살해된 사실을 없애는 일은 우리 신들이 해주자꾸나. 모든 사람이 이전과 마찬가지로 서로 사랑하며 한마음으로 흔들림 없이 잘살아야 한다."

여신 아테네는 제우스의 이 같은 결정을 매우 환영했다. 아테네는 올림푸스의 바위꼭대기를 떠나 하늘을 날아 이타케 섬으로 내려왔다.

오뒷세우스의 승리

라에르테스의 농장에서 식사가 끝났다. 그들은 여전히 식탁에 둘러앉아 오뒷세우스가 신중히 하는 이야기를 들었다.

"아마 우리 적들이 도시에서 축제를 벌이고 있지는 않을 것이다. 그러니 누군가 나가서 이곳으로 오는 길목을 지키는 것이 좋겠다."

그 말을 듣고 곧바로 돌리오스의 한 아들이 일어나더니 문지방을 넘어 나갔다. 그러나 그는 집에서 멀리 갈 필요가 없었다. 저 멀리서 강력한 군대가 위풍당당하게 다가오고 있는 것을 보았기 때문이다. 놀란 그는 되돌아와 집 안에 있던 사람들에게 소리쳤다.

"오뒷세우스! 그들이 쳐들어와요. 벌써 아주 가까이 왔습니다. 어서 빨리 무장을 하세요!"

식탁에 둘러앉았던 사람들이 모두 일어나 순식간에 무장을 했다. 오뒷세우스와 그의 아들 텔레마코스와 목부 두 사람까지 네 명이었다. 이어서 돌리오스의 여섯 아들과, 마지막으로 백발의 돌리오스와 라에르테스 두 노인도 무장을 하고 허리띠를 졸라맸다. 오뒷세우스가 앞장섰고 그를 따르는 작은 군대가 집 밖으로 나갔다.

그들이 문 밖으로 나가자마자 멘토르의 모습을 한 가장 강력한 아군, 즉 거룩한 여신 팔라스 아테네가 대열에 합류했다. 오뒷세우스는 금방 여신을 알아보고 희망으로 부풀었다. 그가 아들 텔레마코스에게 말했다.

"네 아버지가 네게 품었던 기대를 저버리지 마라. 가장 용감한 사내들이 싸우는 전투에서 부끄럽지 않은 모습을 보여다오. 옛날부터 모든 인간 중에 뛰어난 용기와 강인함으로 존경받던 네 가문의 명예를 지켜라."

"아버지, 구혼자들과의 싸움을 지켜보셨으면서도 저의 전투력을 못 믿으시는 겁니까?"

텔레마코스가 계속해서 대답했다.

"제가 아버지의 가문을 욕보이지 않는 모습을 보실 겁니다."

할아버지 라에르테스와 아버지 오뒷세우스가 몹시 기뻐했다.

"신들이여, 오늘은 얼마나 좋은 날입니까!"

이렇게 라에르테스가 외쳤다.

"내 마음이 기쁨으로 뛰는구나! 아버지와 아들, 손자 세 사람이 이제 그 용맹을 겨루게 되었으니!"

이때 팔라스 아테네가 다가와 노인의 귀에 속삭였다.

"아르케이시오스의 아들이여! 모든 전우 중에서 내가 가장 사랑하는 자여, 제우스와 제우스의 딸에게 기도를 올린 다음 대담하게 창을 던져보아라."

여신은 이렇게 말하고 노인의 가슴에 용기를 불어넣었다. 라에르테스는 제우스와 아테네에게 정성껏 기도를 올리고 힘껏 창을 던졌다. 그가 던진 창이 적중했다. 창은 적들의 대장 에우페이테스의 투구를 맞혔다. 투구가 힘차게 날아온 창을 막아내지 못해 창은 적의 뺨을 꿰뚫었고, 안티노오스의 아버지는 갑옷과 무기가 땅에 부딪히는 소리를 내며 죽었다.

오뒷세우스와 텔레마코스는 선두에서 일행을 이끌며 칼과 창을 마구 휘둘렀다. 갑자기 팔라스 아테네가 신의 목소리를 내지 않았다면,

그들은 적을 몰살시켜 그 누구도 고향을 다시 보지 못했을 것이다.

"이타케의 주민들아, 그만둬라!"

여신이 소리쳤다.

"불행한 싸움을 그만둬라. 피 흘리지 말고 서로에게서 떨어져라!"

쳐들어오던 적들은 천둥과 같은 여신의 소리를 듣고 두려움에 사로잡혔다. 저마다 손에서 무기를 떨어뜨리는 바람에 무기가 땅에 뒹굴었다. 마치 폭풍이 갑자기 방향을 바꾸듯 적들은 뒤로 돌아 걸음아 나살려라 하고 도시로 도망쳤다. 그러나 오뒷세우스와 그의 일행은 여신의 목소리에 놀라지 않았다. 그들은 창과 칼을 높이 쳐들고 흔들었다. 오뒷세우스는 선두에 서서 소리 지르며 그들을 추적하려 앞으로 내달렸다. 마치 먹이를 덮치는 독수리 같은 모습이었다. 여전히 멘토르의 모습을 한 아테네가 번개처럼 그들보다 앞서 나갔다.

그러나 제우스의 명령은 이뤄져야만 했다. 그들은 이제 평화를 방해해서는 안 되었다. 제우스의 번개가 여신 앞의 땅에 떨어지자 여신도 깜짝 놀라 뒤로 물러났다.

"라에르테스의 아들아!"

여신이 오뒷세우스에게 말했다.

"이제 싸움을 그만두고 너의 마음을 가라앉혀 제우스의 노여움을 사지 않도록 해라!"

오뒷세우스와 일행은 복종하는 마음으로 얌전히 그 말을 따랐다. 아테네는 그들을 이끌고 도시로 돌아와 이타케 광장으로 갔다. 모든 백성이 회의에 소집되었다. 그제야 제우스의 약속이 이루어졌다. 모든 사람의 가슴에서 원한이 사라진 것이었다. 목소리도 모습도 멘토르와 비슷한 팔라스 아테네는 오뒷세우스와 이타케 시의 지도자들 그리고 적들의 우두머리 사이에 영원한 평화조약을 맺어지게 했다. 그들은 모든 백성과 함께 오뒷세우스를 자기들의 왕이자 수호자로 섬기기로 맹세했다.

백성들은 환호성을 올리며 오뒷세우스를 궁전까지 인도했다. 궁전에서 승리와 평화의 환호성을 들은 페넬로페가 화관을 쓰고 아름다운 옷을 입고 시녀들을 거느리고 오뒷세우스를 맞이했다. 다시 맺어진 오뒷세우스 부부는 오래오래 행복하게 지냈다. 그 옛날 하계에서 테이레시아스가 오뒷세우스의 마지막 운명에 대하여 예언한 것이 이제야 이루어졌다.

4장

Die schönsten Sagen des klassischen Altertums

아이네아스, 새로운 땅을 찾아 나서다

아이네아스* 이야기 I

새로운 조국을 찾아서

트로이야의 영웅 아이네아스는 아버지 앙키세스를 업고 아들 아스카
니우스의 손을 붙들고, 어머니 베누스 여신의 보호를 받으며 함락된
트로이야의 불길을 벗어났다. 그들은 바다로 이어지는 이다 산맥의
끝자락에 있는 작은 항구도시 안탄드로스에 다다랐다.

남녀노소 할 것 없이 많은 피난민, 즉 고국을 잃은 불행한 사람들
이 아이네아스의 주위에 모여들어 바로 여기서 그의 통솔 아래 새로

＊　4~6장은 로마 신화에 해당하기 때문에 신들과 주요 인물의 이름이 라틴어로 되어 있다. 예를
들어 아프로디테는 베누스로, 아이네이아스는 아이네아스로, 오뒷세우스는 울릭세스로, 프리아모스
는 프리아무스 등으로 불린다. 지명인 트로이아와 그리스 역시 라틴어 발음을 따라 트로이야와 그라
이키아로 표기했다. 필요에 따라 각주로 그리스어 이름을 별도 표기했으며, 본문 뒤에 '그리스어-라
틴어 이름 대조표'를 배치해두었다.

운 조국을 찾아보기로 했다. 운명이 그들을 어디로 인도할지, 과연 휴식을 허락할지조차 확실하지 않은 상황에서 피난민들은 겨우 챙겨 온 재물을 털어 선단(船團)을 만들었다. 그들은 봄이 시작될 무렵에야 돛을 달고 출발 준비를 끝마쳤다.

트로이아의 최고 원로인 앙키세스가 선단 한가운데에 서서 출항 신호를 보내고 정복당한 고국에 영원한 안녕을 고했다. 선단이 해안을 떠나려 할 때, 모든 배는 탄식과 울부짖는 소리로 가득 찼다. 그러나 고향의 바닷가는 곧 피난민들의 시야에서 사라졌다.

며칠 동안 쉬지 않고 항해한 끝에 선단은 트라키아* 해안에 닿았다. 트라키아는 술의 신 박쿠스**를 모욕했던 폭군 뤼쿠르구스***가 지배하던 나라였다. 지금의 주민들은 트로이아가 멸망하기 전까지 그들과 같은 신들을 모셨다. 또 서로 사절이 오가는 등 트로이아와는 가장 밀접한 동맹관계에 있었다. 그러나 이러한 관계는 심한 방해를 받았다.

트로이아의 운이 다할 무렵이었다. 텔라몬의 아들 대 아이약스가 바다로 그라이키아 인의 선단을 몰고 와서 프리아무스의 동맹국인 트라키아를 침략하려 한 적이 있었다. 그때 트라키아 왕 폴륌네스토르가 신의를 저버렸다. 트로이아의 젊은 왕자 폴뤼도루스를 그라이키아 인들에게 넘겨주고 평화조약을 맺은 것이었다. 왕자 폴뤼도루스는 트

---

* 트라케의 라틴어 이름.
** 디오뉘소스의 라틴어 이름.
*** 뤼쿠르구스는 트라키아의 에도니 족의 왕이다. 그는 술의 신 박쿠스와 그의 여신도들을 소몰이 막대로 위협해서 쫓아냈다. 박쿠스는 해안까지 도망쳐 바다로 뛰어들었는데 테티스가 구해주었다. 박쿠스를 죽이려던 뤼쿠르구스는 그 벌로 광인이 되어 자기 아들을 포도나무인 줄 알고 도끼로 쳐서 죽였다고 한다.

로이야 성벽 밑을 포위하고 있던 그라이키아 인들에 의해 아버지 프리아무스의 눈앞에서 돌에 맞아 죽었다.

그러나 아이네아스는 자신의 선단이 닻을 내린 이 해안이 어느 나라인지 몰랐다. 그는 쾌적한 해안에 도착했다는 사실에 기쁜 마음으로 동료들과 함께 내렸다. 그들은 원주민들의 방해를 받지 않고 정착했으며, 그곳에 새로운 도시를 건설했다. 그들은 운명이 준 가혹한 시련을 극복하고 평온한 도시를 건설하고자 했다. 난민들의 지도자 아이네아스는 자기 이름을 따서 그 도시를 '아이누스'라 했다.

도시 건설을 진행하면서 경건한 영웅 아이네아스는 신들의 가호를 빌기로 했다. 그는 신들의 아버지인 윱피테르*와 자신의 어머니 베누스에게 매우 건강한 소를 잡아 해안에서 제물로 바쳤다. 근처에는 베누스 여신에게 바쳐진 도금양나무와 산수유나무가 무성하게 자란 둔덕이 있었다. 아이네아스는 새로 지은 잔디 제단을 나뭇잎과 나뭇가지로 장식하기 위해 이 자그마한 숲으로 갔다. 그는 그곳에서 놀랍고 소름 끼치는 일을 겪었다. 어떤 관목을 뿌리째 뽑으려 하자, 그 관목에서 시커먼 피가 뚝뚝 떨어져 푸른 초지로 흐르는 것이었다.

아이네아스는 너무 놀라 온몸의 피가 얼어붙는 듯했다. 두려움에 사로잡힌 그는 땅에 엎드려 숲의 요정들과 트라키아의 수호신 박쿠스에게 이 무서운 징조가 가져올 재앙을 없애달라고 간청했다. 그런 다음 용기를 내어 땅에 무릎을 꿇고 세 번째 나무를 잡아 뽑으려 했다. 그러자 땅바닥에서 슬픈 한숨소리 같은 것이 들리더니, 나중에는 사람의

---

* 그리스 신화의 제우스.

목소리가 되어 아이네아스의 귀에 들려왔다. 신음이 섞인 말투였다.

"불행한 아이네아스여, 왜 나를 괴롭히는가? 나의 망령은 이 땅 밑에, 어릴 적 아무것도 모르고 놀던 이 숲의 나무뿌리와 가지 속에 깃들어 있다. 나는 폴뤼도루스, 양아버지로 인해 그라이키아 군에 팔려갔던 프리아무스의 아들이다. 나의 뼈는 인정 많은 트라키아 사람들이 모아 이 땅에 묻어주었다. 제발 내가 숨어 있는 집을 헤집지 말아다오. 더구나 그대도 이 해안을 피해 가는 것이 좋다. 여기는 지금까지도 배반자 일족이 지배하고 있는 나라니까. 그대와 트로이야 인들 모두가 파멸할 수도 있다."

아이네아스는 처음의 공포에서 어느 정도 벗어나자 일행이 있는 곳으로 돌아갔다. 그는 우선 피난민의 지도자와 아버지 들을 찾아갔다. 모두가 신성한 동맹관계를 더럽혔던 이 저주스러운 땅을 떠나는 데 찬성했다.

트로이야 인들은 이미 시작한 공사를 중지하고 불행한 폴뤼도루스를 위해 위령제를 지낸 다음 다시 배를 타고 해안을 떠났다. 순풍이 불어 순식간에 배는 먼 바다로 밀려갔다. 평온한 항해 끝에 그들은 많은 섬이 늘어선 바다 한가운데에서 아주 마음에 드는 작은 섬 하나가 미소를 머금은 듯 떠 있는 것을 보았다. 섬의 이름은 델로스였다.

델로스는 원래 물 위를 떠다니는 섬이었는데, 아폴로* 신이 이곳에서 태어났다. 아폴로 신은 델로스 섬이 해안이나 다른 섬들 주위를 떠돌아다니는 것을 불쌍히 여겨, 퀴클라데스 군도의 바다 밑에 꽉 붙들

---

* 아폴론의 라틴어 이름.

어 매놓았다. 이후부터 이 섬은 어떤 폭풍에도 꿈쩍하지 않았고 주민
들은 행복한 생활을 누릴 수 있었다. 섬에 정착한 사람들은 감사의 뜻
으로 그 도시를 아폴로에게 바쳤고 손님을 후대하는 착한 사람들이
되었다.

아이네아스는 선단을 이끌고 델로스 섬으로 향했다. 안전한 항구가
지친 항해자들을 맞아주었다. 그들은 배에서 내려 경건한 마음으로
백발백중 궁술의 신 포이부스 아폴로에게 바쳐진 도시로 들어갔다.
그 도시의 왕이면서 포이부스 아폴로의 사제를 겸하고 있는 아니우스
가 이마에 성스러운 머리띠를 두르고 손에는 올리브 가지를 들고 그
들에게 다가왔다. 그는 늙은 앙키세스가 옛 친구임을 알아보고는 손
을 내밀어 환영하고 아이네아스 일행을 성 안으로 인도했다. 그들은
무엇보다 섬의 수호신이 있는 오래된 신전으로 가서 참배를 했다. 아
이네아스는 깊은 외경심을 갖고 아폴로 신전 앞에 엎드려 손을 위로
쳐들고 기도했다.

"트로이야 인의 위대한 수호신이여, 우리에게 머물 수 있는 집과 땅
을 주소서. 당신이 보호하는 민족의 씨가 마르지 않게 하소서! 이 민
족을 도와 제2의 트로이야를 건설하게 해주소서. 누가 우리의 지도자
가 되어야 하는지 말씀해주소서. 우리를 어디로 보내시렵니까? 위대
한 신이시여, 우리에게 징조를 보여 우리의 영혼이 당신을 볼 수 있게
하소서!"

아이네아스가 그렇게 말하자마자 신전의 문턱과 신전을 둘러싼 올
리브나무 숲과 주위 산이 모두 눈에 보일 정도로 진동하기 시작했다.
신전의 넓은 방에 있는 세발솥에서 신탁이 울려 퍼졌다.

"참을성 많은 다르다누스의 백성들아! 처음에 너희 선조가 줄기를 뻗은 그 나라의 품으로 돌아가거라. 너희의 옛 어머니를 찾아내라. 그곳에서 아이네아스 집안은 마지막 후손에 이르기까지 세상의 모든 나라를 지배할 것이다."

신의 말씀을 듣자 모두 겸손하게 바닥에 엎드렸다. 신에게서 호의적인 말을 듣게 되자 그들은 펄쩍 뛰며 기뻐했다. 신전은 환호성을 지르는 사람들로 소란스러웠다. 그리고 그들은 아폴로가 알려준 나라가 도대체 어떤 곳인지, 새로운 고향을 어디서 찾을 수 있을지를 의논했다.

그들이 서로 상의하고 있을 때 자기 백성의 과거를 잘 알고 있는 아이네아스의 아버지이자 존경받는 영웅 앙키세스가 소리 높여 말했다.

"백성의 지도자들이여, 나에게 그대들의 희망을 해석하게 해주시오. 바다 한가운데의 수많은 섬 중에서 신들의 아버지 윱피테르가 태어난 섬이 있소이다. 그 섬은 크레타*라 불리며 우리 백성의 요람이오. 트로이야의 산맥처럼 그 섬을 관통하는 숲이 많은 산맥의 이름도 이다 산맥**이오. 산맥의 발치에는 가장 비옥한 땅이 펼쳐져 있고 백 개의 도시들이 그 지역에 자리 잡고 있소. 우리의 선조 테우케르***는 그곳에서 트로이야 지역으로 옮겨 왔다고 하오. 우리가 신들에게 드리는 제사도 거기서 기원한 것이외다. 지금 아폴로는 우리에게 그곳으로 가라고 명령하고 계시오. 그분의 말씀을 따릅시다! 크레타 섬까지는 그리 멀지 않소. 윱피테르께서 순풍을 보내주시면 선단은 사흘

* 크레테 섬의 라틴어 이름.
** 트로이아 이데 산의 라틴어 이름.
*** 테우크로스의 라틴어 이름. 트로이야 민족의 기원에 대해서는 2권 1장 '트로이아 전쟁 I' 참조.

째 되는 날 아침에 크레타 섬에 닿을 수 있을 것이오."

피난민들에게 이탈리아 땅이 약속되다

피난민들은 앙키세스의 해석을 매우 기뻐했다. 그들은 배로 돌아가기 전에 신들에게 제물을 바쳤다. 신탁으로 그들을 위로해준 아폴로와 바다의 신 넵투누스*에게 각각 소를 바쳤다. 또 사나운 폭풍의 신에게 검은 양을, 부드러운 서풍의 신에게 흰 양을 바쳤다. 그런 다음 그들은 델로스 섬의 항구를 떠났다. 배는 가장 좋은 순풍을 받아 파도를 가르며 항해했다.

물에서 솟아난 대리석 바위들로 이루어진 섬들인 퀴클라데스 군도는 마치 여기저기 하얀 눈을 덮어쓴 섬 앞으로 물이 몰려들어 우글거리고 있는 것처럼 보였다. 아주 청명한 하늘이 항해를 순조롭게 했다. 선단의 배들은 경쟁하듯 앞을 향해 나아갔다. 배를 모는 사람들이 여기저기서 기쁨의 함성을 질렀다.

"친구들이여, 우리 선조의 귀중한 나라인 크레타로 갑시다!"

사흘째 되는 날 아침, 앙키세스가 예언한 대로 선단은 미소 짓는 크레타 섬의 해안에 이르렀다. 피난민들이 배에서 내리자 그곳 원주민들이 환영해주었다. 아이네아스는 다시 한 번 큰 열의를 갖고 고대하던 도시의 성벽을 쌓기 시작했다. 배들을 해안으로 끌어올리고, 이주

---

* 그리스 신화의 포세이돈.

자들은 손을 부지런히 놀려 성벽과 집을 세웠다. 아이네아스는 새로운 도시의 이름을 트로이야의 성인 페르가마의 이름을 따서 페르가마라 지었다. 이렇게 해서 도시는 언덕 위에 아주 특별한 성채를 얻었다. 도시에서는 일차적으로 주민들이 거처할 시설을 만드느라 분주했다. 이 주자들 사이에는 벌써 결혼하는 젊은이들이 있었다. 농지를 분배하고 원로들이 모여 새로운 법률에 대해 의논했다.

이때 불쌍한 피난민들에게 또다시 불행이 찾아왔다. 불타는 태양이 주위의 논밭을 다 태워버린 것이다. 물이 없어 묘목도 풀도 채소도 말라 죽었다. 나무의 꽃은 열매도 맺지 못하고 시들어버렸다. 인간에게도 무서운 전염병이 돌아 곳곳에서 사람들이 쓰러지며 죽어갔고, 겨우 목숨을 건진 사람은 중병에 허약해진 몸을 질질 끌고 다녔다.

살아남은 사람들이 모여 암담한 상황에 대해 의논하는 자리에서 앙키세스가 걱정스러운 마음으로 일어났다. 그는 불행한 동포들에게 다시 배를 타고 델로스 섬으로 가서 또 어디로 가야 하며, 그들의 고난을 끝내줄 목적지는 어디인지 신에게 계시를 해줄 것을 청하자고 했다. 이 충고를 받아들인 백성들은 옮길 수 있는 소유물들은 모조리 다시 배에 싣고, 완성을 눈앞에 둔 도시를 버리기로 결정했다.

계속되는 불행 속에서 모든 준비가 끝나고 크레타 섬의 암울한 하늘 아래 마지막 밤이 찾아왔다. 모두들 자러 갔지만 걱정하다 지친 아이네아스는 잠을 이루지 못한 채 침상에 누워 있었다. 그는 조용한 어둠 속에서 깊은 생각에 잠겨 있었다.

그때 갑자기 어떤 얼굴이 아이네아스의 눈앞에 나타났다. 마침 구름 사이로 나온 보름달이 아이네아스의 침상을 환히 비춰주었다. 아이네아스는 화염에 휩싸인 트로이야 전쟁터에서 자신이 구출해 온 가신(家神)의 신상들이 밝은 달빛을 받으며 자기 앞에 분명하게 서 있는 것처럼 느껴졌다. 가신들은 입을 열어 여태껏 들어본 적 없는 목소리로 그를 위로했다. 그들의 말은 다음과 같았다.

"이 숙소로 우리를 보낸 것은 다름 아닌 아폴로 신이다. 너는 우리를 믿어야만 한다. 우리는 트로이야의 불바다 속에서 네 뒤를 따랐고 너와 함께 배를 타고 폭풍의 바다를 헤쳐 왔다. 우리는 네 일족이 거주할 땅을 찾아내 네 자손에게 영광을 주고, 그들의 도시에 세계의 지배권을 줄 것이다. 너는 위대한 자손에게 그런 자리를 마련해주기 위해 뽑힌 자다. 그러므로 기나긴 피난의 노고를 꺼리지 마라. 물론 너는 지금 정착한 이곳을 떠나야 한다. 이 해안은 델로스 섬에서 아폴로가 지시한 그곳이 아니다. 크레타에 집을 지어서는 안 된다. 신께서 지시한 곳은 여기서 훨씬 멀리 떨어져 있다. 그라이키아 인들은 그 나라를 헤스페리아라고 부른다. 그곳은 아주 오래된 나라다. 그곳 주민들은 강력하게 무장하고 있으며 대지로부터 풍성한 축복을 받고 있다. 최초의 주민들은 오이노트리아 인이었으며, 젊은이들은 자신들의 왕인 이탈루스의 이름을 따서 그곳을 이탈리아라 부르고 자신들을 이탈리아 인이라고 부른다. 이곳이야말로 조상 때부터 너희들에게 속했던 곳으로 너희 선조 다르다누스와 이아시우스*도 이 땅에서 태어났

* 다르다누스와 이아시우스는 제우스의 아들들인 다르다노스와 이아시온의 라틴어 이름이다. 그들은 이탈리아를 떠나 사모트라케 섬으로 갔다. 다르다누스는 나중에 트로이야가 건설되는 지역으로 건너가 정착했기 때문에 트로이야 인들은 다르다누스의 자손이라 불린다. 자세한 이야기는 2권 1장 '트로이아 전쟁 I' 참조.

다. 자, 이제 일어나서 기쁜 마음으로 늙은 아버지에게 가라. 그리고
'이탈리아를 찾으세요. 읍피테르가 크레타의 들판은 우리들에게 주시
지 않습니다.'라고 확실하게 알려라."

가신들이 앞에 서서 이야기하는 동안 아이네아스는 식은땀을 줄줄
흘리고 있었다. 그러나 그들이 사라져버리자 기이하게도 그들의 말이
위로가 되었다. 그는 침상에서 일어나 노인네들이 하듯 손바닥을 하
늘로 향한 채 기도하고, 가신의 제단 위에 있는 화로에 포도주를 부어
헌주했다.

즐겁게 그 일을 끝낸 아이네아스는 서둘러 늙은 아버지에게 가 간
밤의 일을 자세히 알렸다. 그제야 앙키세스는 마음의 눈을 떴다. 그는
트로이야 인의 선조가 두 사람임을 알고 있었다. 한 사람은 다르다누
스요, 다른 한 사람은 테우케르였다. 두 사람으로부터 기원한 나라를
헷갈렸음을 그는 지금에야 분명히 알아차렸다.

"사랑하는 아들아!"

늙은 아버지가 말했다.

"이제야 겨우 기억해냈구나. 내게 미래의 운명을 올바르게 예언해
준 것은 캇산드라뿐이었다. 그녀는 우리 백성에게 한 나라를 예언했
는데 그것은 헤스페리아라고도 하고 이탈리아라고도 했었다. 그러나
그때는 트로이야가 아직 존재할 때였지. 테우케르의 백성이 고향을
버리고 먼 헤스페리아의 해안으로 가리라고는 아무도 생각지 못했다.
아니, 그때는 캇산드라를 예언자가 아니라 바보라고 생각했으니 누가
그녀의 말에 귀를 기울였겠느냐? 그러나 이제는 아폴로의 말씀에 복
종하고 그가 경고하는 대로 좀 더 나은 조언을 따르자꾸나!"

앙키세스가 그렇게 말했다.

그사이 델로스 섬으로 출항하자는 결정을 따르기 위해 사람들이 모여들었다. 그리고 신들의 새로운 지시를 듣자 환호성이 터져 나왔다. 아주 적은 수의 병자와 회복 중인 사람들만이 새 식민지에 그냥 남았다.* 그러나 다른 사람들은 곧바로 돛을 올리고 선단을 다시 바다 한가운데로 몰고 나갔다.

괴상한 새 하르퓌이아를 만나다

더는 육지가 보이지 않아 사방이 하늘과 바다뿐일 때였다. 항해하는 사람들의 머리 위로 밤이 찾아왔으며, 동시에 무서운 먹구름과 폭풍우가 한꺼번에 몰려들었다. 칠흑 같은 어둠 속에서 파도가 치기 시작했다. 곧바로 폭풍이 바다를 소용돌이치게 했고 산더미 같은 파도가 일어났다. 선단의 배들은 뿔뿔이 흩어진 채 소용돌이치는 심연 위를 떠돌았다. 시커먼 구름이 모든 것을 폭풍우 치는 밤으로 휘감았으며, 번개가 칠 때마다 찢어진 구름들 사이로 빛이 번쩍였다.

무서운 폭풍우가 사흘 낮 사흘 밤 계속되었다. 경험 많은 조타수 팔리누루스조차 깜깜한 어둠 속에서 항해자들이 어디에 있는지, 파도에 휩쓸린 배가 어느 방향으로 가고 있는지 알지 못했다. 나흘째 되던

---

* 이렇게 남은 자들을 통해 트로이야 인들은 새로운 이주지를 계속 유지하게 된다. 훗날 지금보다 더 행복한 시대가 찾아오자 주민들의 수가 늘어났고 크레타 섬에 있는 트로이야의 도시 페르가무스도 번영을 구가했다.

날, 폭풍우가 겨우 가라앉고 멀리 수평선 위로 산줄기가 보였다. 절망에 빠져 있던 사람들이 용기를 되찾았다. 배가 육지에 가까이 다가가자 사람들은 돛을 접고 노에 매달려 아직도 성난 거품이 이는 바다 위를 온 힘으로 저어갔다.

길 잃은 이들을 맞이한 곳은 넓은 이오니아 해 위에서 펠롭스의 섬*과 마주보고 있는 두 개의 스트로파데스 섬 중 하나였다. 그런데 이 섬은 소름 끼치는 주민들로 인해 평판을 잃은 황량한 섬이었다. 피네우스 왕의 식탁에서 쫓겨난 탐욕스러운 괴물 하르퓌이아**들이 궁전을 떠나 이 황량한 섬에서 살고 있었던 것이다. 이 끔찍한 괴물들은 이미 알려진 것처럼 새의 몸에 머리는 처녀의 얼굴을 하고 있었다. 그러나 이 새들은 굶주림으로 늘 창백했고 엄청나게 거대했다. 새들은 손에 달린 손톱으로 모든 음식을 힘세게 잡아챘다. 그리고 몸에서 배설물을 쏟아내며 지나가는 자리마다 더럽혔다.

아이네아스와 피난민들은 이 낯선 해안에 괴상한 새 하르퓌이아들이 살고 있을 줄은 전혀 몰랐다. 그들은 눈앞에 놓인 항구로 배를 저어갔다. 육지에 발을 디딘 사람들은 아주 기뻐했다. 해안의 첫인상은 나쁠 것이 없었다. 목동도 없는 목장 여기저기에서 소와 양 들이 즐겁게 뛰놀고 있었으니까 말이다. 육지로 올라간 사람들은 오랫동안 배고픔을 참았던 터라 서슴지 않고 칼을 뽑아 가축 떼에 달려들었다. 그들은 해안에서 윱피테르와 다른 신들에게 제물을 바치고 나서 맛있는

---

* 펠로폰네소스 반도를 말한다.
** 하르퓌이아이의 라틴어 이름. 1권 2장 '아르고 호 원정대 이야기' 참조.

음식을 먹기 위해 둘러앉았다.

그런데 즐거운 식사를 시작한 지 얼마 안 되었을 때였다. 가까이 있는 언덕에서 떼 지어 몰려오며 무섭게 날갯짓을 하는 소리가 들려왔다. 갑자기 하르퓌이아들이 질풍처럼 날아와 그들이 먹고 있는 음식을 덮치더니 모조리 더럽혀놓고 말았다. 주위에는 소름 끼치는 하르퓌이아들의 우렁찬 울음소리와 견디기 힘든 악취가 가득했다.

음식을 먹던 사람들은 얼른 제사에 쓸 양식만 집어 들고 나무숲으로 둘러싸인 그늘진 바위동굴 속으로 도망쳤다. 거기서 새로운 제단에 불을 피우고 다시 음식을 늘어놓았다. 그런데 어디서 왔는지 또다시 아까의 소란한 새 떼가 다른 방향에서 몰려와 발톱으로 음식을 더럽히고 엉망진창으로 만드는 것이었다.

아이네아스와 동료들은 마지막 수단을 취했다. 칼과 방패를 주위 풀숲에 감추었다가 무섭고 괴상한 새의 무리가 내려왔을 때 한꺼번에 뛰어나와 칼을 뽑아 죽이려 했다. 그러나 아무리 힘을 써도 이 괴상한 새들에게는 당할 수 없었다. 그들의 칼로는 그 새들의 등에 상처조차 입힐 수 없었다. 하르퓌이아들은 잽싸게 몸을 피하며 어느새 음식물을 먹어치웠고 곧 주위에는 새들이 먹고 남은 더러운 찌꺼기가 가득 찼다. 그런데 그때 하르퓌이아들 중 켈라이노라는 새가 가장 높은 바위에 앉더니 예언과도 같은 저주의 말을 내뱉었다.

"트로이야의 이방인들아, 너희는 우리의 소와 양을 죽이는 것으로 만족하지 못한단 말이냐? 아무런 죄도 없는 하르퓌이아들을 고향 땅에서 내몰아야만 하겠느냐? 그렇다면 포이부스 아폴로가 나에게 하라고 한, 그리고 내가 복수의 여신으로서 하는 예언을 들어라! 너희는

아이네아스와 동료들은 마지막 수단을 취했다. 칼과 방패를 주위 풀숲에 감추었다가 무섭고 괴상한 새의 무리가 내려왔을 때 한꺼번에 뛰어나와 칼을 뽑아 죽이려 했다. 그러나 아무리 힘을 써도 이 괴상한 새들에게는 당할 수 없었다. 그들의 칼로는 그 새들의 등에 상처조차 입힐 수 없었다. 하르퓌이아들은 잽싸게 몸을 피하며 어느새 음식물을 먹어치웠고 곧 주위에는 새들이 먹고 남은 더러운 찌꺼기가 가득 찼다.

〈아이네아스가 동료들과 함께 하르퓌이아들에 대항해 싸우다〉, 프랑수아 페리에,

1646~1647년, 루브르 박물관.

이탈리아로 가라. 이탈리아의 항구가 너희를 맞아줄 것이다. 그러나 우리에게 부당한 행위를 한 벌로, 약속된 도시의 성벽을 세우기 전에 무서운 기근이 닥쳐와 너희는 음식을 담은 접시마저 갉아먹게 될 것이다."

켈라이노는 그렇게 말한 다음 날개를 펴고 숲속으로 날아갔다. 트로이야 인들은 너무 무서워 온몸의 피가 얼어붙는 느낌이었다. 그들은 하르퓌이아들이 하찮은 새인지 아니면 정말 강력한 여신인지 알 수가 없었다. 결국 늙은 앙키세스가 하늘을 향해 두 손을 쳐들고 이러한 재앙을 없애달라고 신들에게 기도했다. 그러고는 아들과 동료들에게 서둘러 배에 타도록 일렀다.

아이네아스, 이탈리아 해안에 도착하다

오랜 방랑과 갖가지 모험을 겪은 뒤, 드디어 저 멀리로 희미한 언덕과 낮은 해안이 나타났다.

"이탈리아다!"

다른 사람들보다 먼저 육지를 발견한 영웅 아카테스가 외쳤다.

"이탈리아다!"

환호하는 동료들과 함께 그는 기뻐 외쳤다. 늙은 앙키세스는 커다란 잔을 꽃으로 꾸미고 포도주를 가득 부었다. 그는 갑판 뒤에 서서 바다의 신에게 순풍과 평안한 항해를 기도했다. 그러자 정말로 소원하던 순풍이 불어왔다. 배는 눈앞에 펼쳐져 있는 항구에 점점 가까이

다가갔다. 언덕에서는 미네르바*의 아름다운 신전이 그들을 향해 손
짓하고 있었다. 마음이 놓인 사람들은 돛을 접어 내리고 해안을 향해
노를 저어 나아갔다.

항구는 동쪽에서 밀려오는 거센 파도에 깎여나가 활 모양을 이루
고 있었다. 앞으로 쑥 내민 바위에 거센 파도가 부서지며 거품이 일었
다. 암벽을 이룬 바위들의 모습이 마치 바닷속에 두 팔을 좌우로 담그
고 있는 것처럼 보였다. 그 만(灣)의 뒤쪽으로 한가운데에 신전이 자
리 잡고 있었다. 그러나 트로이야 인들은 이 해안에서 첫 번째 징조로
눈처럼 새하얀 말 네 마리가 여기저기에 무성하게 자란 풀을 뜯고 있
는 모습을 보았다.

앙키세스가 외쳤다.

"말은 전쟁을 암시한다. 이 나라는 손님을 환대하는 듯 보이지만 전
쟁으로 우리를 위협할 것이다. 우리들을 내려다보고 있는 미네르바에
게 빨리 기도를 올린 다음 배를 타고 돌아가자!"

일동은 노인의 충고에 따라 다시 바다로 돌아갔다. 이제 배는 해안
의 여러 나라를 지나며 계속 남쪽으로 내려갔다. 그들은 타렌툼 만을
지나 유노** 신전이 있는 크로톤 도시와 암초가 많은 스퀼라케움을
지나쳤다. 저 멀리 바다 위에 솟아 있는 아이트나 화산과 함께 시킬리
아 섬이 보였다. 멀리서 바위와 해안에 파도가 부딪치며 내는 엄청난
소리가 들려왔다. 깊은 바닷속 물결이 거품을 일으키며 올라왔고 물

* 그리스 신화의 아테네 여신.
** 그리스 신화의 헤라 여신.

거품과 함께 공중으로 모래가 날렸다.

"저기가 카립디스다!"

지리에 밝은 앙키세스가 소리쳤다.

"공포의 암초다! 동료들이여, 어서 노를 저어 죽음의 위험에서 빠져나가야 한다!"

모든 사람이 급히 배를 왼편으로 돌렸고, 팔리누루스가 삐걱거리는 뱃머리에서 앞장서 선단을 이끌었다. 소용돌이치는 커다란 파도의 등에 실려 배는 구름을 향해 높이 쳐들렸다. 곧이어 큰 물결이 배를 집어삼키자 이번에는 하계로 가는 것처럼 바닷속에 잠겨들었다. 이런 일이 세 번이나 반복되었다.

다행히 위험에서 빠져나오자 어떻게 거기로 가게 되었는지는 모르지만, 그들을 맞이한 넓은 항구는 다름 아닌 퀴클롭스의 해안이었다. 그들은 근처에서 불을 뿜는 아이트나 화산이 내는 천둥소리를 들었다. 화산은 검은 연기와 뭉게뭉게 피어오르는 수증기와 시뻘건 재를 하늘 높이 뿜어 올렸다. 또한 가장 아래에서부터 끓어올라 화산 내부에서 돌과 용암이 터져 나왔다.

이 화산 바닥에는 읍피테르의 벼락에 맞은 거인족 엥켈라두스*―또 다른 설에서는 거인족 튀폰―가 누워 있으며, 거대한 아이트나 화산은 거인의 숨결이 땅속에서부터 뿜어 나오는 것이라고 했다. 화산이 내리누르는 무게를 견디지 못해 거인이 몸을 뒤집을 때마다 섬 전체가 진동하고 그가 내뱉은 검은 연기가 하늘을 가린다는 것이었다.

---

* 　그리스 신화의 엔켈라도스. 1권 4장 '헤라클레스 이야기' 참조.

아이네아스와 그의 동료들은 밤이 되어서야 섬에 도착했다. 화산이 숲으로 덮인 데다 무거운 구름이 어두운 하늘을 가려 달도 별도 숨어 있었다. 그래서 밤새도록 무섭게 진동하는 큰 소리가 들려와도 원인을 알 길이 없었다. 새벽녘, 밝은 별이 하늘에서 빛나고 새벽의 여신이 어둠을 몰아내기 시작했다.

그때 해안에 야영하고 있던 트로이야 피난민들 앞에 갑자기 누더기를 걸친 낯선 사나이가 나타났다. 숲속에서 달려 나온 그는 트로이야 인들에게 애원하듯 두 손을 벌렸는데, 아주 불결했고 혐오스러웠다. 찢어진 옷은 장미가시로 꿰매었고 헝클어진 수염은 바람에 날렸다. 그러나 사람들은 이 불쌍한 모습의 사나이가 옛날에 트로이야 성문 앞에서 싸우던 그라이키아 인임을 알아차렸다. 이 그라이키아 인은 멀리서 트로이야 인의 갑옷과 투구를 보고는 순간 멈칫했다. 그러나 그는 결심한 듯 다시 해안으로 곧장 달려와 울며 간청했다.

"별들과 신들 그리고 하늘의 빛에 맹세합니다. 트로이야 인들이여, 어디라도 좋으니 저를 데려가주십시오! 제가 그라이키아의 군사이며, 우리 군대가 당신들 도시를 공격하고 멸망시키는 일에 일조했다는 것을 잘 압니다. 만일 저를 도저히 용서할 수 없다면 차라리 갈기갈기 찢어 깊은 바닷속에 가라앉혀주십시오. 그러면 사람 손에 죽는다는 위안이나마 받을 수 있을 테니까요!"

이렇게 말한 사나이는 아이네아스의 무릎을 감싸 안으며 꼭 매달렸다. 그러자 존경받는 노인 앙키세스가 애원하는 자에게 손을 내밀어 일으켜 세웠다. 불쌍한 사나이는 차츰 공포에서 벗어났다.

"저는 이타카 섬 태생으로 경험 많은 울릭세스*의 친구였습니다."

사나이가 말했다.

"제 이름은 아카이메니데스입니다. 아버지 아다마스투스가 가난했던 탓에 트로이야로 원정을 떠날 결심을 했는데, 그게 바로 불행의 원인이었습니다. 전쟁의 위험에서 겨우 벗어났더니 이번에는 이 섬에 도착했지요. 울릭세스가 꾀를 내어 퀴클롭스의 제물이 되지 않은 동료들과 함께 도망칠 때, 저는 퀴클롭스의 무서운 동굴 속에 남아 있었습니다. 그때 저는 병이 들어 동굴 한쪽에 누워 있었기 때문입니다. 저는 괴물이 불쌍한 동료를 하나둘 잡아먹는 것도 보았고, 울릭세스가 외눈박이 거인을 술에 취하게 만든 뒤 그 눈을 찌를 때 일을 거들었습니다. 기적적으로 동굴에서 겨우 빠져나오긴 했지만, 거대한 퀴클롭스들에게 둘러싸여 배고픔과 죽음의 공포 속에서 며칠을 지냈습니다. 불행한 분들이여! 당신들도 이 무서운 괴물들에게 희생되지 않으려면 빨리 배를 타고 닻줄을 다시 끌어올려 출항해야 할 겁니다."

이 말이 채 끝나기도 전에 트로이야 인들은 산꼭대기에 나타난 거인을 보았다. 퀴클롭스들 중 하나인 폴뤼페무스**가 소나무 줄기를 꺾어 지팡이로 삼고, 장님이라는 불행한 몸에 유일한 위안이 되어주는 양의 무리 속에 서 있었다. 폴뤼페무스는 바닷가로 오더니 높은 파도 속으로 성큼성큼 들어갔다. 물은 그의 허리만큼도 차지 않았다. 식인종 거인은 몸을 구부리더니 신음소리를 냈고 이를 갈며 후벼 파인

---

* 울릭세스는 오뒷세우스의 라틴어 이름이며, 그가 외눈박이 거인 퀴클롭스를 물리친 이야기는 2장 '오뒷세우스 이야기 I'에 나온다.

** 폴뤼페모스의 라틴어 이름.

눈에서 지금도 흘러나오는 피를 씻어냈다.

　이 무서운 광경을 본 트로이야 인들은 서둘러 불쌍한 그라이키아 인을 데리고 도망쳤다. 그리고 슬그머니 밧줄을 풀었다. 거인은 노 젓는 소리를 듣자 높은 파도 속을 걸어 소리 나는 쪽으로 뒤쫓았다. 그러나 마지막 배도 안전하게 폴뤼페무스의 마수에서 벗어났다. 허무하게도 허탕을 친 폴뤼페무스는 괴성을 내질렀다. 그 소리는 마치 멀리서 천둥이 치는 것처럼 아이트나 산의 골짜기로 메아리쳤다. 그래서 퀴클롭스의 동료들이 모두 해안으로 달려 나왔으나 거인들은 출항한 선단을 위협적인 눈으로 바라보는 수밖에 별 도리가 없었다.

　스퀼라와 카륍디스를 피하기 위해 배는 뒷걸음질치며 섬의 해안을 따라 나아갔다. 전에 울릭세스와 함께 이 항로를 지난 적이 있는 아카이메니데스가 조언을 해주었다. 이 항해 도중에 아이네아스에게 가장 슬픈 사건이 일어났다. 늙은 아버지 앙키세스가 위험한 여행의 긴장과 공포에 시달리고 피로에 지친 끝에 결국 약속의 땅 이탈리아에 이르지 못하게 된 것이었다. 앙키세스는 날로 쇠약해져 의식이 희미해졌고 혀는 굳었다. 그러다가 시킬리아 섬의 드레파눔 항구에 이르렀을 때, 아들의 팔에 안겨 고별의 말도 하지 못한 채 숨을 거두었다.

　트로이야 인들은 이 존경하는 지도자의 아버지를 위해 정중하게 장례를 치렀다. 아이네아스가 언제까지나 슬픔에 잠겨 있을 수만은 없었다. 백성들을 조상의 땅으로 인도해 약속의 나라를 세우게 하리라는 신들의 약속이 그를 가만히 놓아두지 않았다.

카르타고에 닿은 아이네아스

선단이 겨우 시킬리아 섬의 시야에서 벗어나 바다 한가운데를 기분 좋게 항해하고 있을 때, 트로이야 인의 오래된 적인 유노 여신이 올림푸스 산에서 내려다보며 혼잣말을 중얼거렸다.

"어째서 내가 시작한 일이 중단된 거지? 트로이야는 완전히 멸망하고 그의 백성도 왕족도 뿌리째 멸망하는 게 아니었던가? 프리아무스의 사위와 손자가 정말 이탈리아를 소유해야만 한단 말인가? 미네르바도 로크리스 인 소 아이약스의 죄를 벌하기 위해 폭풍으로 바다를 뒤집어 귀향하는 그라이키아 선단을 뿔뿔이 흩어놓지 않았는가! 그런데 신들의 여왕이고, 윱피테르의 부인이자 누이인 내가 이 한 민족과 여러 해 동안 전쟁을 치른 것이 헛수고였단 말인가?"

화가 난 그녀는 서둘러 바람의 신 아이올루스*의 동굴을 찾아 폭풍들의 영토로 들어갔다. 유노가 구미가 당기는 약속과 함께 명령 겸 부탁을 하자 바람의 신 아이올루스는 모든 바람을 창고에서 내보냈다. 바람은 싸움터로 가는 군대처럼 튀어나와 땅 위를 맴돌았다. 그러더니 동풍, 남풍, 서풍, 북풍이 동시에 바다 위로 모여 서로 부딪치며 큰 파도를 일으켰다. 그 한가운데에는 트로이야 선단이 떠 있었다. 번개가 계속해서 내리치고 천둥이 하늘에 울려 퍼지자 사내들의 비명소리와 밧줄 삐걱이는 소리가 들렸다. 아이네아스는 그 순간에도 트로이야 성벽 아래에서 자신을 지키기 위해 숨겨간 모든 사람을 찬양했다.

＊   바람의 신 아이올로스의 라틴어 이름.

그는 친구 사르페돈과 헥토르가 파트로클루스*와 위대한 아킬레스**의 손에 죽은 것을 부러워했다.

북풍이 배의 돛을 앞으로 쓰러뜨려 찢어버리더니 거대한 파도 위로 구름까지 날려 보내 그의 탄식을 더하게 했다. 노가 우지끈 소리를 내며 부러졌고 바닷물이 들어와 배가 죽어가는 사람처럼 옆으로 누워버렸다. 선단 중 세 척은 남풍에 떠밀려 암초 위로 올라갔다. 또 다른 세 척은 동풍으로 높은 파도에 쳐들려 얕은 갯가로 밀렸다. 오론테스가 지휘관으로 타고 있는 뤼키아 동맹국 사람들의 배는 엄청난 파도와 부딪쳐 조타수가 바닷속으로 거꾸로 떨어졌다. 이어서 소용돌이가 세 번 빙빙 돌더니 깊은 바다가 배를 삼켜버렸다.

드디어 바다의 신 넵투누스가 바다에서 거품이 일고 소용돌이가 치는 것을 알아차리고, 갑자기 폭풍이 부는 것을 이상하게 생각했다. 그는 거센 파도 속에서 조용히 머리를 내밀고 주위를 둘러보았다. 그러자 아이네아스의 배가 바다 위에 뿔뿔이 흩어져 있고, 자기가 사랑하는 트로이야 인들이 큰 파도를 뒤집어쓰고 감당키 어려운 폭풍우에 휩싸여 있는 것이 보였다. 바다의 신은 누이 유노의 음모와 원한임을 알아차리고 곧바로 동풍과 서풍을 불러 명령했다.

"너희 일족은 어쩌면 그렇게 오만불손한 것이냐? 내 허락도 없이 하늘과 바다를 뒤섞어버리고, 파도를 별까지 닿도록 높이 일으키다니! 내 너희들을……! 일단은 당장 바다 위에서 물러나라. 돌아가서 너희

---

*   파트로클로스의 라틴어 이름.
** 아킬레우스의 라틴어 이름.

주인 아이올루스에게 전해라. 삼지창과 바다의 지배권은 원래 내 것이라고 말이다. 그에게 속한 것은 바위산과 동굴뿐이다. 필요로 할 때까지는 너희들을 감옥에 가둬놓고 다스리라고 해라!"

그렇게 말하고 바다의 신은 일렁이는 파도를 가라앉히고 구름을 몰아냈다. 하늘이 개면서 태양이 다시 빛났다. 그리고 그는 자신의 지배하에 있는 신들에게 명령을 내려 암초 사이에 얹힌 배를 끌어내리게 하고, 자신도 얕은 모래바닥에 박힌 배를 삼지창으로 들어 바다에 내려놓았다. 그는 바다의 말이 끄는 전차를 타고 흰 물거품이 이는 파도 위로 가볍게 말을 몰았다. 바다의 신이 지나가면서 물을 쳐다볼 때마다 성난 파도가 모두 잠잠해졌다. 마치 횃불과 돌을 던지며 날뛰던 반란의 무리가 덕과 능력을 지닌 사람이 나타나자 갑자기 조용해져 그를 쳐다보고 귀를 기울이는 것과 같았다.

지친 항해자들은 해안을 발견하고 온 힘을 다해 육지를 향해서 노를 저었다. 그곳은 아프리카의 해안이었다. 곧 안전한 항구가 그들을 맞이했다. 한쪽에서는 평평한 언덕 위에 양지바른 숲이 손짓을 했고, 다른 한쪽에는 검게 그늘진 숲이 가파른 산맥을 따라 솟아 있었다. 만의 뒤편으로는 샘물과 이끼 낀 모래톱이 있는 바위동굴이 입을 벌리고 있었다. 아이네아스는 일곱 척의 배를 이끌고 항구로 들어갔다. 남은 배라고는 이 일곱 척이 전부였다. 트로이야 인들은 배에서 내려 비를 맞아 흠뻑 젖은 옷차림 그대로 갯가에서 야영을 했다.

영웅 아카테스가 작은 돌을 쳐서 불을 일으키고는 마른 잎에 옮겨 붙였다. 그 위에 마른 장작을 얹고 부채질하여 불을 피웠다. 그러고는 빵 굽는 도구와 물을 먹어 반쯤 못 쓰게 된 곡식을 배에서 내렸다. 젖지 않은 밀은 돌절구에 빻아 가루로 만들었다.

그러는 동안 아이네아스는 귀중한 무기를 든 아카테스와 함께 바위산에 기어 올라갔다. 그는 폭풍으로 난파된 배가 없는지, 동료 안테우스나 함선들과 함께했던 동료 카퓌스나 카이쿠스의 흔적이 남아 있지는 않은지 살펴보았다. 그러나 배는 한 척도 보이지 않았고 아래쪽 바닷가에서 무리를 이끌고 가는 수사슴만 세 마리 보였다. 무리에서 뒤처진 사슴들은 깊은 계곡에서 풀을 뜯고 있었다.

아이네아스는 부리나케 활과 화살을 들어 앞장서서 가는 뿔이 큰 수사슴을 쏘았다. 그는 남은 배의 숫자와 사냥한 사슴의 숫자가 똑같아질 때까지 연달아 일곱 마리를 쏘았다. 그러고는 항만으로 되돌아와 사람들을 보내 죽은 동물을 가져오게 해서 동료들에게 분배했다. 또 시킬리아 해안에서 친구로부터 받은 멋진 술을 배에서 가져오게하여 그 감미로운 술로 동료들의 침울한 마음을 달래주었다.

"친구들이여! 우리는 이제껏 모든 불행을 겪어왔소. 그러니까 신께서 이제는 이 불행을 매듭지어주시리라 기대해도 괜찮을 거요. 어서 전처럼 용기를 얻읍시다. 언젠가는 웃으며 이 고난을 떠올리고 옛날 이야기 삼을 날이 올 거요. 이런 고생스럽고 위험한 여행의 목적지가 이탈리아라는 것과 그 땅에 제2의 트로이야가 번영하게 된다는 것을 잊어서는 안 되오!"

영웅은 물론 근심스러운 마음으로 그런 희망 어린 말을 한 것이었다. 그는 깊은 아픔을 가슴속에 묻어야만 했다. 그사이 동료들은 사냥한 동물을 구워 포도주와 함께 맛있게 먹었다. 그들은 두려움과 희망으로 잃어버린 친구들에 대한 이야기를 나누었다.

신들의 아버지 융피테르는 올림푸스의 바위 모서리에 서서 바다와 땅
의 사람들을 보고 있었다. 그러다 아이네아스가 마침내 상륙한 아프
리카 해안의 디도 여왕이 지배하는 리뷔아 나라를 지켜보고 있었다.
이때 딸 베누스가 찾아와 아름다운 눈동자에 눈물을 가득 담고 슬프
게 말했다.

"인간과 신들의 전능하신 지배자여! 저의 아이네아스가 당신께 무
슨 짓을 했단 말입니까? 아이네아스는 그만큼 고난을 견뎠는데도 아
직 이탈리아를 찾아 온 세상을 헤매고 있어요. 몇 년 뒤 트로이야 조
상의 새로운 혈통에서 로마 민족이 태어나 바다와 땅을 다스리게 된
다고 제게 약속하지 않으셨나요? 그 약속이 있었기 때문에 저는 트로
이야의 몰락을 묵인했던 겁니다. 어째서 갑자기 생각을 바꾸셨나요?"

아버지 융피테르 신은 사랑스럽게 여신을 바라보며 미소 지었다.
그리고 여신에게 입을 맞추며 하늘 위에서 구름을 걷어낼 때와 같은
시선으로 말했다.

"귀여운 딸아, 안심해라. 네가 아끼는 자의 운명에는 변함이 없다.
이탈리아에는 라비니움 성벽이 세워질 것이고, 거기서 치열한 전쟁에
서 이긴 아이네아스는 반항하는 여러 민족을 통제하고 법률과 질서를
만들 것이다. 그가 라티움을 세 해 동안 지배한 뒤에는 그의 아들 아
스카니우스 또는 이울루스*가 왕궁을 라비니움에서 알바 롱가로 옮
기게 된다. 거기서 프리아무스의 자손은 삼백 년 동안 왕좌에 앉게 될
것이다. 그러다가 베스타의 여사제가 전생의 신 마르스**의 가문으로

부터 쌍둥이를 낳게 된다. 늑대가 기른 쌍둥이 중 한 명인 로물루스가 아버지 마르스를 위해 새로운 성벽을 쌓고 로마 민족의 시조가 되는 것이다. 나는 이 로마 인을 세계의 지배자로 만들고 그 지배권에 제한을 두지 않을 작정이다. 지금 아이네아스를 괴롭히고 있는 유노도 그의 후손들과 화해하게 될 것이다. 그리고 이울루스의 자손 중 한 사람은 가장 위대한 로마 인이 되어 율리우스***라 불리게 된다. 율리우스의 명성은 온 천하를 뒤흔들 것이다. 오, 귀여운 딸아! 네 자식은 하늘에서 신들 가운데에 있게 된다. 인간들 사이에서 마침내 전쟁이 끝나 영원한 평화가 자리 잡게 될 것이다. 불화의 대문에는 철로 만든 빗장이 걸릴 것이다. 백 개의 사슬로 묶어놓은 이 대문을 향해 피에 굶주린 이를 갈아도 소용이 없으리라."

읍피테르는 그렇게 말하고 곧바로 신들의 전령인 아들 메르쿠리우스****를 카르타고로 보내 트로이야 인들을 위한 숙소를 마련해놓게 했다. 이 나라는 먼 옛날부터 포이니케 이주민들의 정착지로 삼아둔 곳으로 유노가 특별히 관심을 가지고 보호해왔다. 여신 유노의 무기와 전차가 이곳에 보관되어 있었으며, 유노는 이곳에 세계 제국을 세우려는 염원으로 노력을 쏟아왔다. 그러나 지금 이 리뷔아 지역은 디

---

* 이울루스는 아이네아스의 아들 아스카니우스의 또 다른 이름이다. 카이사르와 그의 양자 아우구스투스가 속해 있는 율리아 일족의 이름이 그에게서 유래했다.
** 그리스 신화의 전쟁의 신 아레스.
*** 율리우스 카이사르를 가리킨다고 보는 사람도 있지만, 여기서는 아우구스투스를 지칭한 것이다. 아우구스투스를 율리우스라 한 것은 그와 아이네아스의 아들 아스카니우스의 관계를 강조하기 위해서이다.
**** 그리스 신화의 전령 신 헤르메스.

도 여왕이 다스리고 있었다. 그녀는 포이니케 인 쉬카이우스의 미망인으로 카르타고에 새 도시를 만들고 성곽을 쌓았다.

이튿날 아침, 아이네아스는 손에 투창 두 자루를 들고 동료 아카테스와 함께 나갔다. 폭풍으로 인해 표류하다 도착한 새로운 땅을 탐험하기 위해서였다. 그들은 숲속 한가운데서 무기를 들고 여자 사냥꾼으로 변한 어머니 베누스를 만났다. 스파르타의 처녀들에게서 흔히 볼 수 있듯 그녀는 어깨에 활을 메고 바람에 머리를 나부끼며 얇은 옷자락을 무릎까지 걷어 올린 채였다. 다가오는 영웅들을 보고 여신이 말을 걸었다.

"혹시 살쾡이 가죽옷을 입고 화살집을 멘 내 동료들을 한 사람이라도 보지 못하셨나요? 보았다면 말해주세요."

"못 봤습니다."

아이네아스가 여신에게 대답했다.

"그런데 아가씨! 당신은 누구십니까? 당신의 얼굴과 목소리에는 어딘지 모르게 인간 이상의 무엇인가가 있는 듯하군요. 요정입니까, 아니면 여신입니까? 하지만 누구든지 상관없으니 여기가 어느 나라인지 가르쳐주실 수 없겠습니까? 우리는 폭풍 때문에 이곳 기슭까지 표류해 왔는데, 벌써 오랫동안 온 세상을 떠돌고 있답니다."

베누스가 미소 지으며 대답했다.

"우리 튀로스의 처녀들은 언제나 이런 차림을 하고 있답니다. 보시다시피 화살집을 갖고 다니지만 그렇다고 아폴로의 누이동생 디아나*는

＊　그리스 신화의 사냥의 여신 아르테미스.

세계를 지배했던 로마의 모습. 티베리스 강가에 세워진 로마는 신화에 의하면 로물루스에
의해 753년경에 건설되었다. 로마 시내 중심에 건축된 콜로세움이 보인다.

〈콜로세움과 로마 전경〉 부분도, 리포트 커펠, 1846년, 헝가리 국립 미술관.

아이네아스의 어머니 베누스 여신은 아버지 읍피테르에게 아이네아스를 도와달라고 청했다. 이에 읍피테르가 예언했다. "이탈리아에는 라비니움 성벽이 세워질 것이고, 거기서 치열한 전쟁에서 이긴 아이네아스는 반항하는 여러 민족을 통제하고 법률과 질서를 만들 것이다. 그가 라티움을 세 해 동안 지배한 뒤에는 그의 아들 아스카니우스 또는 이울루스가 왕궁을 라비니움에서 알바 롱가로 옮기게 된다. 거기서 프리아무스의 자손은 삼백 년 동안 왕좌에 앉게 될 것이다. 그러다가 베스타의 여사제가 전쟁의 신 마르스의 가문으로부터 쌍둥이를 낳게 된다. 늑대가 기른 쌍둥이 중 한 명인 로물루스가 아버지 마르스를 위해 새로운 성벽을 쌓고 로마 민족의 시조가 되는 것이다. 나는 이 로마 인을 세계의 지배자로 만들고 그 지배권에 제한을 두지 않을 작정이다."

〈로물루스와 레무스〉, 기원전 5세기, 카피톨리니 미술관.

아니에요. 이방인이여! 당신은 아게노르의 도시 근처, 포이니케 인들의 나라에 있는 튀로스 인들에게 와 있어요. 당신이 있는 대륙은 아프리카이며 이곳은 리뷔아 지역입니다. 여기 사는 민족은 전투적인 야만족입니다. 여왕 디도가 우리를 지배하고 있어요. 여왕도 튀로스 태생으로 포이니케의 부호 쉬카이우스가 몹시 사랑하는 부인이었지요. 그러나 그녀의 오빠, 튀로스 왕 퓌그말리온은 잔인한 폭군이라 동생의 남편을 미워했어요. 그는 황금에 눈이 멀어 여동생의 사랑은 아랑곳하지 않고, 신들의 제단 앞에서 몰래 그녀의 남편을 죽여버렸지요. 살해된 망령은 가슴에 칼을 맞은 깊은 상처를 지닌 채 그의 부인 디도의 꿈에 나타나 비밀스러운 범죄를 폭로했어요. 그 망령은 서둘러 조국에서 도망치라고 충고하면서, 왕의 황금이나 은 같은 재물을 감춰두었던 장소를 아내에게 가르쳐줬습니다. 디도는 죽은 남편의 충고를 따랐지요. 폭군에 대한 증오로 많은 동료가 그녀 주변에 모였습니다. 그들은 인색한 퓌그말리온 왕의 금으로 배를 가득 채웠지요. 그렇게 해서 그들은 아프리카 해안에 도착했고, 당신들도 곧 보게 될 새로운 도시 카르타고의 거대한 성벽과 하늘 높이 치솟은 성곽을 그곳에 세운 것입니다. 여기서 디도는 처음에는 한 조각의 땅을 샀습니다. 이 땅은 뷔르사 또는 소가죽이라 불렸지요. 이 이름에 얽힌 이야기는 이렇습니다. 아프리카에 도착한 디도는 소가죽을 가지고 그것을 늘여 덮을 수 있을 만큼의 땅을 요구했습니다. 그러나 그녀는 소가죽을 찢어 가느다란 끈으로 만들었고, 그것으로 지금의 뷔르사 곧 카르타고의 성곽이 있는 전 지역을 둘러쌌지요. 이를 기반으로 해서 그녀는 보물들을 가지고 점점 영토를 넓혀나갔어요. 그녀가 지닌 왕으로서의 자질

이 지금 그녀가 지배하는 강대한 왕국의 기초가 된 것입니다. 이제 당신들이 어디에 있는지 아셨겠지요. 그런데 당신들은 누구이며, 어디에서 오셨습니까? 이제 어디로 가실 건가요?"

여신은 이런 질문을 함으로써 자기 아들로 하여금 눈물 나는 운명에 대해 이야기하게 했다. 그러나 아이네아스의 탄식에 가슴이 아파진 여신은 그를 가로막으며 말했다.

"우리 부모가 새점 치는 법을 가르쳐준 것이 쓸데없는 일이 아니었군요. 표류한 배들이 구조되고 동료들도 돌아올 것임을 알려드리지요. 왜냐하면 바로 조금 전에 백조 열두 마리가 유피테르의 새인 독수리에게 쫓기다가 하늘로 기쁘게 날아가는 것을 보았거든요. 백조들은 기다란 행렬을 만들어 일부는 땅을 찾았고 일부는 땅 위를 날았습니다. 당신의 친구들 중 일부는 이미 항구에 들어와 있고, 일부는 돛을 넓게 펼쳐 항구로 다가오고 있습니다. 그러니 당신은 계속해서 이 길을 가시면 됩니다."

이렇게 말하고 처녀는 발길을 돌려 사라졌다. 그녀의 장밋빛 목덜미에서 이 세상에선 볼 수 없는 광채가 났고, 아름다운 머리카락은 하늘나라의 향기로운 냄새를 풍겼다. 또 발뒤꿈치까지 흘러내린 옷자락은 눈이 부실 정도였다. 그녀의 모습은 분명 신과 같았다. 그녀의 걸음걸이가 여신임을 말해주고 있었다. 그때 아이네아스가 자기 어머니임을 알아차리고 여신을 불러 세웠지만 소용이 없었다. 그러나 어머니 베누스 신은 아이네아스 일행을 남의 눈에 띄지 않게 짙은 안개로 감싸 아무도 그들의 의도를 캐물을 수 없게 했다. 여신은 하늘 위로 날아 그녀가 즐겨 머무는 곳인 파푸스 섬으로 돌아갔다.

포이니케 인 쉬카이우스의 미망인 디도는 처음에는 한 조각 땅을 사서 도시 카르타고를 건설했다. 이 땅은 뷔르사 또는 소가죽이라 불렸는데, 이름의 유래는 이렇다. 아프리카에 도착한 디도는 소가죽을 가지고 늘릴 수 있는 한 최대한 늘려 그만큼의 땅을 요구하기로 했다. 그녀는 소가죽을 찢어 가느다란 끈으로 만들었고, 그것으로 지금의 뷔르사 곧 카르타고 성곽이 있는 전 지역을 둘러쌌다. 이를 기반으로 해서 그녀는 점점 더 영토를 확장했다.

〈카르타고를 건설하는 디도〉, 윌리엄 터너, 1815년, 내셔널 갤러리.

아이네아스, 디도를 만나다

두 나그네는 힘차게 안개 속을 헤치며 좁은 길을 따라 계속 걸었다. 조금 후에 그들은 도시 위로 높이 솟아 맞은편 성곽이 내려다보이는 언덕에 이르렀다. 아이네아스는 이전에는 초라한 농부의 오두막이 있던 자리에 솟아 있는 위풍당당한 왕궁과 돌로 된 도시의 높은 대문, 포장된 넓은 길들, 도시의 소음과 부산함을 놀란 눈으로 바라보았다. 도시는 아직 건설 중이었고, 튀로스 인들은 부지런히 일하고 있었다. 어떤 이들은 성벽을 만들고 또 어떤 이들은 성곽을 완성하기 위해 언덕으로 네모난 돌을 나르고 있었다.

많은 사람이 고랑을 파서 자기들의 집을 세울 장소를 표시하고 있었다. 주민들이 광장에 모여 원로와 재판관을 뽑고 새로운 국가의 법률에 대해 의논하고 있었다. 또 어떤 사람은 항구에서 땅을 파고 다른 사람은 극장의 주춧돌을 놓고 바위를 깎아 무대 장식을 위한 커다란 기둥을 만들고 있었다. 마치 떼 지어 일하는 꿀벌처럼 보였다.

안개에 몸을 숨긴 채 아이네아스와 그의 동료는 분주히 움직이고 있는 사람들 속으로 들어갔다가 아무도 모르게 빠져나왔다. 도시 한가운데에는 아름다운 숲이 있어 서늘한 나무 그늘을 이루고 있었다. 그곳은 포이니케 인들이 오랜 폭풍에 시달리며 바다를 여행한 끝에 유노가 주는 축복의 첫 번째 징표를 맨 먼저 발견한 장소였다. 그것은 말의 머리였는데 포이니케 인에게 전투의 승리와 먹을 것을 약속하는 징표였다. 여왕 디도는 그곳에 유노를 위해 웅장하고 화려한 신전을 세웠다. 계단, 문의 기둥, 대문 등이 모두 청동이었다.

아이네아스는 이 숲에서 확신에 찬 용기를 되찾았다. 절망적인 처지에 있으면서도 그는 대담하게 생각하고 희망을 갖게 되었다. 이 화려한 신전 안을 둘러보면서 훌륭한 예술작품에 감탄하다가 트로이야 전쟁을 그린 몇 개의 벽화를 보았기 때문이다. 프리아무스, 아트레우스의 아들들, 아킬레스, 레수스와 이오메데스, 도망가는 그라이키아 인들과 다시 도망가는 트로이야 인들, 말에 질질 끌려가는 소년 트로일루스, 팔라스의 신전에 머리카락을 휘날리며 서 있는 트로이야 여인들, 끌려가는 헥토르의 시신, 펜테실레아와 아마존 여전사들. 그 모든 것들을 아이네아스는 잘 알고 있었다. 끝으로 그는 성벽에서 적들을 향해 커다란 돌을 아래로 던지고 있는 자신의 모습도 발견했다.

희비가 교차하는 마음으로 그것들을 바라보는 동안 눈부시게 아름다운 여왕 디도가 튀로스 족 젊은이들의 호위를 받으며 신전으로 다가왔다. 그녀는 무장한 병사의 호위를 받으며 신전 현관의 둥근 천장 아래 높은 왕좌에 앉았다. 그리고 모여든 사람들에게 일부는 합당한 판단에 따라 또 다른 일부는 제비를 뽑아서 새로운 도시 건설을 분담시켰으며, 판결을 내리고 법률을 공포했다.

그때 갑자기 혼잡한 사람들 속에서 아이네아스와 아카테스는 잃어버렸다고 생각했던 친구와 동료들, 즉 세르게스투스와 클로안투스를 비롯해 많은 트로이야 인들을 발견했다. 폭풍으로 뿔뿔이 흩어진 사이 이들은 다른 해안으로 밀려 올라갔었던 것이다. 이들을 본 두 사람은 기쁘면서도 동시에 불안한 마음에 사로잡혔다. 그들의 손을 잡고 싶은 마음이 굴뚝같았지만 어떻게 해야 할지를 몰랐다. 그래서 두 사람은 안개에 몸을 숨긴 채 동료들의 입으로 그들 스스로 자기 운명을 이야기할 때까지 기다리기로 했다. 그들은 곧바로 혼란한 무리의 앞으로 나가 신전 현관 앞에 섰다. 여왕에게 진정할 기회를 허락받자 그들의 지도자인 일리오네우스가 입을 열었다.

"고귀하신 여왕이여! 우리는 불쌍한 트로이야 인들입니다. 폭풍이 우리를 바다에서 바다로 집어 던졌습니다. 우리는 먼 이탈리아로 항해하고 있었는데 뜻하지 않은 폭풍이 우리를 암초에 내동댕이쳐 수많은 배가 바다 밑으로 가라앉고 말았습니다. 겨우 살아남은 배들이 당신의 해안에 도착한 것입니다. 그런데 우리를 잡고 있는 이 사람들은 도대체 누구입니까? 이런 난폭한 짓을 허락하는 것은 어떤 야만족입니까? 그들은 우리가 해안에 상륙하는 것을 방해했을 뿐 아니라 전쟁으로 위협하고 배를 불태우려 했습니다. 당신들이 사람의 도리를 모르더라도 적어도 신들은 두려워할 줄 알아야 합니다! 우리의 지도자는 아이네아스라는 사람입니다. 어느 누구도 견줄 수 없을 만큼 큰 인물이며, 존경할 만한 영웅입니다. 만일 운명이 이 사람을 살려두었다면 당신들은 우리에게 호의를 베푼 것을 조금도 후회하지 않을 것입니다. 그러니 제발 침수된 배를 육지로 끌어올려 숲에서 용골을 보수하고 노를 만들도록 허락해주십시오. 우리의 지도자와 동료 들을 다시 만날 수만 있다면 신으로부터 약속받은, 이탈리아로 가는 여정도 별 탈 없이 성공할 것입니다. 그러나 만일 리뷔아의 바다가 왕을 삼켜버려 우리 희망이 수포로 돌아갔다면, 여왕님이시여! 시킬리아 해안에 있는 친한 친구에게 돌아갈 수 있도록 바닷길을 안내할 사람을 붙여주십시오."

여왕은 사내들 앞에서 눈을 밑으로 내리깐 채 짧게 대답했다.

"트로이야의 여러분! 마음속 불안을 떨쳐버리시오. 내 운명이 기구하고 나라가 세워진 지 얼마 안 되었기에 국경에 엄중한 파수병을 둔 것이오. 그러나 우리는 트로이야와 그 도시의 불행한 백성들, 트로이야의 영웅들과 그들의 무훈 그리고 도시의 무서운 멸망 이야기를 잘 알고 있소. 우리 도시는 그대들의 운명을 전혀 모르지 않소. 또한 그대들의 운명에 대해 마음이 움직이지 않을 정도로 그렇게 무정하지도 않다오. 그대들은 헤스페리아든 시킬리아 섬이든 어디든지 거주지를 택하시오. 어찌 되었든 나는 그대들이 필요로 하는 모든 것을 제공해 무사히 여행할 수 있도록 해주겠소. 차라리 이 나라에 정착하는 것도 나쁘지 않을 것이오. 그대들 자유겠지만 도시를 건설할 수도 있소. 나는 나의 법률에 따라 그대들을 보호해주겠소. 그대들의 왕에 대해서는 당장 해안과 내륙으로 확실한 사람들을 보내어 그가 숲이나 도시를 헤매고 있지 않은지 조사하라고 명하겠소."

그 말에 안개 속에 숨었던 두 영웅도 앞으로 나서고 싶은 욕망에 불탔다.

"들었는가, 여신의 아들이여!"

아카테스가 친구에게 속삭였다.

"배와 친구들이 모두 구조되었네. 우리가 바다에 빠지는 걸 직접 본 그자만 빼고 말이야. 그 밖의 일은 모두 자네 어머니가 약속하신 바와 일치하네."

이 말이 채 끝나기도 전에 안개가 저절로 갈라지며 사라졌다. 그러자 밝은 햇빛을 받으며 아이네아스의 모습이 드러났다. 그의 어깨와 얼굴 근처로 후광이 비쳐 그의 모습은 마치 신과 같았다. 어머니 베누스 여신이 신비스러운 힘으로 아이네아스의 머리카락을 아름답게 물결치게 만들고, 뺨은 마치 소년처럼 장밋빛으로 빛나게 했으며, 맑은 눈동자에는 우아한 빛을 주었던 것이다. 기적처럼 아이네아스가 사람들 앞에 나타나 여왕을 향해 말했다.

"당신들이 찾고 있는 사나이는 리뷔아의 파도에서 살아남아 여기와 있습니다. 내가 트로이야의 아이네아스입니다! 고귀하고 관대한 여왕이시여, 당신은 이 도시에 온 불행한 민족의 패잔병을 불쌍히 여겨 맞이해주셨습니다. 온 세상으로 흩어진 어떤 트로이야 인이라도 이에 걸맞은 답례를 할 수는 없을 것입니다. 신들이 당신에게 보상해주시길 기도합니다! 이 대지가 존재하는 한 당신의 이름은 우리 트로이야 인들에게 늘 찬양받을 것입니다!"

여왕 디도가 놀란 마음이 겨우 진정되자 입을 열었다.

"여신의 아들이여! 어떤 운명이 당신에게 온갖 위험을 겪게 했나요? 당신이 바로 여신 베누스와 트로이야의 앙키세스 사이에서 태어나 시모이스 강변에 버려졌다는 아이네아스입니까! 당신의 가문과 트로이야 백성의 운명에 대해 아버지 벨루스로부터 많이 들었습니다. 아버지께서 퀴프로스 전쟁에 참여하셨을 때, 텔라몬의 아들인 그라이키아 인 테우케르가 트로이야 전쟁이 끝나고 나서 그곳에 정착한 아버지를 찾아왔었지요. 그는 당신들의 영웅적 활약에 대해 많은 이야기를 들려줬습니다. 그는 전쟁에서 당신들의 적이었지만 사실은 친척이기도 합니다. 왜냐하면 그는 자신이 테우케르의 자손, 즉 트로이야 백성의 오래된 핏줄이라고 자랑했었기 때문입니다. 그의 어머니 헤시오네는 트로이야 왕 라오메돈의 딸로 텔라몬이 전쟁포로로 친구 헤르쿨레스* 한테서 선물로 얻었으니까요. 그러니 사나이들이여, 안심하고 우리 궁전으로 오십시오. 나도 아직 추방된 몸으로 오랜 고초 끝에 이곳에서 겨우 안주할 땅을 찾아냈습니다. 고난이 어떤 것인지 잘 알고 있지요. 그러니까 불행한 분들에게 힘이 되어드릴 수 있을 것입니다."

디도는 그렇게 말한 뒤 곧바로 영웅들을 궁전으로 안내했다. 그리고 모든 신전에서 성대한 제물을 올리도록 명령했다. 궁전 안은 왕의 지위에 걸맞게 호화로운 장식이 있었으며 궁전의 가장 아름다운 연회실에서는 연회가 준비되고 있었다. 어디를 가나 붉은 주단이 깔려 있었고 식탁에는 묵직한 은그릇과 섬세하고 훌륭하게 조각된 황금 잔이 빛나고 있었다.

한편 아이네아스는 아들의 일이 걱정되어 안절부절못했다. 그는 급히 충직한 아카테스를 선단으로 보내 아들 아스카니우스에게 기쁜 소식을 전하고 그를 데려오라 했다. 또 트로이야의 폐허 속에서 구해낸 여러 가지 귀중한 기념품을 선물로 가져오도록 명했다. 그것은 금실로 수놓은 호화로운 외투, 헬레나**가 어머니 레다에게 선물받아 스파르타에서 가져온 멋진 베일, 프리아무스의 장녀 일리오네의 왕홀, 진주 목걸이, 황금과 보석으로 빛나는 왕관이었다. 이 명령을 받고 아카테스는 급히 선단을 향해 출발했다.

---

* 헤라클레스의 라틴어 이름. 이 이야기는 1권 4장 '헤라클레스 이야기' 참조.
** 헬레네의 라틴어 이름.

베누스가 디도의 마음을 홀리다

그러나 아이네아스의 어머니 천상의 여신은 아직도 아들의 운명에 대해 안심하지 못했다. 여신은 튀로스 족의 한 입으로 두말하는 기질과 지나치게 현혹적인 왕궁이 마음에 걸렸다. 게다가 아이네아스의 원수인 유노가 이 나라의 수호신이라는 점도 큰 걱정거리였다. 그래서 베누스는 새로운 꾀를 냈다. 그녀는 자기 아들인 사랑의 신을 아이네아스의 아들 아스카니우스로 변신시켜 카르타고 왕궁에 보내기로 했다. 왕의 연회 때 아무것도 모르는 디도가 이 사랑스러운 소년을 무릎에 올려놓고 뺨을 비벼대고 입을 맞추면, 그때 사랑의 신을 시켜 그녀의 가슴에 비밀스러운 불과 마음을 들뜨게 하는 독을 불어넣을 작정이었다.

아모르*는 어머니의 명령에 따랐다. 그는 급히 날개를 벗고 자신의 임무에 만족스러워하며 순식간에 어린 아스카니우스로 변신했다. 그리고 아카테스의 손에 이끌려 여왕의 도시로 향했다. 한편 베누스는 진짜 아스카니우스를 자신의 땅인 이달리움**에서 가장 높은 숲으로 데려가 향기로운 마요라나나무의 그늘 아래 재웠다.

작은 신이 아카테스에게 이끌려 카르타고 왕궁으로 왔을 때 여왕은 이미 연회실 중앙의 호화로운 융단으로 장식한 황금 왕좌에 앉아 있었다. 아이네아스와 트로이야의 영웅들도 각각 들어와 식탁 앞 붉은

* 그리스 신화의 사랑의 신 에로스.
** 베누스 여신의 신전과 숲이 있던 퀴프로스 섬의 도시이다.

의자에 앉았다. 시종이 손 씻는 물과 수건을 들고 돌아다니며 바구니에 담긴 빵을 나눠 주었다. 식당에는 쉰 명의 하녀가 쭉 늘어서서 불꽃을 튀기며 타는 가마솥 앞에서 요리를 하고 있었다. 또한 백 명의 하인과 곱게 치장한 아름다운 백 명의 여인이 식탁에 음식을 차리고 손님들 앞에 황금 잔을 내려놓았다. 튀로스 족 사람들도 무리를 지어 몰려와 여왕의 명령에 따라 식탁에 둘러앉았다.

아이네아스의 선물이 돌려지자 여기저기서 감탄의 소리가 나왔다. 그리고 아버지의 목에 매달려 마구 뽀뽀하며 재치 넘치는 말을 하고 있는 어린아이인 가짜 이울루스에게 손님들의 시선이 쏠렸다. 특히 신에 의해 이미 파멸의 운명에 놓인 불쌍한 디도는 아무리 봐도 싫증이 나지 않는 듯 이울루스를 쳐다보다가 불타는 눈빛으로 선물을 쳐다보고는 했다. 작은 사랑의 신 아모르는 아이네아스에게서 떨어지더니 급히 여왕 옆으로 갔다.

여왕은 아주 자연스럽게 소년을 끌어안고 귀엽다는 듯 바라보며 부드럽게 쓰다듬었다. 아모르는 여왕의 가슴에 남아 있는 죽은 남편의 모습을 차차 희미하게 만들었고, 꺼졌던 가슴의 불을 새로운 정열로 타오르게 했다. 연회가 끝날 무렵, 요리가 식탁에서 거두어지고 커다란 술독이 준비되어 술잔이 새로 채워졌다. 어느덧 해가 지자 황금 칠을 한 연회실 천장에 휘황찬란한 모양의 촛대가 매달렸다.

디도는 보석을 박아 무겁지만 매우 멋진 커다란 황금 잔을 가져오게 해서 술을 그득 부었다. 그것은 역대 튀로스 왕들이 애용하던 잔이었다. 디도는 왕좌에서 일어나 오른손으로 술잔을 높이 쳐들었다. 그러자 궁전 연회실의 소란스럽던 말소리가 뚝 끊겼다.

"손님의 권리를 지키는 신 윱피테르여!"

여왕이 엄숙한 목소리로 말했다.

"오늘은 튀로스 족과 트로이야 인 손님들을 위해 즐거운 날이 되게 하시고 후손들까지도 이날을 기쁜 날로 기억하게 하소서! 또한 기쁨을 나눠 주는 신 박쿠스여, 아름다운 여신 유노여, 우리와 함께하소서!"

이렇게 말한 뒤 그녀는 식탁 위에다 포도주로 헌주했고, 커다란 황금 잔으로 자신이 먼저 마신 뒤 옆에 앉아 있는 튀로스 귀족들에게 돌렸다. 술잔은 튀로스 족과 트로이야 인들 사이를 차례로 돌았다. 곱슬머리 가수가 리라 소리에 맞춰 세상과 인간과 동물의 유래에 관한 노래를 불렀다. 노래가 끝나자 디도는 아이네아스의 이야기에 귀를 기울였고, 가슴 두근거리며 그의 운명을 들었다. 그리고 감미로운 사랑의 독을 가슴 한가득 들이마셨다.

디도의 사랑이 아이네아스의 마음을 흐리다

영웅 아이네아스의 표정과 말은 여왕의 마음에 깊이 파고들었다. 벌써 손님들이 궁을 떠난 지 오래되었지만 잠자리에 든 디도는 몇 시간이나 뒤척이며 잠들지 못하고 있었다. 그녀는 사랑하는 동생이자 가장 믿을 만한 친구인 안나의 방을 찾아가 자기 마음을 털어놓았다.

"동생 안나야, 기이한 꿈이 나를 걱정스럽게 하는구나. 아주 귀한 손님이 우리 궁전을 찾아왔지. 그의 눈동자, 그가 가진 무기와 용기가 얼마나 멋지던지! 틀림없이 신들의 후손일 것이다. 그는 어떤 운명을 경험하고 어떤 전쟁을 치르고 어떤 항해를 해냈을까? 안나야, 죽음이 내게서 첫사랑을 빼앗아 간 이후 누구와도 결혼하지 않겠다고 굳게 결심하지 않았다면, 아마 나는 유혹에 쉽게 무너졌을 거야. 살해된 남편에 대한 지조를 깨뜨리기 전에 대지가 날 삼키고 번갯불이 떨어지겠지. 남편은 내 사랑과 함께 저세상으로 갔고 무덤 속에서도 그 사랑을 계속 간직하고 있을 테니까!"

디도는 눈물로 목이 메어 더는 아무 말도 할 수가 없었다. 안나가 디도를 동정 어린 눈으로 바라보며 대답했다.

"디도 언니, 난 언니를 내 생명보다 더 사랑해요. 언니의 꽃다운 청춘을 과부의 슬픔 속에서 모두 흘려보낼 작정인가요? 먼지가 되어버린 형부가 언니를 걱정하고 있으리라 믿어요? 우리가 있는 지역은 한쪽으로는 호전적인 가이툴리 족과 야만적인 누미디아 족, 게다가 형편없는 모래톱에 둘러싸였고 다른 한쪽은 물도 없는 사막으로 막혀 있지요. 그리고 용서할 수 없는 오빠와 튀로스 족에게서 전쟁의 위협까지 받잖아요? 트로이야의 배가 이 해안에 도착한 것은 우리의 수호신 유노가 도와주신 덕분이에요. 저를 믿으세요! 언니, 만일 그들과 인연을 맺으면 우리 도시와 나라가 얼마나 강대해지겠어요. 트로이야 군대의 호위를 받으면 포이누스 인*들의 명성은 드높아질 거예요. 사랑하는 언니, 현명하게 처신하세요. 신들에게 제물을 바치고 손님들에게 선물을 안겨주세요. 배의 수리가 끝나고 순풍이 불어올 때까지 모든 방법을 써서 영웅들을 이곳에 잡아두는 거예요."

* 카르타고 사람들을 말한다.

안나의 말은 디도의 타오르는 열정을 부채질해 그녀의 마음에 있던 부끄러움을 잠재웠다. 두 사람은 함께 신전으로 가 신들에게 제물을 바쳤다. 그런 다음 디도는 사모하는 아이네아스를 도시로 안내하여 시돈의 영화로움을 보여주고는 이 손님을 위해 새로운 향연을 베풀었다. 디도는 제 아버지를 꼭 닮은 아스카니우스를 다시 가슴에 안고, 트로이야의 영웅 아이네아스가 겪은 고난의 이야기를 계속해서 흥미롭게 들었다.

신들의 어머니 유노는 이 광경을 올림푸스 산 위에서 하나도 빠짐 없이 지켜보고 있었다. 그리고 아이네아스에게 약속된 땅 이탈리아를 영원히 주지 않을 뿐 아니라 트로이야 민족을 소멸할 절호의 기회가 왔다고 생각했다. 유노는 딸 베누스를 찾아갔다. 유노는 마음이 급했지만 서두르지 않고 매우 다정하게 말했다.

"너와 네 아들은 정말로 훌륭한 승리를 거두었구나. 더 반목해서 무엇 하겠느냐? 혼인관계를 맺어 그것으로 영원한 평화를 얻자꾸나! 너는 네가 진심으로 찾던 바를 얻는 것이다. 다시 말해 디도는 아이네아스에 대한 사랑으로 불타고 있다. 그러니 저 두 민족을 하나로 녹이자. 디도는 트로이야 인 남편을 섬기게 될 것이고 튀로스의 백성은 그의 결혼선물이 될 것이다."

그러나 베누스는 위선적인 유노의 음흉한 의도를 눈치 챘다.

"어머니, 당신의 제안을 거부할 만큼 제가 그리 어리석겠습니까? 어떻게 감히 어머니와 끝없이 싸우려는 생각을 하겠어요? 단지 제가 걱정되는 것은 두 민족의 결합을 읍피테르께서 허락해주실까 하는 점이에요. 그러니 읍피테르께 생각을 바꾸시라고 부탁하세요. 어머님이

하시는 일에 저는 아무런 이의가 없습니다."

"내게 맡겨라."

유노가 만족스럽게 대답했다.

"무엇보다 인연을 맺도록 하는 거다. 나중 일은 내 수완에 달렸다. 윱피테르도 다 된 일을 거부하지는 않겠지."

퀴테레아*는 동의를 표하며 상냥하게 고개를 끄덕였으나 마음속으로는 유노의 속임수를 비웃고 있었다.

다음 날 아침, 여왕 디도는 이방인 손님들을 환대하기 위해 대규모 사냥대회를 열었다. 선발된 청년들이 올가미와 그물, 넓적한 사냥용 창으로 기수와 사냥개의 인도를 받으며 성문을 떠났다. 궁전 앞에는 황금색과 자주색 안장을 얹은 말이 서 있고, 현관에는 포이누스 인의 지도자들이 서서 기다렸다. 드디어 디도가 밖으로 나왔다. 그녀는 화려한 색깔의 시돈 사냥꾼 옷을 입고, 그 위에는 황금 브로치로 여민 자주색 웃옷을 걸치고 있었다. 또한 보석으로 치장한 머리띠를 이마에 둘렀으며, 어깨에는 황금 화살집을 멨다. 네 명의 트로이야 인들이 대열에 있었고, 그중에는 마냥 즐거운 이울루스도 있었다. 드디어 모든 사람 가운데 가장 아름다운 아이네아스가 가장 친한 친구들과 함께 그 대열에 합류했다.

일행은 산에 도착해 길도 없는 사냥터로 곧바로 흩어졌다. 얼마 지나지 않아 그들은 바위꼭대기에서 언덕을 넘어오는 영양 떼와 먼지를 날

＊　퀴테레아는 베누스의 별명이다. 바다의 물거품에서 태어난 아름다움의 여신 베누스는 맨 먼저 펠로폰네소스 반도 앞바다의 퀴테라 섬으로 갔기 때문에 이런 별명이 생겼다. 또는 그곳에 유명한 그녀의 신전이 있었기 때문이라고도 한다.

리며 산에서 내려와 광야를 향해 달려가는 사슴 떼를 발견했다. 골짜기 한가운데에서는 소년 이울루스가 말을 몰아 이곳저곳의 사냥꾼들을 앞질러 갔다. 소년은 겁 많은 사냥감을 시시하게 여겼다. 그는 입에 거품을 문 멧돼지가 달려오거나 누런 갈기털을 뒤집어쓴 사자가 언덕 뒤에서 나타나기만 고대하고 있었다.

사냥꾼들은 사냥이 너무 재미있어 하늘에 구름이 점점 몰려드는 것을 보지 못했다. 나무들 사이로 바람이 휘몰아치더니 갑자기 비와 우박이 쏟아져 내렸다. 사냥꾼들은 그제야 폭풍이 몰려오고 있음을 알았다. 튀로스 족도 트로이야 인들도 저마다 길을 잃고 흩어져 숲과 들을 우왕좌왕하며 폭풍을 피할 곳을 찾았다. 그러나 갑자기 불어난 물이 산골짜기에서 내려와 겨우 피한 그 장소에서 고립되고 말았다.

유노가 준비한 대로 여왕 디도와 영웅 아이네아스는 거친 폭풍을 피하기 위해 마침 같은 동굴로 들어갔다. 자연이 요동을 치고 번쩍이는 번개와 고막을 찢는 천둥소리 속에서 여왕은 그때까지 억눌러왔던 연정을 풀어놓았다. 그녀는 수치심도 잊어버리고 아이네아스에게 불타는 사랑을 고백했다. 흥분한 아이네아스는 신의 약속을 잊어버리고 그녀의 애정을 받아들였으며 터져 나오는 그녀의 열정에 경솔한 맹세로 대답했다.

윱피테르의 명령으로 카르타고를 떠나다

폭풍우가 지나가자 사냥을 나왔던 일행이 다시 모였다. 아이네아스는 디도와 나란히 도시의 궁전으로 돌아왔다. 축하 잔치가 계속해서 벌어졌고 사람들은 누구도 트로이야 인의 출항을 생각하지 않았다. 그러는 사이 겨울이 다가왔다.

어느 날 소문의 여신 파마가 나와서 리뷔아의 도시들을 날아 지나갔다. 이상한 형태로 움직이는 파마는 대지의 어머니의 딸로 거인족의 막내딸이었다. 숨어 있던 장소에서 처음 나올 때 파마는 아주 작았으며 수줍음을 탔다. 그러나 그녀는 걸을수록 힘과 체구가 점점 커져 곧 하늘에까지 닿았다. 발이 대지를 달리고 있을 때도 그녀의 머리는 구름 속에 감춰져 있었다.

이 여신의 모습은 매우 혐오스러웠으며 온몸이 솜털로 뒤덮여 있었다. 그렇게 많은 솜털마다 그 아래에 반짝이는 눈과 혀, 침묵을 모르는 입과 항상 쫑긋 선 귀가 달려 있었다. 그녀는 밤마다 어둠을 뚫고 하늘과 대지 사이를 윙윙거리며 날아다녔고, 한시도 눈을 감고 달콤한 잠을 청하는 일이 없었다. 낮에는 지붕꼭대기나 높은 성탑 위에 쪼그리고 앉아 엿보다가 도시와 나라를 요란한 소리로 놀라게 했다. 그녀에게는 진실이나 거짓이 매한가지였다. 이 심술궂은 존재는 지금도 아프리카의 여러 나라에 갖가지 소문을 퍼뜨리며 있는 일 없는 일을 뒤섞어 즐겁게 떠들어대고 있다.

"이방인이 왔는데, 트로이야 인이고 이름은 아이네아스라네. 이 사람을 매력적인 여왕 디도가 남편으로 선택했네. 그녀는 나라 걱정도 잊고, 통치의 고삐도 손에서 놓아버렸지. 두 사람은 겨우내 호화스럽고 화려한 생활을 함께하고 있다네."

혐오스러운 여신은 이 이야기를 백성들의 입에서 입으로 옮겼다.

그러던 어느 날 여신은 갑자기 걸음을 빨리하여 얼마 전 디도에게 청혼했다가 거절당한 누미디아 왕 이아르바스에게로 갔다. 여신 파마는 그의 상처 입은 마음에 커다란 노여움이 불타도록 속삭였다.

이아르바스는 윱피테르와 리뷔아의 요정 사이에서 태어난 아들로, 윱피테르를 위해 누미디아에 웅장하도고 화려한 신전을 백 개나 세운 왕이었다. 그리고 사제들로 하여금 항상 제물을 바치게 하고, 신전 대문을 화환으로 장식해놓았다. 파마가 전해준 쓰라린 소문에 격분한 이아르바스는 윱피테르 제단 앞에 무릎을 꿇고 하늘을 향해 호소했다.

"마우리 족 모두가 존경하는 전능하신 윱피테르 신이여! 이 광경을 보고도 왜 벼락을 치지 않으십니까? 자기 나라에서 도망쳐 돈으로 도시를 건설한 그 여인은 제가 땅을 빌려주며 경작하고 다스리게 한 여인입니다. 그런 여인이 뻔뻔스럽게도 내 손을 뿌리치고 변변찮은 트로이아 인에게 자신을 내맡기더니, 내게서 빼앗아 간 것을 가지고 졸장부와 놀아나고 있습니다. 당신의 신전에 끊임없이 제물을 바치며 당신이 이 세상을 잘 다스려주실 것으로 믿었던 우리들은 정말 바보였습니다!"

윱피테르는 이아르바스의 호소를 듣고 올륌푸스 산 위에서 카르타고로 눈을 돌렸다. 그리고 아들 메르쿠리우스를 불렀다.

"아이네아스는 적의 나라에서 뭘 하고 있는 것이냐?"

그가 화를 내며 말했다.

"내가 그를 그라이키아 인들의 손에서 두 번이나 구출해내고 때때로 폭풍에서 구해준 것은 그런 뜻이 아니었다. 그는 나를 위해 로마를 창건해야 한다! 당장 배를 타고 떠나게 해라. 그것이 내가 원하는 바다. 나의 말을 그에게 전해다오!"

메르쿠리우스는 날개 달린 샌들을 신고 새처럼 날아갔다. 얼마 후 카르타고에 이르렀으니 그때 영웅 아이네아스는 궁전 신축 공사를 감독하는 중이었다. 그의 칼은 보석으로 빛났고, 디도가 손수 만들어준 외투는 자주색으로 빛나고 있었다. 머리에서 발끝까지 튀로스 왕의 모습이었지, 더는 트로이야 인으로 보이지 않았다. 메르쿠리우스는 다른 사람에게 보이지 않도록 자기를 숨기고는 그의 곁으로 다가가 귓가에 대고 나무랐다.

"여인의 종아! 넌 이런 데서 사명도 조국도 잊어버리고 여왕을 위한 도시나 짓고 있구나. 아들 아스카니우스의 일이라든지 네가 건설해야 할 로마를 벌써 잊어버렸단 말이냐? 읍피테르께서 너를 벌주고 쫓아내기 위해 나를 보내셨노라!"

아이네아스가 정신을 차리기도 전에 메르쿠리우스는 날아가버렸다. 아이네아스의 영혼에 신의 명령이 계속해서 울려대자 서둘러 도망쳐야겠다는 것 말고는 아무 생각도 할 수 없었다. 그는 자신의 계획을 전면 재검토한 뒤 가장 믿을 수 있는 동료들을 남의 눈에 띄지 않는 장소로 불러 모았다. 그리고 선단이 조용히 떠날 준비를 하고 동료들이 해안에 모여 언제든 쓸 수 있도록 무기를 준비하는 동안, 이 일이 새나가지 않도록 비밀을 지키라 명령했다. 그는 디도가 하늘에서 강요한 결별을 눈치 채기 전에 적당한 때를 보아 가능한 한 그녀가 상처받지 않게 하며 결정된 운명을 알려줄 생각이었다.

그러나 그 누가 사랑하는 사람의 마음을 감쪽같이 속일 수 있으랴. 여왕은 그의 속임수를 알아차렸다. 그녀는 초조한 마음으로 모든 일이 분명해질 때까지 기다렸다. 그때 음흉한 파마가 트로이야 선단이 출항 준비를 마치고 떠나려 한다는 것을 그녀에게 알려주었다. 여왕은 마치 미친 사람처럼 거리를 뛰어다니다가 겨우 애인을 찾아냈다.

"신의 없는 사람이여! 당신의 죄를 나에게 감추고 이 나라에서 몰래 도망칠 속셈인가요. 저의 사랑도, 저의 손도, 저의 죽음도 당신을 붙들어둘 수는 없겠지요? 아이네아스, 왜 도망치려는 건가요? 이 한겨울에 열심히 떠날 준비를 해서 제 품을 떠나 북풍 속으로 몸을 던지겠다고요, 무정한 사람이여! 아이네아스, 왜 제게서 도망치려 하세요? 이 눈물과 당신의 약속, 그리고 이제 시작한 우리의 부부생활을 걸고 맹세합니다. 만일 제게 당신이 호의를 베풀 가치가 있다면, 저의 어떤 것을 사랑하신다면, 마음을 바꾸고 기울어가는 집안을 불쌍히 여겨주세요. 당신 때문에 리뷔아의 족속과 튀로스 족까지 절 미워하고 있어요. 불멸의 명성을 가져다주었던 정숙한 생활도 당신 때문에 끝났습니다! 당신은 이제 제 남편이 아니니까요. 저를 누군가의 손에 죽게 내버려둘 작정이신가요? 오빠 퓌그말리온이 이 성벽으로 쳐들어올 때까지, 누미디아의 왕 이아르바스가 나를 포로로 잡아갈 때까지 기다려야 한단 말인가요?"

절망에 빠진 디도가 그렇게 말했다. 그러나 이미 윱피테르의 경고를 받은 아이네아스는 안색 하나 변하지 않고 가슴속 슬픔을 억눌렀다.

드디어 그가 대답했다.

"여왕이여, 내가 나 자신임을 기억하는 동안 그리고 내 정신이 이 육체를 살아 움직이게 하는 한 당신의 은혜를 잊지 않을 것이오. 내가 도둑처럼 도망가려 한다고 생각하지 마시오. 우리는 결혼을 한 것이 아니고 당신과 그런 계약을 맺은 적도 없소. 만일 운명이 내 의지대로 살라고 한다면, 나는 무엇보다 먼저 사랑하는 고국 트로이야와 프리아무스 왕가를 다시 일으킬 거요. 하지만 아폴로께서는 이탈리아로 가라고 명령했소. 그곳에 내 마음과 나의 보물 그리고 조국이 있는 것이오. 아들에게 약속의 나라에 대해 속일 수는 없잖소? 율피테르가 그것을 금하고 계시오. 사자 메르쿠리우스가 인간의 모습을 하고 나에게 와서 그렇게 전했다오. 그러니 더는 탄식하여 당신과 나를 괴롭히지 맙시다. 내가 스스로 선택해서 이탈리아로 가는 게 아니라오!"

옆으로 돌아선 여왕은 그렇게 말하는 아이네아스를 바라보았다. 그녀는 아무 말 없이 그를 머리 끝부터 발끝까지 바라보다가 갑자기 열을 내며 말했다.

"당신 어머니는 여신도 아니고 다르다누스도 당신 조상이 아니에요! 당신은 카우카수스의 절벽에서 태어났고 휘르카니아의 암호랑이가 젖을 주었던 거예요. 당신은 제가 울 때 탄식이라도 했나요? 제가 울고 있는 것을 거들떠보거나 동정이라도 했나요? 당신이 해안에 거지처럼 버려져 있을 때 저는 당신을 도와주었어요. 전 당신의 배와 동료들을 죽음의 깊은 늪에서 구했고, 당신을 저의 왕좌에 함께 앉는 사람으로 만들어드렸어요. 그런데 이제 와서 아폴로의 계시라느니, 신들의 사자가 왔다느니 하며 신의 명령이라는 핑계를 늘어놓고 계시는군요. 자신의 불성실함을 신들의 탓으로 돌릴 작정인가요! 자, 더는 따지지도 붙잡지도 않겠어요. 폭풍 속에서 당신의 이탈리아를 찾으세요! 신들이 계시다면 당신을 암초에 걸리게 해서 복수해주시겠지요. 제 영혼은 당신 뒤를 따라다닐 거예요. 당신이 벌을 받는다면 저는 하계의 깊은 심연에서 그 소식을 듣겠지요."

아이네아스는 여왕에 대한 커다란 사랑에 마음이 움직여 그녀의 슬픔을 부드럽게 위로해주고 싶은 생각이 들었다. 그러나 그 마음도 잠시였을 뿐 그를 온전히 흔들어놓지는 못했다. 그는 충실히 신의 명령을 따라 선단으로 갔다. 선단은 곧 출항 준비를 끝냈다. 디도는 떠나는 트로이야 인들로 소란한 해안을 성벽의 화살구멍으로 바라볼 수밖에 없었다.

"안나야!"

디도가 동생을 불러 말했다.

"온 해안이 북적대는 게 보이느냐? 돛이 바람에 우는 소리가 들리느냐? 선원이 갑판을 꽃으로 꾸미는 것이 보이느냐? 아, 이럴 줄 알았다면 그냥 참고 견딜 것을! 안나야, 불쌍한 이 언니를 위해 내 부탁을 들어다오. 저 배신자는 항상 너를 존경했으니 가장 깊은 속마음도 털어놓겠지. 동생아, 저 오만한 적에게 가서 정중하게 물어보아라. 내가 아울리스에서 트로이야 백성의 멸망을 함께 맹세한 그라이키아 여인도 아니고, 그의 아버지 앙키세스의 재를 사악하게 공중에 뿌린 일도 없는데 어째서 나한테 복수를 하는 것이냐고. 적어도 순풍을 기다려 더 좋은 때에 출항하라고 말해다오. 그리고 내가 그에게 이탈리아를 포기하라고 요구하는 것이 아니라 나의 미칠 듯한 사랑을 달래기 위해서라는 것을, 그리고 내가 자신의 운명을 깨닫고 슬픔에 익숙해질 때까지 잠시 머물러달라고 전해다오."

디도가 이렇게 애원하자 걱정스러운 안나는 아이네아스에게 가서 디도의 슬픔을 전했다. 그러나 누구의 말도 아이네아스의 마음을 움직일 수 없었다. 보통 때 같으면 작은 슬픔에도 귀 기울이는 인정 많은 아이네아스의 귀를 신이 막아버렸기 때문이다. 북풍이 은행나무 고목을 양쪽에서 에워싸고 뿌리째 뽑으려 할 때 우듬지가 요란한 소리를 내며 가지를 뒤흔들었고 꼭대기 잎들이 떨어져 땅 위를 덮어도 나무가 암벽에 단단히 뿌리박고 있어 어쩔 도리가 없는 것과 같았다. 마치 머리는 높은 하늘로 솟고 뿌리는 깊은 심연으로 뻗어 있는 듯했다. 아이네아스는 그렇게 딱 버티고 서서 두 자매의 애원에 시달렸다. 그의 고결한 마음속에 큰 고뇌가 밀려왔으나 아이네아스는 은행나무처럼 꼼짝도 하지 않았다.

그제야 디도는 운명의 의지를 깨닫고 죽음을 원했다. 더는 하늘을 보고 싶지 않았다. 죽을 결심을 더욱 굳힌 것은 마지막 제물을 바쳤을 때 하늘이 그녀의 눈앞에 보여준 무서운 징조 때문이었다. 잔에 맑은 포도주를 따르자 검은 피로 변한 것이었다. 디도는 이 징조를 아무에게도 심지어 동생에게조차 말하지 않았다. 그때부터 디도는 어떻게 하면 가족을 속인 채 가장 확실한 방법으로 죽을 수 있을지를 생각했다. 디도는 자신의 끔찍한 계획을 숨기려 밝은 표정을 짓고 눈빛에는 희망을 담아 동생에게 말했다.

"사랑하는 안나야, 기뻐해다오! 저 신의 없는 사나이를 돌아오게 하거나 이 사랑에서 해방될 좋은 방법이 생겼다. 헤스페리데스 여신들의 신전지기였던 아이티오페스 족의 여인이 이곳에 왔는데, 마법의 노래로 연인의 마음을 사로잡든지 내 마음을 사랑으로부터 해방해주겠다고 약속했단다. 그녀는 그 일을 위한 의식을 가르쳐주었어. 하지만 나 자신에 관한 일을 하면서 마법에 의지하기는 싫구나. 그러니 사랑하는 동생아, 네가 마법사 여인이 가르쳐준 대로 성의 정원에 장작을 쌓아놓고 그 위에다 신의 없는 사나이가 남겨놓고 간 무기와 옷과 침대를 얹어다오. 난 불의한 자의 소지품을 다 태워버리고 싶다. 그것이 마법사 여인의 지시이기도 하니까."

디도는 이렇게 말하고 입을 다물었다. 얼굴이 마치 죽은 사람처럼 하얗게 질려 있었다. 동생 안나는 이 괴상한 희생의식 뒤에 그녀가 자살할 생각을 숨기고 있으리라고는 꿈에도 생각지 못했다.

소나무와 은행나무 장작이 산더미처럼 높이 쌓이자 디도가 삼나무 가지로 장작더미를 장식하고 그 둘레에 화환을 걸었다. 그러고는 아이네아스의 칼과 침상과 옷과 초상화를 놓고 주위에 제단을 마련했다. 이국의 여자 예언자는 머리를 헝클어뜨린 채 저세상 신들의 이름을 부르면서 괴상한 지옥의 음식을 불타오르는 장작 위에 부었다. 그러고는 달밤에 큰 낫으로 미리 베어놓은 약초를 던지고 주문을 외었다. 의식이 끝나자 상심한 여왕은 지상에서의 마지막 잠을 청하러 궁전으로 돌아갔다.

한편 아이네아스는 출항이 결정되었기 때문에 배의 갑판 뒤에서 잠시 졸고 있었다. 이때 메르쿠리우스가 꿈속에 나타나 다시 경고했다.

"여신 베누스의 아들아, 이 위험한 상황에서 어찌 잠이나 자고 있단 말이냐! 네가 얼마나 큰 위험에 둘러싸여 있는지 모르느냐? 서쪽에서 순풍이 불어오는 소리가 들리지도 않느냐? 버림받은 여왕은 가슴속에 복수심을 불태우며 무서운 악행을 꾀하고 있다. 어째서 지금 곧 도망갈 생각을 하지 않느냐!"

놀란 아이네아스는 벌떡 일어나 동료들을 재촉해 당장 출항했다.

조금 뒤 새벽 햇살이 비쳐왔다. 디도가 발코니에 올라가니 해안에서는 사람의 그림자도 안 보였고 저 멀리로 돛을 펼친 트로이야 선대가 바다 한가운데를 달리고 있었다. 디도는 괴로운 나머지 가슴을 치며 금발머리를 쥐어뜯었다. 그리고 오래 통곡한 뒤 유모 바르케에게 동생 안나를 불러오게 했다.

홀로 남은 디도는 곧 정원으로 뛰어나갔다. 그러고는 광기에 사로잡혀 신의 없는 애인의 칼이 놓인 높은 장작더미 위로 올라갔다. 그녀는 칼을 뽑아들고 침대 위에 펼쳐진 아이네아스의 옷 위로 몸을 내던졌다. 그리고 높은 발판 위에서 허공을 향해 마지막 말을 외쳤다.

"행복했던 나날과 달콤한 추억이여, 이 목숨을 빼앗아 모든 슬픔에서 나를 구해다오! 디도의 일생은 끝났구나. 운명이 결정한 인생의 행로를 다 걸어온 것이다. 이제 작은 망령이 되어 저승으로 가련다! 나는 훌륭한 도시를 세워 남편 쉬카이우스의 원수를 갚고 간악한 오빠를 혼내주었다. 아, 만일 저 트로이야 인들이 배를 이끌고 리뷔아 해안으로 오지만 않았어도 모든 것이 다 잘되었을 것을!"

디도는 슬픔으로 차마 말을 잇지 못하고 다시 아이네아스의 침상으로 얼굴을 돌리더니 칼 위에 쓰러졌다. 디도의 신음소리에 시녀들이 궁전에서 달려 나왔다. 그들은 여왕이 칼과 두 손을 새빨간 피로 물들인 채 쓰러져 있는 것을 보았다. 비탄의 부르짖음이 방마다 메아리쳐 온 도시에 퍼졌다. 안나는 가슴을 치고 얼굴을 쥐어뜯으며 모여 있는 사람들을 헤치고 궁전 마당으로 달려 나왔다.

"언니! 언니!"

그녀는 빈사 상태에 빠진 언니를 멀리서 불렀다.

"무슨 짓을 한 거예요! 왜 사실대로 말해주지 않았어요? 어째서 저 승길에 저와 함께 가지 않았어요? 하지만 언니는 날 죽였어요. 백성과 조상을, 온 도시를 죽여버린 거예요!"

안나는 사닥다리를 타고 장작더미 위로 올라가 가냘픈 숨결이 붙어 있는 디도를 안았다. 디도는 눈을 떴으나 그녀의 검은 상처에서 또다시 피가 솟구쳐 나왔다. 디도는 세 번이나 몸을 일으켜보았으나 그 노력도 헛되이 동생 품에 쓰러져 숨이 끊어졌다.

5장

Die schönsten Sagen des klassischen Altertums

아이네아스, 전쟁에 휘말리다

아이네아스 이야기 II

팔리누루스의 죽음

아이네아스는 신의 명령에 따른 행동이기는 했지만, 자신의 경솔함이 초래한 그녀의 죽음에 대해 새롭게 시작된 표류와 반복되는 재난으로 죗값을 치러야 했다. 폭풍은 그를 다시 시킬리아 섬으로 데려갔다. 그곳에서 그는 트로이야 인을 어머니로 둔 아케스테스 왕으로부터 친절한 대접을 받았다. 그리고 일 년 전 드레파눔에 매장했던 앙키세스의 기일이 돌아와 아버지의 영혼을 위해 제전을 열었다. 그사이 유노의 전령인 이리스 여신이 오랜 항해로 지친 여인들을 부추겨 선단에 불을 지르게 하는 바람에 가장 좋은 배가 네 척이나 불타버렸다. 다행히 윱피테르가 비를 내려 남은 배를 구해주었다.

다음 날 밤, 걱정스러워하는 아이네아스의 꿈에 아버지 앙키세스가 나타나 윱피테르의 명령을 전했다. 싸울 힘이 없는 노인들과 여인들은 시킬리아에 남겨놓고 중요한 동료들만 데리고 이탈리아로 가라는 것이었다.

아이네아스는 신의 지시를 따랐다. 그는 아케스테스 왕을 기리기 위해 시킬리아에 아케스타라는 도시를 세우고 그의 선단에 있던 나이든 남자와 여자를 거기 거주하게 했다. 그리고 자신은 가장 튼튼한 장정과 청년, 부인, 처녀와 소년 들을 이끌고 해안을 떠났다.

이번에는 사랑의 여신 베누스에게 부탁받은 바다의 신 넵투누스가 바다를 평온하게 만들어주어 무사히 항해할 수 있었다. 청명한 날씨와 순풍에 노 젓는 사람들도 완전히 마음이 풀렸다. 달 밝은 밤이 되자 그들은 각자 노를 젓던 자리에 누워 깊은 잠에 빠졌다. 그때 사람을 현혹하는 잠의 신이 밤하늘의 빛나는 별에서 내려왔다. 잠의 신은 영웅 포르바스의 모습을 하고 깨어 있던 조타수 팔리누루스 곁으로 다가왔다. 그는 높은 갑판에서 키를 잡고 있었다.

"이아수스의 아들이여!"

잠의 신이 나지막이 속삭였다.

"바다가 배를 밀어주고 잔잔한 바람이 그대에게도 잠시 쉬라고 하는 것을 모르겠는가? 자, 어서 머리를 숙이고 쉴 새 없는 일로 고단해진 눈을 잠시 쉬게나. 내가 그대를 대신해 잠깐 키를 잡아주지!"

팔리누루스는 졸려서 상대방을 바라볼 수조차 없었지만 이렇게 말했다.

"무슨 소리인가? 겉으로 평온을 가장한 저 음흉한 바다를 내가 어찌 믿을 수 있겠나?"

팔리누루스는 키에 매달려 억지로 눈을 들어 별을 보려 했다. 그러나 잠의 신이 팔리누루스의 관자놀이에 레테 강*의 물을 서너 방울 떨어뜨리자 곧바로 눈을 감고 난간 위에 머리를 떨어뜨리고 말았다. 그때 잠의 신이 밀치자 그는 키와 함께 파도 속으로 거꾸로 떨어졌다. 잠의 신은 새처럼 하늘로 날아갔다. 물속에서 잠이 깬 불쌍한 조타수는 파도와 싸우며 잠든 동료들에게 도와달라고 소리쳤지만 소용이 없었다.

다행히도 선단은 바다의 신이 약속한 보호 덕분에 조타수 없이도 길을 갈 수 있었고 드디어 이탈리아 해안에 닿았다. 아이네아스는 해안을 따라 배를 몰아 한 항구에 상륙했다. 이곳에서 아이네아스의 충실한 유모가 늙어 죽었기 때문에 그곳에 묻어주고 그녀의 이름을 따 카이에타 항구라고 불렀다. 그리고 아이네아스는 동료들을 이끌고 다시 배에 올라타 무사히 오스티아 항구에 닿았다. 이곳은 바다에서 큰 숲이 바라다보이는 곳이었다. 그 사이로는 모래흙 때문에 황색으로 흐려진 티베리스 강이 몹시 소용돌이치며 바다로 쏟아지고 있었다. 여러 가지 빛깔의 새가 아름다운 노래를 부르며 항구를 훨훨 날아다니고 또 숲속을 날고 있었다.

트로이아의 이주민들이 상륙한 이탈리아 땅은 라우렌툼 인의 영토로 라티움이라는 오래된 나라였다. 평화로운 도시와 들판을 지배하는 것은 사투르누스**의 증손이자 파우누스***의 아들인 라티누스라는

---

* 저승에 흐르는 망각의 강. 이 강의 물을 마신 영혼들은 지상에서 있었던 일을 모두 잊게 된다.
** 그리스 신화의 크로노스.
*** 파우누스는 옛 이탈리아의 신으로 사투르누스의 손자다. 라티니 족에게 농경을 가르쳤고 수확의 신으로서 존경받았다. 때로는 그리스 신화의 판과 동일시되기도 했다.

늙은 왕이었다. 하늘은 이 왕에게 아들을 주지 않았다. 그러나 외동딸 라비니아가 있어서 라티움에서는 물론 이탈리아 전역에서 귀족 집안의 아들들이 그녀에게 청혼을 해왔다. 그중 루툴리 족의 왕 다우누스의 아들 투르누스는 매우 빼어난 미남이었다. 그는 라비니아의 어머니인 왕비 아마타의 눈에 들어 약혼자로 결정되었다. 그런데 이 약혼자에게 무서운 신의 징표가 나타났다.

라티누스의 왕궁 마당에는 월계수 한 그루가 있었다. 왕은 전부터 이 나무의 내력을 알고 있어 궁전을 세울 때부터 아폴로에게 바쳤었다. 그런데 어느 날, 맑게 갠 하늘에서 갑자기 윙윙거리며 벌 떼가 날아와 이 월계수 가지에 앉았다. 그러고는 막 싹이 돋아나는 가지 위에서 벌들이 마치 꽃송이처럼 발과 발을 얽어매고 서로 매달리는 것이었다. 왕은 예언자를 불러와 무슨 징조인지 물었다.

예언자가 말했다.

"제가 보기에는 타국에서 한 남자가 군대를 이끌고 찾아와 이 성의 주인이 될 것으로 보입니다!"

이어서 또 다른 징조가 새로 나타났다. 라비니아가 아버지와 함께 제단 앞에 서 있을 때였다. 부왕이 희생의 불을 일으켰을 때 불씨가 라비니아 앞머리로 튀어 머리카락이 불탔고, 머리에 쓰고 있던 금과 보석이 박힌 관 역시 불꽃으로 번쩍번쩍 빛이 났다. 새빨간 불이 연기와 불꽃에 싸여 온 궁중으로 튀는 듯했다. 불길하고 심상치 않은 징조였다.

예언자가 밝히기를 라비니아는 멋진 행운을 얻고 이름을 떨치게 되지만, 국민들에게는 이 징조가 무서운 전쟁을 예고하는 것이라고 했다.

라티누스는 이 일에 대해 아버지인 파우누스 신에게 계시를 구했다. 그러나 마찬가지였다. 외국에서 온 남자가 사위가 되고 그 자손에서 나온 민족이 세계를 지배하기로 결정되었다는 것이었다.

한편, 아이네아스는 아들 이울루스와 트로이야 귀족들을 데리고 티베리스 강가에 상륙해 크고 울창한 나무 밑에 진을 치고 식사를 준비했다. 너무 서두른 탓에 식사 도구를 배에서 가져오지 못했으나 그것들을 날라 오기조차 성가셨다. 그래서 식탁을 차리고 접시를 놓는 대신 보리빵을 납작하게 구워 그 위에 음식을 늘어놓았다. 일행은 가져온 얼마 안 되는 음식을 모조리 먹어치우고도 시장기가 가시지 않아 보리빵 접시까지 다 먹었다. 그것을 보고 어린 이울루스가 웃으며 말했다.

"야, 다들 자기 접시를 먹고 있네!"

순간 이 농담은 천둥처럼 모두의 귀에 울려댔다. 아이네아스는 기쁨을 참지 못하고 벌떡 일어나 외쳤다.

"이국땅에 행운이 깃들지어다! 여기가 바로 운명이 약속한 땅이구나! 우리가 허기져 접시까지 다 먹을 거라는 괴상한 새 켈라이노의 무서운 예언이 긍정적으로 실현되었다. 이제 됐다! 아버지 앙키세스의 예언도 다 이루어졌다. '이 계시가 이루어졌을 때 고난은 끝난다. 그때부터 집을 세워라.' 하고 아버지는 말씀하셨다!"

트로이야 인들은 이 비옥한 나라를 돌아다니다가 우연히 만난 주민에게 이곳에 터를 잡은 민족과 왕에 대해 물어보았다. 그러고는 서둘러 라티누스 왕에게 사절을 보내기로 결정했다.

라티누스 왕의 확약

앙키세스의 아들 아이네아스는 라우렌툼 인들의 왕에게 보낼 사절로 가장 뛰어난 사내 백 명을 뽑았다. 그들은 보호 요청의 표시로 올리브 나무 가지를 손에 들고 떠났고 잠시 후 라티움에 닿았다. 도시 밖에 서는 젊은이들이 전차를 몰거나 말을 달리거나 창던지기, 활쏘기, 권투 등의 경기를 즐기고 있었다. 이방인들의 사절이 다가오자 한 젊은 이가 말을 몰아 도시로 갔다. 그리고 늙은 왕에게 몸집이 크고 당당한 남자들 무리가 다가오고 있다고 보고했다. 뜻밖의 보고를 받은 왕은 즉시 일행을 궁전으로 맞아들이라 명령하고, 조상으로부터 물려받은 왕좌 주위로 신하들을 불러 모았다.

왕의 궁전은 도시에서 가장 높은 곳에 있었으며 웅장하고 화려했다. 백 개의 기둥이 궁전을 받치고 있었고, 탄성을 자아내는 커다란 나무들로 우거진 성스러운 숲이 궁전을 감싸고 있었다. 라티누스는 궁전 안에서도 높은 곳에 자리한 왕좌에 앉아 트로이야 인들을 불러 오라 명령했다. 그들이 들어오자 라티누스는 친절하게 말했다.

"그대들 민족에 관한 이야기는 나도 모르는 바 아니오. 그대들이 바다에서 표류할 때부터 소문은 들었소. 폭풍에 의해 여기까지 흘러 온 거요, 아니면 의도적으로 이곳에 온 거요? 어쨌든 손님을 소홀히 대하지 않는 곳에 상륙했다는 것만은 알아두시오. 그리고 우리 라티 니 족은 법률이나 강제적 요구 없이도 정의를 행하고, 오래전부터 내 려온 신의 경건한 관습을 고귀한 자유로 따르는 소박한 사투르누스의 자손임을 알아야 하오. 비록 수백 년이 지나 잊혀버린 전설이라 해도 나는 그대들의 조상 다르다누스가 이 땅 출신임을 기억하고 있소."

사절들의 대변자로 뽑힌 일리오네우스가 왕에게 대답했다.

"파우누스의 고귀한 아드님이시여! 폭풍이 우리를 이 해안으로 데려온 것도 아니며, 별이 항로를 속여 오게 된 것도 아닙니다. 우리는 자유로운 의지로 분명한 의도를 갖고 이곳에 왔습니다. 우리 민족의 시조는 윱피테르이며 우리의 왕은 윱피테르의 손자이자 여신 베누스의 아들인 아이네아스입니다. 우리는 훌륭한 왕국에서 쫓겨났습니다. 아이네아스가 우리를 이 궁전으로 보냈습니다. 트로이야를 파멸시킨 전쟁의 폭풍은 세상이 다 알고 왕께서도 잘 알고 계십니다. 초토화된 그곳에서 빠져나온 우리는 고국의 신들을 모실 수 있는 한 조각의 안전한 땅과 모든 인간의 공동재산인 물과 공기를 주십사 탄원하는 바입니다. 이탈리아는 트로이야를 품에 맞아들인 것을 결코 후회하지 않을 것입니다. 이 나라에서 태어난 우리들의 조상 다르다누스가 불러들인 것이니까요. 게다가 이 나라를 찾아내라는 신들의 특별한 명령에 의해 이곳까지 이르렀습니다. 왕이시여, 지금까지 말씀드린 내용이 틀림없다는 사실은 우리의 지도자 아이네아스가 바치는 선물을 보면 아실 수 있을 겁니다. 물론 여기 가져온 선물들은 가까스로 트로이야의 전화를 피한 변변찮은 것들입니다. 이 커다란 황금 잔은 아이네아스의 아버지 앙키세스가 신께 바치는 술을 담았던 것입니다. 또 고귀한 왕 프리아무스가 백성들 앞에서 재판할 때 입었던 법의도 있고, 마지막으로 이것은 프리아무스 왕의 거룩한 관과 왕홀로 트로이야 여인의 손으로 만든 정교한 수공품입니다."

일리오네우스가 설명하는 동안 늙은 왕 라티누스는 생각에 잠긴 듯 물끄러미 눈을 내리깔고 있었다. 왕은 화려한 선물에는 눈길조차 주지 않았다. 마음속으로는 오직 아버지 파우누스의 계시만 생각하고 있었다. 잠시 후 그는 아이네아스야말로 진정한 사윗감이자 왕국을 공동으로 통치하도록 뽑힌 자이며, 그 자손이 세상을 지배할 운명을 받았음을 깨달았다.

왕은 환한 표정으로 고개를 들어 말했다.

"신들이여, 우리의 약속을 축복해주소서! 트로이야의 여러분, 그대들의 소원을 들어주고 선물도 고맙게 받겠소이다. 다만 아이네아스에게 가서 내게 와달라고 전해주시오. 그에게 이렇게 전하시오. 나에게 딸이 하나 있는데, 아버님의 계시와 다른 징조에서 딸을 이 나라의 남자와 결혼시키는 것은 허락되지 않았었소. 예언에 의하면 사위는 타국에서 찾아온다고 했소."

늙은 왕은 그렇게 말하고 가장 훌륭한 말 삼백 마리가 있는 화려한 마구간에서 모든 트로이야 인에게 줄 말을 한 마리씩 끌어오라고 지시했다. 황금 쇠사슬이 준마의 가슴까지 늘어져 있고 마구도 말고삐도 모두 황금이었다. 또한 왕은 아이네아스에게 기운이 세고 불사의 피를 이어받은 두 마리의 말이 끄는 전차를 선물로 보냈다.

유노, 전쟁을 부채질하다

아이네아스를 미워하는 여신 유노는 그의 행복을 가만히 보고만 있을 수 없었다. 그래서 하계에서 복수의 여신 알렉토를 불러와 화합의 싹을 잘라버리기로 했다. 알렉토는 우선 라티움으로 날아가 왕비 아마타의 방으로 조용히 들어갔다. 왕비는 트로이야 인들이 오는 것이 몹시 못마땅했고, 딸 라비니아를 루툴리 족의 왕 투르누스와 결혼시키지 못할까 노심초사하고 있었다.

알렉토는 자신의 뱀 머리털에서 독사 한 마리를 뽑아냈다. 그 추악한 뱀을 왕비의 가슴 위로 던져 그녀를 물게 하여 궁 안에 큰 소동을 일으킬 작정이었다. 뱀은 곧바로 아마타의 금 목걸이로, 긴 베일로, 머리 장식으로 변하더니 아마타의 몸을 돌아다녔다. 동시에 왕비의 살결에 몰래 독을 떨어뜨리자 온몸에 독이 퍼져갔다. 그러나 독이 뼛속까지는 미치지 않아 완전한 효력을 발휘하지 못한 채 왕비를 흥분만 시켰다.

아마타는 울면서 딸의 결혼을 한탄했다.

"지독한 남편이야!"

그녀가 혼잣말로 중얼거렸다.

"나한테나 딸에게나 너무도 무심하시지! 자상하게 가족을 보살펴주던 예전의 그 마음은 다 어디로 갔단 말입니까? 당신의 친척 투르누스에게 종종 했던 그 약속은 어떻게 된 건가요? 당신은 고향도 없는 부랑아에게 딸을 주려 하시는 겁니까?"

아마타는 남편에게 가서 이렇게 불평했다. 그러나 남편의 의지가 확고부동해 뜻을 바꾸지 않으리란 것을 알게 되었다. 그때 복수의 여신이 뿌려놓은 뱀독이 완전히 퍼져 아마타는 실성한 사람처럼 큰 소리를 지르며 온 도시를 뛰어다녔다.

알렉토는 이것으로 유노에게 명령받은 일이 다 끝났다고 기뻐하며 이번에는 곧장 루툴리 족의 수도로 날아갔다. 그곳은 윱피테르의 애인인 다나에가 건설한 도시로, 예부터 아르데아*라 불리는 곳이었다. 복수의 여신 알렉토는 왕궁 깊숙한 방에서 라비니아의 약혼자 투르누스 왕이 깊은 잠에 빠져 있는 것을 보았다. 알렉토는 여신의 옷을 벗더니 이마에 보기 흉한 주름이 가득한 노파로 변했다. 베일 밖으로 삐져나온 백발을 올리브 가지로 휘감은 모습이 유노 신전의 늙은 여사제 칼뤼베와 똑같았다.

알렉토는 잠자는 젊은 왕의 베갯머리에 서서 말했다.

"투르누스여, 무엇을 하고 있는가! 그대의 희망이 수포로 돌아가고, 그대가 기다리던 왕홀이 트로이야의 부랑아에게 주어지게 생겼다. 그런데 손을 놓고 바라만 보고 있구나! 유노가 나를 그대에게 보냈노라. 그대는 백성을 무장시켜 용감하게 성문을 차고 나가 해안에 있는 프뤼기아 인**들의 배를 불태우고 그들을 전멸시켜야 한다!"

꿈속에서 젊은 왕이 웃으며 말했다.

"노파여! 트로이야 선단이 티베리스 강으로 들어온 것과 유노께서 나를 생각해주시는 것은 전부터 잘 알고 있소. 그러나 그 밖의 것들은 그대의 나이에서 오는 노파심일 뿐이오. 그대는 신전과 신상이나 잘 돌보시오! 전쟁이나 화평 따위의 일은 남자에게 맡겨놓으시구려."

---

* 로마의 전설에 의하면 페르세우스의 어머니 다나에는 아버지 아크리시오스에 의해 상자에 담겨 바다에 던져졌는데, 이탈리아에 상륙해 거기에 아르데아 시를 세웠다. 그곳에서 그녀는 필룸누스(옛 이탈리아의 결혼의 신)와 맺어져 다우누스를 낳았다. 다우누스는 투르누스의 아버지 또는 할아버지이다.
** 프뤼기아는 소아시아 서북쪽에 있던 트로이야 인근 지역이다. 편의상 트로이야를 프뤼기아라고 부르기도 한다.

이 말을 들은 복수의 여신은 노여움에 부르르 몸을 떨었다. 젊은 왕은 곧 여신의 심한 노기를 알아차리고 낯빛이 굳었다. 그때 갑자기 여신의 검은 모습이 끝도 없이 커지는가 싶더니, 머리털에서 두 마리의 독사를 끌어내 회초리처럼 획획 울리면서 격분하여 말했다.

"내가 힘도 없는 늙은 노파라 왕들의 불화를 그냥 두고 보리라 생각하느냐? 전쟁과 죽음은 복수의 여신인 내 손안에 있음을 알아둬라!"

이렇게 외치더니 여신은 왕의 벌거벗은 가슴에 횃불을 던졌다. 불은 검은 연기를 뿜으며 왕의 살갗을 파고들어갔고 왕은 온몸에서 식은땀을 흘렸다.

"무기!"

꿈속에서 왕은 극도로 흥분해 외쳤다. 그는 잠자리에서 일어나 무기를 찾았다. 왕의 가슴속에서는 마치 솥에서 끓어 넘친 물이 장작불에 튀는 것처럼 난폭한 기운이 날뛰고 있었다. 동이 트자마자 왕은 민족의 지도자들을 소집했다. 그리고 신의 없는 라티누스 왕을 향해 무기를 들고 일어나 라티니 족, 트로이아 인들과의 전투를 준비하라고 명령했다.

이렇게 투르누스 왕이 백성들에게 전쟁을 부추기는 동안, 복수의 여신은 티베리스 강기슭으로 날아갔다. 그곳에서는 이울루스가 시종들과 함께 사냥을 하느라 깊은 숲속에서 한창 짐승을 뒤쫓고 있었다. 복수의 여신 알렉토는 그곳에 있던 사냥개들을 갑자기 난폭하게 만들었다. 그리고 개들의 코에 냄새 맡는 능력을 주어 사슴 한 마리를 열심히 뒤쫓게 했다.

이 사슴은 커다란 나뭇가지 같은 뿔이 달린 아주 화려한 사슴이었다. 라티누스 왕의 가축을 관리하는 책임자 튀르루스의 아이들이 그것을 지키고 있었다. 이 사슴은 어미의 젖을 떼고 왕실 소유의 숲에서 자라고 있었다. 튀르루스의 딸 실비아는 이 사슴을 완전히 길들였다. 그녀는 숲속의 깨끗한 샘물에서 사슴을 씻기고 털을 빗어주고 뿔을 화환으로 장식해주곤 했다. 사슴도 실비아가 쓰다듬어주면 얌전히 굴었으며 가끔 주인의 식탁으로 다가오기도 했다. 자유로이 숲속을 노닐다가도 밤이 되면 알아서 집으로 돌아오곤 했다.

이 얌전하고 아름다운 사슴은 뜨거운 모래사장을 떠나 시원한 곳을 찾아 티베리스 강을 헤엄쳐 내려가는 중이었다. 그동안 복수의 여신은 아스카니우스의 사냥개들에게 발자취를 가르쳐주었다. 아스카니우스는 아름다운 사슴을 주목하다가 화살을 쏘았다. 화살은 사슴 옆구리에 깊숙하게 꽂혔다. 상처 입은 사슴은 강에서 뛰쳐나와 피투성이가 되어 주인의 집으로 돌아왔다. 사슴은 후들거리는 걸음으로 가축우리로 들어가더니 도움을 청하듯 온 집안에 들리도록 커다란 신음소리를 냈다.

맨 먼저 사슴을 발견하고 큰 소리로 울면서 인근 농부들에게 도움을 청한 것은 실비아였다. 농부들이 몽둥이와 통나무를 가지고 모였다. 가축지기 튀르루스도 도끼로 굵은 잣나무를 쪼개고 있던 동료들을 불러 모았다. 복수의 여신 알렉토는 때를 틈타 지붕 위에서 비틀어진 뿔피리로 목동들의 신호를 주위에 울려 퍼지게 했다. 그러자 사방에서 흥분한 농부들이 몰려왔다. 아스카니우스가 있는 곳에서도 트로이야의 동료들이 그를 도우러 왔다. 잠시 뒤 한쪽에서는 곤봉만으로 무장한 무리가 아닌 정연한 두 전열이 깔리더니 칼을 뽑아 들거나 활을 당기고 있었다.

이렇게 트로이야 인들은 한창 사냥을 하던 중 밀려오는 적을 맞았다. 그들이 쏜 첫 번째 화살이 튀르루스의 장남 알모의 목을 꿰뚫었다. 알모는 비명소리 한번 내지르지 못한 채 죽었다. 이때부터 트로이야 인들은 마구잡이로 목동들을 학살하기 시작했다.

그때 그곳에는 라티니 족에게 가장 신망이 두텁고 부유한 갈라이수스가 있었다. 그는 소 떼와 양 떼를 각각 다섯 무리씩 소유했었으며 경작지에서는 백 개의 쟁기를 움직이던 부유한 사람이었다. 그가 양쪽을 화해시키려 농부들 무리에서 나왔다. 그러나 트로이야 인들이 그의 말에 귀도 기울이지 않고 화살을 비처럼 퍼부었기 때문에 갈라이수스는 넘어져 죽고 말았다.

목동들은 싸움터에서 겨우 도망쳐 울며불며 적에게 맞아죽은 알모와 갈라이수스, 그 밖의 많은 시체를 도시의 성문 안으로 끌어들였다. 그리고 신들에게 도움을 간청하면서 왕궁으로 달려가 라티누스 왕을 둘러쌌다. 그때 투르누스 왕도 도착하여 라티움 나라의 주권이 트로이야 인들에게 팔린 것을 큰 소리로 비난했다. 이리하여 모든 사람이 불평을 늘어놓으며 성을 에워쌌다.

늙은 라티누스 왕은 바다 한가운데의 바위처럼 꼼짝 않고 서 있었으나 끝없는 소란 속에 더는 버티기가 어려웠다. 그가 마침내 외쳤다.

"아, 슬픈 일이로다! 폭풍이 우리를 잡아채 가는 것을 알 수 있구나. 불쌍한 백성들아, 신들의 의지를 거슬러 싸움을 일으킨 너희는 피로써 죗값을 치르게 될 것이다! 투르누스여, 그대도 하늘의 심판을 벗어나지 못할 것이다. 나는 이제 안식의 항구에 도착해 조용히 생애를 끝마치려 했는데, 그대들은 내게 평화로운 죽음조차 주지 않는구나!"

트로이야를 미워하는 여신 유노는 사태가 이렇게 지연되는 것을 안타깝게 생각했다. 라티움 거리에는 전쟁의 신을 모시는 신전이 있었는데, 그곳의 이중문은 백 개의 청동 빗장으로 꼭 닫혀 있었다. 예로부터 이 도시의 신이었던 야누스*가 그 문을 지키는 파수꾼이었다. 민족의 원로들이 생사를 건 혈전을 각오하는 결정을 내리면 왕이 먼저 엄숙한 군복 차림으로 삐걱거리는 이중문을 열게 되어 있었다. 지금 백성들은 라티누스 왕에게 그 문을 열라 다그치고 있었던 것이다. 그러나 왕은 거절하고 왕궁 구석으로 숨어버렸다. 그러나 유노가 하늘에서 날아와 굳게 닫힌 문을 밀며 돌쩌귀를 돌리자 청동 문이 삐걱 소리를 내며 양쪽으로 열렸다.

전쟁이 일어나다

전에는 아주 조용하고 평화롭던 이탈리아의 온 땅이 갑자기 소란스러워졌다. 모든 집에서 방패를 손질하고 창끝을 날카롭게 다듬고 도끼를 숫돌에 갈았다. 진군나팔이 울려 퍼지고 깃발이 휘날렸다. 모든 남자가 무기를 들었다. 한 무리는 걸어서, 다른 한 무리는 말을 타고 먼

---

* 　야누스는 출입문, 방문, 대문을 다스리고 집과 도시를 지키는 신이다. 또한 발단과 개시의 신이기도 한데, 일 년의 가장 첫 번째 달(January)이 이 신의 이름으로 불리는 것은 그 때문이다. 야누스는 성취의 신이기도 하며 사람들은 여러 가지 계획을 위해, 특히 전쟁 때 그에게 도움을 청했다. 문의 수호신으로서 양쪽을 향한 두 개의 얼굴을 가진 모습으로 나타난다.

지를 일으키며 나아갔다. 흥분한 말들이 이끄는 전차가 내달리는 평야는 황금과 쇠, 방패와 칼로 번쩍였다.

이탈리아의 모든 도시에서 옛 영웅의 첫 번째 자손들이 찾아왔다. 그들의 조상은 신이거나 신의 아들이었다. 사람들 중 남성미를 지닌 투르누스가 맨 앞에 섰다. 그는 훌륭한 무기를 손에 들고 있었고, 다른 사람들보다 머리 하나는 더 컸다. 아름다운 투구에 달린 세 개의 깃털장식이 바람에 나부꼈으며, 투구의 둥근 부분에는 화염을 뿜는 괴물 키마이라가 새겨져 있었다. 방패에는 이오가 막 암소로 변하는 모습과 그녀의 파수꾼인 백 개의 눈을 가진 괴물 아르구스, 이오의 아버지인 강의 신 이나쿠스가 항아리에서 강물을 쏟아내고 있는 모습이 부조로 새겨져 있었다.*

투르누스와 그의 부하들 뒤로는 라티니 족, 루툴리 족, 아우룽키 족, 시카니 족 그리고 아우소니아 지방의 여러 민족이 따랐다. 방패를 가진 보병들 중에는 특히 아들 라우수스와 함께 온 메젠티우스, 그리고 헤르쿨레스와 레아의 아들 아벤티누스, 티부르에서 온 티부르투스의 아들들인 카틸루스와 코라스 형제 그리고 다른 많은 사람이 있었다. 그다음으로 처녀 왕 카밀라가 이끄는 빛나는 청동 갑옷을 입은 볼스키 족의 기병대가 왔다.

카밀라의 손은 여느 여자들처럼 실패나 베틀에 익숙하지 않았다. 그녀는 날쌘 말을 타고 바람과 경주하며 달리는 것을 배웠고 사내들과의 거친 싸움 속에서 성장했다. 그래서 파종이 끝난 들판을 달리면

---

* 아르고스와 이나코스의 라틴어 이름. 1권 1장 '이오' 참조.

서도 작은 줄기를 건드리거나 이삭을 꺾지 않았고, 밀물 위를 달리면서도 샌들을 적시지 않았다. 동그란 어깨에 왕을 나타내는 자줏빛 옷을 걸치고, 탐스러운 머리카락을 황금 핀으로 묶고, 활과 화살집을 어깨에 메고, 손에는 날카로운 창을 든 그녀가 군대를 이끌고 도시와 마을을 지날 때 사람들은 남녀노소 할 것 없이 다들 놀라서 쳐다보았다.

이 강력한 군대는 아이네아스와 트로이야 인들을 불안에 떨게 했다. 그때 아이네아스의 꿈에 강의 신 티베리누스가 나타났다. 강의 신은 푸른 바다색 옷을 입고 머리에는 갈대로 만든 관을 쓴 노인의 모습으로 강에서 포플러나무 사이로 올라왔다.

"신과 같은 영웅이여, 낙담하지 마라! 그대에 대한 신들의 원한은 사라졌다. 그러니 지금 허망한 환영을 보는 것이라고 착각하지 마라. 내가 그대에게 징표를 말해주겠다. 그대는 강기슭 참나무 밑에서 서른 마리의 새끼를 낳고 누워 있는 커다란 어미 돼지를 발견할 것이다. 그곳이 삼십 년 뒤 그대의 아들 아스카니우스가 건설하기로 약속된 도시, 곧 로마의 모체가 될 도시 알바니라. 그러나 지금은 코앞에 닥친 위험부터 어떻게 극복할 수 있는지 말해줄 테니 잘 들어라. 여기서 멀지 않은 투스쿠스 나라에 늙은 예언자 에우안데르 왕이 살고 있다. 그는 팔라스 왕의 후손인 아르카디아 인들을 다스리고 있다. 이들은 높은 언덕 위에다가 조상의 이름을 따서 팔란테움이라는 도시를 세웠다. 그 라이키아 민족이라고 두려워할 필요 없다. 그들과 라티니 족은 서로 화해할 수 없는 적이기 때문이다. 가서 그들과 동맹을 맺어라. 그러면 그대의 편이 되어줄 것이다. 눈을 뜨면 곧바로 신들의 어머니 유노에게 제물을 바치고 복종을 맹세해 여신의 노여움을 풀도록 해라. 그런 다음 곧바로 에우안데르 왕에게 가거라."

강의 신이 사라지자 잠에서 깨어난 아이네아스는 신의 충고를 따랐다. 그는 선단에서 두 척의 배를 골라 선발된 동료들을 태웠다. 출항하기 전에 일찍이 강의 신이 알려준 징표가 나타났다. 숲의 가장자리에 있는 거대한 참나무 아래에서 새끼돼지 서른 마리를 거느린 어미 돼지가 눈처럼 하얗게 빛나고 있었던 것이다. 강의 신이 해준 충고를 생각하고 아이네아스는 어미와 새끼를 모두 잡아 유노에게 제물로 바쳐 여신의 노여움을 달랬다. 그리고 강의 신이 다스리는 호수같이 잔잔하고 매끄러운 티베리스 강으로 배를 몰았다. 그는 밤낮 가리지 않고 푸른 숲으로 둘러싸인 거울처럼 맑고 꼬불꼬불한 강을 거슬러 올라갔다. 드디어 멀리 도시를 둘러싼 벽과 집들 그리고 높은 언덕 위에 빛나는 성이 나타났다. 그들은 재빨리 뱃머리를 돌려 팔란테움 시가 있는 언덕으로 향했다.

그날은 마침 아르카디아 인들의 왕 에우안데르가 아들 팔라스를 데리고 몇몇 원로 의원들과 가장 명망 있는 젊은이들과 함께 신전 근처 숲에서 헤르쿨레스를 위해 성대한 제사를 지내고 있었다. 제단 위의 더운 피에서 김이 피어오르고 향을 내는 연기가 타오르면서 제사가 시작되었다. 그때 아르카디아 인들은 높다란 배가 조용히 노를 저어 강가의 울창한 숲 사이로 들어오는 것을 보았다. 뜻밖의 광경에 놀란 그들은 자리를 뜨려 했다. 그러나 용감한 젊은이 팔라스는 제사를 중단하지 말라고 명령했다. 그는 창을 잡고 언덕 위로 올라가 이방인들을 향해 외쳤다.

"무엇 때문에 그대들은 이 낯선 길로 온 것인가? 그대들은 어디서 왔으며 어디로 가고 있는가? 우리와 싸우기 위해 왔는가, 아니면 평화를 위해 왔는가?"

아이네아스는 높다란 배의 갑판 위에서 오른손에 평화의 표시인 올리브나무 가지를 쳐들고 대답했다.

"젊은이여! 그대가 보는 사람들은 트로이야 인들이오. 우리가 무장한 것은 우리 피난민들을 무력으로 이 나라에서 추방하려는 라티니족과 싸우기 위해서요. 우리는 동맹을 맺고 도움을 청하기 위해 에우안데르 왕을 찾아왔소."

팔라스는 트로이야 인이라는 위대한 이름을 듣고는 놀라서 외쳤다.

"당신이 누구시든지 손님으로서 환영합니다. 아버지를 만나시고 저희 집에 머무르십시오!"

팔라스는 신뢰의 뜻으로 손을 내밀어 배에서 내린 자를 환영했다. 아이네아스는 곧바로 아르카디아의 왕 앞으로 가 도움을 청했지만 자기 이름을 밝히지는 않았다. 그러나 왕은 그의 눈과 얼굴, 외모를 날카롭게 쳐다보더니 마침내 입을 열어 대답했다.

"트로이야의 용감한 아들이여, 기꺼운 마음으로 그대를 맞겠소. 그대의 가족도 이름도 나에게 속이지 마시오. 그대의 위대한 아버지 앙키세스의 목소리와 말투, 모습이 내 마음속에 되살아났소. 예전에 프리아무스 왕이 자기 누이이자 텔라몬의 부인 헤시오네의 왕국을 방문하기 위해 부하들과 함께 살라미스 섬으로 가는 도중 우리 아르카디아에 들렀던 일을 나는 기억하고 있다오. 그때 나는 젊은 뺨에 솜털이 막 나던 때였지. 나는 프리아무스 왕과 그의 원로들을, 그중 훤칠한 앙키세스를 경외하는 눈으로 바라봤소. 나는 그분에게 말을 걸어보고 악수해보고 싶은 마음을 억누를 수 없었소. 그분은 나를 따라 우리 집의 손님으로 왔다가 헤어질 때 화살집과 화살, 금실로 짠 전투복, 황금 재갈 한 쌍을 주셨소. 지금은 아들 팔라스가 가지고 있다오. 그러니까 그대들은 나를 동맹자로 여겨도 좋소. 내일 이른 아침에 호위 대를 딸려서 그대들을 머물 만한 곳으로 보내겠소. 그때까지 해마다 거행하는 이 아름다운 제사에 부디 참가해주시구려. 이것만은 연기할 수가 없소."

이렇게 말하고 에우안데르 왕은 이미 치웠던 음식과 잔을 다시 내오라 명령하고 트로이야 인들에게 잔디밭 위에 자리를 잡게 했다. 왕은 아이네아스를 단풍나무로 만든 안락의자로 안내했다. 그 의자에는 푹신한 사자의 털가죽이 깔려 있었다. 제단의 사제와 선발된 젊은이들이 잘 구워진 쇠고기 덩어리와 빵이 가득 담긴 바구니를 내오고 포도주를 돌렸다.

에우안데르 왕이 제사에 얽힌 전설을 이야기해 풍요로운 향연을 더욱 흥겹게 만들었다. 그는 바위의 갈라진 틈을 손으로 가리키며 그 속에 볼카누스*의 아들이자 추한 반인(半人) 카쿠스가 살았었다고 손님들에게 말했다. 카쿠스는 헤르쿨레스가 거인 게뤼온에게서 빼앗은 소떼를 훔치다가 헤르쿨레스에게 죽임을 당했다고 한다. 아르카디아 인들은 이 괴물을 없애준 데 대한 감사의 표시로 헤르쿨레스를 이 지방의 수호신으로 삼아 지금까지 매년 제사를 지내고 있다는 것이었다.

이런 이야기를 하다 보니 어느새 저녁이었다. 그들은 제사가 끝나

---

* 그리스 신화의 불의 신 헤파이스토스.

아이네아스 이야기 Ⅱ

405

자 모두 도시로 돌아갔다. 도시는 작았다. 그러나 나중에 그곳에 세계적인 도시 로마가 세워질 줄 누가 알았겠는가? 아르카디아 인들은 시골의 목부들이었는데 자신들의 용기와 늠름한 팔로 트로이야 인들을 돕겠다고 나섰다. 아이네아스는 왕궁이라기보다는 움막 같은 에우안데르의 집이 마음에 들었다. 그는 즐거운 마음으로 털이 많고 푹신한 곰가죽이 깔린 나뭇잎 침상에 누워 조용히 잠들었다.

아이네아스의 방패

한편 볼카누스는 아내 베누스 여신의 간청에 마음이 움직여, 아이네아스에게 라티니 족을 이길 무기를 마련해주기 위해 퀴클롭스들*이 사는 아이트나 화산 골짜기로 갔다. 그는 대장간의 불이 타오르고 우렁찬 소리가 들려오는 동굴로 다가갔다. 철판을 내리치는 힘찬 소리가 멀리까지 메아리쳤으며 엿가락처럼 녹은 강철이 소리를 내며 튀었다. 용광로는 쉴 새 없이 뜨거운 불을 토해내고 있었다.

그 넓은 화산 골짜기 사이에서 그을음투성이가 된 퀴클롭스들(브론테스, 스테로페스, 퓌라그몬)이 팔을 걷어붙인 채 많은 심부름꾼을 거느리고 밤낮으로 쇠를 단련하고 있었다. 그들 중 일부는 반쯤 완성된 윱피테르의 벼락을 열두 개의 톱니바퀴와 함께 다듬고 있었다. 그들

---

*   2장 '오뒷세우스 이야기 I'에 나오는 외눈박이 거인들과는 다르다. 아이트나 화산에 사는 이 퀴클롭스들은 제우스의 벼락을 비롯해 신들의 무기를 만드는 대장장이들이다. 이들은 우라누스의 자식들로 거인족에 속한다.

은 각각 세 개씩 우박 톱니와 비 톱니, 벌겋게 달아오른 불 톱니와 폭풍 톱니를 벼락에 용접하고, 거기에 불꽃과 천둥과 공포를 섞었다. 그리고 한쪽에서는 전쟁의 신 마르스를 위해 전차와 바퀴를 만들고 있었다. 또 다른 자들은 미네르바를 위해 황금으로 된 용의 비늘과 고르고 메두사의 목을 붙인 무시무시한 아이기스 방패를 만들고 있었다.

"하던 일을 멈춰라!"

볼카누스가 동굴로 들어서며 말했다.

"퀴클롭스들아, 이제 다른 일을 해주기 바란다! 이 세상에서 가장 용감한 사나이를 위한 무기를 만들어야 한다. 힘과 기술과 경험을 다해 곧바로 이 일을 시작하라!"

퀴클롭스들은 주인이 짤막하게 내리는 명령의 의미를 잘 알고 있었기 때문에 재빨리 일을 시작했다. 곧 청동과 황금이 시냇물처럼 흐르는 용광로 속에서 철이 녹았다. 완고한 방패의 모양이 만들어지고 평평한 원판이 일곱 겹으로 두드려 맞춰졌다. 몇몇은 풀무를 움직이고 다른 몇몇은 불타는 철을 다시 물통에 넣어 식혔다. 집게로 커다란 쇳덩이를 집어 철판 위에 올려놓고 망치로 두드리자 그 소리가 동굴에 울려 퍼졌다.

다음 날, 늙은 에우안데르 왕은 자신이 직접 출정하지 못하는 대신 사백 명의 아르카디아 기병과 자기의 희망이자 위안인 아들 팔라스를 아이네아스에게 딸려 보냈다. 게다가 트로이야 인 모두에게 말을 주었으며, 아이네아스에게는 사자의 누런 털가죽을 걸치게 하고 금빛 발굽이 번쩍이는 세상에서 가장 훌륭하고 멋진 말을 선사했다. 에우안데르는 작별을 고하는 아들 팔라스의 손을 잡아 가슴에 대고 지그

시 누르더니 눈물을 흘리며 말했다.

"오, 읍피테르께서 내게 지난 세월을 되돌려주신다면 좋으련만! 옛날 프라이네스테의 성벽 아래에서, 님프인 자기 어머니로부터 세 개의 목숨을 받은 에룰루스 왕을 세 번이나 죽여 다시는 돌아오지 못할 저승으로 내려보낸 그때의 나라면 얼마나 좋으랴! 이제 나는 너와 우리의 벗을 신에게 부탁하는 수밖에 없다. 신들이 내 소원을 들어 네가 기쁘게 돌아오게 해주시길!"

이 작별의 말과 함께 늙은 아버지가 쓰러져 시종들이 그를 집으로 옮겼다.

드디어 기병대가 열린 성문으로 나갔고 아이네아스와 트로이야 병사 일부가 동행했다. 다른 트로이야 인들은 배를 타고 강을 따라 내려가게 했다. 잠시 뒤 그들은 인적이 드문 울창한 전나무숲 골짜기에 다다랐다. 사람과 말 모두 지쳤기 때문에 잠시 거기서 쉬기로 했다. 아이네아스는 사람들 무리에서 벗어나 시원한 숲속으로 들어가서는 샘가의 어느 전나무 밑에 홀로 누웠다. 어머니 베누스 여신은 마침 좋은 기회라고 여겨 막 매만진 무기를 가지고 하늘의 구름 사이에서 내려왔다. 그리고 아이네아스의 발밑에 그것들을 내려놓고는 모습을 드러내며 말했다.

"아들아, 이것을 봐라! 너에게 주려고 내 남편의 기술로 만든 선물이란다. 이제 더는 망설일 필요가 없다. 거만하기 짝이 없는 라우텐툼 인들에게, 아니 저 야만스러운 루툴리 족의 투르누스에게 도전해도 된다!"

아이네아스는 놀랐다. 여신이 나타나 훌륭한 선물을 건네자 흥분된 그는 빛나는 무기를 정신없이 살펴보았다. 깃털 장식이 달린 투구, 예리한 칼, 피같이 붉고 구름 속에서 빛나는 태양 같은 청동 갑옷, 황금으로 된 정강이보호대와 날렵한 창을 이것저것 번갈아 손에 쥐어보았다. 그러나 아이네아스가 가장 오랫동안 바라본 것은 화려한 그림이 다양하게 양각된 정교한 방패였다. 방패에는 불의 신이 온갖 사건을 조각해놓았는데 아이네아스는 그게 무슨 내용인지 전혀 알 수가 없었다. 왜냐하면 그것은 후세에 아이네아스의 아들 이울루스의 자손에게서 태어나는 민족, 로마 인의 운명과 승리에 대한 내용이었기 때문이다.

방패의 중앙에는 어미 늑대 한 마리가 그려져 있었다. 쌍둥이 형제가 늑대의 젖꼭지에 달라붙어 있고 늑대는 사랑스러운 듯 고개를 뒤로 돌려 그들을 혀로 핥아주고 있었다. 요즘 사람이라면 누구나 그 쌍둥이가 로물루스와 레무스*라고 아이네아스에게 가르쳐줄 수 있었을 것이다. 또한 원형극장에서 힘 있는 남자들이 여인들을 납치해 가는 장면도 새겨져 있었다. 그 도시는 로마이며, 로물루스가 사비니 족 여인들을 약탈하는 내용이었다. 또 읍피테르의 제단 앞에서 무장한 두 왕이 속죄의 제물을 바치고 동맹의 잔을 손에 든 장면도 있었다. 그 두 왕은 로물루스와 타티우스였다.

---

* 알바 롱가에서 베스타 여신을 모시던 여사제 레아는 전쟁의 신 마르스를 만나 쌍둥이 아들 로물루스와 레무스를 낳는다. 그러나 그녀는 이 일로 인해 옥에 갇히고 아이들은 티베리스 강에 버려진다. 훗날 로마가 세워질 곳으로 떠내려간 아이들은 암늑대의 젖을 먹고 자랐다. 그러다가 목자 파우스툴루스에게 발견되어 그의 손에서 자라나게 된다. 두 형제는 자신들이 떠내려온 곳에 새 도시를 세우는데, 이때 의견 충돌로 레무스가 죽는다. 로물루스는 자신의 이름을 따서 새 도시의 이름을 로마라 짓고 초대 왕이 되었다.

베누스가 불카누스에게 부탁해 만든 아이네아스의 방패에는 미래의 로마를 보여주는 내용
이 새겨져 있었다. 거기에는 로마 인과 사비니 인들의 전쟁도 있었는데, 평화를 원하는 사
비니 여인들의 간청으로 로마 인과 사비니 인들은 결국 화해를 하게 된다. 그림의 오른쪽에
서 방패를 들고 창을 겨누는 자가 로물루스다.

〈사비니 여인들의 중재〉, 자크 루이 다비드, 1799년, 루브르 박물관.

에트루리아 미술의 대표 작품. 로마에 영향을 미친 그리스 문화는 에트루리아 인들에 의해
로마에 전해진 것이다. 에트루리아는 이탈리아 중북부, 현재 투스카나라고 불리는 지방의
옛 명칭이다. 이 지역에는 아주 오래전부터 발달된 문명을 가진 사람들이 살았고, 그들을
'에트루리아 인'이라 불렀다. 로마 인들은 오랫동안 이들의 지배를 받았으나, 나중에는 에
트루리아 왕을 몰아내고 로마 귀족들이 공화국을 세웠다.

〈에트루리아〉, 기원전 6세기, 루브르 박물관.

그 옆에는 한 왕이 네 마리의 말이 끄는 마차들을 서로 다른 방향으로 움직여 범죄자를 처형하는 모습이 조각되어 있었다. 그것은 툴루스와 악인 멧투스였다. 또 반쯤 허물어진 다리 위에 외눈박이가 서 있고 한 처녀가 강을 헤엄쳐 건너오고 있으며 강 건너편에는 잔뜩 화가 난 왕이 서 있는 장면도 있었다. 방어하고 서 있는 외눈박이는 코클레스이고 처녀는 클로일리아이며 화난 왕은 에트루리아의 왕 포르센나였다.

궁전과 신전 들이 있는 높은 성에는 무장한 파수병이 서 있었다. 산 아래에는 야만인들이 잠복해 있었고 그 사실을 알리러 온 거위가 황금 주랑들 사이를 날개를 퍼덕거리며 날아다녔다. 그들은 만리우스와 갈리아 인들이었다. 이와 같이 이야기가 계속 이어져 카틸리나, 카토에서 카이사르와 아우구스투스까지 이르고 있었다. 아이네아스는 아직 미래의 일을 알 수 없었지만 어린아이가 그림책을 보듯 즐겁게 방패를 바라보았다. 잠시 후 그는 이 하늘의 무기로 몸을 가렸다.

트로이야 진영에 온 투르누스

투스쿠스 나라에서 이런 일이 일어나는 동안 아이네아스에 대한 노여움을 채 삭히지 못한 유노는 전령 이리스를 루툴리 족의 왕 투르누스에게 보냈다. 이리스는 적의 지휘자에게 아이네아스가 동료들과 선단을 떠나 에우안데르의 나라로 갔음을 알린 후 트로이야 진영을 습격하라 명령했다. 투르누스는 당장 명령에 따랐다. 영웅 멧사푸스가 앞장서고 뒤에서 튀르루스와 그의 아들들이 투르누스의 정예군과 함께 광야를 가로질러 티베리스 강 입구로 진군했다.

트로이야 쪽의 최전방 감시소에서 망을 보던 파수꾼 카이쿠스가 갑자기 광야 저쪽에서 치솟는 시커먼 모래먼지를 보았다.

"동포들이여!"

그는 뒤를 향해 큰 소리로 말했다.

"어떤 무리가 하늘을 시커멓게 만들며 다가오고 있다. 어서 무기를 내오고 방벽으로 올라가라. 적이 쳐들어왔다!"

이 소식을 듣자 들판에 흩어져 있던 트로이야 인들이 모든 문을 지나 급히 진영으로 되돌아왔다. 화가 나 흥분한 트로이야 인들은 야전에서 싸우고 싶었지만, 아이네아스가 출발할 때 불의의 사태에 대비해 내렸던 명령대로 보루와 방벽에 집결했다. 그들은 성문을 꽉 닫고 아이네아스의 지시대로 성벽과 높은 망루 위에서 적을 기다리며 모든 일에 대비했다.

반면 투르누스는 너무 느리게 진군하는 군대를 재촉했다. 그는 스무 명의 기병선발대와 함께 반점이 있는 트라키아 산 백마를 타고 선두로 내달았다. 그는 예상 외로 빨리 트로이야 진영 앞에 모습을 나냈다.

"누가 먼저 적진에 뛰어들겠는가?"

투르누스가 돌아보며 함께 온 기병들에게 묻고 자기 창을 공중에 내던졌다. 투사들도 함성을 지르면서 똑같이 창을 던졌다. 그들은 방벽 뒤에 숨어 들판으로 당당히 싸우러 나오지 않는 비겁한 트로이야 인들을 비웃었다. 그동안 붉은 깃털 장식이 달린 황금 투구를 쓴 투르누스는 말을 타고 진영의 방벽을 이리저리 돌아보며 알려지지 않은 입구가 없는지 찾았다. 그 모습이 꼭 늑대가 한밤중에 비바람을 맞으며 양들로 가득 찬 우리 옆에 숨어 양 떼를 보며 울부짖는 것과 같았다.

마침내 배가 눈에 띄었다. 배들은 강물과 둑에 빙 둘러싸인 채 진영 한편에 숨어 있었다. 투르누스는 환호하며 부하들에게 배에 불을 지르라 명령한 뒤 맨 먼저 횃불을 잡았다. 뒤따라오던 젊은 용사들도 가까운 움막 아궁이에서 불타는 나무를 빼앗아 그것을 무기로 삼았다. 신의 기적이 배를 구해주지 않았더라면 트로이야의 선단은 불타고 말았을 것이다.

아주 오래전 아이네아스가 이다 산자락에서 이국을 항해하기 위한 배들을 만들고 있을 때, 신들의 어머니 퀴벨레*가 전능한 신 윱피테르에게 이렇게 부탁한 적이 있다.

"아들아, 내 소원을 들어다오! 나는 배들을 필요로 하는 트로이야 남자에게 기꺼이 내 아름다운 숲의 단풍나무와 소나무를 자르게 해주었다. 그러나 배로 변한 나의 사랑하는 나무들이 폭풍의 먹이가 되지나 않을까 걱정스럽구나. 제발 부탁이니, 그 나무가 이다 산에서 자란 것을 생각하여 모든 위험으로부터 배를 지켜다오."

"그럴 수는 없습니다."

윱피테르가 대답했다.

"죽어야 할 인간의 손으로 만든 것에 불멸의 권리를 줄 수는 없습니다. 그러나 그들을 위해 할 수 있는 일은 하겠습니다. 배들 중에서 목

---

* 그리스 신화의 여신 레아.

적지인 아우소니아*의 항구에 도착한 것들만은 죽지 않도록 해주겠습니다. 네레우스의 딸들과 같이 바다의 여신으로서 바다에서 행복한 나날을 보내게 하겠습니다."

그 약속이 이제야 이루어진 것이었다. 투르누스가 배에 불을 던지려 하자 동쪽에서 번개를 동반한 거대한 먹구름이 몰려와 하늘을 뒤덮고 천둥소리가 트로이야 인과 루툴리 족 사람들 위로 울려 퍼졌다.

"트로이야 인들아, 그처럼 걱정하면서 내 배를 지키려 하지 않아도 좋다. 투르누스는 배를 태우기 전에 바다를 먼저 태울 것이다. 그러나 너희 배들은 구원받아 바다의 여신이 될 것이다. 신들의 어머니께서 그것을 원하고 계시다!"

이 말과 함께 갑자기 배들이 살아나더니 강가에 매뒀던 밧줄을 끊고 돌고래같이 뱃머리를 바다에 쑤셔 넣었다. 그러더니 아름다운 처녀의 모습으로 다시 떠올라 바다를 헤엄쳐 갔다. 루툴리 족은 공포에 사로잡혔다. 맨 앞에서 전차를 타고 있던 지휘관 멧사푸스가 깜짝 놀랐고, 말들도 앞발을 들고 곤두섰다. 티베리스 강도 그 공포 때문에 강의 흐름을 바다에서 되돌릴 정도였다. 그러나 무모한 투르누스만은 희망을 버리지 않았다.

"전우들이여! 이 기적은 트로이야 인들만을 위한 것이 아니다. 읍피테르는 트로이야 인들이 의지할 수 있는 줄을 잘라버렸다. 배가 처녀로 바뀌었으니 그들은 이제 고향으로 돌아갈 희망이 사라졌고, 우리 루툴리 족은 배를 불사르는 수고를 할 필요가 없어진 것이다! 이 땅은

⁂ 아우소니아는 이탈리아의 다른 이름이다.

우리 수중에 있다. 이탈리아 전역에서 수천 명의 사람들이 우리를 위해 무기를 들었다. 적들이 자랑으로 여기는 신의 말이나 약속 따위를 나는 두려워하지 않는다. 내게는 결정된 운명이 있기 때문이다. 그리고 그 운명은 이 파렴치한 족속을 칼로 전멸시키라 명령하고 있다!"

투르누스는 말처럼 행동도 지칠 줄 몰랐다. 그는 멧사푸스에게 문마다 병사를 배치시키라 말하고 방벽을 횃불로 포위했다. 그런 다음 횃불 아래에서 열네 명의 선발된 지휘관들로 하여금 금색과 자주색 깃털 장식으로 번쩍이는 투구를 쓴 젊은이들을 각자 백 명씩 지휘하게 했다. 병사들은 교대로 보초를 섰고 보초를 서지 않는 사람은 풀밭에서 포도주를 기울이기도 했다.

방벽 위에서 이 광경을 본 트로이야 인들은 조심스럽게 무장한 수비병을 배치했다. 그들은 불안스럽게 방벽의 문을 오가며 보초를 섰고 망루에 발판을 연결해놓고는 무기도 필요한 만큼 보충했다. 아이네아스가 출발할 때 임명한 므네스테우스와 세레스투스가 전체 진영을 지휘했다. 이렇게 트로이야 군대는 방벽 경계를 늦추지 않았다.

니수스와 에우뤼알루스의 죽음

트로이야 군대에는 대담한 두 젊은이 니수스와 에우뤼알루스가 있었다. 휘르타쿠스의 아들 니수스는 투창과 활의 명수였다. 그는 여행 중이던 아이네아스와 이다 산중에서 친해졌다. 에우뤼알루스는 트로이야 군대에서 가장 아름다운 소년으로, 청춘의 꽃 수염이 이제 막

빰에 돋아나기 시작했다. 두 사람은 깊은 우정을 맺어져 싸움터에도 항상 함께 나가고는 했다. 지금도 그들은 나란히 서서 문 앞을 지키고 있었다.

"신들은 왜 이런 열정을 우리 마음속에 일깨워주신 걸까? 아니면 맹목적인 욕망이 각자에게 신이 되는 것일까? 난 정말로 알고 싶다네."

니수스가 먼저 말했다.

"나에게는 이렇게 활기 없는 휴식이 성가시다네. 이미 오래전부터 내 마음은 올바른 것을 해야 한다고 나를 부추기고 있네. 지금 저기 저 루툴리 족이 너무나 자신을 믿고 있는 걸 보게! 방벽 주위 여기저기에 화톳불만 타오르고 있지 않나. 거의 모두 술에 취해 곯아떨어져 있고 주위가 쥐 죽은 듯 고요하군. 친구여! 지금 내가 무슨 생각을 하고 있는지 들어보게. 백성들이나 원로들도 하나같이 아이네아스를 불러오고 싶어해. 그리고 그에 관한 확실한 소식을 가져오길 원하지. 만약 자네가 여기 남아 내가 요구하는 것을 약속해준다면, 나는 전령으로 떠나고 싶네. 나는 명예를 얻는 것만으로 충분하다네. 자네 생각은 어떤가? 저기 저 언덕 발치에서 에트루리아 지역이나 팔란테움으로 가는 길을 찾아낼 수 있을 것 같은데."

에우뤼알루스는 어안이 벙벙했으나 곧 명예욕에 사로잡혀 친구의 제안에 대해 이렇게 대꾸했다.

"그러니까 자네는 그런 중요한 일을 하면서 나를 끼워주지 않겠다는 건가? 그렇게 위험한 곳에 자네 혼자 보낼 수는 없네! 내 아버지 오펠테스는 나를 그렇게 키우지 않으셨네. 그리고 자네도 내가 그런 인간이 아니란 것쯤은 잘 알고 있잖나. 목숨 따위는 조금도 아깝지 않

아. 명예를 위해서라면 기꺼이 목숨을 내던지겠네!"

"자네가 목숨을 아낀다고 생각해본 적은 없네."

니수스가 말했다.

"그러나 만약 사고를 당하거나 신의 뜻으로 내가 죽더라도 자네는 살아남길 바라네. 자네는 젊으니까 나보다 오래 살 자격이 충분하다네. 무엇보다 싸움터에서 내 시신을 구해내거나 적에게 몸값을 주고 사 와서라도 매장해줄 사람이 필요해. 만약 운이 나빠 그마저 불가능하다면, 먼 곳에 누워 있는 나를 위해 제물을 바치고 기념비를 세워줄 사람은 있어야 하네. 게다가 자네 어머님은 시킬리아 섬에 남아 계시지 않고 이 먼 곳까지 따라오신 유일한 분 아니신가. 불쌍한 자네 어머니를 내가 어떻게 쓰라린 고통의 눈물로 지새우시게 할 수 있겠나?"

그러나 에우뤼알루스가 대답했다.

"자네는 괜한 핑계만 대고 있군. 내 결심은 흔들리지 않을 걸세. 자, 서두르자고!"

그는 그렇게 말하고 보초를 깨웠다. 그들은 임무를 교대하고 급히 트로이야 원로들의 회의장으로 향했다. 트로이야의 지도자들은 밤늦게까지 새로운 이주에 대해 중요한 사항을 논의하고 있었다. 그들은 긴 창에 기대거나 방패에 의지한 채 진영 한가운데에 원을 이루고 서서 어떤 일을 먼저 할지 그리고 누구를 보내 아이네아스에게 소식을 전할지 의논하고 있었다. 그때 니수스와 에우뤼알루스가 달려와 잠깐만이라도 회의에 참석할 수 있게 해달라고 부탁했다.

어리지만 아버지의 자리를 대신해 원로들의 회의장에 있던 아스카니우스가 급히 달려온 두 사람에게 들어오라고 명령했다. 그는 좀 더 나이가 많은 니수스에게 발언 기회를 주었다.

"호의적인 마음으로 우리 이야기에 귀를 기울여주십시오."

니수스가 영웅들에게 말했다.

"우리가 당신들에게 제안하는 것을 우리의 나이만 보고 판단하지 마시기 바랍니다. 우리는 이 지역을 정찰했습니다. 우리가 지키던 해 안 근처의 문 앞 갈림길에는 적이 켜놓았던 불이 다 꺼져 있어 그곳으로 빠져나갈 수가 있습니다. 만일 우리의 운을 시험하도록 허락해주신다면 전령으로서 아이네아스에게 가고 싶습니다. 그러면 여러분은 얼마 지나지 않아 우리가 전리품을 가지고 돌아오는 모습을 보실 수 있을 것입니다."

영웅들은 두 젊은이의 결심을 듣고 감탄했다. 원로들 중 우두머리인 알레테스가 외쳤다.

"신들이여! 아직 트로이야 인들을 멸망케 할 생각은 없으신 것 같군요. 우리 젊은이들을 저런 결의를 가지도록 일깨워주시니 말입니다!"

이렇게 말하고 알레테스는 두 사람의 어깨에 손을 얹었다. 그러자 청년 아스카니우스가 외쳤다.

"훌륭한 니수스와 사랑하는 에우뤼알루스여, 나의 행복도 희망도 그대들에게 달렸소. 다시 아버지를 만나게 해주시오! 아버지가 돌아오시기만 하면 아무런 걱정이 없소. 이제 그대들에게 은잔 두 개, 웅장한 세발솥 두 개, 황금 두 탈렌툼, 디도가 아버지에게 선물했던 아름다운 옛날 주전자를 주겠소. 그리고 우리가 승리한다면 더 많은 것을 주겠소. 니수스여, 투르누스가 타고 있던 멋진 말과 황금 갑옷과 투구를 보았소? 이제 곧 그대의 것이오! 나의 아버지는 그대들에게 포로 열두 명과 완전무장을 한 남자들과 여인들 그리고 라티누스의 들에서 얻은 멋진 재물을 줄 것이오. 하지만 그대는……."

그가 에우뤼알루스를 돌아보며 말했다.

"니수스보다는 나와 더 비슷한 연배이니, 이제부터 다시는 떨어지는 일이 없는 동료가 됩시다."

"결심을 이루지 못하면 나는 돌아오지 않을 것입니다!"

에우뤼알루스가 대답했다.

"그러나 이울루스여! 그런 상금보다는 한 가지 소원이 있습니다. 내 어머니는 당신처럼 프리아무스 왕가 출신이지만 아무리 말려도 듣지 않고 나를 따라 여기에 와 계십니다. 나는 어머니의 눈물을 보기가 괴로워 작별인사를 드리지 않고 떠납니다. 만약 운명이 나를 무사히 돌려보내주지 않는다면 혼자 남은 어머니를 위로하고 보살펴주십시오!"

이 말을 듣자 아스카니우스의 마음속에는 아버지의 대한 사랑이 더욱 격렬하게 일어났다. 그는 눈물을 흘리며 에우뤼알루스에게 모든 것을 약속했다. 영웅들도 감동했다. 므네스테우스는 어깨에서 사자털 가죽을 벗어 니수스에게 입혀주었다. 알레테스는 니수스와 투구를 바꾸었고, 에우뤼알루스는 이울루스의 손에서 그의 칼을 받아 쥐었다. 그 칼집은 상아로 만들어졌고 칼자루는 황금으로 되어 있었다. 그들이 무장을 마치자 귀족들이 모두 나와 진영 문 앞까지 배웅했다.

두 사람은 곧 참호를 건너 야음을 틈타 루툴리 족의 파수병이 잠들어 있는 곳으로 갔다. 루툴리 병사들은 풀밭에 삼삼오오 누워 있었다. 이들은 전차바퀴, 가죽띠와 난잡하게 놓인 무기 사이에서 잠을 자거나 술을 마시고 있었다.

"절호의 기회로군!"

니수스는 젊은 친구에게 작은 소리로 말했다.

"뒤를 지켜주게. 내가 앞에서 파수병을 처치하며 뚫고 나가겠네."

이렇게 말하고 니수스는 옆으로 누워 코를 골던 첫 번째 파수병, 즉 투르누스의 새점쟁이 람네스와 아무것도 모르고 자던 병사 세 명을 처치했다. 이어 말 사이에서 갑자기 나타난 레무스의 방패잡이와 그 주인 레무스를 넘어뜨렸다. 에우뤼알루스도 팔짱만 끼고 있지는 않았다. 양 떼를 덮치는 사자처럼 두 사람은 파수병들을 베었다. 에우뤼알루스는 벌써 루툴리 족의 최고 지휘관 멧사푸스의 불이 있는 곳까지 밀고 나갔다. 횃불은 꺼져가고 전차에 매놓은 말들은 태평스럽게 풀을 뜯고 있었다.

니수스가 에우뤼알루스를 불러 세웠다.

"이제 차츰 어둠이 걷히는 게 보이지 않는가?"

니수스가 경계하며 말했다.

"보복은 이것으로 끝났고 길도 열렸네."

니수스는 전리품들을 그대로 두고 그곳을 떠났다. 그러나 에우뤼알루스는 람네스의 말 장식을 들어 올리고 칼띠를 어깨에 메었다. 그리고 최전방 횃불 옆에서 주운 깃털 장식이 달린 멧사푸스의 투구를 쓰니 머리에 꼭 맞았다. 그러고 나서 둘은 적의 진영을 떠나 안도의 한숨을 쉬었다.

그런데 라티니 족의 도시로부터 지휘관 볼케스가 이끄는 삼백 명의 무장 기병대가 그 길로 오고 있었다. 투르누스 왕에게 라티누스 왕의 전갈을 전하러 오는 일행이었다. 기병대가 진영의 보루 근처까지 왔을 때, 저 멀리 발걸음을 서두르는 두 사람의 모습이 보였다. 운수 사납게도 빼앗아 쓴 투구가 새벽녘의 희미한 빛 속에서 번쩍거려 늑장 부리던 에우뤼알루스가 그만 적에게 발각된 것이었다.

"무장한 병사들이여, 어딜 그리 급히 가는가?"

두 사람은 잠자코 도망쳐 어두컴컴한 숲속에 몸을 숨겼다. 그러나 샛길을 속속들이 알고 있는 기마병들이 숲속으로 뛰어들었고, 도망칠 길은 모조리 파수병들이 막아섰다.

숲에는 잣나무와 관목이 우거져 있어 길을 거의 분별할 수 없었다. 에우뤼알루스는 전리품이 걸리적거려 마음대로 도망칠 수 없었고, 게다가 공포에 휩싸여 방향마저 잃고 말았다. 반면에 니수스는 운 좋게 숲에서 빠져나가 나중에 알바 호수라 불리게 되는 호수를 향해 뛰었다. 겨우 안심하고 멈춘 니수스가 주위를 둘러보았으나 젊은 친구의 모습은 찾을 수 없었다.

"에우뤼알루스, 어디 있나? 어디로 가버렸는가?"

니수스가 애타게 불렀다. 그리고 나무들이 울창한 숲으로 급히 되돌아갔다. 그러자 곧 추격하는 말발굽소리, 왁자지껄한 소리와 나팔 소리가 들렸고, 잠시 후 에우뤼알루스를 잡아 질질 끌고 가는 기마대가 눈에 띄었다.

'어쩌면 좋을까? 불쌍한 에우뤼알루스를 구출할 가망은 없나? 모든 희망을 버리고 저 칼들 속에서 죽어야 할 것인가?'

니수스는 잠시 고민을 멈췄다. 그리고 창을 높이 쳐들고 아침 하늘에 희미하게 걸려 있는 달을 쳐다보고 기도했다.

"루나여! 라토나의 딸이여, 숲의 수호여신이여![*] 예전에 아버지는 저를 위해 당신께 제물을 바친 일이 있었으며, 저 자신도 사냥한 동물을 바쳤습니다. 제발 제 창을 인도하여 적을 몰아내게 해주십시오!"

니수스는 온 힘을 모아 창을 던졌다. 창은 루툴리 병사 술모의 등을 맞히더니 가슴까지 꿰뚫었다. 술모는 허공을 쥐며 땅에 쓰러졌고 기마병들이 깜짝 놀라 주위를 둘러보았다. 그때 니수스의 두 번째 창이 날아가 또 한 명의 루툴리 병사 타구스의 정수리를 뚫었다. 기마병 대장 볼켄스는 창을 던진 적의 모습이 보이지 않자 불같이 화를 냈다.

"그렇다면 네놈의 피로 우리 편 두 명의 죽음을 보상해주마."

이렇게 외치며 그는 칼을 뽑아 에우뤼알루스에게 다가섰다. 너무나 깜짝 놀란 니수스는 큰 소리를 지르며 숨어 있던 장소에서 뛰쳐나갔다.

"창을 던진 것은 나다!"

니수스가 외쳤다.

"그 칼을 나에게 돌려라. 모든 일은 다 내가 생각해낸 것이다! 하늘에 맹세코 그 사나이는 아무 죄가 없다. 죄가 있다면 그것은 불행한 나에 대한 우정뿐이다!"

그러나 때는 이미 늦었다. 볼켄스의 칼이 에우뤼알루스의 가슴을 찔렀다. 니수스는 격분하여 적군 속으로 몸을 날렸고 다가오는 기마병을 좌우로 찌르면서 곧장 볼켄스에게 달려들었다. 그리고 큰 소리를 지르는 볼켄스의 입에 번쩍이는 칼을 찔러 넣어 볼켄스가 말에서 떨어져 죽게 했다. 니수스는 에우뤼알루스의 시체에 몸을 내던졌다.

[*]　달의 여신 루나를 라토나의 딸인 사냥의 여신 디아나와 동일하게 보고 이렇게 기도한 것이다.

그리고 기마병들의 창에 집중공격을 받으며 친구의 시체에 겹쳐 잠자듯 숨을 거두었다.

기마병들은 죽은 적의 갑옷과 투구를 벗기고 두 시체를 대장 볼켄스의 시체와 함께 투르누스의 진영으로 실어갔다. 이 불행한 소식은 에우뤼알루스의 어머니에게도 전해졌다. 그 소식이 들려온 것은 그녀가 낮에 베틀에 앉아 일하고 있을 때였다. 그녀의 손에서 북이 굴러떨어졌다. 머리를 쥐어뜯으며 최전선 방벽 쪽으로 정신없이 달려나간 그녀의 울음소리에 가장 용감한 병사들조차 마음이 흔들렸다. 결국 이울루스와 현자 일리오네우스가 눈물 흘리며 늙은 용사에게 부축을 명해 그녀를 겨우 집으로 데려왔다.

투르누스의 공격을 물리치다

그때 루툴리 족의 나팔소리가 크게 울려 퍼졌다. 모든 진영에서 함성이 일어나 산들이 메아리쳤다. 루툴리 족은 사방에서 방패로 지붕을 만들어 돌진해 오면서 참호를 메우고 보루를 부쉈다. 그들은 방벽 위 수비가 허술한 곳에 공격용 사다리를 걸쳤다.

한편 트로이야 인들은 조국 트로이야가 포위 공격을 받을 때의 오랜 방어 경험을 살려 모든 종류의 무기를 아래로 내던졌다. 방패 지붕 위로 돌이나 바위를 던졌고 방벽을 기어오르는 자는 창으로 찔러 떨어뜨렸다. 그러자 밀고 올라오던 루툴리 족도 더는 올라오지 않고 후퇴하더니, 창을 던져 트로이야 군사들을 방벽에서 몰아내려 했다.

마지막으로 양편 모두 방벽과 줄사다리로 연결된 높은 망루에 전력을 기울였다. 루툴리 족은 이 망루를 차지하고자 앞다퉈 돌진했다. 이에 트로이야 인들은 방벽 위에서 돌을 떨어뜨리고 화살을 비처럼 퍼부었다. 결국 망루 한쪽에 붙어 있던 투르누스가 횃불을 던졌다. 곧 판자에 불이 옮겨 붙었다. 지키고 있던 트로이야 병사가 도망칠 사이도 없이 불붙은 목조건물이 무너지고 망루는 삐거덕 소리를 내며 허물어졌다. 어떤 사람은 망루와 함께 떨어지다 자기 창에 찔렸고 또 어떤 사람은 나무 파편에 꽂히기도 했다. 다행히 상처를 입지 않은 자들은 투르누스의 병사들에게 둘러싸여 맞아죽었다.

드디어 트로이야 병사들도 공격을 시작했다. 이제까지 날짐승밖에 맞힌 적이 없었던 젊은 이울루스는 얼마 전 투르누스의 누이동생과 결혼한 레물루스의 머리를 쏘아 맞혔다. 트로이야 인들이 환성을 질렀다. 그자는 트로이야 군사들을 비겁한 프뤼기아 인이라고 조롱하며 공을 쌓기 위해 오만한 모습으로 돌진했었다.

적들이 두려운 기색을 보이며 뒤로 물러섰다. 이울루스가 그들을 뒤쫓으려 하자 아폴로가 소년의 앞을 막아섰다. 아폴로는 아이네아스가 이울루스를 수행하라고 보냈던 할아버지 앙키세스의 방패잡이와 꼭 닮은 모습으로 나타났다.

"아이네아스의 아드님이여! 다치지 않고 적의 영웅 한 사람을 넘어뜨린 것으로 만족하십시오. 이 첫 싸움의 공로는 아폴로의 자비 덕분입니다. 하지만 이제 싸움은 그만두십시오!"

트로이야 장수들은 신이 나타난 것을 보고는 더 싸우려 하는 이울루스를 말렸다. 그리고 자기들은 다시 전투에 대비했다. 방벽 주위에서는 계속해서 전쟁의 함성이 울려 퍼졌다. 문 안쪽에 서 있던 트로이야 수비병들은 동료들이 밖에서 고군분투하는 것을 보고 들었다.

그때, 이다 산 출신의 튼튼하고 훤칠한 젊은이들인 알카노르의 아들 판다루스와 비티아스가 지휘관이 그들에게 지키라고 맡긴 문을 열더니 적에게 방벽 안으로 들어오라며 오만하게 행동했다. 그 둘은 입구 안쪽의 좌우에 서서 깃털 장식을 휘날리는 투구를 쓰고 번쩍이는 칼을 들고 서 있었다. 루툴리 족은 문이 열린 것을 보자 지체 없이 곧바로 몰려들었다. 그러나 이 두 젊은이가 전사들을 이끌고 온 너더댓 명의 영웅을 찌르고 베고 해서 쓰러뜨리자 적들은 창피하게도 열린 문으로 다시 도망쳤다.

트로이야 인들은 좀 더 촘촘한 밀집 대형으로 모였다. 루툴리 군사들은 후퇴할 수밖에 없었다. 다른 쪽에서 싸우고 있던 투르누스는 전세가 바뀌었다는 보고를 받자 불같이 화를 내며 정예부대를 이끌고 달려나갔다. 그는 트로이야 인들의 즐비한 시체를 넘어 열린 문을 향해 돌진했다. 투르누스가 멀리서 던진 큰 창이 비티아스를 꿰뚫었다. 그의 거대한 몸이 넘어지자 땅이 울렸다. 트로이야 인들은 문 안으로 물러났고 승리했다며 날뛰는 루툴리 족이 그 뒤를 쫓았다.

판다루스는 형제 비티아스의 시체가 누워 있는 것을 보자 문짝을 어깨로 밀쳐 닫았다. 그 바람에 많은 트로이야 인들이 싸우다 말고 문 밖으로 밀려 나갔고 침입한 루툴리 병사들은 방벽 안에 남게 되었다. 경솔한 판다루스는 문 안에 갇혀버린 적병 속에 투르누스가 있음을 알아차리지 못했다. 가축우리에 호랑이를 넣은 격이었다. 트로이야 병사들은 투르누스의 무서운 얼굴과 거인 같은 몸집을 보고 두려움에 떨었다. 다만 판다루스만 투르누스처럼 거인이었기 때문에 그다지 놀라지 않았다. 형제의 죽음에 격분한 판다루스가 투르누스에게 맞섰다.

"여긴 네 장인의 궁전이 아니다, 불쌍한 사위놈아! 여긴 적의 진영이란 말이다. 네놈은 두 번 다시 여기서 살아 나갈 수 없을 것이다!"

투르누스가 웃으며 대답했다.

"좋다, 소원이라면 상대해주지. 네가 헥토르라면 상대는 아킬레스임을 깨닫게 해주마!"

판다루스는 껍질을 벗기지 않은 나무로 만들어 옹이가 그대로 박혀 있는 창을 던졌다. 그러나 여신 유노가 빗나가게 했기 때문에 창은 방벽 문에 가서 맞았다. 곧바로 투르누스가 칼을 휘두르며 반격했다.

"이 칼을 피할 수 없을 것이다!"

그는 이렇게 소리치며 칼로 상대의 양미간을 찔렀다. 그러자 판다루스의 머리가 두 쪽으로 갈라져 어깨에 매달린 채 땅바닥에 쓰러졌다. 트로이야 인들은 무서움에 떨며 뿔뿔이 흩어져 달아났다.

만약 투르누스가 다시 문을 열어 동료들을 끌어들였다면 트로이야의 새로운 식민지 건설은 수포로 돌아갔을 터였다. 그러나 승리에 도취한 투르누스는 살육에 열중한 나머지 부하들을 거느리고 진영 안쪽으로 점점 깊숙이 들어갔다. 혼란스러운 소리가 방벽 안쪽에서 지휘하던 세레스투스와 므네스테우스의 귀에도 들려왔다. 므네스테우스가 도망치는 아군을 향해 정신을 차리라며 소리쳤다.

"어디로 도망치는 거냐! 너희들은 또 다른 방벽과 보루라도 갖고 있단 말이냐? 벽에 갇힌 한 명의 사나이가 벌도 받지 않고 너희들을 살육하도록 내버려둬도 좋단 말이냐? 부끄럽게도 너희들은 조국도,

아이네아스도, 조국의 신들도 다 잊어버렸단 말이냐!"

므네스테우스가 이렇게 외치면서 트로이야 인들의 용기를 북돋자 그들은 다시 밀집 대형을 이루어 버티고 섰다. 투르누스는 계속해서 승리했지만 점점 지쳐갔다. 다시 적진을 뚫고 문까지 되돌아갈 여력이 없었기 때문에 싸우면서 계속 앞으로 나아가는 수밖에 없었다. 그는 곧 방벽이 없는 강가에 닿았다. 강의 모래톱에 도착했지만 적들이 너무 가까이 쫓아와 재빨리 뒷걸음질하며 칼을 휘둘러 물리쳤다.

트로이야 인들이 조금 떨어진 곳에서 그를 향해 돌과 창을 던졌다. 돌이 투구에 맞아 튕기는 소리가 났다. 깃털 장식이 부러졌으며 창에 찔려 고슴도치처럼 된 방패는 너무 무거워 왼손으로는 들고 있기가 힘겨웠다. 그 순간 므네스테우스가 번개같이 창을 던지자 투르누스의 몸에서는 땀이 비 오듯 쏟아졌다. 투르누스는 처음으로 적에게 등을 돌리고 완전무장한 채로 강물에 몸을 던졌다. 강은 투르누스를 기꺼이 맞아주었고, 피와 먼지를 씻어내고 조용한 물결과 함께 트로이야 진영에서 벗어나 그의 편이 있는 강변으로 날라다주었다.

아이네아스, 진영으로 돌아오다

읍피테르는 신들의 회의에서 아내 유노의 불평과 딸 베누스의 간청을 들은 다음, 신들은 간섭하지 말고 모든 것을 운명에 맡기라는 결정을 내렸다. 그 결과 루툴리 족과 트로이야 인들의 방벽을 둘러싼 싸움이 계속되었다.

한편 아이네아스는 자기 부하들과 아르카디아 기병대를 거느리고
에트루리아 인들의 번화한 도시 아퀼라에 도착했다. 이 도시가 전에
폭군 메젠티우스를 몰아낸 적이 있었는데 그 폭군은 투르누스 왕에게
로 도망쳤다. 그래서 주민들은 루툴리 족이나 라티니 족과 불구대천
의 원수 사이였다.

아이네아스가 현재의 지배자 타르콘 왕에게 자기 이름과 가문을 밝
히고 투르누스와 메젠티우스가 전투 준비를 하고 있다는 사실을 알
렸다. 이에 타르콘 왕은 쌍수를 들어 그를 환영했다. 타르콘은 군대를
빌려줬을 뿐 아니라 에트루리아 전역의 동맹 도시들로 하여금 전투에
참가하게 했다.

얼마 후 트로이야 인들은 대선단을 거느리게 되었다. 그들은 아르
카디아와 투스쿠스의 기병들을 먼저 육로로 떠나보낸 뒤 에트루리아
해안에서 서른 척의 배와 함께 출항했다. 그날 밤 아이네아스는 직접
키를 잡고 조심스럽게 배를 몰았고, 나머지 배들이 그 뒤를 따랐다.

그런데 갑자기 춤추는 요정들이 내는 소리에 둘러싸였다. 얼마 전
여신 퀴벨레가 투르누스의 횃불에서 구한 트로이야 인들의 배였다. 그
때 여신이 이 배를 티베리스 강어귀에서 요정으로 변하게 했던 것이
다. 이전의 주인을 알아본 그들은 흥분하며 기뻐했다. 그중에서도 가
장 말을 잘하는 요정이 오른손으로 배를 잡아 상체를 수면 위로 일으
켜 세우고 왼손으로는 물결을 어루만지며 말했다.

"신의 아들이여, 깨어 있나요? 어서 깨어나 돛이 바람을 가득 안게
하세요. 우리들은 이다 산의 소나무로 만든 당신의 충실한 배였는데,
지금은 여신 퀴벨레의 자비로 루툴리 족이 지른 불에서 도망쳐 여신

으로 바뀌었답니다. 서두르세요. 당신의 아들 아스카니우스는 방벽과 참소 속에서 루툴리 족에게 포위되었으며 방벽을 둘러싼 전투도 아주 치열합니다. 물론 당신의 기병대가 진영에서 멀리 떨어지지 않은 곳에 도착해 있어요. 그러나 투르누스가 그것을 알고 진영과 기병대 사이에 군대를 투입하려고 합니다. 더 서두르세요! 날이 밝을 때쯤이면 티베리스 강어귀에 다다를 것입니다. 그러면 볼카누스에게서 받은 빛나는 황금 방패를 당신 동료들이 있는 진영을 향해 높이 쳐들어 보이세요. 안심하세요, 내일은 당신이 승리할 것입니다!"

요정이 그렇게 말하고 바닷속으로 들어가면서 배의 뒤편을 밀어주자 배는 창이나 화살보다 빠르게 파도를 헤치고 달렸다. 다른 배들도 날개를 단 것처럼 지휘자 아이네아스의 배를 급히 뒤쫓았다.

이윽고 아침 햇살과 함께 앙키세스의 아들 아이네아스는 자기편 진영을 눈앞에 두고 있었다. 아이네아스는 요정의 말대로 불타는 듯한 방패를 들고 앞쪽 갑판에 섰다. 그리고 왼손으로 방패를 높이 들어 동료들이 있는 곳을 향해 흔들었다. 방패는 파도 사이로 치솟은 태양처럼 빛났고, 방벽 위에서 선단을 알아본 트로이야 인들을 향해 비추었다. 트로이야 인들은 환성을 질렀고, 던지는 창의 수효도 갑절로 늘었다.

루툴리 군대와 지휘자들은 등 뒤의 바다가 순식간에 돛으로 꽉 차고 선단이 해안으로 다가오는 것을 보기 전까지 트로이야 인들이 왜 갑자기 환성을 지르고 기뻐하는지 알지 못했다. 그때 마치 붉은 혜성처럼 혹은 가뭄과 질병을 가져다주는 별 시리우스처럼 신들의 갑옷과 투구를 입은 아이네아스가 빛나는 모습을 드러냈다. 투구와 그 둥근

꼭대기가 마치 불처럼 빛났고 깃털 장식에서도 불꽃이 튀었다. 방패를 꾸민 황금 판도 불꽃을 토하고 있었다.

그래도 대담한 투르누스는 자신감을 잃지 않았다. 그는 상륙하는 적들을 재빨리 먼저 공격해 해안에서 몰아내고자 했다.

"그대들이 그토록 기다리던 순간이 왔다!"

투르누스가 자기편을 향해 외쳤다.

"이제 적을 몰살할 수 있게 되었다. 전쟁의 신이 적을 우리 손에 넘겨주었다. 자, 아내와 자식을 생각하고 선조의 위대한 영광을 되새겨라! 적군이 상륙하여 아직 비틀거리고 있을 때 강가에서 맞이해 싸우자. 행운은 용감한 자를 도울 것이다!"

한편 아이네아스의 배에서는 트로이야 인들과 동맹군 일부가 배와 땅 사이에 다리를 걸쳐놓고 상륙을 시작했다. 다른 일부는 노에 의지해 땅으로 뛰어내리거나 파도의 힘에 의지해 해안으로 밀려오기도 했다. 그러나 나머지 배들과 함께 뒤따라왔던 타르콘 왕은 해안을 지켜보다가 강이 바다와 합류하여 파도도 치지 않고 상륙이 방해받지 않는 얕고 평평한 모래톱에 배를 대도록 했다.

그가 병사들에게 말했다.

"전우들이여! 자, 다시 기운을 내어 곧장 노를 저어 배 바닥으로 적지에 도랑을 파라. 해안만 점령한다면 배 따위는 부서져도 상관없으니까!"

이 말을 듣고 에트루리아 사람들은 열심히 노를 저었고 배는 흰 물결을 뿜어내며 앞으로 달렸다. 곧 뱃머리가 육지에 닿았고 배의 밑바닥이 훼손되지 않은 채 모래밭 위로 올라섰다. 그런데 타르콘 왕의 배만은 그렇지 못했다. 그의 배는 바다 가운데에서 밀물에 싸여 길게 내민 모래톱에 얹혀 파도에 시달리고 있었다. 그러더니 마침내 선판이 부서졌고 선원들은 부러진 노와 흩어진 배의 파편이 떠다니는 바다로 몸을 던졌다. 타르콘과 그의 부하들은 간신히 기슭으로 기어 올라왔다.

투르누스에게 죽는 팔라스

투르누스 왕은 상륙한 적을 보자 포위하는 것을 포기했다. 그는 급히 군대를 모아 해안을 따라 배치시키고 공격 나팔을 불게 했다. 아이네아스도 트로이야 인들과 동맹군을 정비했다. 그는 전투를 가볍게 시작하기 위해 맨 먼저 라티니 족의 농부들로 구성된 군대를 덮쳐 커다란 패배를 안겨주었다. 이어서 그는 적군의 영웅들과 대적했다. 양편 사이에는 곧 치열한 싸움이 벌어졌다. 군대와 군대가 부딪치고 발과 발이 뒤엉켜 서로 밀치는 혼잡 속에서 오랫동안 전세가 오락가락했다.

격전지 옆에서는 에우안데르의 젊은 아들 팔라스가 아르카디아 인들과 함께 싸우고 있었다. 숲을 흐르는 강이 바위를 굴리고 뿌리째 뽑힌 나무들이 강가 여기저기에 흩어져 있는 곳이었다. 기복이 심한 지형 때문에 말을 이용할 수가 없었다. 보병전에 익숙지 않은 팔라스의 군사들은 결국 밀어닥치는 라티니 족과 루툴리 족 앞에서 도망치고 말았다. 그러나 젊은 지휘자 팔라스가 부르는 소리에는 그들도 멈춰 설 수밖에 없었다.

팔라스가 외쳤다.

"병사들이여, 내 아버지의 명성과 승리 그리고 나 자신의 희망을 걸고 맹세한다. 거기 서라! 그대들의 발이 아니라 팔을 믿어라! 선택의 여지가 없다. 트로이야 진영을 향해 앞으로 나아가든지 아니면 뒤로 물러나 바다로 빠지든지 둘 중 하나다!"

이렇게 소리치며 팔라스는 적을 향해 다시 군대를 이끌었다. 그는 칼과 창으로 이 사람 저 사람 물리치며 젊은 사자처럼 분전했다. 잠시 후 병사들은 다시 팔라스 주변에 모여들었다. 한 걸음씩 전진하던 그들은 메젠티우스의 아들인 용감한 영웅 라우수스가 나타나 앞길을 막자 멈춰 섰다. 아르카디아 군대는 우선 동료들인 에트루리아 인과 트로이야 인들이 있는 곳으로 후퇴했다.

이탈리아의 영웅 라우수스는 사람들 속에서 무섭게 칼을 휘둘렀다. 드디어 라우수스와 팔라스의 얼굴이 딱 마주쳤다. 나이도 비슷하고 체격도 똑같이 훌륭한 두 젊은이는 이 싸움에서 젊은 나이에 전사할 운명이었다. 그러나 둘 다 상대방 손에 쓰러질 운명은 아니었다. 투르누스 왕이 전차를 타고 병사들 사이를 돌아다니다가 두 젊은이가 투지만만하게 싸우는 것을 보고 전차 위에서 큰 소리로 말했다.

"잠깐! 나 혼자 팔라스를 상대해주마. 팔라스의 목숨은 내 것이다. 그의 아버지 에우안데르가 이 장면을 보았어야 했는데!"

놀란 팔라스는 교만한 목소리가 울려 오는 쪽을 쳐다보았다. 그는 새로운 적의 모습에 눈을 부릅뜨고 대담하게 외쳤다.

"나는 적장의 갑옷과 투구를 빼앗거나 그렇지 못할 경우 명예롭게 죽을 것이다. 두 가지 모두 아버지는 기뻐하실 것이다. 그러니 위협은 집어치워라!"

팔라스는 그렇게 말하고 투르누스가 소리친 길 한가운데로 나아갔다. 투르누스도 네 마리의 말이 끄는 전차에서 뛰어내려 달려왔다. 그 모습이 마치 들판에서 싸우는 소를 발견하고 멀리 산 위에서 뛰어오는 사자와도 같았다.

팔라스는 투르누스가 사정거리 안으로 들어온 것을 보고 온 힘을 다해 창을 던졌다. 그리고 재빨리 칼을 뽑았다. 정확히 겨냥된 창은 방패 가장자리를 뚫고 들어가 투르누스의 거대한 몸에 찰과상을 입혔다. 그러자 투르누스는 날카로운 무쇠 창끝이 달린 자신의 창을 팔라스에게 겨누며 외쳤다.

"내 창이 더 잘 뚫는지 더 못 뚫는지 잘 봐라!"

투르누스의 창이 날아와 팔라스의 방패와 갑옷을 뚫고 심장에 꽂혔다. 팔라스가 뜨거워진 창을 잡고 뽑아내려 했으나 소용이 없었다. 그의 영혼은 흘러나오는 피와 함께 사라졌다. 갑옷이 땅에 부딪히는 소리를 내며 팔라스가 대지 위에 쓰러졌다. 투르누스는 왼발을 시체 위에 얹고는 켄타우루스들의 싸움 광경을 황금으로 아름답게 조각한 칼띠를 빼앗았다. 그리고 조용히 말했다.

"아르카디아 인들아, 이 젊은이를 위해 무덤을 마련해줘라! 아버지 에우안데르에게로 싣고 가라!"

그는 그렇게 말하고 전차를 타고 되돌아갔다. 아르카디아 인들은 통곡하며 전사한 왕자를 전쟁터에서 옮겼다. 곧이어 에트루리아 인들과 트로이야 인들은 돌진해 오는 루툴리 족에게 맥없이 쓰러지거나 도망쳤다.

트로이야 군의 한쪽을 맡아 싸우고 있던 아이네아스는 자기편이 후

퇴한다는 소식을 들었다. 그는 다시 정신을 차리고 칼을 휘둘러 적들을 무찌르면서 가장 용감한 전우들과 함께 투르누스를 찾아다녔다. 자신을 손님으로 대접해주었던 에우안데르 왕과 사랑스러운 젊은이 팔라스의 모습이 눈에 선했다. 슬픔과 복수심이 그의 가슴에 가득 찼다. 그는 적진에서 술모의 아들 네 명과 우펜스의 아들 네 명을 사로잡아 전쟁터에서 데려왔다. 그들의 피를 팔라스에 대한 속죄의 제물로 바치기 위해서였다.

격분한 아이네아스는 자기의 길을 막으면 어른이건 애원하는 젊은이건 사정을 봐주지 않았다. 그 사나운 기세가 마치 계곡을 범람하는 물이나 시커먼 회오리바람 같았다. 그사이 아이네아스의 아들 아스카니우스도 포위되었던 트로이야 인들을 이끌고 적절한 시기를 엿보다 진영에서 빠져나왔다.

유노, 투르누스를 구하다

유노가 올림푸스 신들의 아버지 윱피테르에게 비굴하게 애원하여 아이네아스의 손에서 투르누스를 구출해 가지 않았다면 루툴리 족은 틀림없이 패전했을 것이었다.

"당신은 투르누스의 죽음을 조금만 연기해달라고 요구하는데, 그건 그리하시오!"

윱피테르가 말했다.

"그러나 전쟁 전체의 운명을 바꿀 생각이라면 당신은 헛된 희망을 품고 있는 거요."

유노가 눈물 흘리며 대답했다.

"아, 당신은 말로는 거절하고 있지만 마음은 그렇지 않잖아요! 내가 돌보는 죄 없는 사람이 그렇게 슬프게 생을 마감해야 합니까? 그렇지만 그의 목숨을 연장해준 것만으로도 고맙게 생각합니다. 당신이 관대한 마음으로 보다 자비로운 결정을 내리실 수 있기를 빌겠어요!"

유노는 뭉게구름을 허리띠처럼 감고 폭풍에 올라탔다. 라우렌툼 인들의 진영에 도착한 여신은 거친 구름으로 영웅 아이네아스와 꼭 닮은 그림자를 만들었다. 게다가 아이네아스의 훌륭한 무기와 꼭 닮은 방패, 투구, 갑옷을 입히고는 산 사람처럼 걷게 했다. 그러나 그것은 영혼도 목소리도 없었다. 이 아이네아스 환영은 감각을 속이는 허깨비처럼 최전방에 있는 병사들 사이에 끼어들었다. 그리고 창을 내던져 투르누스를 화나게 하면서 싸움을 걸었다.

투르누스는 허깨비 아이네아스에게 돌진하며 창을 던졌다. 그러자 허깨비 영웅이 몸을 던져 도망을 쳤다. 투르누스는 칼을 뽑아들고 고함을 지르며 쫓아갔으나 자기가 싸움터에서 멀리 떨어져 나온 것은 알지 못했다.

해안에는 에트루리아의 배가 한 척 있었다. 허깨비 아이네아스는 쫓기는 토끼처럼 도망치더니 주저하면서 배 뒤로 몸을 숨겼다. 투르누스는 급히 뒤쫓아 징검다리를 지나 갑판으로 올라갔다. 유노의 목적은 이것으로 이루어졌다. 투르누스가 갑판에 발을 딛자마자 여신은 닻줄을 끊더니 썰물에 배를 태워 바다 한가운데로 내보냈다.

한편 진짜 아이네아스는 아수라장이 된 싸움터에서 사라져버린 투르누스를 찾았으나 헛수고였다. 허깨비 아이네아스는 숨어 있던 곳에서 나와 투르누스에게 들키지 않고 하늘로 올라갔다. 투르누스는 적을 놓치고 자기가 탄 배가 바다의 파문 속으로 끌려 들어가자 넋을 잃은 채 육지 쪽을 돌아보았다. 그는 구출된 것을 고맙게 여기지 않고 처음에는 자살하려고 칼을 뽑았다. 그러나 곧 자기편으로 돌아가는 것이 좋겠다고 마음을 고쳐먹었다. 그는 갑옷과 투구를 쓴 채 바다로 뛰어들었다. 그러나 유노는 파도를 투르누스 쪽으로 밀어 보냈다. 조류가 그를 실어갔다. 그리고 고향 도시 아르데아에 도착하자 파도가 그를 육지로 밀어붙였다.

한편 진영의 방벽 앞에서는 치열한 전투가 계속되었다. 전세가 유리해지자 트로이야 인들이 환성을 질렀다. 그런데 그때까지 후방을 맡고 있던 에트루리아의 메젠티우스 왕이 갑자기 적진으로 돌진했다. 그는 아퀼라 도시에서 추방당한 왕으로 루툴리 족의 가장 사나운 동맹자였다.

원수가 달려오는 것을 보자 옛 원한을 떠올린 에트루리아 병사들은 사방에서 일제히 창을 비처럼 퍼부었다. 그러나 메젠티우스는 바다에 솟은 바위처럼 꿈쩍도 하지 않고 자신에게 다가오는 에트루리아와 프뤼기아 병사들을 넘어뜨렸다.

전세는 곧 평형을 이루었다. 이제 더는 트로이야 인들이 승리자라 할 수 없었다. 메젠티우스는 적진을 뚫고 들어가 강력하게 무장한 거구의 몸집으로 무섭게 헤집고 다녔다. 그사이 다른 쪽에서 접전을 벌이던 아이네아스가 멀찍이서 그를 발견하고는 갑자기 다가왔다. 그러자 메젠티우스도 아이네아스를 바라보며 투창의 사정거리 안에 섰다.

그는 오래전부터 곁에서 싸우던 아들 라우수스의 손을 왼손으로 잡고 오른손으로는 투창을 들어 올리며 외쳤다.

"자, 이전부터 나에게 신이나 다름없던 나의 팔이여, 나의 창이여, 이제 네 차례다! 내 아들 라우수스야, 이 도둑놈에게서 빼앗은 화려한 갑옷들을 곧 입혀주마. 너는 내가 이 도둑놈을 이긴 것에 대한 살아 있는 기념품이 될 것이다."

그렇게 말하고 메젠티우스 왕은 아이네아스에게 쌩하게 창을 던졌다. 그러나 창은 방패를 맞고 튀어나와 에우안데르 왕과 함께 이탈리아로 왔던 아르고스의 귀족 안토레스를 맞혔다. 이어 아이네아스가 창을 던졌다. 창은 삼중의 강철로 된 방패를 뚫고 메젠티우스의 옆구리에 꽂혔다.

메젠티우스가 피 흘리는 것을 보자 아이네아스는 기쁜 마음으로 허리춤에서 칼을 뽑아 들고는 떨고 있는 적을 향해 달려들었다. 창에 찔려 무기력해진 메젠티우스는 창에 꿰인 방패를 집어 들고 뒤로 도망치려 했다.

그의 착한 아들 라우수스는 아버지가 상처 입은 것을 보고 눈물을 흘렸다. 그는 아버지를 죽이기 위해 달려오는 아이네아스를 향해 뛰어가 방패로 아버지를 가렸다. 동료들도 라우수스의 뒤를 쫓아 큰 소리를 지르며 몰려와 일제히 창을 던졌다. 아이네아스는 화가 났지만 방패로 몸을 가리지 않을 수 없었다. 우박처럼 쏟아지는 창을 막으며 아이네아스는 라우수스를 향해 소리쳤다.

"정신 나간 놈이구나! 왜 죽지 못해 안달이냐? 효심에 눈이 멀어 네 힘을 과대평가하는 것이냐!"

그래도 라우수스가 전혀 물러나지 않자 아이네아스는 격분하여 칼 자루까지 모두 박힐 만큼 라우수스의 몸을 깊숙이 찔렀다. 칼은 젊은 이의 얇은 방패와 사랑하는 어머니가 손수 금실로 수놓은 윗옷을 쉽게 꿰뚫었다. 아이네아스는 빈사 상태의 소년 라우수스의 얼굴이 새파랗게 질리는 것을 보자 불쌍해졌다. 그리고 자기도 아버지로서 라우수스의 갸륵한 효심에 매우 감동했다. 아이네아스는 점점 힘이 빠져가는 소년에게 손을 내밀어 큰 소리로 말했다.

"불행한 소년아, 너의 갸륵한 행동에 더 좋은 상을 주었더라면 좋았을 것을! 네 얇은 갑옷과 투구, 황금으로 수놓은 옷은 빼앗아 가지 않겠다. 씩씩한 모습으로 조상의 무덤 옆에서 고이 잠들어라. 그리하면 적어도 네가 관대한 적의 손에 쓰러졌다는 것은 알게 되리라!"

아이네아스는 라우수스의 아름다운 곱슬머리가 피와 모래로 더럽혀지지 않도록 시체를 땅에서 안아 올리더니, 놀라 떨고 있는 그의 동료들에게 시체를 가져가라고 말했다.

한편 부상당한 메젠티우스는 티베리스 강기슭으로 도망쳐 나무에 기대어 물로 상처의 피를 씻었다. 그는 청동 투구를 나뭇가지에 걸어놓고 무거운 갑옷은 풀밭 위에 벗어놓았다. 굳센 병사들이 그 주위를 지키고 있었다.

허덕이는 메젠티우스가 힘없이 손으로 머리를 받치고 있는데, 전우들이 울면서 가슴에 칼이 찔려 죽은 젊은이를 방패에 싣고 왔다. 메젠티우스는 멀리서도 그 슬픈 소리가 무엇을 의미하는지 알 수 있었다. 그리고 그들이 다가오자 백발에 흙을 뿌리고 하늘을 향해 두 손을 쳐들고 시체에 매달려 소리쳤다.

"불쌍한 아들아, 내가 네 목숨과 맞바꿔 더 살아야 한단 말이냐! 네가 먼저 죽다니, 나는 햇빛과 인간을 버리지 않아도 괜찮단 말이냐? 아니, 난 그들과 작별할 테다!"

이렇게 말하면서 메젠티우스는 아픈 몸을 일으켰다. 그리고 상처가 깊은 데도 불구하고 말을 끌어오라 했다. 이 말은 여러 싸움터에서 승리한 주인을 태우고 돌아왔던 기쁨이자 위안이었다. 말도 주인의 비탄을 슬퍼하듯 머리를 깊이 숙이고 갈기를 늘어뜨린 채 서 있었다.

"라이부스야, 우리는 오래 살았다!"

깊은 상처를 입은 영웅은 자기 말한테 말을 걸었다.

"오늘은 승리자로서 라우수스의 원수를 갚고 아이네아스의 피투성이 목과 갑옷을 선물로 가져오자꾸나. 그렇지 않으면 나와 함께 죽는 거다! 너도 트로이야 놈들을 태우고 싶지는 않을 테니까."

메젠티우스는 아픔을 참고 서둘러 무장을 갖추었다. 청동 투구가 머리에서 찬란하게 빛나고 말의 꼬리가 바람에 나부꼈다. 손에는 한 묶음의 창을 들고 있었다. 이리하여 고통과 광기, 용기가 말 위의 왕을 다시 싸움터로 향하게 만들었다.

아이네아스는 메젠티우스가 다시 자기 쪽으로 오는 것을 보고 기뻐서 외쳤다.

"읍피테르와 아폴로여, 내가 다시 메젠티우스와 결판을 내도록 허락하소서!"

아이네아스는 창을 치켜들고 돌진했다. 그러자 메젠티우스가 외쳤다.

"너에게 아들을 빼앗긴 내가 너를 두려워할 줄 아느냐? 나는 지금 죽음이 무섭지 않으며 어떤 신도 개의치 않는다. 다만 죽고 싶을 따름이다. 그러나 먼저 이것을 너에게 주겠다!"

말을 탄 채 그는 이 말이 끝나기 무섭게 아이네아스의 주위를 돌면서 첫 번째 창을 던졌다. 이어서 두 번째, 세 번째 창을 던졌다. 아이네아스는 날아오는 창마다 황금 방패로 막아냈다. 그러고는 앞으로 튀어나가 적이 탄 말의 양미간을 향해 창을 던졌다. 말은 앞발을 높이 쳐들더니 등에 탄 사람을 흔들어 떨어뜨리고 그 위에 벌렁 나자빠졌다. 양군에서 와 하고 함성이 터졌다. 아이네아스는 곧바로 달려가 칼을 뽑아 들고 비웃듯 소리쳤다.

"그 사나운 메젠티우스는 어디 갔느냐? 그 거만한 사나이는 어디로 숨어버렸느냐!"

"잔인하구나!"

메젠티우스가 땅바닥에서 신음했다.

"죽어가는 나를 비웃는가? 그렇지만 나는 전쟁에서 명예롭게 죽는 것이다. 한 가지 부탁이 있다. 내 시체를 땅에 묻어다오. 예전의 내 부하들이 나를 심하게 미워한다는 사실은 그대도 알고 있을 것이다. 나를 그들의 분노에서 지켜주고 아들과 함께 무덤에 묻어다오!"

이렇게 말하고 메젠티우스는 아이네아스의 칼 앞에 스스로 목을 내밀어 죽음을 맞이했다.

6장

Die schönsten Sagen des klassischen Altertums

아이네아스, 투르누스와 결전을 벌이다

아이네아스 이야기 III

트로이야 군과 라티니 족의 휴전 협정

트로이야 인들이 승리를 거둔 전쟁터에 어김없이 아침 해가 빛났다. 아이네아스는 언덕 위에 승리의 표식을 세웠다. 잔가지를 모조리 쳐 낸 거대한 참나무의 굵은 줄기에 적장 메젠티우스의 빛나는 갑옷을 입힌 것이었다. 오른쪽에는 피투성이가 된 깃털 장식 투구와 부러진 창, 투창으로 열두 개의 구멍이 뚫린 가슴보호대를 걸어놓았고, 왼쪽에는 청동 창과 상아 칼집에 칼띠가 달린 칼을 걸어놓았다. 아이네아스는 장엄한 기도와 함께 이 전리품을 전쟁의 신에게 바쳤다.

그런 다음 트로이야 인들은 진영으로 발걸음을 옮겼다. 그곳에서는 늙은 아르카디아 인 아코이테스가 팔라스의 시체를 지키고 있었다. 그는 사랑하는 팔라스의 시종이자 방패잡이로 함께 전쟁에 나섰었다. 시체는 진영 막사에 안치되었으며, 시종과 동정하는 트로이야 남녀의 무리가 머리를 풀어 헤치고 그를 둘러쌌다.

아이네아스가 문 안에 발을 들여놓자 커다랗게 통곡소리가 들려왔다. 거기 있던 자들이 모두 가슴을 치며 슬퍼했다. 진영은 비탄의 소리로 뒤흔들렸다. 아이네아스는 침대에 누워 있는 팔라스의 창백한 얼굴과 그의 가슴이 창상으로 뻥 뚫려 입을 벌리고 있는 것을 보자 눈물이 솟아났다.

그가 말했다.

"불행한 소년이여, 그렇게 아양을 떨며 그대를 데려온 기만적인 운명은 그대가 승리자로서 고향에 돌아가게 하지 못했구나. 그대의 아버지 에우안데르가 나와 작별하고 포옹하면서 '몸조심하시오. 그대는 전투에 능하고 강한 족속과 싸우러 가는 것이오!'라고 말했을 때, 내가 그에게 약속한 것은 이런 게 아니었다. 아, 우리가 그대의 시체를 장사지내고 있는 지금, 고향에서는 분명 그대의 아버지가 그대를 위해 신들에게 서약을 하고 있을 것이다. 정말 슬프구나!"

이렇게 말하고 눈물을 흘리면서 아이네아스는 시체를 참나무 가지로 엮은 들것에 태워 진영 가운데로 나르도록 명령했다. 시체는 들것에 실린 채로 나지막한 언덕에 뉘었는데 그의 아름다움과 윤기 나는 피부는 아직 살아 있는 사람 같았다. 갓 꺾은 난초나 막 시들어가는 히아신스 꽃과도 같았다.

아이네아스는 디도가 금실을 넣어 짠 두 장의 자주색 옷을 가져와 한 장으로는 소년의 몸을 싸고, 다른 한 장으로는 곱슬머리를 감싸주었다. 이렇게 꾸며진 시체는 팔란테움의 아버지에게 운반하기로 했다. 이 행렬에는 적의 포로와 무기를 실은 말, 소년의 늙은 시종 아코이테스, 마지막으로 팔라스가 탔던 말 아이톤이 따랐다. 말은 목을 늘어뜨리고 사람처럼 눈물을 흘리며 따라갔다. 이어서 에트루리아와 아르카디아 인들과 트로이야 인들이 무기를 아래로 내린 채 그 뒤를 따랐다. 아이네아스는 행렬이 완전히 보이지 않을 때까지 배웅했다.

그때 라티누스의 도시에서 올리브나무 가지를 손에 든 사절이 도착하여 라티니 족의 시체를 장사지내게 해달라고 탄원했다. 아이네아스는 그들의 탄원을 허락한 뒤 관대하게 대답했다.

"라티니 족이여! 그대들은 어쩌다가 눈이 멀어 우리와의 우정을 짓밟고 이같이 커다란 전쟁에 휘말려 들었소? 그대들은 죽은 자를 위해 휴전을 원하지만 난 살아 있는 사람을 위해서도 휴전을 하고 싶소! 만일 운명이 이 땅을 지시하지만 않았다면 나는 결코 그대들의 나라에 오지 않았을 거요. 더구나 그대들의 백성과 전쟁을 하는 일은 없었소. 그대들이 아니라 그대들의 왕이 동맹을 깨뜨리고 자진해서 투르누스의 무력에 의지했던 거요. 만일 투르누스가 완력으로 전쟁을 끝내고 싶고 끝까지 트로이야 인들을 이 땅에서 내쫓고 싶었다면, 그는 갑옷과 투구를 쓰고 일대일로 나와 결투를 해야 했을 것이오. 두 사람 중 힘을 겨루어 신의 도움으로 살아남은 자가 정의로운 자일 것이오. 그러나 지금은 돌아가서 불쌍한 동료들을 화장해주시오."

트로이야 왕의 입에서 나오는 관대한 말을 듣고 사절들은 처음에는 어안이 벙벙해 잠자코 서로 얼굴만 마주보았다. 조금 뒤 이전부터 투르누스를 미워하던 늙은 드랑케스가 말했다.

"트로이야의 영웅들이여! 투사로서 당신의 미덕과 정의감은 아무리 찬미해도 끝이 없겠소. 우리는 돌아가 당신의 고마운 뜻을 백성에게 알리고, 할 수만 있다면 라티누스 왕을 설득해 당신과 화해하도록 하겠소."

모든 사절이 박수를 쳐서 그 말에 동조했다. 휴전은 열이틀 동안으로 결정되었다. 그리고 라티니 족과 트로이야 인들은 숲이 우거진 깊은 산속을 돌아다니며 물푸레나무와 소나무를 도끼로 잘랐다. 그들은 참나무, 삼나무, 떡갈나무를 손도끼로 패서 수레가 삐걱거릴 만큼 많은 장작을 싣고 라티니 족의 도시로 돌아갔다.

그 무렵 팔라스가 전사했다는 소문이 에우안데르 왕의 도시에 퍼졌다. 그때까지 도시 사람들은 왕자의 승리만을 들었고 또한 간절히 염원하고 있었다. 왕과 도시 사람들 모두가 형언하기 어려운 절망에 빠졌다. 모든 아르카디아 인이 장례식 횃불을 손에 들고 성문에서 나왔다. 기다란 횃불의 행렬이 길을 환히 비췄다. 조금 뒤 프뤼기아 인 무리가 통곡하면서 저쪽에서 다가왔다.

행렬이 다가오자 아르카디아 여인들의 울부짖는 소리가 도시를 가득 채웠다. 이제는 어떤 굳센 힘이라도 에우안데르 왕을 붙잡을 수 없었다. 왕은 행렬을 향해 달려나갔고 사람들이 아들을 내려놓자 아들의 시체에 매달려 슬픔의 눈물을 하염없이 흘렸다.

라티니 족의 민족회의

트로이야 인들과 라티니 족은 눈물과 제물을 바쳐 죽은 자들을 매장했다. 가장 커다란 곡소리와 가장 긴 슬픔이 죽은 자들과 함께했다.

슬퍼하는 어머니, 과부, 아버지를 빼앗긴 딸과 아이들이 거리를 헤맸고 전쟁과 투르누스의 약혼을 저주했다. 사절로 다녀온 드랑케스가 이 분위기를 더욱 무겁게 만들었다. 그는 아이네아스가 전쟁을 결정짓기 위해 결투를 청할 사람은 투르누스뿐이라고 확신했기 때문이다. 그러나 한편에는 투르누스를 열심히 변호하는 사람들도 있었다. 무엇보다 왕비 아마타가 그를 두둔했고, 사람들도 투르누스의 명성과 승리에 눈이 어두워졌다. 그사이 라티니 족의 패배감을 더욱 키운 소식이 있었다.

이탈리아 남부의 다우니아에는 그라이키아의 영웅인 튀데우스의 아들 디오메데스*가 살고 있었다. 트로이야 원정에서 돌아온 디오메데스는 부정한 아내의 함정에 빠져 고국 아르고스에서 쫓겨나 이탈리아 남부에 아르귀리파라는 도시를 건설하고 있었다. 전쟁이 시작되자 투르누스는 곧 루툴리 족의 영웅 베눌루스를 보내 도움을 청했었다. 디오메데스가 지난날 트로이야의 원수였으니 도움을 주리라는 희망에서였다. 그런데 전쟁이 한창인 지금에야 돌아온 베눌루스는 도와줄 수 없다는 회답을 가져왔다. 이로써 늙은 라티누스 왕의 마지막 희망도 사라졌다.

늙은 왕은 고뇌에 지쳐 원로들을 궁전으로 불러 민족회의를 열었다.

---

* 유명한 이 영웅의 마지막 운명에 대해서는 여러 가지 설이 있으나, 다음 이야기는 어느 설에서나 대강 일치한다. 전쟁이 끝나고 무사히 귀향한 디오메데스는 다시 아르고스를 떠나야만 했다. 아프로디테의 충동질로 그의 아내 아이기알레이아(아드라스토스의 딸)가 부정을 범하고 그를 죽이려 했기 때문이다. 그는 오랫동안 해상을 표류한 끝에 리뷔아와 리베리아로 갔다가 마지막에는 이탈리아 남부의 다우니아에 정착했다. 그 땅에서 다우누스 왕의 딸과 결혼하고 아르고스의 이름을 딴 도시 아르귀리파를 건설했다. 디오메데스는 죽은 후에도 반은 신으로 여겨지면서 많은 지방에서 숭배를 받았다.

그는 어두운 얼굴로 왕좌에 앉아 귀환한 사자와 그의 수행인들에게 보고하라 명했다.

"시민들이여!"

베눌루스가 말했다.

"우리는 영웅 디오메데스와 아르귀리파라는 새로운 식민도시를 보았습니다. 그 도시는 가르가누스 산 근처의 참나무숲이 우거진 아름다운 언덕에 세워지고 있었습니다. 우리가 그에게 이름과 고향을 말하고 선물을 내놓은 뒤 전쟁에서 우리를 괴롭히는 자의 이름을 말하자 위대한 왕이 관대한 얼굴로 이렇게 대답했습니다. '선량한 신 사투르누스의 가호 밑에서 지내는 행복한 아우소니아 지방 사람들이여! 당신들도 공연한 불운을 만나 혼났을 거요. 그러나 우리 트로이야 전쟁의 승리자는 가장 비참한 인간들이 되어버렸소. 우리가 그때의 교만을 얼마나 혹독하게 보상했는지를 알면 트로이야의 왕 프리아무스조차 틀림없이 동정했을 것이오. 로크리스 인 소 아이약스는 바다에 빠져 죽었고, 아가멤논은 자기 궁전에서 살해되었소. 메넬라우스는 아이귑토스를 방랑하고, 울릭세스는 퀴클롭스에게 위협을 당했소. 신들께서는 내게도 귀향을 허락지 않으셨소. 그 이야기는 그만둡시다! 아무튼 전쟁이 한창일 때 베누스 여신에게 상처를 입히고 나서부터 내겐 불운이 계속되었소. 그러니 다시는 전쟁에 가세하라고 권유하지 말아주시오! 트로이야가 함락된 뒤로 나는 트로이야 사람의 적이 아니며, 게다가 그들에게 끼친 해악을 기억하는 건 그다지 기쁜 일이 아니오. 그대들이 고향에서 가져온 선물은 아이네아스에게 보내는 편이 좋겠소. 나는 전쟁에서 아이네아스와 싸운 적이 있지만 그는 용감한 투사라오! 헥토르가 죽은 뒤 트로이아에 아이네아스만 한 영웅이 둘만 있었어도 우리 그라이키아 인들은 도저히 승리할 수 없었을 거요. 어쨌든 더 늦기 전에 평화의 손을 내미시오.'"

베눌루스가 보고를 마치자, 회의장에는 마치 시냇물이 바위에 부딪히는 것같이 소란스러워지며 소음이 일었다. 소동이 겨우 가라앉자 라티누스 왕이 왕좌에 앉은 채 말했다.

"시민들이여, 우리는 불패의 상대, 즉 신들의 일족과 불행한 싸움을 하고 있는 거요. 그러니 이제부터 하는 이야기를 잘 듣고 마음속에 새겨주시오. 서쪽 티베리스 강 근처에 루툴리 족과 아우룽키 족이 건설한, 소나무숲으로 구획된 옛 영토가 있소. 이것을 트로이아 사람에게 양도하고 그들을 이 나라의 동지로 맞이할 작정이오. 하지만 만일 그들이 다른 땅을 요구한다면 스무 척의 배를 만들고 또 이것을 무장하는 데 필요한 청동이나 선재(船材), 노동력을 제공하겠소. 그리고 라티움의 귀족 백 명을 화평의 사절로 보내 황금과 상아, 외투, 왕관 따위를 왕의 권위를 표시하는 뜻으로 증정하는 거요!"

그러자 늙은 드랑케스가 일어섰다. 웅변가이며 부유한 이 늙은이는 싸움터에서는 이미 영웅이 아니지만, 이전부터 투르누스의 명성을 질투하고 있었다.

"뛰어난 왕이시여, 한 가지 빠진 것이 있습니다. 트로이아 인에게 보내도록 명하신 멋진 선물에 덧붙여, 따님 라비니아를 같이 보내 영원한 유대를 맺고 평화를 확보하는 것입니다!"

이때 투르누스는 고향에서 막 돌아와 회의 장소에 있었다. 이 말을 들은 투르누스의 마음은 노여움에 불탔다. 그는 숨을 크게 들이마시더니 외쳤다.

"드랑케스, 전쟁에서 완력이 필요할 때면 그대는 언제나 혀로 싸우는군! 지금은 회의장에서 말만 하고 있을 때가 아니오. 어떻게 해서든지 싸워야 하는 거요! 라티움과 볼스키 족이 우리를 위해 일어섰는데 우리 자신이 싸우지 않는다면 어떻게 아이톨리아에서 온 디오메데스와 새 도시의 사람들이 우리를 도와주겠소? 만일 내 목숨이 필요하다면 언제든지 당신들에게 바치겠소이다. 아이네아스가 나와 결투하고자 하는 게 사실이라면, 나 역시 소문난 투르누스요. 언제든지 상대해주겠소!"

이렇게 라티니 족 사람들이 왕국의 흥망성쇠를 놓고 논쟁을 벌이는 동안에 아이네아스는 전군을 이끌고 점점 다가오고 있었다.

카밀라의 죽음

회의가 끝나자, 온 도시의 시민들이 모두 급히 성벽으로 달려갔다. 그들은 성문에 보루를 만들고 돌을 쌓아올리고 목책을 꽂았다. 전쟁의 나팔이 드높이 울려 퍼졌다. 방벽 위에서 많은 남녀가 정렬하고 있었다. 왕비 아마타는 수많은 불행의 원인이 된 딸 라비니아를 옆에 거느리고 모여드는 여인들을 헤치며, 미네르바 신전에서 희생제물을 바치기 위해 전차를 타고 도시의 성곽으로 갔다.

투르누스도 서둘러 무장을 갖췄다. 비늘 모양의 청동 갑옷으로 몸을 가다듬고 다리에는 정강이보호대를, 허리에는 칼을 찼다. 머리에는 황금 투구를 쓰고 발끝까지 찬란하게 무장한 그는 승리의 희망으로 가슴을 설레며 급히 왕성을 나왔다. 그는 볼스키 군을 이끌고 있는 여왕 카밀라를 성문 아래에서 만났다. 카밀라는 영웅 투르누스를 보자 말에서 뛰어내렸고 기병대도 그녀를 따랐다.

카밀라는 루툴리 족의 왕을 향해 말했다.

"투르누스여! 강자는 항상 자기 힘에 자신을 갖는 것이 좋습니다. 오늘 나는 맹세코 아이네아스의 군대를 무찔러 보일 테니 나와 볼스키 기병대만 아이네아스에게 보내주십시오."

이 요청은 투르누스를 기쁘게 했다.

"그 용기가 있으므로 당신은 동족의 지도자로 추대되고 남자들의 조언자 안에 낀 것이오. 이제부터는 모든 작전을 나와 함께해주기 바라오. 수색대의 보고에 의하면 아이네아스는 가볍게 무장한 기병대를 선발대로 출발시키고 자신은 중장비를 갖춘 부대를 이끌고 산봉우리를 넘어 도시로 진격하기로 했다는구려. 나는 깊은 산골짜기 숲속에서 아이네아스를 기다릴 작정이오. 좁은 길의 양쪽 출구를 점령하고 병사를 배치하겠소. 당신은 에트루리아의 기병대를 습격해주시오. 영웅 멧사푸스와 라티니의 기마병을 지원군으로 딸려 보내겠소. 빼어난 처녀여, 모든 지휘는 당신에게 맡기리다!"

꼬불꼬불하고 좁은 그 골짜기는 울창하게 수목이 우거진 절벽이 양쪽에서 마주보고, 가운데로 한줄기 좁은 길이 지나가고 있었다. 게다가 산봉우리에는 숲으로 가려진 평지가 있어 복병을 두기에 더없이 좋은 장소였다. 좌우 어느 쪽으로든 공격할 수 있었고, 골짜기로 돌을 굴려 떨어뜨릴 수도 있었다. 투르누스는 병사를 이끌고 그곳으로 가서 산봉우리와 좁은 길목에 진을 쳤다.

그동안 트로이야 인들과 에트루리아 동맹군은 기병대와 함께 도시의 방벽으로 점점 다가오고 있었다. 말은 발굽소리도 요란하게 평지를 나아갔으며, 긴 창끝은 하늘을 뒤덮었고, 들판은 높이 쳐든 무기들로 불타는 듯 보였다. 그때 앞길에 카틸루스와 코라스*를 이끄는 맷사푸스를 선두로 한 라티니 족의 기병대와 카밀라가 인솔하는 볼스키 족의 기병대가 나타났다.

서로 창이 미치는 거리까지 접근하자 양군은 한순간 멈춰 서는가 싶더니, 다음 순간 말에 박차를 가해 함성을 지르며 돌격했다. 사방에서 화살이 비처럼 날아들어 하늘이 어두워질 정도였다. 그런데 양군이 창과 창으로 싸우기 시작하자 라티니 족 전열은 곧 흐트러져 나중에는 방패를 짊어지고 말머리를 돌려 도시로 도망쳤다. 그러나 이 도주는 속임수였다.

방벽 앞까지 오자 라티니 군은 말머리를 휙 돌리더니 환성을 올리며 쫓아오던 에트루리아 기병대와 맞서 싸웠다. 그래서 이번엔 에트루리아 군이 물러섰다. 이런 일이 두 번 되풀이되고 세 번째에야 마침내 결전이 벌어졌다.

치열한 백병전이 한창일 때 볼스키 족 카밀라는 아마존 여전사 같은 기세로 소매를 걷어 올리고 함성을 지르며 화살을 쏘아대고 가느다란 창을 던졌다. 또 어떤 때는 싸움도끼를 휘두르기도 했다. 카밀라

---

* 카틸루스, 코라스, 티부르투스 세 사람은 유명한 예언자 암피아라오스의 손자들로 라티움에 티부르라는 도시를 건설했다.

를 둘러싸고 있는 것은 라리나, 툴라, 타르페이야라는 용감한 처녀 정예병이었다. 이 세 사람은 카밀라가 직접 뽑은 측근으로 전시에나 평상시에나 늘 충실한 시종이었다. 많은 프뤼기아 인이 그녀들의 칼과 창에 쓰러졌다.

그러나 상대편에서도 강한 영웅이 나타났다. 바로 에트루리아의 왕 타르콘이었다. 말에 올라탄 타르콘은 후퇴하는 자기편을 멈춰 세우고 한 사람 한 사람 이름을 부르며 독려했다. 그는 후퇴하는 병사들에게 새로운 용기를 불어넣어주며 죽음도 두려워하지 않고 기마전이 벌어진 한복판으로 파고들었다. 거기서 베눌루스와 딱 마주친 그는 폭풍처럼 덮쳐 베눌루스를 찔러 말에서 떨어뜨렸다. 그러고는 오른쪽 겨드랑이로 껴안고 가다 잽싸게 자기 말 위로 끌어당겨 싣고 갔다.

라티니 병사들은 깜짝 놀라 큰 소리를 지르며 타르콘을 쫓았다. 타르콘이 질주하면서 부러진 창자루로 베눌루스의 갑옷 틈새로 목줄을 찌르려 했다. 그러나 베눌루스는 그렇게 하도록 내버려두지 않겠다는 듯 목 앞에서 타르콘의 손을 눌렀다. 마치 뱀을 채서 하늘로 날아가는 독수리 같았다. 에트루리아 인들은 타르콘 왕을 보고 따라 배운 듯 다시 용감하게 쳐들어갔다.

카밀라도 에트루리아 군대의 전열 속에서 용감한 상대를 발견했다. 영웅 아룬스는 나는 새처럼 창을 들고 카밀라를 따라다녔다. 그는 귀신처럼 날뛰는 카밀라에게 따라붙어 결코 떨어지지 않았다. 카밀라는 그때 프뤼기아의 여신 퀴벨레의 신관 클로레우스를 쫓고 있었다.

클로레우스는 금실로 엮은 비늘 모양의 청동 갑옷을 깃털 달린 의복처럼 몸에 걸치고, 그 위에 짙은 붉은색 옷을 입고 있었다. 머리에서는 황금 투구를 빛내고 어깨에서는 황금 화살집을 울리면서 윙윙 화살을 쏘았다. 카밀라가 이 색다르고 치렁치렁한 무장에 완전히 정신을 빼앗겨 바라보고 있을 때였다. 아룬스는 제발 자신이 동맹군의 오명을 씻고 한 여자의 손에 걸려 쓰러지는 일이 없도록 해달라고 아폴로에게 기원하며 별안간 창을 던졌다. 아폴로는 수긍하고 젊은이의 소원을 들어주었다.

카밀라를 둘러싸고 있던 볼스키 기마병들은 창의 울림소리를 듣고 무의식중에 여왕을 보았다. 카밀라가 아무것도 눈치 채지 못한 사이 창은 그녀의 가슴에 꽂혀 피가 콸콸 쏟아져 나왔다. 호위하던 여인들이 놀라서 달려가 말에서 떨어지려는 카밀라를 팔로 받쳤다. 이 모습을 본 아룬스는 자기가 해낸 일에 새삼스럽게 놀라 기쁨과 공포에 떨며 도망쳤다. 빈사 상태의 카밀라는 갈비뼈 사이에 깊이 꽂힌 창끝을 잡았지만, 그 눈은 점차 희미해지고 뺨의 붉은 기색도 사라져갔다. 그녀는 괴로운 숨결 사이로 소꿉동무 악카에게 말했다.

"빨리 도망쳐 투르누스에게 나의 마지막 명령을 전해다오. 나는 벌써 눈이 보이지 않는구나. 이제부터는 투르누스가 지휘해 도시를 트로이야 인들에게 빼앗기지 않도록 지키라고 해라!"

고삐를 놓친 카밀라는 더 버티어보려 했으나 말에서 미끄러졌다. 땅바닥으로 떨어진 그녀는 머리를 축 늘어뜨리고 죽었다. 볼스키 병사들은 여왕이 죽은 것을 보고 절망의 소리를 질렀다.

여왕이 죽고 나서 전쟁은 더욱 격렬해졌다. 카밀라를 죽인 에트루리아 인 아룬스는 보이지 않는 손이 쏜 화살에 맞아 죽었다. 여사냥꾼 카밀라를 귀여워하던 여신 디아나가 그녀의 원수를 갚기 위해 쏜 화살이었다. 아룬스의 전우들은 그의 시체를 밟고 넘으며 싸움을 계속했다. 그리하여 시체는 진흙 속에 가로누인 채 잊히고 있었다.

지휘자가 죽은 카밀라의 기병대는 패주를 시작했고, 루툴리 군사들이 그 뒤를 따랐다. 각각 시위를 푼 활을 짊어지고 말을 채찍질해 전쟁터 저편으로 도망쳤다. 검은 모래먼지가 도시의 방벽을 향해 밀려오고 성벽의 화살 쏘는 구멍에서는 어머니들의 비탄이 하늘로 울려 퍼졌다. 그리고 뒤에 처진 무리가 적들과 함께 성문에 도착했다. 적들은 한데 뒤섞여 성안으로 밀고 들어왔다. 다른 쪽에서는 절망에 가득 찬 주민들이 성문을 닫아버려 도망치던 병사들은 적군에 포위되어 승리에 날뛰는 적의 화살을 맞고 성문 앞에 쓰러졌다.

그사이 이 흉보가 어두운 골짜기에 숨어 있던 투르누스의 귀에도 들어갔다. 그가 매복한 장소로 악카가 찾아와 여왕 카밀라의 죽음과 패전을 알려준 것이다. 투르누스는 격분과 고뇌 속에 즉시 숲을 나와 평원으로 달려 내려갔다. 그러나 투르누스가 매복 장소를 떠난 뒤 곧바로 아이네아스가 산 사이로 군대를 이끌고 나타나 골짜기의 좁은 길목으로 유유히 나왔다. 잠시 후 그들은 어두운 숲을 빠져나와 도시 앞 평원에 모습을 나타냈다.

투르누스도 뒤에서 나는 적군의 말발굽소리를 들었다. 뒤돌아보고 무서운 아이네아스임을 확인하자 그는 당장에 전투태세를 취했다. 만일 해가 아직 지지 않았더라면 양군은 틀림없이 그 자리에서 마지막 결전을 벌였을 것이다.

아이네아스가 부상을 당하다

투르누스는 적의 모습에 질린 라티니 병사들의 눈초리가 모두 자기에게 쏠리는 것을 느꼈다. 약속한 결투를 상기시키려는 듯한 시선에 그는 얼굴이 붉어졌고 가슴은 자부심으로 뛰었다. 마치 부상당한 사자가 전의를 불태우며 목덜미의 갈기를 흔들며 몸에 꽂힌 사냥꾼의 창을 우적우적 씹어버리듯 이 위대한 젊은이의 마음이 다시 사납게 불타올랐다.

투르누스는 장인 라티누스 왕 앞으로 가서 말했다.

"겁쟁이 트로이아 인들이 약속만 어기지 않는다면 저는 당장이라도 그를 상대하겠습니다! 아버님, 어서 희생의 동물을 끌어내 계약을 맺으십시오. 이 팔로 아시아에서 온 난민을 오늘이라도 저승으로 보내버려 우리의 오명을 씻겠습니다. 그렇지 않으면 저 유랑자의 칼에 제가 넘어지겠습니다. 그렇게 되면 저놈은 아버님의 딸 라비니아를 자기 아내로 삼아 자기 나라로 데려갈 겁니다."

라티누스는 조용히 대답했다.

"고상한 젊은이여! 자네가 남보다 뛰어난 용기를 내게 자랑한다면 나는 그만큼 깊이 생각해 조언하는 것이 내 의무라 여겨지네. 자네는 아버님 다우누스로부터 큰 나라를 물려받고 거기에 자신이 정복한 많은 도시를 더했지. 내게서도 황금과 총애를 얻지 않았는가. 그러나 라티움에는 또 다른 고귀한 집안의 신붓감들이 얼마든지 있네. 자네도 괴롭겠지만, 진실을 말하자면 내가 예전의 구혼자들에게 딸을 주지 않은 것은 신들과 사람들의 경고가 있었기 때문이네. 하지만 자네가 듬직해서, 게다가 친척이고 아내의 눈물에 마음이 움직인 것도 그 이유가 되겠지만, 어쨌든 모든 불안을 누르고 사위로 삼은 걸세. 그래서 이 불행한 싸움에 말려들고 말았다네. 자네도 내 운명이 짐작되겠지. 이제 자네 혼자만이 평화의 장애가 되고 있으니 제발 내 딸을 단념하게나! 그리고 그렇게 장담하는 이 결투에서 어떤 결과가 나올지 모르니 그에 대해서도 나에게 요구하지 말게! 승리의 행운이 얼마나 믿을 수 없는 것인지 생각해보게. 고향 아르데아에서 돌아가실 때까지 자네의 일을 슬퍼하실 늙은 아버님이 불쌍하지도 않은가?"

그러나 어떤 말도 투르누스의 마음을 바꾸지 못했다. 조용한 설득이 오히려 투르누스의 결심을 더욱 확고하게 만들었다. 왕비의 애원도 눈물도 포옹조차도 젊은이의 마음을 움직일 수는 없었다. 그때 어머니의 슬퍼하는 소리에 깜짝 놀란 약혼녀 라비니아가 급히 그리로 왔다. 투르누스는 사랑하는 라비니아를 물끄러미 바라보며 한순간 마음이 천 갈래로 찢어지는 듯했다. 그러나 미운 연적을 때려눕히겠다는 희망이 더욱 투지를 불타게 만들었다.

투르누스는 왕비에게 말했다.

"어머님, 제발 소원이니 눈물과 지나친 염려로 저를 괴롭히지 마십시오. 투르누스는 이미 결심했습니다!"

그리고 동료 한 사람을 불러 말했다.

"이드몬, 급히 트로이야의 지휘자에게 가서 그들이 비록 싫은 얼굴을 하더라도 이렇게 전해주게. 내일 아침 루툴리 군대는 싸움에 나오지 않으므로 트로이야 사람도 이 점을 참작하기 바란다! 우리는 양군을 휴전시킨다. 하지만 해가 뜨면 우리 두 사람만의 피로 싸움의 승패를 결정짓자."

새벽녘 햇살이 산봉우리를 밝게 비추자 루툴리 족과 트로이야 인들은 라티니 족의 굳은 방벽 앞에다 그들의 우두머리를 위한 결투장을 만들었다. 중앙에는 쌍방의 신들을 위해 제단을 마련했다. 희생을 위한 물과 불, 신관이 쓸 나뭇가지로 만든 화관, 동물과 제물을 올릴 상이 운반되어 왔다. 얼마 후 성문에서 도시 사람들이 쏟아져 나오고 반대쪽에서는 트로이야와 에트루리아 동맹군이 급히 몰려왔다. 그리고 신호에 따라 각각 결정된 곳으로 물러나고 넓은 들판이 두 장수의 결투 장소가 되었다.

투사들은 창을 대지에 꽂아놓고 방패를 잡았다. 바로 그때 도시에서 주민들이 지척지척 걷는 할머니와 허리가 구부러진 노인까지 모두 한꺼번에 몰려나왔다. 도시의 탑과 지붕도 구경꾼들로 가득했다.

이때 양군의 왕이 다가왔다. 라티누스는 화려한 사두마차를 타고 있었다. 그 머리에는 태양신의 자손*임을 표시하는 열두 줄기의 황금 빗살을 장식한 왕관이 눈부시게 빛나고 있었다. 투르누스는 두 마리의 백마가 끄는 전차를 타고, 두 자루의 창을 한 손에 잡고 나타났다. 다른 쪽 트로이야 진영에서는 아이네아스가 급히 달려 나왔다. 갑옷과 투구, 방패가 별처럼 빛나고 그 옆에는 늠름하게 성장한 아들 아스카니우스가 바짝 붙어 있었다.

잠시 후 눈처럼 흰 옷을 입은 신관이 털이 성긴 새끼돼지와 털이 많

---

* 라티누스는 민투르나이의 요정인 마리카의 아들인데, 그녀가 태양신 솔(그리스 신화의 헬리오스)의 딸이기 때문에 태양신을 조상으로 두었다고 한 것이다.

은 새끼양을 데려와 불타오르는 제단 옆에 두었다. 왕들은 이제 막 솟아오르는 태양을 향해 얼굴을 들어 소금이 든 밀가루를 희생제물에 뿌린 뒤 칼로 동물의 정수리털을 잘랐다. 그리고 제단에 신주를 부었다.

아이네아스와 라티누스는 엄숙한 기도와 함께 계약을 맺었다. 만일 아이네아스가 지면 트로이야 인들은 아스카니우스의 인솔로 당장 라티움 땅을 떠나 에우안데르 왕의 도시 팔란테움으로 물러간다. 만일 아이네아스가 이긴다면 이탈리아 인과 트로이야 인은 서로 자유롭고 자주적인 동맹을 맺고 라티누스 왕이 통치한다. 아이네아스는 왕녀 라비니아를 아내로 삼고 트로이야 민족을 위해 도시를 건설해, 왕녀의 이름을 따서 그 도시를 라비니아라고 부른다는 것이었다.

루툴리 족에게는 이 결투가 아무래도 불리해 보여 모두들 마음이 초조했다. 아이네아스가 초인적인 힘의 소유자인 만큼 그 결과를 안심할 수 없었던 것이다. 지휘관 투르누스가 볼이 패고 파랗게 질린 얼굴로 묵묵히 나와 제단 앞에 고개를 숙이고 있는 것을 보자 루툴리 병사들은 한층 더 불안해졌다. 투르누스의 남매 유투르나도 불안을 몰아낼 수 없었다.

죽지 않는 요정인 그녀는 급히 영웅 카메르스로 모습을 바꿔 군대 속으로 끼어들었다. 카메르스는 조상 대대로 위엄이 있었고 자신이 세운 공적으로 루툴리 인들에게 몹시 존경받는 인물이었다.

"루툴리 족 사람들이여!"

유투르나는 속삭였다.

"이렇게 많은 용사가 있는데, 한 사람만을 죽음에 바친다는 것이 부끄럽지 않은가? 우리의 힘이 적에게 뒤떨어진다고 생각하는가? 적군의 트로이야 인, 아르카디아 인, 에트루리아 인들의 수를 세어보아라. 우리 루툴리와 라티니 군사들이 적보다 훨씬 많지 않은가! 물론 투르누스는 죽으면 제단에 몸을 바친 신들에게로 영광스럽게 승천할 것이다. 그러나 우리는 조국을 잃고 게다가 저 교만한 폭군을 섬기게 된다. 그렇게 되는 것도 당연하다. 싸울 수 있는데도 팔짱을 끼고 하는 일 없이 초원에 앉아 있었으니 말이다!"

유투르나는 그런 짓만 한 것이 아니었다. 그녀는 이탈리아 인들의 머리 위에 뜻 모를 징조를 보냈다. 루툴리 족과 라티니 족은 이 징조를 보고 환성을 올렸다. 그러고는 창자루에 손을 얹고 예언자 톨룸니우스의 예언에 귀를 기울였다. 톨룸니우스는 이 징조는 행운의 표시이니 모두 무기를 들고 일어나라고 명했다. 그와 동시에 예언자는 자기 스스로 맞은편에 있는 적을 향해 맨 먼저 창을 던졌다. 창은 윙 하는 소리를 울리며 하늘을 날아갔다.

그러자 큰 소동이 벌어졌다. 쌍방의 대열이 흩어지고 모두가 무기를 들고 일어났다. 톨룸니우스 맞은편에 아르카디아의 귈립푸스와 고귀한 에트루리아 인 어머니 사이에서 태어난 아름다운 청년들 아홉 형제가 서 있었다. 톨룸니우스의 창은 그중 한 사람의 허리띠 장식 근처를 꿰뚫어 그를 모래바닥에 넘어뜨렸다. 남은 여덟 형제는 죽은 형제에 대한 슬픔 때문에 정신없이 창을 휘둘렀고 칼을 뽑았다.

한편 루툴리 병사들도 형제를 목표 삼아 와르르 몰려들었다. 이제 아르카디아 인, 트로이야 인, 에트루리아 인 모두가 일제히 쳐들어갔다. 제단은 뒤엉킨 사람들에게 짓밟혔고, 화살이 폭풍처럼 윙윙대며 하늘을 날고 창이 우박처럼 쏟아졌다.

라티누스 왕은 협약이 깨졌기 때문에 손수 신들의 상을 안고 도망쳤다. 전차에 말을 매다는 자, 말에 뛰어오르는 자, 칼을 뽑아들고 난투 속에 뛰어드는 자…… 이렇게 해서 무서운 살육이 시작되었다.

아이네아스는 보호대도 차지 않은 오른손을 높이 쳐들고 투구도 쓰지 않은 채 자기편 병사들 속으로 뛰어들어 외쳤다.

"전우들이여, 어디로 달려가는 것인가? 어째서 갑자기 싸움을 시작했는가? 노여움을 거둬라. 협정이 맺어지고 조건이 결정되었다. 누가 우리 우두머리들의 결투를 방해하는가!"

그러나 그가 그렇게 말하는 순간 누군가 쏜 화살이 윙 하고 날아왔다. 상처를 입은 그는 전쟁터를 벗어나야만 했다. 아이네아스가 떠나고 트로이야의 지휘자들이 혼란에 빠진 것을 본 투르누스는 말과 무기를 가져오게 하더니 전차에 뛰어올라 고삐를 잡고 난투 속으로 뛰어들었다. 그는 창을 휘둘러 적을 휩쓸거나 전차로 깔아뭉갰다. 이렇게 투르누스가 시체로 산을 쌓는 동안, 므네스테우스와 아카테스는 피투성이가 된 채 창에 매달려 휘청거리는 아이네아스를 아스카니우스와 함께 진영으로 데리고 돌아왔다. 아이네아스가 허리에 꽂힌 부러진 화살을 잡아 뽑으려 했지만 소용이 없었다.

아이네아스는 상처를 깊숙이 가르고 벌려 화살촉을 빼달라고 부탁했다. 의사 이아픽스가 오자 아이네아스는 창에 매달려 우는 동료들을 뒤로하고 의사 앞에 태연하게 섰다. 의술에 뛰어난 노의사는 과격한 치료를 피하고, 효과 좋은 약초들을 사용해 상처에 박힌 화살을 느슨하게 한 다음 집게가위로 화살 끝을 잡고 흔들었다. 그러나 아이픽스의 의술로도 화살은 뽑히지 않았다.

아이네아스는 상처를 깊숙이 가르고 벌려 화살촉을 빼달라고 부탁했다. 의사 이아픽스가 오자 아이네아스는 창에 매달려 우는 동료들을 뒤로하고 의사 앞에 태연하게 섰다. 의술에 뛰어난 노의사는 과격한 치료를 피하고, 효과 좋은 약초들을 사용해 상처에 박힌 화살을 느슨하게 한 다음 집게가위로 화살 끝을 잡고 흔들었다. 그러나 이아픽스의 의술로도 화살은 뽑히지 않았다.

〈부상당한 아이네아스〉, 폼페이 벽화. 72년.

이렇게 의사가 별 효과 없는 노력을 하고 있을 때 적의 기병대가 일으키는 모래연기가 보이기 시작했으며 화살과 창이 진영 안으로 우박처럼 날아왔다. 그리고 병사들의 함성이 다가왔다.

새로운 전투가 시작되다

베누스는 의기소침해 있는 아들이 가여웠다. 그래서 크레타 섬의 이다 산에서 보랏빛 꽃의 영초(靈草)를 싱싱한 잎과 함께 따서, 구름으로 몸을 가린 채 트로이야 진영으로 가지고 갔다. 그리고 이 영초의 즙을 의사가 끓이고 있는 약초 냄비 속에 몰래 떨어뜨렸다. 게다가 불로불사의 약을 대여섯 방울 떨어뜨리고 만병통치의 향기로운 약초도 섞었다. 이아픽스는 그것을 조금도 눈치 채지 못했지만, 다시 한 번 약초의 물로 상처를 씻자 아이네아스의 몸에서 고통이 단번에 사라졌다. 또 깊은 상처에서 끊임없이 흘러나오던 피도 멎었으며, 화살이 저절로 쉽게 빠져나왔다. 상처가 나은 아이네아스는 눈에 띄게 체력이 좋아졌다.

"너희는 뭘 꾸물거리고 있느냐?"

의사가 소리쳤다.

"얼른 왕의 무기를 가져와라. 이것은 인간의 힘으로 된 것도 아니고 의술의 법칙에 따른 것도 아니다. 오직 신의 힘에 의한 것이다. 아이네아스 왕이여, 신들께서는 당신을 격려하여 더욱 위대한 공적을 쌓게 하실 작정이십니다!"

그러자 아이네아스는 기쁨에 차서 급히 정강이보호대와 갑옷을 입고 투구를 썼다. 그는 윙윙 소리가 나도록 창을 휘둘렀다. 그러고는 깨진 협약의 증인으로서 신들을 불러내고 잔혹한 싸움을 하기 위해 적군 깊숙이 돌진했다.

어머니 베누스 여신은 부대를 움직여 라티니 족을 측면에서 기습해 혼란에 빠뜨리는 방법을 아이네아스에게 생각나게 했다. 달아나려는 투르누스의 전차를 추적하는 동안 도시의 방벽이 그의 눈에 띄었다. 그리고 도시가 아직도 싸움과 상관없이 평온하다는 것을 알아차렸다.

아이네아스는 므네스테우스와 세르게스투스, 세레스투스를 불러 낮은 언덕을 점령했다. 다른 트로이야 군대도 방패와 창을 손에 든 채 영웅들 뒤를 따라 우르르 몰려와 아이네아스의 주위를 에워쌌다. 아이네아스는 그 한가운데 높은 곳에 서서 말했다.

"자, 곧 내 명령을 이행해라! 읍피테르는 우리 편이시다. 만일 적이 오늘 항복하지 않으면 라티누스의 도시로 쳐들어가 평온하게 연기를 올리고 있는 집들을 모두 잿더미로 만들어라! 도대체 투르누스가 결투할 생각이 들 때까지 기다려야 한단 말인가? 아니다, 전쟁의 목표는 그대들 앞에 있는 이 도시다! 횃불을 가져와라! 불꽃으로 놈들에게 협약을 상기시키는 거다!"

아이네아스 부대는 즉시 쐐기 모양의 대열을 만들어 도시로 바짝 몰려왔다. 공격용 사다리가 걸쳐지고 횃불이 타올랐다. 성문에서는 치열한 돌격이 되풀이되어 문지기가 살해되고 창과 화살이 방벽 속으로 날아들었다. 아이네아스는 군대의 선두에 서서 오른손을 하늘 높이 쳐들고 모든 죄는 라티누스 왕에게 있다고 선언하고, 협약 파기의 증인이 되어달라고 신들을 불렀다.

왕비 아마타는 궁전의 높은 전각에서 적이 몰려오고 도시의 방벽이 점령당하는 것을 보았다. 집집이 불붙은 나무를 맞고 있었다. 투르누스 왕과 루툴리 족이 적과 싸우는 모습이 보이지 않자, 그녀는 이런 재난을 당하는 것이 모두 자기 죄라고 외치며 입고 있던 붉은 옷을 잡아 찢어 큰 방의 대들보에 목을 매고 죽었다. 라티니 여인들은 왕비의 마지막 소식을 듣고 소리 내어 울부짖었다. 왕녀 라비니아는 금발을 쥐어뜯고 가슴을 두드리며 어머니의 죽음을 한탄했다.

투르누스, 결투에서 쓰러지다

　그사이 투르누스 왕은 전쟁터 가장자리에서 적의 패잔병 몇을 뒤쫓고 있었다. 그러나 말이 점점 지쳐 속도가 느려졌다. 그때 멀리 파멸에 이른 도시로부터 혼란스러운 함성과 요란한 굉음이 들려왔다. 투르누스는 도시에 커다란 재난이 일어났음을 짐작했다. 정신이 아찔해진 투르누스는 마부 메티스쿠스의 모습으로 변신해 자기 옆에 앉아 전차를 몰고 있던 그의 누나 유투르나 쪽으로 넘어지며 고삐를 당겨 전차를 멈춰 세웠다. 그러자 유투르나가 화가 나서 말했다.

　"투르누스여, 도대체 무슨 생각을 하는 겁니까! 승리가 눈앞에 있는데 여기서 멈출 겁니까? 자, 트로이야 인들을 쫓으십시오. 도시의 집들을 지키는 일은 다른 사람들에게 맡기세요!"

　투르누스는 놀라서 오랫동안 그녀를 쳐다보다 말했다.

　"내가 잘못 본 것이 아니었습니다. 오래전부터 마부 메티스쿠스가 아니라 바로 사랑하는 누님이 앉아 있다고 느꼈어요. 누님이 계략으로 왕들의 맹약을 깨뜨렸을 때 알아봤습니다. 지금도 내게 모습을 숨기고 계시지만, 부디 말씀해주세요. 올림푸스에서 당신을 내려보내 나를 위해 인간들의 노고를 떠맡으라고 한 분은 누구인가요? 아니면 불쌍한 동생이 죽는 것을 보기 위해 내려오셨나요? 나에게 또 다른 희망이 있나요? 나는 가장 고귀하고도 용감한 루툴리 사람들이 죽는 것을 가까이에서 보았습니다. 이제 도시가 습격받고 파괴되는 것을 지켜봐야만 하나요? 내가 내 주먹으로 시기심 많은 드랑케스의 말에 반박하지 말고 치욕스럽게 전쟁에서 등을 돌려 도망가야 하나요? 내 나라, 내 백성이 이 투르누스를 떠나야만 하는 겁니까? 죽음이 그렇게 불행한 것인가요? 하계의 신들이여, 나에게 조금이라도 호의를 베풀어주소서. 하늘의 신들은 이미 호의를 거둬들였기 때문입니다. 내 영혼은 비난받지 않고 한 점의 부끄러움도 없이 조상의 명예에 걸맞게 당신들에게 내려갈 것입니다!"

그가 말을 마치자마자 루툴리 족 사케스가 화살에 맞아 피투성이가 된 얼굴로 거품을 물고 있는 말을 타고 달려왔다. 그는 투르누스의 이름을 부르며 호소했다.

"빨리 오시오! 투르누스, 어서 와요! 이제 당신이 우리의 마지막 희망이오! 아이네아스가 도시로 들어와 요새를 위협하고 있소. 집집이 불방망이가 던져지고 있으며, 왕은 누구를 사위로 삼아야 하는지 의심하고 있소. 왕비는 스스로 목숨을 끊었소. 멧사푸스와 아티나스만이 성문에서 겨우겨우 적을 막고 있다오!"

투르누스는 말을 멈추고 굴욕과 비통함과 미칠 듯한 슬픔에 사로잡혀 멍하니 허공을 쳐다보았다. 그러다가 가까스로 시선을 돌려 라티움 쪽을 쳐다보았다. 그곳에서는 성벽의 가장 높은 나무 탑이 화염에 휩싸여 각 층마다 불기둥이 솟아오르고 있었다. 이 탑은 투르누스가 손수 커다란 들보들을 이어 붙여 만든 것으로, 밑에 바퀴들을 달고 위는 높고 강력한 도개교를 통해 도시와 연결되도록 해놓았다.

"누님이여, 이제 운이 다한 모양입니다."

투르누스가 외쳤다.

"나를 더는 붙잡아두지 마세요. 냉정한 운명이 부르는 대로 따라가겠습니다! 아이네아스와 싸우겠습니다. 제 뜻대로 하게 내버려두세요. 불명예스러운 내 모습을 더는 보지 않게 될 겁니다!"

투르누스는 전차에서 뛰어내려 적의 창칼을 뚫고 트로이야 군대를 돌파했다. 마치 산봉우리에서 바위가 골짜기로 굴러 내려가며 숲과 가축과 인간의 목숨을 단번에 빼앗듯 투르누스는 기병대 무리를 물리치며 격전이 한창인 성벽 근처로 돌진했다. 그리고 손을 들어 신호를 보내면서 큰 소리로 외쳤다.

"루툴리 병사들이여, 싸움을 중지하라! 라티니 병사들이여, 화살을 쏘지 마라! 칼로써 결판을 짓는 것은 내가 할 일이다!"

이 말을 듣고 병사들이 길을 열어주었다. 투르누스의 외침을 들은 아이네아스는 다른 일을 중단하고 환호하면서 언덕을 떠나 무기를 덜그럭거리며 유유히 걸어왔다. 늙은 라티누스 왕조차 두 대륙의 영웅들이 칼로써 전쟁을 결판내겠다고 서로 다가서는 모습을 놀란 눈으로 지켜보지 않을 수 없었다.

두 사람은 병사들이 물러난 들판의 공토로 날아가듯 돌진했다. 서로 창을 던지고 방패와 칼로 치열하게 치고받자 대지도 떠는 것 같았다. 두 사람은 칼을 계속 부딪쳐 싸우면서 행운과 용기에 의지해 싸웠다.

드디어 기회를 잡은 투르누스는 빈틈이 생기는 것도 개의치 않고 온몸의 힘을 실어 결사적 일격을 가했다. 트로이야 인도 라티니 족도 불안한 기대감으로 와 하고 함성을 질렀다. 그러나 투르누스의 칼은 무정하게도 내리치는 순간 그만 뚝 부러져버렸다. 만일 전력을 다해 피하지 않았다면 투르누스는 아이네아스의 칼에 쓰러질 뻔했다. 투르누스가 전차에 급히 올라탔을 때 아버지가 물려준 명검 대신 마부 메티스쿠스의 칼을 집어 온 탓이었다. 그 칼은 도망치는 트로이야 군사들의 등을 베는 동안에는 쓸 만했다. 그러나 볼카누스 신이 만든 영웅 아이네아스의 무기를 만나자, 인간이 만든 그 칼은 결국 내리치는 순간 두 동강이 나 누런 흙 속에 나뒹굴었다.

궁지에 몰린 투르누스는 빙빙 돌면서 오른쪽으로 왼쪽으로 죽을힘을 다해 몸을 피했지만 끝내 도망칠 수 없었다. 양쪽에는 트로이야 인들이 쭉 늘어서 있고 한쪽은 늪으로 퇴로가 막힌 데다 남은 것은 라티니 족과 루툴리 족의 뒤쪽에 치솟은 도시의 방벽뿐이었다. 아이네아스는 도망치는 투르누스를 궁지로 몰아 인정사정 보지 않고 공격했다.

구경하는 병사들의 함성소리가 근처의 언덕과 산기슭에 울려 퍼지며 하늘까지 미쳤다. 투르누스는 공포에 떨며 도망치면서 자기 칼을 갖다달라고 루툴리 병사들에게 소리쳤다. 하지만 이때 아이네아스가 투르누스에게 가까이 가려는 자가 있으면 무섭게 노려보았고 쓸데없는 짓을 하면 도시를 덮쳐 불태우겠다고 위협해 쫓아버렸다.

그렇게 그들은 결투장을 다섯 바퀴나 돌았다. 결코 작은 경기가 아니고 승리의 대가 또한 작지 않았기 때문이다. 결투장 한가운데에는 숲의 신 파우누스에게 바쳐진 올리브나무가 있었는데, 뱃사람들이 무사히 상륙하면 이곳에 제물을 바치는 습관이 있었다. 아이네아스가 첫 번째로 던진 창이 날아가 나무뿌리에 단단하게 박혀 있었다. 그 나무 옆을 달려 지나칠 때 아이네아스는 따라잡을 수 없는 적을 쫓아가느니 차라리 창을 던져 처치하기로 마음먹었다. 창을 뽑고 있는 아이네아스를 본 투르누스는 공포에 떨며 고국의 수호신 파우누스에게 정신없이 기도했다.

"오, 숲의 신 파우누스여! 이탈리아 대지의 자비로운 여신이여! 저는 늘 신을 존경하는 마음으로 제물을 바쳐왔습니다. 이제 자비를 베풀어 적의 창이 뽑히지 않도록 꽉 눌러주소서!"

이 지역의 신들은 투르누스의 소원을 들어주었다. 아이네아스는 단단한 나무에서 창을 잡아 빼려 했으나 아무 소용이 없었다. 아이네아스가 발로 버티며 창을 뽑으려 애쓰는 동안 투르누스의 누이인 요정 유투르나가 다시 마부 메티스쿠스로 모습을 바꿔 투르누스에게 달려갔다. 그러고는 투르누스에게 부러지지 않는 금강석 칼을 넘겨주었다. 그러자 평범한 요정이 엉뚱한 짓을 하는 데 화가 난 여신 베누스가 뿌리 깊이 박힌 아이네아스의 창이 빠지도록 도와주었다.

새 무기를 손에 쥔 두 영웅은 새 용기가 솟았다. 서로 우뚝 버티고 서서 한쪽이 칼을 휘두르면 다른 쪽은 창을 높이 겨누었다. 거친 숨을 내쉬며 그들은 마지막 결전을 준비하고 있었다. 그때 올림푸스의 황금 구름 속에서 결투를 바라보던 읍피테르가 아내 유노에게 말했다.

"슬슬 싸움을 끝냅시다! 아이네아스는 운명에 따라 하늘로 올라오리라는 것을 당신도 잘 알고 있으며, '그렇다'고 시인까지 하지 않았소? 그런데 투르누스 편을 들어 유투르나를 개입시켜 새 칼을 넘겨주다니 대체 어쩌자는 거요? 당신은 땅에서건 바다에서건 트로이야 인들을 계속 박해해왔소. 전쟁의 불을 댕기고 궁전을 슬픔에 빠뜨리고 결혼을 축하하는 노래를 장송곡으로 물들여 엉망진창으로 만들어놓았지. 하지만 더는 간섭하지 마시오!"

유노는 화가 난 읍피테르에게 고개를 숙이고 대답했다.

"당신의 명령은 신성한 것이므로 저는 내키지 않았으면서도 땅의 일과 투르누스를 버려두었어요. 당신의 분부를 어길 생각이었다면, 제가 무엇 때문에 구름 속에서 잠자코 방관만 했겠어요? 불꽃 띠를 몸에 두르고 트로이야 군대에 맞서 최전선으로 나갔을 겁니다. 유투르나에게 지혜를 불어넣어 위급한 상황에 빠진 투르누스를 돕게 한 것은 분명 제가 한 일이에요. 그러나 제가 그렇게 하지 않아도 유투르나가 칼을 넘겨주었으리라는 것은, 스튁스 강을 걸고 말하건대 분명합니다! 게다가 저는 저 싸움에 관여할 생각이 조금도 없어요. 그러나 하나만 간청하겠습니다. 투르누스가 쓰러지고 아이네아스가 라티누스 왕의 딸을 아내로 삼게 되더라도 라티니 족에게 민족의 이름을 버리고 트로이야 인이라고 불리기를 강요하지 말아주세요. 그리고 라티니 족이 스스로의 언어를 타국의 언어와 바꾸거나 다른 나라의 의복, 도덕과 습관을 받아들이도록 강요하지 말아주세요. 다시 말씀드리면, 라티니 족은 라티니 족의 본모습 그대로 살아가게 해주세요! 로마 민족이 이탈리아의 뿌리에서 성장하게 해주세요. 그러나 트로이야는 멸망했으니 그 이름도 함께 멸망하게 내버려두세요!"

신들의 아버지가 미소 지으며 아내에게 말했다.

"과연 사투르누스의 딸이군! 사랑하는 누이여, 당신 마음속에 물결치는 노여움이 아직도 사라지지 않은 것이오? 그런 쓸데없는 원한은 거두시오. 당신의 소원은 들어주겠소. 트로이야 인들은 이 나라로 이주하여, 이곳 민족과 융합하고 이 나라의 봉헌 의식을 이어받아 완전한 라티니 족이 될 것이오. 새로운 종족인 로마 인들은 이탈리아 인과 테우케르 자손들의 피가 섞여 태어날 것이오. 그리고 그 민족은 유노, 당신을 가장 큰 존경으로 받들게 될 것이오!"

만족한 여신은 기쁜 듯 남편에게 고개를 끄덕이고는 지금까지의 생각을 바꾸었다. 윱피테르는 투르누스의 자매 유투르나를 결투장에서 멀리 떨어뜨릴 생각이었다. 윱피테르의 왕좌 옆에는 항상 무서운 복수의 여신들인 세 쌍둥이 자매 디라들이 있었다. 그녀들은 뱀띠를 두르고 바람의 날개를 붙이고 대기하고 있다가, 윱피테르가 인간세계에 질병, 전쟁, 그 밖에 생명의 위험을 주고자 할 때 아래세상으로 내려왔다. 윱피테르는 이 중 한 명을 시켜 요정 유투르나에게 흉조를 보여주라 명령했다.

디라들은 화살처럼 지상으로 내려가 대치 중인 양군이 보이는 지점에서 슬쩍 몸을 줄여 한 마리의 작은 올빼미로 변신했다. 올빼미는 화장터나 사람이 살지 않는 집 지붕에 머무는 불길한 새였다. 올빼미는 투르누스의 얼굴 주위에서 퍼덕거리고 방패 근처까지 낮게 원을 그리며 날아와 날개로 방패를 두드리곤 했다.

싸우고 있던 영웅 투르누스는 이 불길한 올빼미의 모습에 자기도 모르게 오싹해졌다. 머리털이 거꾸로 서고 온몸의 피가 얼어붙는 듯

했다. 유투르나는 머리를 쥐어뜯고 가슴을 두드리며 분하게 여겼다. 윱피테르의 전능함을 잘 알았던 그녀는 투르누스의 최후를 예감하고는 자신이 불사의 몸임을 저주했다. 유투르나는 절망하여 녹색 물결의 옷으로 몸을 가리더니 근처의 티베리스 강으로 사라졌다.

한편 화가 난 아이네아스는 긴 창을 휘두르며 나아가 투르누스를 불렀다.

"투르누스, 뭘 우물쭈물하는가? 언제까지 머리를 곤두세우고 도망만 칠 건가? 우리가 약속한 것은 경주가 아니라 결투다! 그대가 가진 재주와 용기를 다 동원해보아라!"

투르누스가 고개를 저으며 대답했다.

"가혹한 자여, 나를 놀라게 한 것은 그대의 격렬한 말이 아니라, 신들이 보여주는 징조와 윱피테르의 적의다!"

그는 말없이 옆에 펼쳐진 들판에 있던 커다란 경계석으로 눈길을 돌렸다. 열두 명의 남자가 달려들어도 들 수 없을 정도의 크기였다. 투르누스는 그 커다란 돌을 한 손으로 들어 올리더니 적을 향해 달려가며 던졌다. 그러나 그는 이미 이전의 투르누스가 아니었다. 팔에서는 힘이 빠졌고 무릎은 휘청거렸으며 피는 얼음처럼 굳어 있었다. 던져진 돌은 허공을 날아 한 바퀴 돌더니 상대에게 못 미친 채 쿵 하고 땅바닥에 그대로 떨어졌다. 마치 꿈속에서 뛰기는 하지만 앞으로 나아가지 못하고 말할 수도 없는 것과 꼭 같았다. 투르누스는 자기도 모르게 발길을 돌려 도망치려 했다. 하지만 자신을 태울 전차도 누이 유투르나의 모습도 보이지 않았다.

아이네아스는 잠깐의 틈도 주지 않고 전력을 다해 창을 던졌다. 창은 윙 소리를 내며 번개같이 날아가 투르누스의 방패 가장자리와 갑옷을 꿰뚫고 허리에 꽂혔다. 그렇게 용감한 투르누스도 견뎌내지 못하고 덜컥 쓰러지고 말았다.

루툴리 병사들 사이에서 탄식이 흘러나와 주변 숲에 메아리쳤다. 맞서 싸울 의욕을 상실한 투르누스는 땅에 가로누워 오른손을 아이네아스에게 내밀고 애원했다.

"내가 이렇게 된 것은 자업자득이니 관용을 바라지 않겠소! 그대의 행운을 마음껏 누리시오. 허나 그럴 마음이 있다면 내 아버지의 비탄을 생각해 늙으신 다우누스에게는 자비를 베풀어주기 바라오. 그대의 아버지 앙키세스가 그대에게 소중하듯이 내게도 아버지가 중요하오. 그러니 내 시체라도 가족에게 돌려보내주기 바라오. 분명 내가 졌소. 라비니아는 그대의 것이오! 그러니 이제 분노를 거두시오."

아이네아스는 쳐들었던 오른팔을 멈추고 쓰러진 투르누스를 잠시 노려보았다. 그의 마음에 동정심이 일었다. 그러나 불행하게도 투르누스의 어깨에는 그가 죽인 아르카디아의 아름다운 왕자 팔라스의 전리품이 걸려 있었다. 그것을 본 아이네아스는 새로운 비통함과 노여움으로 얼굴이 뻘게져서 외쳤다.

"뭐라고! 내 친구에게서 빼앗은 물건으로 몸을 장식한 주제에 이 상황에서 벗어나려는 것이냐! 지금 이 칼은 팔라스가 너를 제물로 삼아 저주받은 피의 복수를 하는 것이다!"

이렇게 말하면서 아이네아스는 자신을 바라보는 적의 가슴에 분노의 칼을 꽂았다. 투르누스는 대지에 쓰러졌다. 곧 사지가 싸늘하게 식으면서 그의 영혼은 뻣뻣하게 굳은 몸을 빠져나와 하계로 내려갔다.

부록

Die schönsten Sagen des klassischen Altertums

또 다른 신과 영웅의 이야기

악타이온

악타이온은 사냥을 좋아하는 신 아리스타이오스와 카드모스의 딸 아우토노에의 아들이었다. 철이 들 무렵 현명한 켄타우로스 케이론에게 맡겨져, 숲이 우거진 펠리온 산에서 훌륭한 사냥꾼으로 훈련받았다. 악타이온의 가장 큰 기쁨은 산과 골짜기를 누비며 사냥에 몰두하는 것이었다. 한번은 유쾌한 동료들과 함께 한낮의 태양이 내리쬐어 시원한 나무 그늘을 찾기 어려워질 때까지 사냥을 계속한 적이 있었다. 그는 동료들을 불러 모아 말했다.

"오늘은 사냥을 많이 했네. 칼과 그물이 사냥한 짐승들의 피로 물들었어. 그러니 오늘은 그만하세. 내일 장밋빛 새벽의 여신이 하늘에 오르면 다시 즐거운 사냥을 이어가세."

그가 이렇게 말하자 동료들도 그러기로 하고 흩어졌다. 악타이온은 개를 데리고 숲속으로 들어가 시원한 나무 그늘을 찾았다. 그는 한낮의 더위를 피해 잠을 청했다. 피곤한 몸을 회복하기 위해서였다.

그리 멀지 않은 곳에 큰 소나무와 측백나무가 우거진 골짜기가 있었다. 그곳은 가르가피아라고 불렸으며 사냥의 여신 아르테미스를 위한 신성한 지역이었다. 골짜기의 깊숙하고 외진 곳에는 나무로 둘러싸인 동굴이 있었다. 사람 손으로 정교하게 만든 것처럼 암석이 활 모양의 천정을 이뤘지만 모두 자연의 작품이었다. 동굴 바로 옆에는 맑은 샘이 퐁퐁 솟아나와 푸른 초원 가운데 작은 연못을 만들어냈다.

처녀 신은 사냥에 지치면 이 연못에서 거룩한 몸을 씻곤 했다. 이번에도 여신은 시중드는 요정들을 거느리고 동굴로 들어갔다. 사냥에 쓰는 창, 화살집, 활 등을 시중드는 요정들에게 넘기자 다른 요정들이 여신의 옷을 받아 들었다. 다른 요정 둘은 가죽끈이 달린 샌들을 벗겨주었다. 그리고 요정들 가운데 가장 노련하고 아름다운 크로칼레가 여신의 물결치는 머리를 동그랗게 묶었고, 시녀들은 물병으로 물을 길어 여신에게 부어주었다.

여신이 여느 때처럼 목욕을 즐기는 동안, 지금껏 사람이 다닌 적 없던 숲속 길을 카드모스의 손자가 아무 생각 없이 걸어오고 있었다. 짓궂은 운명이 그의 발길을 신성한 숲을 거쳐 아르테미스의 동굴로 이끌었다. 악타이온은 그곳이 어디인지 전혀 알지 못한 채 시원한 휴식처를 찾아 동굴 속에 발을 들여놓았다. 요정들은 그의 모습을 보자 소리를 지르며 여신 주위로 달려와 자기 몸으로 여신을 가리려 했다. 그러나 키가 큰 여신은 요정들 위로 머리가 튀어나와 있었다.

여신은 노여움과 수치심에 어쩔 줄 몰라 일어섰고 불타오르는 눈으로 침입자를 쳐다보았다. 악타이온은 이 이상한 광경에 너무 놀란 나머지 넋을 잃고 꼼짝도 않고 서 있었다. 불행한 악타이온, 그가 가능한 한 재빨리 도망쳤더라면 얼마나 좋았으랴! 이때 여신이 갑자기 옆으로 몸을 돌려 샘물을 손으로 떠 젊은이의 얼굴과 머리에 부으며 위협적인 목소리로 외쳤다.

"자! 할 수만 있다면 네가 본 것을 사람들에게 알려보아라!"

이 말이 끝나기도 전에 악타이온은 형언할 수 없는 공포에 사로잡혔다. 그는 그곳에서 급히 뛰쳐나왔는데 얼마나 빨랐던지 자신도 놀랐을 정도였다.

불행한 악타이온의 머리에서 뿔이 돋았고 목이 길게 뻗어 나왔다. 귀가 뾰족하게 솟았고, 손과 발에 발굽이 생겼다. 온몸은 얼룩덜룩한 털가죽으로 뒤덮였다. 그는 이미 사람이 아니었다. 화가 난 여신이 악타이온을 사슴으로 만들어버린 것이었다. 도망가는 도중 악타이온은 물에 비친 자기 모습을 보았다.

"아! 나는 얼마나 불행한가!"

그는 그렇게 외치려 했다. 그러나 입은 말을 듣지 않았고 신음하는 가슴에서는 외마디조차 나오지 않았다. 단지 공포에 질린 한숨만 입으로 뱉어낼 수 있었다. 눈물이 방울방울 흘러내렸지만 이미 사람의 뺨에 흐르는 것이 아니었다. 남은 것이라고는 인간의 마음과 인간의 의식뿐이었다.

어쩌면 좋을까? 할아버지 궁전으로 돌아갈까, 아니면 숲속 깊숙이 몸을 감출까? 공포와 수치심이 마음속에서 싸우는 동안 그의 사냥개들이 그를 보았다. 갑자기 쉰 마리는 될 듯한 사냥개 무리가 사슴이 된 악타이온을 한꺼번에 습격해 왔다. 사냥감에 굶주린 개들은 산과 골짜기, 뾰족한 바위, 커다랗게 입을 벌린 좁은 골짜기로 그를 쫓아왔다. 악타이온은 가끔 들짐승을 쫓아 익숙한 산과 들을 날 듯이 뛰어다녔었다. 이제는 거꾸로 쫓기는 신세가 되었다. 그는 두 번이나 뒤돌아보고 애원하며 소리치려 했다.

"나를 살려다오. 나는 악타이온이다!"

그러나 입에서는 아무런 말소리도 나오지 않았다. 그때 앞에서 달리던 개가 사납게 짖으며 쫓아와 머리와 등을 물고 늘어졌다. 다른 개들도 한꺼번에 덤벼들어 날카로운 이로 물었다. 악타이온은 고통에 차 비명을 지르고 신음했다. 하지만 그 소리는 사슴의 소리가 아니었고 그렇다고 인간의 소리도 아니었다. 애원하는 사람처럼 무릎을 꿇고 주저앉아 소리 없이 비탄하며 덤벼드는 개들에게로 머리를 돌렸다. 마침 그때 개 짖는 소리를 듣고 동료들이 달려왔다. 그리고 마구 짖어대는 개들을 부추기며 자기들의 주인을 불렀다.

"악타이온!"

부르는 소리가 숲에 메아리쳤다.

"어디 있나? 이 굉장한 사냥감을 보게나!"

모두들 그렇게 외쳤다. 그리고 악타이온은 불행한 친구들의 창에 찔려 숨을 거두었다.

악타이온이 그렇게 끔찍하게 죽은 뒤 그의 개들은 사랑하는 주인을 그리워했다. 그들은 짖고 낑낑거리며 잃어버린 주인을 찾아 사방으로 돌아다녔다. 그러다가 마지막으로 켄타우로스 케이론의 동굴에 도착했다. 케이론은 불쌍한 젊은이 악타이온과 비슷한 모습의 청동 조각상을 만들었다. 개들은 청동 악타이온을 보자 달려들어 반가워했고, 발과 손을 비벼대고 핥으며 마치 주인을 되찾은 듯 기뻐했다.

악타이온은 형언할 수 없는 공포에 사로잡혔다. 불행한 악타이온의 머리에서 뿔이 돋고 목이 길게 뻗어 나왔다. 귀가 뾰족하게 솟았고 손과 발에 발굽이 생겼다. 온몸은 얼룩덜룩한 털가죽으로 뒤덮였다. 그는 이미 사람이 아니었다. 화가 난 사냥의 여신 아르테미스가 악타이온을 사슴으로 만들어버린 것이었다.

〈악타이온의 죽음〉, 티치아노 베첼리오, 1559~1575년, 내셔널 갤러리.

프로크네와 필로멜라

오래전부터 도시 아테나이는 판디온 왕이 다스리고 있었다. 그는 땅에서 태어난 에릭토니오스와 요정 프락시테아의 아들이었다. 판디온 왕은 아름다운 요정 제욱시페와 결혼했다. 두 사람 사이에서 에렉테우스와 부테스, 두 딸 프로크네와 필로멜라가 태어났다.

어느 날 테바이 왕 랍다코스가 판디온 왕과 전쟁을 벌여 앗티케 지역으로 쳐들어왔다. 아테나이 인들이 용감하게 맞서 싸웠으나 결국 퇴각해야만 했다. 위기에 처한 판디온은 전쟁의 신 아레스의 아들이자 전쟁을 잘하는 트라케 왕 테레우스에게 도움을 청했다. 테레우스는 급히 용감한 전사들을 이끌고 바다를 건너와 앗티케 지역에서 테바이 군대를 곧바로 몰아냈다.

판디온 왕은 빛나는 전훈을 세운 트라케 왕이 고마워 그에게 딸 프로크네를 아내로 주었다. 그러나 결혼식에는 결혼의 신 휘메나이오스도 가정의 수호신 헤라도, 아름다움의 상징인 세 여신도 오지 않았다. 무서운 복수의 여신들만이 장례식에서 빼앗아 온 음침한 소나무 횃불을 휘둘렀다. 테레우스와 프로크네의 결혼식이 열리는 집의 지붕 위에는 불행을 알리는 수리부엉이가 앉아 있었다. 그러나 젊은 부부는 기쁜 마음으로 바다를 건너 신들에게 감사를 올렸다. 트라케 사람들이 그들을 환호하며 맞아주었다. 그리고 프로크네가 아들 이튀스를 낳은 날에는 트라케 땅 전역에서 축제가 벌어졌다.

오 년의 세월이 흘러갔다. 사랑하는 고향에서 멀리 떨어진 이국에서 종종 외로움을 느끼던 프로크네는 하나밖에 없는 여동생 필로멜라가 몹시 그리웠다. 그녀는 남편에게 가서 말했다.

"저를 아직도 사랑하신다면 저를 아테나이로 보내 소중한 동생을 이곳으로 데려오게 해주세요. 아니면 당신이 직접 가서 잠깐만이라도 동생을 제게 데려와주세요. 그 애의 모습을 다시 볼 수 있게 된다면 그것은 신의 은총이겠지요. 아버님께는 동생을 곧 돌려보내겠다고 약속하고요. 아버님은 동생을 몹시 귀여워하시니 오랫동안 떼어놓기 싫어하실 거예요."

테레우스는 가볍게 승낙하고 배를 타고 아테나이로 갔다. 얼마 안 되어 그는 피레우스 항구에 도착해 장인의 환영을 받았다. 두 사람이 손을 잡고 아테나이 시로 걸어가는 동안 테레우스는 불행을 몰고 올 부탁을 했다. 그는 필로멜라를 곧 돌려보내겠다고 왕에게 맹세했다. 그때 필로멜라가 다가왔다. 빛나는 아름다움을 지닌 그녀는 마치 사랑스러운 요정 같은 모습으로 달려 나와 형부를 환영하며 먼 곳에 있는 언니에 대해 계속해서 물었다.

테레우스는 아름다운 처녀를 보자마자 강렬한 애욕에 사로잡혔다.

그것은 마치 쌓아놓은 볏짚과 건조한 지붕을 덮쳐 순식간에 삼켜버리는 불길과도 같았다. 곧바로 그는 완력을 써서라도 그리고 어떤 대가를 치르더라도 필로멜라를 유혹하기로 결심했다. 마음속에 방탕한 욕정을 태우면서도 그는 애타게 동생을 그리워하는 프로크네의 바람을 전해주고 아내를 위해 왕에게 간청했다. 속으로는 흉악한 계획을 꾸미고 있었지만 겉으로는 아내에게 정성을 다하는 남편으로 보였다. 그래서 판디온조차 그 마음에 감동했다.

필로멜라도 속아서 응석 부리듯 아버지 목에 팔을 감고 언니를 만나게 해달라고 청했다. 두 사람의 간청에 못 이겨 늙은 아버지는 어쩔 수 없이 무거운 마음으로 승낙을 하고 말았다. 필로멜라는 크게 기뻐하며 아버지한테 고맙다는 인사를 했다. 세 사람은 왕궁으로 가서 훌륭한 포도주와 산해진미로 원기를 북돋웠다. 태양이 이미 지평선 아래로 가라앉았을 때 세 사람은 헤어져 각자 잠자리에 들었다.

아침이 밝았다. 이별할 때가 되자 판디온 왕은 사위의 손을 잡고 뜨거운 눈물을 흘리며 부탁했다.

"사랑하는 아들이여! 막내를 자네에게 맡기는 것은 자식에 대한 사랑에 마음이 약해지고, 자네들 모두가 그것을 바라기 때문일세. 자네의 명예와 우리 관계와 불사의 신들을 걸고 간청하겠네. 부디 필로멜라를 자애로운 아버지처럼 지켜주고 또 내게로 곧 돌려보내주게. 필로멜라는 슬픈 내 노년에 그야말로 가장 큰 위안이라네."

그렇게 말하고 그는 가장 사랑하는 딸에게 입을 맞췄다. 그리고 신의의 표시로 두 사람의 오른손을 잡았고, 딸 프로크네와 손주에게 부디 안부를 전해달라고 청했다. 왕은 눈물 속에서 다시 한 번 고별인사를 하고 자기만 해안 기슭에 남았다. 노가 파도를 헤치자 배는 돛에 불어오는 바람을 안고 바다 한가운데로 나아갔다. 테레우스는 계획대로 일이 잘 진행되자 너무도 기쁜 나머지 자기도 모르게 환호성을 올렸다.

'승리는 내 것이다!'

속으로 이렇게 외치면서 그는 이 흉계를 모르는 필로멜라를 타는 듯한 눈으로 뚫어지게 바라보았다. 곧 트라케의 기슭이 보이고 선원들은 안전한 항구에 배를 대고 상륙했다. 모두들 여행에 지쳐 저마다 서둘러 집으로 갔다. 그러나 테레우스는 필로멜라를 숲속에 숨겨진 쓸쓸한 목동의 집으로 끌고 가 불안에 떠는 그녀를 가두었다. 필로멜라가 울면서 언니 소식을 물으면 테레우스는 슬픔을 가장하고 이렇게 거짓말을 늘어놓았다.

"프로크네는 죽었소. 나는 늙은 판디온 왕을 불쌍히 여겨 초대하는 형식을 생각해냈던 거요. 실은 내가 그곳에 간 것도 당신을 아내로 삼기 위해서였소."

어떤 슬픔도 애원도 소용이 없었다. 어떤 호소의 말도 테레우스의 냉혹함에는 소용이 없어, 되돌아오지 않는 메아리와 같았다.

이리하여 필로멜라는 울면서 폭력에 의해 테레우스의 아내가 되었다. 그러나 무서운 예감과 불안한 의혹이 필로멜라의 마음에 느닷없이 머리를 쳐들었다. 어째서 테레우스는 궁전에서 멀리 떨어진 곳에 죄수처럼 나를 가둬두는 것일까 하고 필로멜라는 곰곰이 생각해보았다. 왜 나를 왕비로서 궁전으로 데려가지 않는 것일까?

어느 날 심부름꾼들이 하는 이야기를 우연히 엿듣고서야 그녀는 무서운 사실을 알았다. 프로크네가 살아 있다! 테레우스와의 결혼은 무서운 죄악이었다. 죽은 줄 알았던 언니가 살아 있다는 것이었다. 필로멜라는 말할 수 없는 슬픔과 테레우스에 대한 이글거리는 증오에 사로잡혔다.

그녀는 테레우스의 방으로 날 듯이 달려가 방금 들은 이야기를 쏟아내고 혹독한 욕설을 퍼부었다. 그리고 이 무서운 비밀, 즉 테레우스의 흉계와 자신의 치욕을 세상 모든 사람에게 폭로하겠다고 울부짖었다. 그만큼 필로멜라는 간악한 행위에 놀라 분노하고 흥분했던 것이다.

테레우스는 그야말로 악마 같은 결심을 했다. 그는 자신의 수치스러운 행위를 아무에게도 알리고 싶지 않았다. 그렇다고 가냘픈 여자를 죽이기도 꺼림칙했다. 테레우스는 필로멜라를 뒤로 묶더니 죽이는 흉내를 내며 칼을 휘둘렀다. 필로멜라는 더러운 목숨을 빼앗아줄 칼을 기쁘게 기다렸다. 그러나 참을 수 없는 고통으로 자기도 모르게 그리운 아버지의 이름을 불렀을 때 이 극악무도한 사나이는 필로멜라의 혀를 끊어버렸다.

이제 비밀이 새나갈 염려는 없었다. 아무 일도 없었다는 듯 테레우스는 불쌍한 필로멜라를 냉정하게 내버려두고 부하들에게 엄중히 지키라 명했다. 그리고 아내 프로크네에게 돌아갔다. 프로크네가 동생은 도대체 어디 있느냐고 묻자 이 비열한 사나이는 한숨을 쉬고 거짓 눈물을 흘리며 필로멜라가 죽어서 묻었다고 했다. 형언할 수 없는 슬픔에 빠진 프로크네는 금실로 수놓은 옷을 벗어버리고 검은 상복으로 몸을 감쌌다. 그리고 묘비를 세우고 사랑하는 동생의 영혼을 위해 제물을 바쳤다.

그렇게 일 년이 지났다. 그러나 참혹하게도 불구의 몸이 된 필로멜라는 아직 살아 있었다. 파수꾼과 담벼락이 그녀가 도망치지 못하게 막고 있었다. 벙어리가 된 입으로는 테레우스의 악행을 사람들에게 알릴 길이 없었다. 그러나 불행은 지혜를 불러오는 법이다.

필로멜라는 틀에다 아마포를 짰다. 그리고 무서운 사건을 밝히는 표시를 보라색으로 천에 짜 넣었다. 그녀는 다 짠 옷감을 시종 한 사람에게 주면서 왕비 프로크네에게 전해달라고 손짓으로 청했다. 시종은 사연을 눈치 채지 못하고 청을 들어주었다.

프로크네는 감긴 천을 펼쳤다. 그리고 무서운 비밀을 읽었다. 그러나 그녀의 입에서는 아무런 탄식도 나오지 않았고 한 방울의 눈물도 흐르지 않았다. 슬픔이 너무나도 컸기 때문이다. 프로크네가 생각하여 얻은 오직 한 가지 결론은 복수였다. 배신자에 대한 무서운 복수였다!

트라케의 여인들이 디오뉘소스의 제전을 열광적으로 축하하는 밤이 다가왔다. 왕비 프로크네도 포도덩굴로 장식하고 담쟁이덩굴과 포돗잎을 감아 붙인 지팡이를 가지고 여인들과 함께 떼를 지어 숲이 있는 산으로 떠났다. 마음이 쓰라렸지만 겉으로는 열광하여 소란을 피우고 다니는 체했다.

이리하여 파수꾼에게 잡혀 있는 동생의 쓸쓸한 집으로 왔다. 그녀는 디오뉘소스 제전 때 지르는 환성을 올리며 집 안으로 들어가 필로멜라를 데리고 나와 그녀의 얼굴을 담쟁이덩굴로 감추고는 그녀와 함께 테레우스 왕의 궁전으로 갔다. 거기서 비로소 필로멜라는 멀리 떨어진 방으로 자기를 데려온 이가 언니임을 알았다. 불행한 필로멜라가 창백한 얼굴을 가리자 프로크네가 외쳤다.

"눈물을 거둬라. 무슨 소용이 있겠니! 피와 칼 그리고 처참한 살인

뿐이다! 저 극악무도하고 파렴치한 테레우스에게 복수하기 위해서라면 어떤 잔인한 짓도 마다하지 않겠다!"

프로크네가 이야기하고 있을 때 어린 아들 이튀스가 어머니에게 인사하려고 들어왔다. 그러나 어머니는 어두운 눈으로 자식을 물끄러미 바라보며 중얼거렸다.

"이 아이는 어쩜 이렇게 제 아버지를 꼭 닮았을까!"

이튀스는 어머니에게 뛰어와 응석을 부리며 목에 매달리고 입을 맞췄다. 그러나 어머니의 마음이 흔들린 것은 한순간에 지나지 않았다. 아들의 얼굴에 떨어진 것은 한 방울의 눈물뿐이었다. 그녀는 곧 이튀스를 다른 방으로 거칠게 끌고 갔다.

"아! 엄마, 엄마, 왜 이러세요?"

얼마 후 테레우스는 조상 대대로 이어온 왕좌에 앉아 아내가 날라 온 요리를 먹고 있었다. 배를 채우고 나서 테레우스가 물었다.

"이튀스는 어디 있소?"

"여기 있어요."

비웃으면서 아내가 덧붙였다.

"당신 옆에 있잖아요."

그때 필로멜라가 들어와 피투성이인 이튀스의 목을 테레우스의 발밑에 내던졌다. 이로써 모든 것은 분명해졌다. 소름 끼친 테레우스는 미친 사람처럼 소리 지르며 요리가 놓인 식탁을 뒤엎어버리고 칼을 빼서 도망치려는 자매의 뒤를 쫓았다. 그러나 그녀들은 날개를 지닌 듯했다. 아니 실제로 날개로 날았다. 한 사람은 숲으로 도망치고 또 한 사람은 지붕 위로 날아올랐다.

프로크네는 제비가, 필로멜라는 밤꾀꼬리가 되었던 것이다. 지금도 제비가 가슴의 털에 붉은 점을 가진 것은 피의 살인을 한 표식이다. 두 사람을 너무도 빨리 뒤쫓던 극악무도한 테레우스도 이제는 사람의 무리 속으로 나올 수 없었다. 오디새가 되어버렸기 때문이다. 그리고 그는 앞에 빳빳하게 선 깃털 장식과 길고 뾰족한 주둥이를 가지고 영원히 밤꾀꼬리와 제비를 뒤쫓게 되었다. *

＊　이처럼 처참하지는 않으나 다음과 같은 전설도 있다. 테바이 왕 제토스의 아내 아이돈은 올케 니오베가 어머니로서 누리는 행복을 질투하고 있었다. 니오베에게는 여섯 명의 아들과 여섯 명의 딸*
이 있는데 자기는 오직 이튀스 하나밖에 없었기 때문이다. 지독한 질투에 불타 아이돈은 밤에 니오베의 자식 하나가 이튀스와 함께 자고 있는 방으로 숨어들었다. 그러나 그만 니오베의 아들이 아닌 자기 아이를 죽이고 말았다. 이튿날 아침 아이돈은 자기가 한 짓을 보자 형언할 수 없는 절망에 사로잡혔다. 그러나 신들은 이 불쌍한 어머니를 동정해 아이돈을 밤꾀꼬리로 만들었다. 봄이 오면 그녀는 무성한 나무 사이에 앉아 아름다운 목소리로 자기가 죽인 가장 사랑하는 아이를 애도하고 있다. "이튀스! 이튀스!" 하고 되풀이해 우는 것이다.
＊　아폴로도로스나 오비디우스에 따르면 니오베는 일곱 명의 아들과 일곱 명의 딸을 둔 것으로 나온다. 그러나 호메로스의 《일리아스》에는 니오베의 아들과 딸이 각각 여섯 명으로 나온다.

프로크리스와 케팔로스

프로크리스는 에렉테우스 왕의 딸들 중 가장 아름다웠다. 그녀는 앗티케의 왕 케크롭스의 딸인 헤르세와 헤르메스 신 사이에서 태어난 아들 케팔로스와 진심 어린 사랑으로 맺어졌다. 결혼식 날 에렉테우스가 두 사람의 손을 포개주었을 때 아테나이 사람들은 세상에서 가장 행복한 부부라고 찬양했다. 그러나 이 행복은 오래가지 못했다.

겨우 두 달이 지난 어느 날 아침, 케팔로스는 히메토스 산의 숲속으로 사슴 사냥을 나갔다. 그때 장밋빛 새벽의 여신 에오스가 신과 같은 이 젊은이를 보고 반해 찬란한 하늘의 궁전으로 데리고 올라갔다. 에오스는 아름다운 여신이었으나 케팔로스의 사랑을 차지할 수는 없었다. 케팔로스는 사랑하는 아내 생각뿐이었다. 그는 눈물을 글썽거리며 아내의 이름을 외쳤고, 여신에게 아내 곁으로 돌려보내달라고 간청했다. 여신은 슬펐지만 마음이 움직여 그의 말을 들어주기로 했다.

"아, 무정한 사람이여! 조용히 하세요. 그만 탄식하세요. 다시 프로크리스 곁으로 돌려보내주겠어요. 하지만 그대가 프로크리스를 다시 보고 싶어하지 않을 때가 오리라는 예감이 드는군요."

여신은 그렇게 원망 섞인 말을 하면서 케팔로스를 돌려보냈다. 고향으로 서둘러 돌아가는 동안 케팔로스는 여신의 말이 뇌리에서 떠나지 않았다. 그래서 점점 불안해졌다. 과연 프로크리스도 자신처럼 사랑의 맹세를 지킬 수 있을까 하는 의심이 생겼다. 그는 변장을 하고 집으로 가서 아내를 시험해보기로 마음먹었다. 여신이 이미 자기 얼굴을 바꾸어놓은 것 같았다.

그는 아테나이 집으로 돌아가 살펴봤지만 별로 비난할 만한 일은 찾을 수 없었다. 모든 사람이 여주인의 정숙한 행실과 사라진 남편을 걱정하는 그녀의 마음에 대해 말했다. 꾀를 낸 끝에 그는 아내의 방으로 들어가도록 허락을 받아 온갖 유혹을 했지만 프로크리스의 지조를 무너뜨리지 못했다. 그는 위장한 모습을 포기할 수 없는 것이 괴로웠다.

할 수만 있다면 이 고귀한 아내의 가슴에 몸을 내던지고 입맞춤과 눈물로 회포를 풀고 싶었다. 그러나 불행하게도 눈이 어두워진 케팔로스는 이제까지의 시험에 만족하지 못했다. 그는 점점 더 많은 선물을 약속하면서 케팔로스가 더는 살아 있지 않다고 그녀를 설득했다. 확고했던 프로크리스의 마음이 드디어 움직였다. 그러자 케팔로스가 크게 화를 내며 소리쳤다.

"지조 없는 여자여, 드디어 본심을 드러냈구나! 나는 그대가 배반하려던 남편이다!"

프로크리스는 아무 말도 하지 않았다. 모욕을 당한 수치심과 슬픔에 휩싸여 간사한 남편의 집을 떠났다. 그녀는 멀리 떨어진 크레테 섬으로 가서 사냥을 좋아하는 아르테미스 여신을 따라다니며 산속을 헤맸다. 아르테미스 여신은 처녀 신이었다. 왜냐하면 여신은 모든 사나이를 미워했기 때문이다.

한편 케팔로스는 크게 뉘우치고 있었다. 그는 자기가 한 짓이 부끄러워해야 할 비열한 행위였다고 혼자 중얼거렸다. 사랑하는 아내에 대한 타오르는 연모의 정에 가슴을 쥐어뜯었다. 프로크리스도 옛정을 떨칠 수 없었다. 그녀는 아르테미스에게 표적을 벗어나지 않는 투창과 바람처럼 빠른 유명한 개 라일랍스를 받자 이 놀라운 선물을 가지고 아테나이로 돌아왔다. 그녀는 뉘우치고 있는 남편을 기꺼이 용서하고 진심에서 우러나온 애정으로 더없이 행복한 세월을 보냈다. 개와 투창은 이제 필요가 없었기 때문에 제2의 결혼 선물로 케팔로스에게 주었다.

사랑하는 부부의 행복은 몇 년 동안 계속되었다. 그러나 이 행복에는 슬픈 결말이 기다리고 있었다. 새벽 여명이 밝아온 이른 아침에 늠름한 사냥꾼 케팔로스는 잠자리에서 일어나 숲이 우거진 산으로 사냥을 하러 갔다. 그는 시종도 없이 말도 타지 않고 개를 집에 놔둔 채 나갔다. 그리고 원하는 사냥감이 잡히면 지치고 뜨거워진 몸으로 시원한 나무 그늘을 찾아 쉬었다. 그는 보드라운 숨결로 불타는 듯한 관자

---

* 당시 테바이 인들은 술의 신 박쿠스가 화가 나서 보낸 사악한 짐승 테우메소스의 여우에게 괴롭힘을 당하고 있었다. 매달 남자아이 하나를 이 여우에게 먹이로 줘야만 했던 것이다. 결국 테바이 왕 크레온과 아르고스에서 이주해 온 암피트리온은 케팔로스에게 여우를 잡게 도와달라고 부탁했다. 이 여우는 몹시 민첩해 아무도 붙잡을 수가 없었다. 바람처럼 빠른 개 라일랍스가 테우메소스의 여우를 쫓아갔다. 그러나 그것은 끝없는 추적이었기 때문에 제우스 신이 두 마리 동물을 돌로 바꿈으로써 결말을 지었다.

놀이를 식혀줄 산들바람을 불렀다.

"자! 이리 오라, 사랑스러운 아우라야."

그리스 인들은 상쾌한 아침 바람을 '아우라'라고 불렀다.

"친절한 그대!"

케팔로스는 몇 번이나 외쳤다.

"내 기분을 상쾌하게 하고 원기를 회복시켜다오! 귀여운 이여, 힘 잃은 내가 그대의 달콤한 숨결을 마시게 해다오!"

어느 날 한 사나이가 이 말을 엿들었다. 그는 그 말의 뜻을 모른 채 케팔로스가 숲에서 몰래 자주 만나왔던 요정을 부르고 있다고 믿었다. 경솔한 이 사나이는 곧 프로크리스에게로 가서 들은 것을 모조리 이야기했다. 사랑은 쉽게 오해하게 만든다. 프로크리스는 슬픔에 빠져 정신을 잃고 무너지듯 쓰러졌다. 그리고 정신이 들자 남편의 배반을 원통해하며 흐느껴 울었다. 선량한 프로크리스는 이렇게 생각했다.

"남편의 마음을 유혹한 원수는 아우라라는 여자다. 그렇지만 내 눈으로 확인하지 않고 남편을 저주할 수는 없어. 아마도 불행을 전하는 자가 착각했거나 거짓 소식으로 나를 속인 것이겠지."

프로크리스는 의혹과 슬픔과 희망에 휩싸여 직접 남편의 말을 엿들어보기로 마음먹었다. 이튿날 아침 케팔로스는 여느 때처럼 사냥이 끝나자 잔디밭에 누워 노래하듯 말했다.

"자, 오거라! 사랑하는 아우라여, 피곤한 내게 기운을 불어넣어다오!"

그러다 갑자기 케팔로스가 말을 끊었다. 가까운 숲에서 바스락거리는 소리가 났기 때문이다. 풀숲에서 몰래 도망치는 작은 사슴일 거라고 생각한 케팔로스는 벌떡 일어나 표적을 벗어나지 않는 투창을 던졌다. 그런데 투창에 맞은 것은 사랑하는 아내였다.

"아!"

가엾게도 프로크리스는 신음하면서 크게 상처 입은 가슴을 손으로 잡았다. 케팔로스는 아내의 목소리를 알아듣고 미친 듯 그곳으로 달려갔다. 피투성이가 된 프로크리스가 쓰러져 있었다. 통곡하면서 자기 옷을 찢어 끔찍한 상처를 동여맸지만 아무 소용이 없었다. 프로크리스는 눈에 띄게 힘을 잃어갔다.

그녀는 가냘픈 소리로 속삭였다.

"잔인한 사람, 내 간청을 들어주세요. 영원한 신들에게 맹세하고도 당신이 깨뜨린 신성한 결혼에 맹세해주세요. 내가 죽은 후에라도 조용한 우리 방에 아우라가 들어오지 못하게 해주세요!"

케팔로스는 그때 비로소 불쌍한 아내가 품었던 오해를 알아차렸다. 흐느껴 울면서 케팔로스는 모든 것을 이야기하고 뜨거운 눈물을 흘리며 자기의 성실과 결백함을 맹세했다. 아! 그러나 때는 이미 늦었다. 프로크리스는 다시 한 번 애정 어린 눈으로 남편을 쳐다보았다. 슬픈 미소가 창백한 입술 언저리에 떠올랐다. 죽음이 임박한 프로크리스의 얼굴에 만족하는 밝은 빛이 어렸다. 그리고 그녀는 절망하는 남편의 팔에 안겨 숨을 거두었다.

아이아코스

강물의 신 아소포스에게는 스무 명의 사랑스러운 딸이 있었다. 그중 가장 아름다운 딸은 아이기나였다. 어느 날 제우스는 아주 우아한 이 요정을 보고 불타는 연정에 사로잡혔다. 제우스는 독수리로 모습을 바꾸고 내려와 아이기나를 잡아챘다. 그리고 하늘로 날아올라 당시 오이노네라 불리던 섬으로 데리고 갔다. 이 섬은 납치된 요정의 이름을 따서 그때부터 '아이기나 섬'이라고 불렸다.

아소포스는 딸을 찾아 헤맨 끝에 코린토스에 왔다. 그러자 교활한 시쉬포스가 그녀를 납치한 것은 제우스라고 아소포스에게 알려주었다. 그러나 제우스는 번개를 쳐서 쫓아온 강의 신 아소포스를 도로 강물로 쫓아버렸다. 그래서 지금까지도 아소포스 강의 바닥에서는 까만 석탄이 발견된다.

제우스와 아이기나 사이에서 태어난 아들이 아이아코스였다. 그는 신들의 총애를 받았다. 신을 존경하는 현명하고 공정한 사나이였기 때문이다. 아이아코스는 온화하고 자비로운 왕으로서 섬을 잘 지배하면서 모든 사람에게 존경과 사랑을 받았다.

언젠가 그리스에 오랫동안 큰 가뭄이 든 적이 있었다. 헬라스 전 지역이 비를 간절히 기다렸으나 하늘에는 구름 한 점 없었다. 곡식은 말라버리고 냇물도 호수도 바싹 말라붙었다. 사람과 동물이 죽어갔다. 곤궁에 처한 사람들은 델포이의 신전에서 신탁을 구했다. 여사제는 만일 인간들 가운데 가장 훌륭한 아이아코스가 그들을 대신해 제우스 신에게 간청하면 가뭄이 그칠 것이라는 신탁을 내렸다. 그래서 그리스의 모든 나라는 아이기나 섬 왕에게 사절을 보내 자기들 대신 기도해달라고 부탁했다.

아이아코스는 섬에서 가장 높은 판헬레니온 산으로 올라갔다. 그는 깨끗한 두 손을 들고 아버지인 제우스 신에게 목말라하는 백성들을 위해 자비를 베풀어달라고 기도했다. 기도가 채 끝나기도 전에 먹구름이 하늘을 뒤덮고 비가 쏟아져 대지를 축축하게 적셨다. 그리스인들은 후세에도 아이아코스 왕의 은혜를 고맙게 생각해 왕의 무덤을 세운 신전에다 그가 기도하는 모습을 그려놓았는데, 그 그림을 지금도 볼 수 있다. 이리하여 제우스의 아들 아이아코스는 위대한 신관이자 왕으로서 사람들의 존경을 받고 신들의 사랑을 받았다.

아이아코스 왕은 엔데이스와 결혼해 훌륭한 영웅이 될 두 아들 펠레우스와 텔라몬을 낳았다. 또한 바다의 요정 프사마테와의 사이에서 셋째 아들 포코스를 낳았다. 사람들은 아이아코스가 모든 사람 가운데 가장 뛰어난 인물일 뿐 아니라 가장 행복한 사람이라 여기며 부러워했다.

그러나 엄격한 여신 헤라는 연적 아이기나의 이름을 가진 나라를 증오해 이 섬에 무서운 질병을 보냈다. 잔뜩 찌푸린 숨 막히는 공기가 논밭을 뒤덮었고 꺼림칙한 안개가 태양을 가렸다. 더구나 시원한 비는 한 방울도 내리지 않았다. 이렇게 넉 달이 지났다. 무더운 남풍은 계속 악취를 풍겼고 샘과 연못의 물이 썩어갔다. 뱀들은 황폐한 밭과 들을 기어 다니며 거품을 내뿜어 샘과 시내를 독으로 더럽혔다.

처음에 질병은 개, 소, 양, 새, 들짐승한테로 번지더니 결국 도시까지 스며들어 사람에게도 퍼졌다. 여기저기 가는 곳마다 시체가 뒹굴며 미처 땅에 묻히지도 못한 채 썩었다. 아들들과 겨우 살아남은 선량한 아이아코스 왕은 속수무책으로 애만 끓이며 백성들이 모조리 무서운 병으로 죽는 광경을 바라보고만 있어야 했다.

왕은 통곡하며 하늘의 제우스에게 탄원했다.

"오, 제우스여! 위대한 아버지여! 만일 제가 정말 당신의 아들이고 못난 자식이 아니라면 제발 저의 백성들을 돌려주십시오. 아니면 저도 함께 죽여주십시오!"

그러자 당장 번갯불이 치고 조용하던 하늘에 천둥소리가 요란했다. 아이아코스는 이 자비로운 징조를 보고 기뻐하며 아버지인 제우스 신의 약속에 감사했다.

왕 옆에는 많은 가지가 달린 참나무가 있었다. 이 나무는 도도나 신전에 있는 신성한 나무의 종자를 가져다가 크게 길러 제우스에게 바친 것이었다. 왕의 시선이 문득 이 참나무 줄기로 갔다. 작은 입으로 낟알을 물고 나무껍질과 뿌리 주변을 기어 다니는 헤아릴 수 없이 많은 개미 떼가 눈에 띄었다.

아이아코스가 외쳤다.

"여기 보이는 부지런한 개미만큼 수많은 신하와 백성을 내려 텅 빈 도시를 채워주십시오."

바람도 없었는데 나무꼭대기가 흔들리고 나뭇잎 스치는 소리가 났다. 두려운 마음에 왕은 경건하게 바닥에 엎드려 대지와 성스러운 나무에 입을 맞추고, 구원의 신 제우스에게 감사하는 제물을 많이 바치겠다고 맹세했다.

밤이 되자 왕은 희망과 불안을 가슴에 품은 채 잠들었다. 왕은 이상한 꿈을 꾸었다. 참나무가 다시 눈앞에 서 있고 개미들이 여기저기로 부지런히 낟알을 날랐다. 그때 아주 조그만 개미들이 점점 커지더니 땅에서 일어나 똑바로 섰고 발의 수도 줄어들었다. 개미의 몸이 점차 사람의 형태를 취했다. 그러나 왕은 잠에서 깨어 꿈인 것을 알고 한숨을 내쉬었다. 그때 바깥에서 무슨 소리가 들렸다. 사람의 목소리와 비슷한 소리가 멀리서 들려온 것이다. 문이 급히 열리더니 아들 텔라몬이 달려와 외쳤다.

"오, 아버지! 어서 나와보세요. 깜짝 놀랄 일이 생겼어요! 제우스께서 아버지의 청을 몇 배나 더 들어주셨어요."

아이아코스는 밖으로 뛰쳐나와 기적을 바라보며 눈물을 글썽였다. 꿈에서 본 것과 같은 수많은 남자가 눈앞에 서 있었고 낯익은 얼굴들도 있었다. 남자들은 가까이 걸어와 아이아코스를 왕이라 부르며 인사했다.

왕은 환성을 올리며 외쳤다.

"너희들은 뮈르메케스, 즉 개미였다. 그러니까 뮈르미도네스라고 부르기로 하자."

이렇게 해서 용감한 뮈르미도네스 인이 태어났다. 이 사람들은 자기 조상을 감추지 않았다. 그들은 조상처럼 부지런한 종족으로서 늘 일하고 검소하게 살며 적은 것으로도 만족해했다. 아이아코스는 좋은 아버지 제우스에게 많은 감사의 제물을 바쳤다. 그리고 주인 없는 땅, 빈 집, 버려진 논밭을 섬의 새로운 주민에게 나눠 주었다.

나이가 많이 들어 경건한 아이아코스가 죽자 신들은 사후에도 그의 온화한 지혜와 사심 없는 정의심을 기리기 위해, 그를 미노스와 라다만튀스와 함께 하계의 판관으로 임명했다. 아이아코스의 아들과 손자들은 일찍이 땅에 살았던 가장 위대한 영웅들에 속한다. 텔라몬은 위대한 아이아스의 아버지이며, 펠레우스의 아들은 신과 같은 아킬레우스이다.

필레몬과 바우키스

프뤼기아의 언덕에는 천년 묵은 참나무가 서 있다. 그 옆에는 똑같이 나이를 먹은 보리수가 솟아 있다. 두 나무 둘레에는 낮은 울타리가 쳐 있고 가지에는 많은 화환이 걸려 있다. 멀지 않은 곳에 늪 같은 호수가 얇게 범람하며 퍼져 있다. 그곳은 전에는 사람이 사는 땅이었는데 지금은 물새나 왜가리만 돌아다닌다.

먼 옛날, 신들의 아버지 제우스가 아들 헤르메스를 데리고 이 지방으로 찾아왔다. 헤르메스는 날개 있는 모자는 쓰지 않고 지팡이만 가지고 왔다. 두 신은 인간의 모습을 하고 사람들이 손님을 어떻게 대접하는지 시험하고자 했다. 그들은 수많은 집을 찾아다니며 하룻밤 머물기를 청했다. 그러나 주민들은 고약하고 이기적이어서 누구 하나 손님을 집 안으로 맞아들이지 않았다.

도시 변두리에 가난한 오두막이 하나 있었다. 늪에서 나는 갈대와 짚으로 지붕을 이은 조그맣고 낮은 집이었다. 그러나 이 가난한 집에는 행복한 부부인, 정직한 필레몬과 성실한 아내 바우키스가 살고 있었다. 이 오막살이에서 두 사람은 즐거운 청춘을 함께 보내고 백발의 늙은이가 되어 있었다. 부부는 가난을 감추지 않고 궁핍함도 괴롭게 여기지 않았다. 보잘것없는 작은 집에서 아이가 없이 둘만 살아도 깊은 애정으로 밝고 즐겁게 살았다.

몸집이 큰 두 신이 낮은 문으로 다가가 목을 움츠리고 들어가자 부부는 진심으로 환영했다. 손님들이 쉴 수 있도록 노인 바우키스는 얼기설기 기운 천을 깐 의자를 얼른 내놓았다. 그리고 아내는 부엌으로 가 따뜻한 재 속에서 불씨를 찾아내 부지런히 연기를 피우며 가냘픈 숨결로 불을 일으켰다. 그리고 잘게 쪼갠 장작을 가져다가 불 위에 걸어놓은 작은 냄비 밑에 밀어 넣었다. 그동안 필레몬은 평소 듬뿍 물을 주는 작은 밭에서 채소를 뽑아왔다. 아내가 재빨리 잎을 땄다. 노인은 갈고리로 천장에 매달아둔 훈제 돼지고기 등살을 꺼냈다. 그 돼지고기는 축제 때 쓰려고 오랫동안 저장해둔 것이었다. 노인은 어깨 부위에서 적당한 살덩어리를 잘라내 뜨거운 물속에 넣었다.

그동안 부부는 이방인 손님이 지루해하지 않도록 흥미로운 이야기를 들려주느라 애썼다. 부부는 두 사람의 발을 씻어 기분을 상쾌하게 해주려고 나무그릇에 물을 채웠다. 제우스와 헤르메스는 기분 좋게 웃으면서 물그릇을 받았다.

두 신이 발을 물속에 담그고 있는 동안 늙은 부부는 잠자리를 마련했다. 침대는 오두막 한가운데에 있었는데, 갈대로 속을 채우고 침대 다리와 틀은 버드나무로 짜서 만든 것이었다. 필레몬은 축제일에만 꺼내 쓰는 담요를 가져왔다. 낡고 값싼 것이었다. 그렇지만 손님인 신들은 식사를 하기 위해 반갑게 그 위에 앉았다.

바우키스가 소매를 걷어 올리고 떨리는 손으로 세 발 달린 식탁을 잠자리 앞으로 가져왔다. 식탁이 기우뚱거려 바우키스는 짧은 다리 밑에 사기 조각을 괴었다. 그리고 신선한 박하 잎으로 식탁을 닦고 음식을 날라 왔다.

음식은 맑고 끈끈한 과즙에 절인 올리브, 가을에 딴 산수유 열매, 무, 잘 익은 치즈와 뜨거운 재에 익힌 계란이었다. 이 모든 음식을 바우키스는 진흙으로 구워 만든 그릇에 담았다. 얼룩무늬 주전자와 안쪽을 황밀로 닦은 아름다운 떡갈나무 술잔이 눈을 끌었다.

필레몬이 술잔을 권했다. 포도주는 오래 묵은 것도 아니고 그다지 맛있는 것도 아니었다. 다시 부엌에서 따뜻한 요리가 들어와 후식 놓을 곳을 마련하려고 술잔들을 한쪽으로 밀어놓았다. 호두, 무화과, 말린 대추, 야자열매가 들어왔다. 그리고 살구와 향기 좋은 사과가 가득 담긴 작은 바구니 두 개와 자줏빛 포도나무에서 따온 포도도 있었다. 후식 중에서는 하얀 벌꿀이 가장 눈에 띄었다. 그러나 이 식사의 가장 큰 자극은 선량한 늙은 부부의 호의 넘치는 얼굴이었다. 그들의 얼굴은 관대했으며, 또 착한 것이 무엇인지 말해주고 있었다.

네 사람이 즐겁게 요리를 먹고 술을 마시는 동안 필레몬은 포도주를 아무리 잔에 따라도 주전자가 전혀 비지 않고 술이 항상 가득 차 있다는 점을 깨달았다. 찾아온 손님이 누구인지 알게 된 그는 놀라웠고 두려웠다.

필레몬은 벌벌 떨며 아내와 함께 두 손을 들고 공손하게 눈을 아래로 내리뜨며, 변변찮은 음식을 너그럽게 봐주시고 이 소홀한 대접에 화내지 말아달라고 애원했다. 그들은 하늘에서 오신 손님에게 무엇을 드려야 좋을까 생각했다. 우리에 거위가 한 마리 있음을 생각하고 그 것을 바치기로 했다.

부부는 급히 밖으로 나갔다. 그러나 거위는 두 사람보다 빨랐다. 비명을 지르고 날개를 퍼덕거리면서 헐떡이는 노인들을 피해 이리저리 도망쳤다. 거위는 마침내 집 안으로 뛰어들어 신의 보호를 호소하듯 두 손님 뒤로 숨었다. 거위는 신들의 보호를 받았다. 손님은 거위를 잡기 위해 열심인 두 노인네를 말리고 상냥하게 미소 지으며 말했다.

"우리는 신이다. 사람들이 손님을 따뜻이 대접하는지 알아보려고 이 땅에 내려왔다. 그런데 너희 이웃은 모두 무도하더구나. 그러니 어찌 벌을 모면할 수 있겠느냐? 이 집을 버리고 우리를 따라 산꼭대기로 가자. 죄 없는 너희가 죄인들과 함께 벌을 받아서야 되겠느냐."

부부는 그 말에 따랐다. 그리고 지팡이에 의지해 겨우 험준한 산을 올라갔다. 산꼭대기까지 활의 사정거리 정도가 남아 있을 때 부부는 불안에 쫓겨 뒤를 돌아보았다. 논밭이던 곳들이 모조리 물결치는 호수로 변하고 부부가 살던 작은 집만 덩그러니 남아 있었다. 두 사람은 놀라 눈이 휘둥그레졌다. 그리고 다른 사람들의 운명을 슬퍼했다. 그런데 보잘것없는 그 낡은 집이 하늘로 치솟는가 싶더니 신전이 되었다. 둥근 기둥으로 받쳐진 황금 지붕에서 번쩍번쩍 빛이 나고 마루에는 대리석이 깔려 있었다.

제우스는 떨고 있는 늙은 부부에게로 자비로운 얼굴을 돌렸다.

"자, 말해보아라. 정직한 노인이여, 또한 그 남편에 어울리는 훌륭한 부인이여! 그대들의 소원을 말해보아라!"

필레몬과 바우키스 부부는 제우스의 말에 따랐다. 그리고 지팡이에 의지해 겨우 험준한 산을 올라갔다. 산꼭대기까지 활의 사정거리 정도가 남아 있을 때 부부는 불안에 쫓겨 뒤를 돌아보았다. 논밭이던 곳들이 모조리 물결치는 호수로 변하고 부부가 살던 작은 집만 덩그러니 남아 있었다. 두 사람은 놀라 눈이 휘둥그레졌다. 그리고 다른 사람들의 운명을 슬퍼했다.

〈필레몬과 바우키스〉, 페테르 파울 루벤스, 1630년경, 빈 미술사 박물관.

필레몬은 아내와 몇 마디 말을 나누더니 이렇게 말했다.

"우리는 사제가 되고 싶습니다. 제발 저 신전을 지키는 문지기가 되게 해주십시오. 그리고 저희는 오랫동안 서로 의좋게 살아왔으니 둘이 함께 죽도록 해주십시오. 그럼 저는 그리운 아내의 무덤을 보지 않아도 되고 또한 아내를 땅에 묻지 않아도 되니까요."

그들의 소원은 이루어졌다. 그들은 살아 있는 동안 신전을 지켰다. 나이와 수명이 다해 앞으로 벌어질 기적적인 운명을 생각하며 신전 계단에 함께 섰을 때 바우키스와 필레몬은 서로가 푸르른 잎으로 변하는 것을 보았다. 그들의 얼굴 주위로 이미 무성한 나뭇가지들이 높게 자라났다. 그들은 말할 수 있는 동안 서로를 향해 이런 말을 주고받았다.

"사랑하는 사람이여, 잘 가게!"

이렇게 명예로운 두 부부의 생애가 끝났다. 남편은 참나무가 되었고 아내는 보리수가 되었다. 그들은 살아서 항상 같이 지냈던 것처럼 죽어서도 가까이에서 함께 지냈다.

아라크네

뤼디아의 작은 도시 휘파이파에는 천한 집안 출신인 아라크네라는 처녀가 살았다. 그녀의 아버지 이드몬은 콜로폰에서 자주색 물을 들이는 염색장이였다. 일찍이 죽은 그녀의 어머니도 가난한 집안 출신이었다. 그러나 아라크네는 뤼디아에서 유명했다. 그녀는 어떤 여인보다도 옷감 짜는 솜씨가 좋고 성품이 부지런했기 때문이다.

포도덩굴이 무성한 트몰로스 산과 팍톨로스 강의 요정들까지 아라크네의 보잘것없는 오두막집을 찾아와 그녀가 짠 직물을 놀라워하며 바라보았다. 기술과 가난이 이렇게 서로 짝을 이루었던 적은 없었다. 아라크네가 거친 양털을 감은 다음 실을 잡아당겨 점점 가늘게 하고, 능숙한 엄지손가락으로 추(錘)를 움직이고 바늘로 짜는 모습을 보면 마치 팔라스 아테네가 그 재주를 가르쳐준 것만 같았다. 그러나 아라크네는 그런 이야기에는 귀도 기울이지 않았다. 오히려 그녀는 화를 내며 말했다.

"아테네에게 배운 기술이 아니에요! 아테네더러 내게 와서 솜씨를 겨뤄보라고 하세요. 만일 여신이 이긴다면 어떤 벌이라도 달게 받겠어요!"

아라크네의 오만불손함에 아테네는 기분이 언짢았다. 그래서 백발이 성성한 할머니로 모습을 바꿔 주름살투성이 손으로 지팡이를 짚고 아라크네의 오두막집으로 가서 말했다.

"늙는다는 것이 불쾌한 일만은 아니지. 나이가 들수록 경험이 쌓이는 법이니까. 그러니 나의 충고를 무시하지 말게나. 자네가 세상 누구보다 옷감을 잘 짠다는 그 명성에 만족하는 게 좋아. 그리고 여신 아테네는 겸손하게 피해야 해. 자네의 오만불손한 말을 용서해달라고 아테네에게 청하게. 그러면 여신도 기꺼이 용서해줄 게야."

그러자 아라크네는 기분 상한 눈초리로 실을 내던지더니 분노에 떨며 말했다.

"이 노파가 정말 노망이 들었나 보네. 세월의 무게가 당신을 허약하게 만들었군요. 너무 오래 사는 건 좋지 않지요! 그런 설교는 따님에게나 하세요. 충고 따위는 필요 없으니 그 충고는 돌려드리겠어요. 그런데 어째서 아테네 여신이 직접 찾아오지 않는 거지? 그녀는 왜 나와 겨루기를 피하는 걸까?"

여신도 더는 참을 수 없었다.

"이미 여신이 와 있느니라!"

이렇게 소리치며 여신이 갑자기 본모습으로 돌아왔다. 그 자리에 있던 요정들과 뤼디아의 여인들은 여신의 발밑에 엎드려 공손하게 인사했다. 아라크네만 놀라지 않았다. 그녀의 반항적인 얼굴이 빨개졌으나 고집스럽게도 자기 결심을 바꾸려 하지는 않았다. 그녀는 명성을 얻으려는 어리석은 욕심에 위험한 운명 속에 스스로 뛰어들었다. 제우스의 딸 아테네도 그 이상의 충고는 하지 않고 아라크네의 도전에 응했다.

둘은 곧바로 서로 다른 자리에 베틀을 세워놓고 숙련된 손을 즐겁게 움직이기 시작했다. 사람의 눈을 현혹시키는 자주색과 수천 가지의 다른 색실을 섞어 둘은 솜씨 좋게 옷감을 짜나갔다. 금실도 함께 넣어 짰다. 조금 후 그들이 짠 놀라운 옷감을 들어 보이자 사람들의 눈이 휘둥그레졌다.

아테네는 여러 사람이 노래했던 바다의 신 포세이돈과 자신이 아테나이를 얻기 위해 싸우는 모습과 아테나이 성에 있는 바위를 짜 넣었다. 열두 명의 신들이 제우스를 가운데 두고 엄숙하고도 거룩한 모습으로 둘러앉아 있었다. 바다의 신 포세이돈이 거대한 삼지창으로 바위를 찌르자 짜디짠 바닷물이 뿜어 나왔다. 그러나 그곳에는 방패와 창으로 무장하고, 머리에는 투구를 쓰고, 가슴은 무서운 메두사로 장식된 가슴보호대를 댄 아테네도 있었다. 여신이 창끝으로 찌르니 불모지에서 올리브나무가 솟아올랐다. 그것을 보고 신들은 경탄했고, 아테나이 시에 행복이 찾아왔다. 그렇게 아테네는 자신의 승리를 직물에 짜 넣었다. 그리고 그 네 구석에는 교만한 인간들의 본보기를 새겨 넣어 신들의 복수로 그들이 비참한 결말을 맞는 것을 보여주었다.

첫 번째 구석에는 트라케 왕 하이모스와 그의 아내 로도페가 교만하게 제우스와 헤라의 이름을 참칭하여 높이 솟은 산으로 변한 모습을 새겨 넣었다. 두 번째 구석에는 퓌그마이오이 족*의 어머니가 헤라에게 져서 황새로 변해 자기 자식들과 싸워야 했던 모습을 새겨 넣었다. 세 번째 구석에는 자기의 아름다운 얼굴과 곱슬머리를 자랑하느라 헤라와 자신을 비교했던 라오메돈의 아름다운 딸 안티고네가 새겨져 있었다. 헤라는 안티고네의 머리카락을 뱀으로 바꾸어 머리를 물어뜯기는 고통을 주었지만, 결국 제우스가 그녀를 불쌍히 여겨 황새로 만들어주었다. 지금도 그녀는 부리를 부딪치면서 자기의 아름다움을 뽐내고 있다. 마지막으로 딸들의 운명을 슬퍼하는 키뉘라스를 새겨 넣었다. 그의 딸들은 교만해서 헤라 여신을 분노하게 만들었고 그 때문에 헤라 신전의 돌계단을 바꾸었다. 아버지 키뉘라스는 통탄하며 돌계단에 엎드려 차디찬 대리석에 뜨거운 눈물을 뚝뚝 떨어뜨리고 있었다. 아테네는 이런 모습을 벽걸이용 양탄자에 짜 넣고 올리브 잎으로 된 화환으로 주위를 꾸몄다.

이에 반해 아라크네는 그녀의 직물에 신들을, 특히 제우스를 경멸하는 의도가 보이는 갖가지 그림을 짜 넣었다. 제우스를 황소로 또는 독수리나 백조로, 또는 음탕한 숲의 신 사튀로스나 인간의 딸들을 농락하며 타오르는 불이나 황금 빗물로 그려 넣었다. 그녀는 이 그림들이 새겨진 직물을 담쟁이덩굴과 한데 얽힌 꽃들로 장식했다. 아라크네가 작품을 완성하자 아테네조차 그녀의 훌륭한 솜씨를 부정할 수 없었다. 그러나 작품에서 신을 모독하려는 의도를 읽어내고는 분노가 치밀었다.

---

* 아이티오페스에 사는 전설적인 난쟁이 부족이다. 퓌그마이오이 족 여인 오이노에는 매우 아름다웠지만 신들을 경멸했다. 거만함에 대한 벌로 헤라에 의해 황새로 변한 그녀는 자식을 찾아오기 위해 퓌그마이오이 족과 싸웠고 그들은 새를 쫓아냈다. 이후로 황새와 퓌그마이오이 족은 서로를 미워하게 되었다고 한다.

아라크네는 그녀의 직물에 신들을, 특히 제우스를 경멸하는 의도가 보이는 갖가지 그림을 짜 넣었다. 제우스를 황소로 또는 독수리나 백조로, 또는 음탕한 숲의 신 사튀로스나 인간의 딸들을 농락하며 타오르는 불이나 황금 빗물로 그려 넣었다. 그녀는 이 그림들이 새겨진 직물을 담쟁이덩굴과 한데 얽힌 꽃들로 장식했다. 아라크네가 작품을 완성하자 아테네조차 그녀의 훌륭한 솜씨를 부정할 수 없었다. 그러나 작품에서 신을 모독하려는 의도를 읽어내고는 분노가 치밀었다.

〈아테네와 아라크네〉, 틴토레토, 1543~1544년, 우피치 미술관.

아테네는 노여움에 신을 모욕하는 그 그림을 잡아 찢어버리고, 손에 들고 있던 베틀의 북으로 교만한 처녀의 이마를 서너 번 쳤다. 아라크네는 자신의 불운을 견디지 못해 미쳐버렸다. 그녀는 절망에 빠져 밧줄로 자기 목을 감았다. 그녀가 공중에 매달려 경련할 때 아테네는 불쌍한 마음이 들었다. 그래서 목을 조른 밧줄에서 그녀를 들어 올려주며 말했다.

"앞으로 이렇게 매달려 살아라, 불경한 여인아! 너희 집안은 후대에 이르기까지 대대로 이렇게 벌을 받으리라!"

아테네는 마법의 약초 즙을 아라크네의 얼굴에 몇 방울 뿌린 다음 떠났다. 아라크네의 머리와 코와 귀가 없어졌다. 그녀는 점점 줄어들어 결국 작고 보기 흉한 벌레가 되었다. 그리하여 지금까지도 그녀는 거미가 되어 실을 짜내며 옛날의 솜씨를 부리고 있다.

미다스

옛날에 강력한 술의 신 디오뉘소스는 여사제들과 숲의 신 사튀로스를 데리고 돌아다니며 소아시아로 건너갔다. 주신은 일행의 인도를 받으며 트몰로스 산의 포도밭을 돌아다녔다. 그런데 늙은 술꾼 실레노스가 보이지 않았다. 실레노스는 완전히 술에 취해 그만 뒤처져 잠들어버린 것이었다.

프뤼기아의 농부들이 잠자고 있는 노인을 발견했다. 그들은 그를 화환으로 묶어 미다스 왕에게로 데려갔다. 왕은 신성한 주신의 벗 실레노스에게 경외하는 마음으로 인사를 하고 반갑게 맞아들였다. 그리고 열흘 밤낮으로 즐거운 향연을 열어 대접했다. 열하루째 되는 날 아침, 미다스 왕은 노인을 뤼디아 들판으로 데려가 주신에게 넘겨주었다. 주신은 옛 동료를 다시 만나 몹시 기뻐했다. 그리고 왕에게 선물을 주고 싶으니 말해보라고 재촉했다.

미다스 왕이 말했다.

"위대한 디오뉘소스여! 무슨 선택이라도 괜찮다면 제가 손을 대는 것은 모조리 빛나는 황금으로 변하도록 해주십시오."

주신은 왕이 더 나은 선택을 하지 않아 못마땅했지만, 청을 들어주기로 했다. 미다스 왕은 좋지 않은 선물을 받은 줄도 모르고 크게 기뻐하며 급히 그곳을 떠났다. 그러고는 그 약속이 정말인지 곧바로 시험해보았다. 그러자 놀라운 일이 벌어졌다. 참나무에서 꺾은 새파란 가지가 황금으로 변해버린 것이었다. 왕이 바닥에서 잽싸게 돌을 주워 올리자 돌은 번쩍번쩍 빛나는 황금덩어리가 되었다. 익은 곡식이 삭을 꺾었으나 그가 거둬들인 것은 황금이었다. 나무에서 딴 과일은 아틀라스의 딸 헤스페리데스의 사과처럼 찬란하게 빛났다.

왕은 기뻐서 어쩔 줄 몰라 하며 궁전으로 달려갔다. 그가 입구의 기둥에 손가락을 대자마자 기둥은 마치 불처럼 빛났다. 물에 손을 넣으면 물도 황금으로 변했다. 너무 좋아 제정신을 잃은 왕은 종들에게 맛있는 식사를 준비하도록 명령했다. 곧바로 불에 구운 맛있는 고기와 흰 빵이 놓인 식탁이 차려졌다. 왕이 손으로 빵을 쥐었다. 그러자 농사의 여신 데메테르의 선물인 음식은 돌처럼 딱딱한 황금이 되었다. 왕은 고기를 입에 넣었다. 그러자 이 사이에서 빛나는 황금이 달가닥 달가닥 소리를 냈다. 왕은 커다란 잔을 손에 들고 향기 좋은 포도주를 마셨다. 그러자 황금물이 목을 타고 미끄러져 내려갔다.

왕은 자기가 디오뉘소스에게 얼마나 무서운 부탁을 했는지 깨달았다. 커다란 부자이면서 커다란 가난에 시달리게 된 왕은 자신의 어리석음을 저주했다. 그는 굶주리고 목말라하면서 무서운 죽음이 다가오는 것을 보고 있었다. 절망한 왕은 주먹으로 이마를 쳤다. 그러자 무서

미다스

515

프뤼기아의 농부들이 잠자고 있는 노인을 발견했다. 그들은 그를 화환으로 묶어 미다스 왕에게로 데려갔다. 왕은 신성한 주신의 벗 실레노스에게 경외하는 마음으로 인사를 하고 반갑게 맞아들였다. 그리고 열흘 밤낮으로 즐거운 향연을 열어 대접했다.

<술에 취한 실레누스>, 테테르 파울 루벤스, 1616~1618년, 알테 피나코테크 미술관.

"위대한 디오뉘소스여! 무슨 선택이라도 괜찮다면 제가 손을 대는 것은 모조리 빛나는 황금으로 변하도록 해주십시오." 주신은 왕이 더 나은 선택을 하지 않아 못마땅했지만, 청을 들어주기로 했다. 미다스 왕은 좋지 않은 선물을 받은 줄도 모르고 크게 기뻐하며 급히 그곳을 떠났다. 그러고는 그 약속이 정말인지 곧바로 시험해보았다. 그러자 놀라운 일이 벌어졌다. 참나무에서 꺾은 새파란 가지가 황금으로 변해버린 것이었다. 왕이 바닥에서 잽싸게 돌을 주워 올리자 돌은 번쩍번쩍 빛나는 황금덩어리가 되었다.

〈미다스와 디오뉘소스〉, 니콜라 푸생, 1628~1629년, 알테 피나코테크 미술관.

운 일이 일어났다. 그의 얼굴까지 황금처럼 번쩍이며 빛을 냈다. 왕은 두려움에 떨며 두 손을 하늘에 쳐들고 애원했다.

"아버지 디오뉘소스여, 부디 자비를 베푸소서! 어리석은 죄인을 용서하시고 이 빛나는 재난을 거둬주소서!"

친절한 주신 디오뉘소스는 뉘우치고 있는 어리석은 자의 간청을 들어주었다. 주신은 기적을 풀어주며 말했다.

"팍톨로스 강으로 가서 산 속에 있는 수원지를 찾아라. 바위에서 거품 튀는 물이 솟아나고 있을 것이다. 그 찬물에 머리를 담가 황금과 함께 죄를 씻어라."

미다스 왕은 주신의 명령에 따랐다. 그러자 곧 기적이 사라졌다. 황금을 만드는 힘은 냇물로 옮겨 갔고, 그때부터 팍톨로스 강은 풍부한 금을 실어 나르게 되었다.

이때부터 미다스는 부에 진저리가 나서 장엄한 궁전을 나와 들과 숲 거닐기를 즐겼다. 그는 그늘이 많은 암굴에 자주 머무르는 소박한 숲의 신 판을 숭배했다. 그러나 미다스 왕의 마음은 이전과 마찬가지로 어리석었다. 그리하여 곧 신으로부터 다시는 버릴 수도 없는 새로운 선물을 받게 되었다.

산양의 발을 가진 숲의 신 판은 항상 트몰로스 산에서 요정들을 앞에 놓고 갈대피리로 장난기 어린 노래를 들려주었다. 한번은 판이 아폴론과 솜씨를 겨루고자 했다. 푸른 머리와 관자놀이를 참나무 잎으로 장식한 늙은 산신 트몰로스가 심판관으로서 승패를 가리기 위해 바위 위에 앉고, 둘레에는 사랑스러운 요정들과 죽을 수밖에 없는 운명의 인간인 남자와 여자 들이 앉아서 구경했다. 그 속에 미다스 왕도 섞여 있었다.

먼저 판이 갈대피리 시링크스로 이국적인 선율을 연주했다. 미다스 왕은 그 소리를 듣고 반해버렸다. 판의 연주가 끝나자 아폴론이 나왔다. 월계수 가지를 감아 얹은 금빛 곱슬머리에 기다란 보랏빛 옷을 입고, 상아로 된 리라를 왼손에 든 그는 신적 위엄으로 가득 차 있었다. 그런 아폴론이 리라로 하늘의 소리를 연주하자 청중들은 모두 기쁨과 외경심으로 가득 찼다. 그리고 음악에 정통한 심판 트몰로스가 판정을 내려 상은 아폴론에게 돌아갔다.

이 판정에 모두 다 찬성했지만 미다스는 그 수다스러운 입을 참지 못하고 큰 소리로 판이 상을 받아야 한다며 판정을 비난했다. 그러자 모습을 감춘 아폴론이 어리석은 왕에게 가서 그의 두 귀를 잡았다. 신이 두 귀를 잡아 가볍게 위로 올렸더니 두 귀가 뾰족해지고 회색빛의 몽실몽실한 털로 뒤덮였다. 신은 귀 아래를 가볍게 움직일 수 있도록 해주었다. 아폴론은 인간의 그 우둔한 귀가 못마땅했던 것이다.

이렇게 해서 불쌍한 왕의 머리에는 두 개의 기다란 당나귀 귀가 생겼다. 왕은 이 볼썽사나운 귀를 몹시 부끄러워해 커다란 머릿수건으로 감싸 세상에 드러나지 않게 하려 했다. 그러나 항상 왕의 머리를 깎아주는 시종에게만은 감출 수가 없었다.

그 시종은 왕의 새로운 귀를 보고는 누구에겐가 비밀을 말하고 싶은 욕망에 사로잡혔다. 그러나 그럴 만한 용기가 없었다. 그래서 마음을 달래기 위해 강가로 가서 땅에 구멍을 파고 그 속에다 왕의 이상한 비밀을 속삭였다. 그는 구멍을 다시 정성껏 메우고 홀가분한 기분으로 그곳을 떠났다. 그러나 바로 그 자리에서 곧바로 갈대가 촘촘히 자라나 무성해졌다.

산들바람이 불면 갈대 줄기가 이상하게 떠들썩대며 낮지만 분명하게 '미다스 귀는 당나귀 귀!' 하고 서로 속삭였다. 이리하여 미다스의 비밀이 사람들 사이에 알려지게 되었다.

휘아킨토스

휘아킨토스는 라코니아 왕 아뮈클라스의 막내아들이다. 포이보스 아폴론은 이 귀여운 남자아이를 마음에 들어했다. 그뿐인가. 아폴론은 휘아킨토스를 영원히 옆에 두기 위해 신들이 사는 올림푸스에 올려놓고자 생각했을 정도다. 그러나 슬픈 운명은 이 영예를 얻지 못하도록 어린 소년을 빼앗아 갔다.

아폴론은 종종 신성한 델포이를 나와 성벽 없는 도시 스파르테 근처의 에우로타스 강가에서 사랑하는 휘아킨토스와 함께 있곤 했다. 아폴론은 즐거운 놀이에 빠져 리라와 활도 잊은 채 소년과 사냥을 하며 타위게토스 산의 울퉁불퉁한 산등성이를 돌아다녔다.

뜨거운 태양 빛이 정면으로 내리쬐던 어느 날 정오, 두 사람은 옷을 벗고 몸에 올리브기름을 바르고 나서 원반던지기를 시작했다. 먼저 아폴론이 무거운 원반을 들고 흔들어 무게를 잰 다음 공중으로 힘껏 던졌다. 원반은 구름을 가르고 하늘에 오래 머물다가 다시 땅에 떨어졌다.

　휘아킨토스는 경기에 열중한 나머지 스승인 아폴론에게 지지 않으려고 자리에서 일어나 원반을 잡으려 했다. 그러나 원반이 바위땅에 부딪히고는 갑자기 공중으로 튀어 올라 소년의 얼굴을 때렸다. 아폴론은 마치 자기가 원반에 맞은 것처럼 새파랗게 질려 소년 쪽으로 달려가 그를 끌어안았다. 그리고 굳어버린 사지를 따뜻하게 하고 끔찍한 상처에서 흐르는 피를 씻어주었다. 약초를 그 위에 바르고 자신이 좋아하는 소년에게서 영혼이 흘러나오지 못하게 하려고 했다. 그러나 모든 것이 소용없었다. 마치 화원에서 자란 나약한 꽃이 갑자기 꺾이자 시들어 축 늘어지듯 불쌍한 소년은 생기를 잃고 아폴론의 가슴에서 고개를 떨어뜨렸다. 아폴론은 안타깝게 소년의 이름을 부르며 뜨거운 눈물로 소년의 얼굴을 적셨다.

　"아! 어째서 나는 신이 되어 소년을 위해, 아니 소년과 함께 죽지 못하는가?"

　아폴론이 겨우 소리를 질렀다.

　"아니다, 사랑스러운 소년아! 너를 완전히 죽게 내버려둘 수 없지. 내가 너의 노래를 불러주마. 너는 꽃이 되어 내 슬픔을 사람들에게 알리게 될 것이다!"

　아폴론이 그렇게 외치자, 풀을 빨갛게 물들이며 흐르던 피에서 튀로스 산 자줏빛 염료보다 더 빛나는 광채를 가진 꽃이 피어났고, 그 줄기에는 백합 모양의 꽃이 수없이 달려 작은 꽃잎 한 장 한 장마다 분명한 글씨로 '아이! 아이!(슬프다! 슬프다!)' 하는 아폴론의 탄식을 나타냈다.

이리하여 봄이 되면 신의 사랑을 받던 이름을 가진 이 꽃이 피고 곧 시들어갔지만, 그것은 땅에 있는 모든 아름다운 것의 허무함에 대한 상징이 되었다. 라코니아 지역에서는 매년 여름이 되면 휘아킨토스와 친구였던 아폴론 신을 받드는 큰 제사 '휘아킨토스제'가 거행되었으며, 어려서 죽은 소년을 슬퍼하고 동시에 신으로 받들어진 소년을 즐거운 기분으로 회상했다.

아탈란테

칼뤼돈의 멧돼지 사냥으로 빛나는 명성을 떨친 용감한 처녀 아탈란테는 남자아이를 바라던 아버지에 의해 낳자마자 버림받았다. 새끼를 잃은 어미 곰이 산속에서 울고 있는 갓난아기를 보고 입으로 물어 동굴로 데려가 젖을 먹였다. 근처를 돌아다니던 사냥꾼들은 어린 아기를 발견하고 데려다가 활짝 핀 꽃 같은 처녀로 키워놓았다.

아르카디아의 차가운 산 숲속에서 자라난 아탈란테는 사슴보다도 빨리 달렸다. 공기와 태양이 그녀의 얼굴과 몸을 구릿빛으로 검게 태웠지만 그녀의 미모는 숲의 요정이나 처녀 신 아르테미스처럼 빛났다. 그렇게 아탈란테는 자부심에 찬 처녀로서 구혼자들의 손을 뿌리치며 산속에서 홀로 살았다. 온 산을 뛰어다니며 창으로 멋진 사슴을 잡는 것이 그녀의 가장 큰 즐거움이었다.

어느 날 켄타우로스 로이코스와 휠라이오스가 달려가는 아름다운 여사냥꾼을 보더니 그녀를 납치하려 했다. 그러나 아탈란테는 다가오는 두 켄타우로스를 화살로 쏘아 죽였다. 아탈란테는 칼뤼돈의 멧돼지 사냥 이외에도 수많은 영웅적 모험에 참여해 유례없이 뛰어난 용맹으로 남자들을 무안하게 만들었었다. 또한 아탈란테는 펠리아스의 아들이 죽은 아버지를 추모하기 위해 이올코스에서 연 유명한 경기에도 참가했었다. 그녀는 그 경기에서 아이아코스의 아들인 강력한 펠레우스와 겨뤄 승리를 거두었다고 한다.

나중에 아탈란테가 부모를 찾았을 때 그녀의 아버지는—어떤 사람은 이아소스 또는 이아시온이라 하고, 다른 사람들은 스코이네우스나 마이날로스라고 한다—그녀에게 훌륭한 영웅과 결혼하라고 간청하며 재촉했다. 그러나 아탈란테는 귀도 기울이지 않고 결혼이라는 멍에를 지기 싫어했다. 오래전 그녀에게 어두운 예언이 내려졌기 때문이었다. 그 예언은 다음과 같았다.

"아탈란테여, 결혼을 피하라! 그래도 너는 남편에게서 도망가지 못할 것이다!"

그녀는 귀찮게 몰려드는 끈질긴 구혼자들을 쫓아버리기 위해 계획을 세웠다. 세 자가량의 말뚝을 땅에 박아놓고 그 말뚝을 구혼자들의 출발점으로 삼았다. 경주에서 이긴 자만이 그녀를 아내로 삼을 수 있었다. 그러나 결승점에 그녀보다 늦게 들어온 자는 그 벌로 죽어야 했다. 가혹한 조건에도 불구하고 그녀의 미모에 큰 매력을 느낀 수많은 구혼자가 청혼을 해왔다.

이 이상한 경기를 구경하는 사람들 속에 아름다운 청년 힙포메네스가 앉아 있었다. 그는 구혼자들의 바보짓을 큰 소리로 비난했다. 그러나 빛나는 자태로 경기장에 들어선 아름다운 아탈란테를 보더니 갑자기 입을 다물고 중얼거렸다.

"내가 방금 비난한 것을 용서하시오! 그대들의 생명과 명예를 걸고 얻으려 하는 보상이 무엇인지를 미처 몰랐소. 이런 아름다운 처녀를 손에 넣을 수 있는 자는 진정 행복한 신들이 부럽지 않을 것이오."

드디어 경주가 시작되었다. 대담한 아탈란테는 애초 이길 자신이 있었기 때문에 구혼자들을 먼저 출발시켰다. 그들이 출발하고 난 뒤에야 그녀는 마치 시위를 떠난 화살처럼 달려나갔다. 그녀의 달리는 모습이 그녀의 아름다움을 한층 더해주었다. 아탈란테는 환성을 올리며 결승점에 도착했다. 경기에 패배해 벌을 받아야 할 구혼자들이 훨씬 뒤에서 그녀의 뒤를 쫓아왔다.

그때 힙포메네스가 말뚝 있는 곳으로 걸어와 외쳤다.

"아탈란테여, 어째서 당신은 저런 쓸모없는 자들과 겨뤄 값싼 명성을 얻으려 합니까? 자, 나와 경주합시다! 운명이 내게 승리를 허락한다면 당신은 위대한 남자와 결혼하게 되는 셈입니다. 나는 바다의 신 포세이돈의 증손인 메가레우스의 아들 힙포메네스입니다! 만약 내가 지면 당신의 명성은 한층 높아질 겁니다. 이 힙포메네스를 이겼다고 말입니다."

아탈란테는 그렇게 말하는 아름다운 젊은이의 얼굴을 상냥하게 바라보았다.

"오, 젊은 분이여!"

그녀가 말했다.

＊ 간혹 멜라니온이라고 불린다.

"그런 생각은 버리세요! 당신의 청춘이 아깝군요. 당신은 기품이 있고 고상해 보입니다. 어떤 아가씨라도 당신을 남편으로 삼게 된다면 기뻐할 거예요. 하지만 나와 경주를 하시면 난 당신을 봐드릴 수가 없어요. 패배의 치욕은 견딜 수 없으니까요."

아탈란테는 훌륭한 젊은이에게 반해 그를 바라보며 말했다. 그러나 그녀는 자신의 심장이 사랑의 신의 화살에 맞은 줄은 미처 몰랐다. 힙포메네스는 마음속으로 은근히 사랑의 여신에게 기도했던 것이다.

'거룩한 아프로디테여, 제발 자비를 내려 제 편이 되어주십시오!'

아프로디테가 간청을 들어주었다. 여신은 퀴프로스 섬으로 내려와 자신을 기리는 신성한 나무에서 황금 사과 세 개를 땄다. 그리고 아무에게도 보이지 않게 힙포메네스에게 가서는 그 사과를 주고 어떻게 사용해야 하는지도 재빨리 가르쳐주었다.

두 번째 경주가 시작되었다. 나팔 소리가 드높게 울려 퍼지고 힙포메네스가 먼저 출발했다. 구경꾼들의 박수에 고무되어 그는 전력으로 달렸다. 하지만 아직 결승점이 멀었는데도 아탈란테가 그의 뒤를 바짝 따라왔다. 그래서 그는 아프로디테가 준 황금 사과 한 개를 땅에 떨어뜨렸다. 아탈란테는 빛나는 황금 사과에 자신도 모르게 멈춰 허리를 굽히고 경탄하며 주워 들었다. 그사이 힙포메네스는 꽤 앞으로 달려갈 수 있었다. 이탈란테가 다시 쫓아가자 그는 두 번째 사과를 경주장에 던졌다. 아탈란테는 이번에도 유혹을 이기지 못했다. 그사이 힙포메네스는 날 듯이 결승점에 조금 더 가까이 갔다.

"지금 저를 도와주소서, 자비로운 여신이여!"

힙포메네스는 큰 소리로 기도하고 마지막 사과를 떨어뜨렸다. 아탈란테는 세 번째로 주춤했다. 그녀가 황금 사과를 바닥에서 주워 드는 동안 힙포메네스는 결승점에 도달했다. 사람들이 환호하며 그를 승리자로 맞이했다. 경주에 진 아탈란테는 이 훌륭한 젊은이의 아내가 되어 따라갔으나 별로 싫어하지 않았다고 한다. 힙포메네스와 아탈란테만큼 정다운 부부는 지금까지 없었다. 둘 사이에서는 양친과 똑같이 아름답고 기품 있는 아들이 태어났다. 그의 이름은 파르테노파이오스였다. 그는 나중에 테바이 성문 앞에서 명예롭게 죽었다.

힙포메네스는 큰 소리로 기도하고 마지막 사과를 떨어뜨렸다. 아탈란테는 세 번째로 주춤했다. 그녀가 황금 사과를 바닥에서 주워 드는 동안 힙포메네스는 결승점에 도달했다. 사람들이 환호하며 그를 승리자로 맞이했다. 경주에 진 아탈란테는 이 훌륭한 젊은이의 아내가 되어 따라갔으나 별로 싫어하지 않았다고 한다. 힙포메네스와 아탈란테만큼 정다운 부부는 지금까지 없었다.

〈아탈란테와 힙포메네스〉, 귀도 레니, 1622~1625년, 카포디멘테 미술관.

제토스와 암피온

카드모스의 아들이자 테바이의 왕 폴뤼도로스는 임종하면서 장인 뉙테우스에게 어린 아들 랍다코스를 잘 돌봐달라고 부탁했다. 뉙테우스는 랍다코스가 어른이 될 때까지 오랫동안 손자를 대신해 나라를 다스렸다. 그러나 랍다코스는 겨우 일 년 동안 왕위에 있었다.

랍다코스가 죽고 뉙테우스는 또다시 랍다코스의 어린 아들 라이오스를 돌보게 되었다. 뉙테우스에게는 아름다운 딸 안티오페가 있었는데 신들의 아버지 제우스가 그녀를 사랑했다. 그러나 안티오페가 얼마나 아름다운지 듣게 된 시퀴온의 왕 에포페우스가 몰래 테바이로가 그녀를 납치했다. 그는 시퀴온으로 돌아가 그녀를 아내로 삼았다.

뉙테우스는 크게 화가 나 군대를 이끌고 에포페우스의 나라로 쳐들어갔다. 이 전쟁에서 납치자 에포페우스도 뉙테우스도 모두 부상을 입었다. 그러나 승리는 에포페우스에게 돌아갔고 테바이 인들은 죽어가는 왕과 함께 본국으로 돌아갔다.

뉙테우스는 죽기 전 자신의 형제 뤼코스를 어린 라이오스가 어른이 되기 전까지의 왕위 계승자로 정했다. 그는 에포페우스에게 복수하고 안티오페를 테바이로 데려오라는 유언도 남겼다. 뤼코스는 형의 유언을 따를 것을 엄숙히 맹세하고 에포페우스를 공격할 준비를 했다. 그러나 이보다 앞서 에포페우스도 부상으로 죽었기 때문에 왕위를 이어받은 라메돈이 자진해서 안티오페를 넘겨주었다.

뤼코스가 안티오페를 데리고 돌아오는 도중에 그녀는 엘레우테라이 근처에서 두 아들을 낳았다. 두 사내아이는 곧 산속에 버려졌으나 소를 치는 선량한 목자가 주워다가 훌륭한 젊은이로 키웠다. 그러나 그 두 아들 암피온과 제토스가 신들의 왕인 제우스의 아들임을 아는 사람은 아무도 없었다. 둘은 깊은 우애로 맺어져 있었지만 자랄수록 기질은 서로 달랐다. 제토스는 대담하고 엄청난 힘을 가진 건장한 목동이 되었다. 그와 달리 암피온은 헤르메스에게서 리라를 받아 노래와 연주를 연습했는데, 대가라고 해도 좋을 만큼 기술이 뛰어났다. 그래서 음악의 신 아폴론조차 그를 친구로 사귈 정도였다.

두 형제가 알려지지 않은 채 산속에서 외롭게 살아가는 동안 어머니 안티오페는 큰 고통을 견뎌야만 했다. 뤼코스 왕은 온건하고 선량한 사나이였으나 디르케라는 몹쓸 아내가 있었기 때문이다. 디르케는 질투에 눈이 멀어 남편이 조카 안티오페를 사랑한다고 믿었다. 분노에 눈이 어두워진 그녀는 불행한 안티오페에게 가장 잔인한 보복을 시작했다.

디르케는 빨갛게 달군 쇠로 안티오페의 곱슬거리는 금발을 그슬려 놓거나 화사한 그녀의 얼굴을 주먹으로 치는 등 악랄한 방법으로 괴

제토스와 암피온

롭혔던 것이다. 그뿐만이 아니었다. 불쌍한 안티오페는 천한 노예처럼 실을 감고 노동했으며 그렇게 해도 그 대가로 빵이나 물을 얻지 못할 때가 종종 있었다. 하루 종일 그녀는 악취가 가득한 어두운 감옥에서 지냈다. 딱딱한 돌바닥이 그녀의 침상이었다.

안티오페의 고통이 극에 달하자 제우스는 안티오페의 두 손에서 쇠사슬을 풀어주고 감옥의 문을 부쉈다. 안티오페는 길도 모른 채 새까만 밤길을 찬바람에 쫓기며 키타이론 산마루로 도망쳤다. 그녀는 마침내 숲 한가운데에 있는 쓸쓸한 목동 집에 도착해 하룻밤 머물기를 청했다. 그녀의 아들들인 두 명의 젊은이가 나왔지만 그들은 어머니를 몰라보았다. 암피온은 곧 이 불쌍한 여인을 받아들였다. 그의 자상한 마음이 자기도 모르게 이 여인에게 끌렸던 것이다. 고집 센 제토스는 그녀가 집으로 들어오지 못하게 했으나 결국 그도 정에 이끌렸다. 그들은 도망쳐 온 여인이 머물도록 해주었다.

그러나 그때 디르케가 그곳을 찾아왔다. 안티오페가 도망친 것을 알고 급히 뒤쫓아 온 것이었다. 디르케는 터무니없는 죄를 늘어놓아 두 젊은이에게 안티오페가 천한 죄인임을 믿게 만들었다. 여왕 디르케의 위협과 간청을 끝내 거절할 수 없어 두 사람은 사나운 소를 끌어내 자기 어머니를 붙들어 매려 했다. 디르케의 명령대로 소한테 끌려 다니다가 죽게 하기 위해서였다. 바로 그때 쌍둥이 형제의 목숨을 건져준 소 치는 노인이 달려 나와 비밀을 털어놓았다.

"안티오페는 제토스와 암피온의 어머님이시라오!"

형제의 분노가 이번에는 비열한 디르케에게 돌아갔다. 디르케를 사나운 소에 붙들어 매자 소는 그녀를 산속으로 끌고 다녔다. 그녀는 가

제토스와 암피온 두 형제의 분노가 이번에는 비열한 디르케에게 돌아갔다. 디르케를 사나
운 소에 붙들어 매자 소는 그녀를 산속으로 끌고 다녔다. 그녀는 가장 끔찍한 고통 속에서
죽었다. 디오뉘소스 신은 디르케의 시체를 테바이 근처 샘물로 바꾸었다. 이 샘은 후세에도
흉악한 왕비 디르케의 이름으로 불렸다.

〈파르네제의 수소〉, 아폴로니오스 조각의 로마 시대 복제품, 기원전 2세기, 나폴리 국립 고고학 박물관.

장 끔찍한 고통 속에서 죽었다. 디오뉘소스 신은 디르케의 시체를 테바이 근처 샘물로 바꾸었다. 이 샘은 후세에도 흉악한 왕비 디르케의 이름으로 불렸다.

암피온과 제토스는 다시 만난 어머니와 함께 테바이로 가서 유약한 뤼코스를 몰아내고 스스로 왕위에 올랐다. 카드모스가 쌓아올린 성 밑 도시에는 아직 방어 시설이 없었다. 그래서 형제는 도시 주위에 성벽을 둘러쌓기로 했다. 제토스가 크나큰 바윗덩어리를 산에서 잘라내 공사장으로 끌고 왔다.

암피온이 리라를 연주하면 커다란 바윗덩어리가 저절로 움직여 리라소리를 따라 점점 더 높이 쌓여갔다. 테바이의 유명한 성벽은 이렇게 만들어진 것이었다. 또 암피온은 칠현금을 발명했기 때문에 도시 테바이는 이를 기념하는 의미에서 일곱 개의 문을 갖게 되었다.

디오스쿠로이

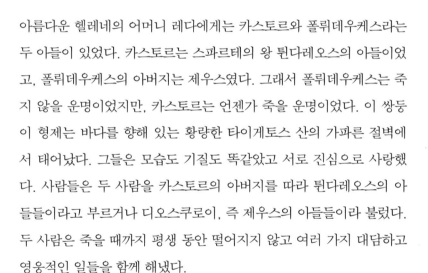

아름다운 헬레네의 어머니 레다에게는 카스토르와 폴뤼데우케스라는 두 아들이 있었다. 카스토르는 스파르테의 왕 튄다레오스의 아들이었고, 폴뤼데우케스의 아버지는 제우스였다. 그래서 폴뤼데우케스는 죽지 않을 운명이었지만, 카스토르는 언젠가 죽을 운명이었다. 이 쌍둥이 형제는 바다를 향해 있는 황량한 타이게토스 산의 가파른 절벽에서 태어났다. 그들은 모습도 기질도 똑같았고 서로 진심으로 사랑했다. 사람들은 두 사람을 카스토르의 아버지를 따라 튄다레오스의 아들들이라고 부르거나 디오스쿠로이, 즉 제우스의 아들들이라 불렀다. 두 사람은 죽을 때까지 평생 동안 떨어지지 않고 여러 가지 대담하고 영웅적인 일들을 함께 해냈다.

빛나는 외모와 고상한 기품, 쾌활하고 남을 즐겨 돕는 선량한 마음을 가진 두 사람은 훌륭한 젊은이로 자라났다. 카스토르는 야생마를 잘 다루는 재주가 있었고, 폴뤼데우케스는 가장 유명한 권투선수가 되었다. 일찍이 소년 시절부터 그들은 천하무적의 용맹을 증명할 기회를 가졌다. 사랑하는 누이동생 헬레네를 테세우스가 납치해 갔을 때의 일이었다. 두 사람은 신들에게 받은 바람처럼 빠른 준마를 타고 대담한 강탈자를 뒤쫓아 가서 아피드나의 굳은 요새에 잡혀 있던 헬레네를 구해냈다.

이 쌍둥이 형제는 나중에 칼뤼돈의 멧돼지 사냥과 유명한 아르고호 원정에도 참가했다. 그때 폴뤼데우케스는 베브리케스 족의 왕인 거대한 아뮈코스와 유명한 권투 시합을 해서 승리했다. 이런 수많은 영웅적 행위를 통해 디오스쿠로이는 영원한 명성을 얻었고 그래서 위대한 헤라클레스는 자신이 새롭게 만든 올림피아 경기의 지도자로 두 사람을 뽑았다.

그 당시 멧세니아 지역은 튄다레오스의 처남 아파레우스 왕이 다스리고 있었다. 그에게는 똑같이 대담한 두 아들 륑케우스와 이다스가 있었다. 륑케우스가 '살쾡이의 눈'이라는 뜻의 이름을 가진 것은 당연했다. 왜냐하면 그는 나무줄기를 통해 땅속까지 볼 수 있었기 때문이다. 아우 이다스는 엄청난 체력과 대담한 용기가 있어 아폴론 신과 맞설 정도였다.

아폴론은 강의 신 에우에노스의 아름다운 딸 마르펫사를 사랑해 그녀를 신전에 가두었다. 그러나 마르펫사를 향한 뜨거운 사랑을 품은 이다스가 신전으로 쳐들어가 사랑하는 사람을 빼앗아 왔다. 화난 아폴론이 나타나 그를 위협하자 이다스는 놀라는 기색도 없이 아폴론을 향해 활을 힘껏 잡아당겼다. 만약 제우스 신이 싸움을 말리고 마르펫사에게 구혼자들인 신과 인간 가운데 한쪽을 자유로이 선택하게 하지 않았더라면 큰 싸움이 벌어질 뻔했다. 마르펫사는 이다스를 택했다. 이다스는 기뻐하며 그녀를 집으로 데려왔다. 그러나 가혹한 운명은 꽃 같은 아내를 곧바로 빼앗아 갔다.

제우스의 아들들은 처음에는 아파레우스의 아들들인 륑케우스와 이다스와 진심으로 가깝게 지냈다. 그러나 결국에는 이 친구들과 영원히 화해할 수 없는 원수가 되었다. 이유는 이러했다. 두 집안의 형제가 함께 약탈을 하러 간 적이 있었다. 그들은 아르카디아에서 굉장한 소 떼를 빼앗아 와서 서로 나누기로 했다.

세 사람은 이다스에게 분배하는 일을 맡겼다. 이다스는 약탈한 소 떼에서 황소 한 마리를 잡아 넷으로 잘라 나눴다. 그런 다음 그는 자기 몫을 제일 먼저 먹어치운 자에게 소 떼의 반을 주고, 두 번째로 먹은 자에게 나머지를 주기로 정했다. 그러나 세 사람이 먹기 시작하자마자 이다스는 벌써 자기 몫을 다 먹고 형을 도와 륑케우스의 몫까지 전부 먹어버렸다. 이렇게 내기에서 이긴 이다스와 륑케우스는 웃으면서 약탈한 소 떼 전부를 끌고 갔다. 한편 디오스쿠로이는 빈손으로 돌아가야만 했다.

화가 난 디오스쿠로이는 멧세니아로 쳐들어가 레우킵포스의 아름다운 딸이자 이다스와 륑케우스의 신부인 포이베와 힐라에이라를 납치해 아내로 삼았다. 빼앗아 온 여자들을 안전한 곳으로 옮기고는 그들은 속이 빈 참나무 안에 숨었다. 그렇게 숨어 있다가 이다스와 륑케우스를 습격할 작정이었다. 아파레우스의 아들들이 이런 모욕에 분을 참지 못하고 뒤쫓아 올 것을 너무나 잘 알고 있었기 때문이다. 그러나 륑케우스는 급히 타이게토스 산으로 가서 가장 높은 봉우리로 올라갔다. 그는 거기서 푸른 바다로 이어지는 펠로폰네소스 반도 전체를 내려다보았다.

날카로운 '살쾡이의 눈'은 곧 속이 빈 참나무 속에 숨어 있는 말 조련사 카스토르와 훌륭한 영웅 폴뤼데우케스를 찾아내 이다스에게 알렸다. 그들은 곧바로 그곳으로 살금살금 다가갔다. 제우스의 아들들이 눈치 채기 전에 이다스가 무거운 창을 던져 카스토르의 가슴을 꿰뚫어 땅에 쓰러뜨렸다.

폴뤼데우케스는 발밑에 피로 물들어 쓰러진 형의 모습을 보고 격분하여 뛰쳐나와 두 원수를 상대로 싸웠다. 그가 무섭게 돌진해 오자 상대할 도리가 없었던 아파레우스의 아들들은 급히 도망쳐 아버지의 무덤이 있는 곳까지 뛰었다. 힘센 이다스가 거기서 무덤의 돌을 들어 올려 쫓아온 폴뤼데우케스의 가슴을 향해 내던졌다. 그러나 폴뤼데우케스는 마치 바다에 솟은 바위처럼 대리석을 맞고도 꿈쩍하지 않았다. 그가 륑케우스를 덮쳐 창으로 사타구니를 찌르자 륑케우스는 치명적 상처를 입고 바닥에 쓰러졌다.

폴뤼데우케스와 이다스 사이에 무서운 싸움이 시작되었다. 두 사람 모두 죽은 형제의 복수를 하려고 죽을힘을 다해 싸웠다. 그때 제우스가 하늘에서 보고 사랑하는 아들의 편을 들었다. 이다스가 거대한 바위를 들어 폴뤼데우케스 머리를 향해 던지려는 순간 제우스가 벼락을 쳤다. 이다스는 하늘의 불에 타 죽고 말았다.

폴뤼데우케스는 감사의 마음으로 하늘에 계신 아버지를 쳐다보고 나서 급히 죽어가는 형에게로 되돌아갔다. 카스토르는 아직 죽지 않았지만 중상을 입은 가슴에서 죽음과 싸우는 것처럼 그르렁거리는 소리가 들렸다. 폴뤼데우케스는 큰 소리로 울며 사랑하는 형을 안고 외쳤다.

"아, 아버지 제우스여! 어떻게 해야 제 슬픔이 끝날까요? 부디 저를 카스토르와 함께 죽여주십시오! 가장 사랑하는 친구이자 형을 잃은 제게 명예나 기쁨은 없습니다."

그러자 제우스가 그에게 내려와 말했다.

"너는 내 아들이기 때문에 죽을 수가 없다. 그러나 카스토르는 언젠가 죽어야 하는 인간의 자식이다. 그러나 좋다! 그렇다면 너의 선택에 맡기겠다. 만일 네가 카스토르 없이 올림푸스 산에서 신들과 함께 신으로서 영원히 살고 싶다면 그렇게 해주마. 그러나 만일 네가 사랑하는 형과 모든 것을 함께하고 싶다면 시간의 반을 카스토르와 함께 어두운 저승에서, 나머지 시간은 즐거운 천국에서 지내도록 해라."

제우스가 그렇게 말하자 폴뤼데우케스는 조금도 망설이지 않고 기뻐하면서 형과의 공동 운명을 선택했다.* 그리하여 쌍둥이 형제는 서로 떨어지지 않고 지냈다. 하루는 아버지 제우스와 다른 신들 밑에서 지내고, 다른 하루는 어두운 저승에서 지낸 것이다. 사람들은 삶이 위험에 처할 때마다 이들 디오스쿠로이에게 기도했다. 위험에 빠진 자신들을 도와줄 자비로운 원조자로 믿고 공경했기 때문이다.

쌍둥이 형제는 전쟁의 소용돌이 속에서 반짝이는 별이 되어 궁지에 몰린 용사에게 나타나 승리로 이끌어주었다. 그리고 폭풍과 비바람이 치는 성난 바다에 황금 날개를 달고 내려와 절망한 난파선에서 사람을

---

* 디오스쿠로이의 최후에 대해서는 여러 가지 설이 있다. 여기 소개된 이야기는 2권 1장 '트로이아 전쟁 I'에 나오는 쌍둥이 형제의 최후와는 차이가 있다.

구했다. 선원들은 폭풍의 어둠 속에서 돛대와 돛, 밧줄을 갑자기 밝혀 주는 이 이상한 불을 '성 엘모의 불'이라 불렀다. 그러나 그리스 인들은 이 불이 사람 돕기를 좋아하는 쌍둥이가 내려온 것이라 믿었다.

멜람푸스

크레테우스의 아들 아뮈타온은 자신이 건설한 멧세니아의 도시 퓔로스에 살았다. 그의 아내 이도메네는 두 아들을 낳았다. 한 아들은 비아스라 불렸고 다른 아들은 '검은 발'이라는 뜻의 멜람푸스라고 불렸다. 아기 멜람푸스가 야외에서 잘 때 햇빛에 타서 발바닥이 새카맣게 되었기 때문이다. 두 형제는 서로를 진심으로 사랑했다. 아버지는 어린 그들을 시골로 보냈다. 그들은 그곳에서 사이좋게 지내며 자라났다.

둘이 살던 집 앞에는 커다란 참나무가 서 있고 그 나무 속에 뱀굴이 있었다. 멜람푸스는 종종 이 영리한 동물을 보며 즐거워했다. 그런데 어느 날 인부가 늙은 어미 뱀을 죽여버리자 남겨진 새끼뱀들이 불쌍했다. 그는 장작을 쌓아놓고 불을 붙여 어미 뱀의 시체를 태운 다음 새끼뱀을 집으로 가져와 키웠다. 새끼뱀들이 다 자란 뒤 어느 날 멜람푸스가 꾸벅꾸벅 졸았다. 그때 기르던 뱀들이 어깨로 기어올라 혀로 멜람푸스의 귀를 날름날름 핥았다.

멜람푸스가 놀라 깨어나자 이상한 일이 벌어졌다. 날아다니는 새들이 무엇이라 지저귀는지 그 소리를 알아들을 수 있었던 것이다. 이때부터 멜람푸스는 유명한 예언자가 되었다. 새가 미래의 일을 알려주기 때문이었다. 나중에 그는 제물로 바친 동물 창자의 모양을 보고 예언하는 것도 배워 예언자의 신 아폴론의 사랑을 받았다. 그래서 아폴론은 멜람푸스와 이야기하기를 좋아했다.

아뮈타온과 더불어 필로스에서는 영웅 넬레우스가 세력이 있었다. 넬레우스에겐 딸 페로가 있었다. 그녀는 매력적이어서 온 세상 남자들이 앞다퉈 청혼했다. 그러나 넬레우스는 페로를 아무에게도 주려 하지 않았다. 멜람푸스의 형 비아스도 아름다운 페로를 보고 열렬한 사랑으로 가슴을 태웠다. 그래서 넬레우스에게 가서 페로를 아내로 달라고 청했다. 그러자 넬레우스는 어머니의 상속받을 몫인 이피클로스의 소들을 가져온 자에게 딸을 주겠다고 했다. 이 아름다운 소들은 텟살리아 지방의 필라케에 있었다. 그곳에는 개 한 마리가 있었으며, 사람도 동물도 그 곁으로 가까이 갈 수 없었다. 비아스도 소들을 훔치려 애썼으나 훔칠 수가 없었다. 그래서 아우에게 도움을 청했다.

형을 진심으로 사랑하는 멜람푸스는 그런 무모한 짓을 하다가는 도둑으로 잡혀 감옥에 갇힐 줄 뻔히 알면서도 부탁을 들어주기로 했다. 사실 그는 일 년 후 그 소들이 자기 손에 들어오리라는 것도 알고 있었다. 멜람푸스는 약속한 대로 필라케로 길을 떠났다.

필라케에서 소 떼를 훔치려던 멜람푸스는 정말로 그 자리에서 붙잡혀 사슬에 묶인 채 감옥에 갇혔다. 그렇게 일 년이 지나갔다. 멜람푸스가 불안한 마음으로 감옥에 앉아 있는데, 지붕 아래 서까래 속에서 나무를 좀먹는 벌레들이 일하며 이야기를 나누는 소리가 들려왔다. 곧바로 그는 좀벌레들에게 감옥이 무너지려면 얼마나 남았는지 물었다.

좀벌레들이 대답했다.

"조금만 더 갉아내면 됩니다. 이제 한 시간 남짓 있으면 작업이 끝납니다."

멜람푸스는 그 말을 듣고 커다란 소리로 간수를 불러 이 감옥은 곧 무너질 테니 다른 곳으로 옮겨달라고 요구했다.

이 요구가 받아들여져 그곳을 떠나자마자 감옥이 무너졌다. 죄수 멜람푸스가 가진 예언의 능력이 곧 이피클로스의 아버지 필라코스 왕에게도 전해졌다. 왕은 몹시 놀랐다. 감옥에 갇힌 남자가 뛰어난 예언자임을 알게 된 왕은 죄인의 사슬을 풀어 자기 앞으로 데려오게 했다.

왕은 그에게 만일 아들 이피클로스의 병을 고칠 수만 있다면 소 떼를 기쁜 마음으로 내주겠다고 말했다. 이피클로스는 어릴 때는 아주 튼튼하고 건강했는데 우연한 일로 갑자기 건강을 잃고 쇠약해져 있었다. 멜람푸스는 왕에게 원인을 조사해보겠다고 약속했다. 그러자 왕은 병만 고치면 소를 주겠다는 약속을 다시 했다.

멜람푸스는 제우스 신을 위해 소 두 마리를 잡았다. 그는 소를 잘게 잘라놓고 고기를 먹으러 오라고 새들을 불러 모았다. 새들이 사방에서 날아왔을 때 멜람푸스는 새들에게 이피클로스가 허약해진 원인을 말해달라고 부탁했다. 그러나 새들은 아무것도 몰랐다. 그런데 뜻밖에도 젊은 독수리 한 마리가 말하기를 자기의 늙은 아버지가 고향의 둥지에 남아 있는데 그러면 비밀을 알지 모른다고 했다.

곧바로 멜람푸스는 늙은 독수리에게 전령을 보냈다. 얼마 지나지 않아 늙은 독수리가 나타나 다음과 같이 알려주었다.

옛날 퓔라코스가 숲에서 나무를 할 때 어린 아들 이피클로스가 근처를 돌아다니며 놀고 있었다. 아버지가 장난으로 이피클로스를 놀래려고 번쩍이는 도끼를 아들 앞에 있던 나무를 향해 던져 꽂았다. 그때부터 도끼는 나무에 꽂힌 채였으며, 그때 이피클로스가 받은 충격이 사지에 퍼져 병의 원인이 되었다는 이야기였다. 늙은 독수리가 계속해서 말했다.

"도끼를 찾아내 녹을 떨어낸 다음 그 녹을 술에 넣어두십시오. 열흘 동안 마시게 하면 이피클로스는 다시 건강해질 것입니다."

멜람푸스는 늙은 독수리가 시키는 대로 했다. 그는 도끼를 찾아내 녹을 깎아내 이피클로스에게 열흘 동안 먹였다. 그러자 이피클로스가 원기를 되찾고 건강해졌다. 왕이 기뻐서 소 떼를 주자 멜람푸스는 소 떼를 몰고 퓔로스의 넬레우스에게로 갔다. 그 대가로 아름다운 페로를 얻은 멜람푸스는 그녀를 형 비아스에게 주어 아내로 삼게 했다. 이리하여 그들은 몇 년 동안 멧세니아에서 살았다.

한편 훌륭한 용사가 된 이피클로스는 경기에서 적수가 없었다. 그 발이 얼마나 빠른지 논밭을 달려도 이삭을 꺾지 않았고 바다를 달려도 파도에 복사뼈를 적시는 일이 없을 정도였다.

한때 아르고스 지역을 쌍둥이 형제 아크리시오스와 프로이토스가 다스린 적이 있었다. 그들은 다나오스의 딸 휘페름네스트라와 아이귑토스의 아들 륑케우스의 손자다. 둘은 멜람푸스와 비아스와 달리 형제간에 사랑이 없었다.

어머니 품에 안겼을 때부터 서로 사이가 나쁘더니, 어른이 되자 지배권을 놓고 다투었다. 결국 아크리시오스가 승리를 거두어 프로이토스를 나라에서 몰아냈다. 프로이토스는 뤼키아 왕 이오바테스에게 도망쳤는데, 그는 프로이토스에게 딸을 아내로 주고 군대를 붙여 아르고스로 돌려보냈다. 프로이토스는 도시 튀린스를 쳐서 빼앗은 뒤, 거인족에게 도시 주위로 거대한 성벽과 공격하기 어려운 굳은 요새를 구축하라고 했다. 이렇게 되자 아크리시오스는 아우와 나라를 나눌 수밖에 없었다. 그래서 그는 아르고스의 왕이 되고 프로이토스는 튀린스의 왕이 되었다.

프로이토스와 그의 아내 안테이아, 곧 이오바테스는 딸 셋을 두었다. 어느 딸이나 모든 그리스 남자가 아내로 삼고 싶어할 만큼 아름다웠다. 그러나 그녀들은 신을 믿지 않았고 또 교만했다. 어느 날 세 사람이 신들의 여왕 헤라의 옛 신전으로 갔다. 그들은 이 단순하고 장식도 없는 신전보다 아버지의 집이 훨씬 화려하고 멋지다며 비웃었다. 여신은 신성한 신전을 비웃은 그들을 용서하지 않았다. 그녀는 신을 거역하는 딸들을 무서운 광기에 사로잡히게 만들었다. 처녀들은 자신을 암소라 여기고 울어대며 온 나라를 돌아다녔다. 그녀들은 미친 채로 아르고스, 아르카디아, 펠로폰네소스 반도 전역을 헤매고 다녔다.

아버지 프로이토스는 몹시 슬펐다. 그는 예언자 멜람푸스의 높은 명성을 듣고는 그를 불러다가 불쌍한 세 딸을 고쳐달라고 부탁했다. 멜람푸스가 말했다.

"만일 당신이 나라의 삼분의 일을 제게 주신다면 소원을 이뤄드리겠습니다."

그러나 인색한 왕에게 그것은 지나친 요구였다. 그는 허락하지 않앉고 세 딸의 광기는 나날이 심해졌다. 그뿐 아니라 딸들의 광기가 아르고스의 여인들에게로 옮겨져 여자들이 집을 버리고 자기 자식을 죽였다. 그리고 왕의 딸들과 똑같이 울면서 헤매고 다녔다.

재앙이 극도에 달했을 때 프로이토스는 불안한 나머지 다시 멜람푸스를 불러 나라의 삼분의 일을 줄 테니 도와달라고 청했다. 그러나 멜람푸스는 이번에는 자기 형 비아스에게도 나라의 삼분의 일을 준다고 약속하지 않는다면 도울 수 없다고 했다. 받아들이기 어려운 요구였지만 왕은 하는 수 없이 승낙했다. 더 망설였다가는 멜람푸스가 나중에 나라 전부를 요구할지도 모른다고 생각했기 때문이다.

멜람푸스는 아르고스에서 가장 힘센 젊은이들을 모았다. 그는 그들과 함께 산속으로 가서 큰 소리를 지르고 미친 듯 춤을 추는 광인들을 시퀴온 근처까지 몰아갔다. 이 소동 속에서 프로이토스의 큰딸이 죽었다. 그러나 다른 두 딸은 멜람푸스가 기도하고 제물을 바쳐 여신 헤라의 노여움을 달래자 다시 나았다. 그렇게 두 딸이 다행히 정신을 차리자 프로이토스는 약속한 땅과 함께 딸 한 명을 멜람푸스에게 주고 다른 딸을 비아스에게 아내로 주었다.

이리하여 형제는 크고 강한 나라의 왕이 되었다. 이 형제에게서 위대하고 영광스러운 자손이 나왔으니 바로 '멜람푸스 인들'인데, 조상으로부터 예언의 재능을 이어받았다.

오르페우스와 에우뤼디케

어느 누구와도 비교할 수 없이 뛰어난 가수 오르페우스는 강의 신이며 트라케의 왕인 오이아그로스와 무사이 여신 칼리오페의 아들이었다.

음악의 신 아폴론은 오르페우스에게 리라를 주었다. 오르페우스가 리라를 뜯으며 어머니에게 배운 아름다운 노래를 부르면 하늘의 새와 물고기, 숲속의 동물과 나무와 바위까지 다가와 오묘한 소리에 귀를 기울였다. 그의 아내는 아름다운 물의 요정 에우뤼디케였다. 부부는 아주 다정하게 서로를 사랑했다. 그러나 두 사람의 행복은 너무나도 짧았다. 즐거운 결혼식 노래가 채 사라지기도 전에 죽음이 꽃 같은 신부를 빼앗아 갔기 때문이다. 아름다운 에우뤼디케가 요정 친구들과 함께 초원을 즐겁게 거닐 때 풀 속에 숨어 있던 독사가 그녀의 부드러운 발뒤꿈치를 물었다. 그녀는 깜짝 놀란 친구들의 팔에 쓰러진 채 숨을 거두었다.

산과 골짜기에 요정들의 흐느낌과 탄식소리가 끊임없이 메아리쳤다. 요정들과 함께 오르페우스도 아내 잃은 슬픔을 비통한 선율에 실어 노래했다. 새와 영리한 수사슴, 새끼사슴 들도 홀로 남은 오르페우스와 함께 슬퍼했다. 갑자기 오르페우스는 뜻밖의 결심을 했다. 그는 소름 끼치는 하계로 내려가 하계를 다스리는 왕과 왕비에게 애원하며 에우뤼디케를 돌려달라고 부탁하기로 했다.

오르페우스는 타이나론에 있는 저승문을 지나 내려갔다. 주위에는 죽은 자의 망령이 산 자 주위를 떠도는 무서운 광경이 펼쳐져 있었다. 그러나 그는 무시무시한 저승 한가운데를 지나 계속해서 내려갔다. 결국 그는 창백한 모습의 왕과 그의 엄격한 아내가 앉아 있는 왕좌로 나아갔다. 그리고 리라를 잡고 아름다운 가락에 맞춰 노래했다.

"아, 하계의 왕이시여! 진실을 말하도록 허락해주십시오. 자비심으로 제 청을 들어주십시오! 제가 하계로 내려온 것은 저승의 가장 깊숙한 곳인 타르타로스를 보려는 호기심 때문이 아닙니다. 또한 머리가 셋 달린 개의 목을 사슬로 붙잡아 매고 싶어서도 아닙니다. 제가 이리로 내려온 것은 아내 때문입니다. 그리운 아내는 음흉한 독사한테 물려 꽃다운 나이에 죽었습니다. 그녀는 단지 며칠 동안만 우리 집의 자랑이며 기쁨이었습니다. 헤아릴 수 없는 고통을 견디려 했습니다. 사나이로서 그 고통을 오랫동안 참으려 노력해왔습니다. 그러나 못다한 사랑에 제 가슴이 찢어집니다. 에우뤼디케 없이는 살 수가 없습니다. 두렵고도 거룩한 죽음의 신들에게 간청합니다! 이 무서운 곳, 당신들의 말 없는 황량한 광야에 대고 맹세합니다. 사랑하는 아내 에우뤼디케를 돌려주십시오. 아내를 자유롭게 해주시고, 너무나도 빨리 꽃이 져버린 생명을 다시 새롭게 해주십시오! 이 일을 이룰 수 없다면 저도 죽은 자의 대열에 끼게 해주십시오. 아내 없이는 돌아가지 않겠습니다!"

오르페우스는 이렇게 노래하며 리라를 연주했다. 핏기 잃은 망령들까지 귀를 기울이고 있었다. 죄 많은 탄탈로스도 뒤로 도망치는 물결을 잡으려 하지 않았고, 익시온의 바퀴도 멈춰 섰고, 다나오스의 딸들도 구멍 뚫린 그릇으로 물을 긷는 허무한 수고를 멈춘 채 물동이에 의지해 넋을 잃고 그의 목소리를 들었으며, 시쉬포스는 산 위로 바위를 굴리는 고통도 잊고 심술궂은 바위에 앉아 처량하고 슬픈 가락을 가만히 듣고 있었다. 무서운 복수의 여신들조차 눈물을 흘렸고 불쾌해하던 하계의 왕과 여왕도 동정의 빛을 보였다. 하계의 여왕 페르세포네가 에우뤼디케의 망령을 부르자 망령이 비틀거리며 다가왔다.

"자, 데려가라!"

죽은 자의 여왕이 말했다.

"그러나 잊지 말아라. 하계의 문을 완전히 벗어날 때까지 에우뤼디케를 뒤돌아보아서는 안 된다. 그래야만 그녀는 그대의 것이 된다. 만일 뒤돌아보면 그대에게 베푸는 이 은총은 사라지고 말 것이다."

두 사람은 밤의 공포에 싸여 아무 말도 없이 발걸음을 서둘러 어두운 길을 올라갔다. 그때 오르페우스가 형언할 수 없는 그리움으로 사랑하는 아내의 숨소리나 옷깃을 스치는 소리가 들리지 않을까 하여 귀를 기울였다. 그러나 주위는 죽음처럼 조용했다. 불안과 사랑에 사로잡혀 자신을 누를 길 없어진 그는 아내가 있는 쪽을 향해 흘끗 뒤돌아보고 말았다. 그러자 불쌍하게도 에우뤼디케는 애정 어린 눈으로 슬픈 듯 그를 바라보며 깊은 심연으로 되돌아갔다.

오르페우스와 에우뤼디케

오르페우스는 죽을힘을 다하여 아내 쪽으로 팔을 뻗었다. 그러나 아무 소용이 없었다. 에우뤼디케는 두 번 죽어가면서도 남편에 대해 아무런 불평도 하지 않았다. 그녀가 진심으로 사랑을 받은 것 말고 달리 불평할 것이 있겠는가? 그녀의 모습이 눈에서 사라졌다.

"안녕! 안녕히!"

멀리서 나지막한 목소리가 울려왔다. 오르페우스는 비통함과 충격으로 멍청히 서 있다가 곧 어두운 심연으로 다시 뛰어갔다. 그러나 이번에는 뱃사공 카론이 저승으로 가는 어두운 강을 건너게 해주지 않았다.

일곱 날 일곱 밤을 불쌍한 오르페우스는 강가에 앉아 있었다. 그는 먹지도 마시지도 않고 계속 눈물을 흘리면서 하계의 신들에게 자비를 청했다. 그러나 그 소원은 받아들여지지 않았다. 하계의 신들이 이번에는 마음을 풀지 않았던 것이다. 오르페우스는 원망하면서 하는 수 없이 트라케의 쓸쓸한 산속으로 되돌아갔다. 그곳에서 그는 세 해 동안 사람들을 피해 혼자 살았다. 여자들의 모습을 보는 것이 괴로웠다. 아름다운 에우뤼디케의 모습이 눈에 어른거렸기 때문이다. 그의 탄식과 모든 노래는 아내를 향한 것이었고 그가 연주하는 리라는 모두 아내를 그리는 것이었다.

어느 날 이 신과 같은 가수가 그늘이 없는 푸른 언덕에 앉아 노래를 부르기 시작했다. 곧 숲이 움직이면서 커다란 나무가 점점 다가와 마침내 가지들로 오르페우스를 덮었다. 숲의 동물과 즐거운 새 들도 옆에 와서 원을 만들며 멋진 노래를 들었다. 그때 술의 신 디오뉘소스의 축제를 즐기던 트라케의 여자들이 떼 지어 몰려왔다. 그들은 오르페우스를 미워했다. 아내가 죽은 뒤로는 모든 여자를 거부했기 때문이다. 여자들은 오르페우스를 보았다. 디오뉘소스를 추종하는 미친 여자 한 명이 소리쳤다.

"저기에 우리를 경멸하는 남자가 있다!"

여자들이 미친 듯 몰려와 돌과 튀르소스 지팡이를 내던졌다. 충실한 동물들이 오랫동안 가수를 지켜주었다. 그러나 노랫소리가 열광한 여자들의 고함소리에 묻혀 점점 사라지자 동물들도 놀라서 숲속으로 도망쳐버렸다. 그때 날아온 돌이 오르페우스의 이마를 때렸다. 불행한 오르페우스는 피를 흘리며 푸른 풀밭 위에 쓰러졌다. 그리고 바위와 숲을 감동시켰던 아름다운 목소리를 가진 입에서 그의 영혼이 날아갔다.

살인자 무리가 떠나자마자 곧 새들이 울부짖으며 날아왔다. 바위와 모든 짐승도 슬픈 듯 가까이 왔으며 샘과 나무의 요정도 검은 옷을 몸에 걸치고 급히 모여들었다. 그리고 오르페우스의 죽음을 한탄하며 무참하게 죽어간 몸을 땅에 묻었다. 그러나 그의 머리와 리라는 헤브로스 강의 파도치는 물결이 싣고 갔다.

리라에서는 여전히 아름답고 슬픈 목소리 같은 것이 울렸고 양쪽 강기슭은 슬픈 메아리로 낮게 화답했다. 강은 오르페우스의 머리와 하프를 레스보스 섬 해안까지 날랐다. 그 섬의 경건한 주민들이 이를 발견해 머리는 묻고 리라는 신전에 걸어두었다. 이 섬이 훌륭한 시인과 가수를 배출하게 된 것은 이 때문이다. 여기서는 밤꾀꼬리조차 다른 곳에서보다 사랑스럽게 지저귀며 신적인 오르페우스의 죽음을 기렸다.

디오뉘소스 축제. 주신 디오뉘소스의 라틴어 이름은 박쿠스다. 그래서 박쿠스 축제로 불리기도 한다. 디오뉘소스 축제는 여인들을 위한 해방의 축제였고, 뮈케나이 문명 이후 여자들 사이에서 성행했었다.

〈박쿠스 축제〉, 알마 타데마, 1889년, 함부르크 쿤스트할레.

바위와 모든 짐승도 슬픈 듯 가까이 왔으며 샘과 나무의 요정도 검은 옷을 몸에 걸치고 급히 모여들었다. 그리고 오르페우스의 죽음을 한탄하며 무참하게 죽어간 몸을 땅에 묻었다. 그러나 그의 머리와 리라는 헤브로스 강의 파도치는 물결이 싣고 갔다. 리라에서는 여전히 아름답고 슬픈 목소리 같은 것이 울렸고 양쪽 강기슭은 슬픈 메아리로 낮게 대답했다. 강은 오르페우스의 머리와 하프를 레스보스 섬 해안까지 날랐다.

〈오르페우스〉, 귀스타브 모로, 1865년, 오르세 미술관.

오르페우스의 영혼은 하계의 나라로 내려갔고 그곳에서 오르페우스는 가장 사랑하는 아내와 다시 만났다. 그들은 떨어지지 않고 기쁨에 넘쳐 서로 껴안고 복 받은 들판에서 영원히 정답게 살았다.

케윅스와 알퀴오네

케윅스는 샛별의 요정 필로니스의 아들이었다. 어느 날 그는 불행을 알리는 예언에 놀라 바다를 건너 소아시아의 클라로스로 가기로 결심했다. 그곳에는 아폴론의 유명한 신전이 있었다. 바람의 신 아이올로스의 딸 알퀴오네는 남편을 진심으로 사랑했다. 성실한 알퀴오네는 관대하고 부드럽게 남편이 세운 계획이 실현되지 않도록 만류하려 했다. 그렇게 할 수 없으면 남편이 위험한 여행에 자기도 함께 데려가도록 애썼다. 아내의 말과 눈물에 크게 마음이 움직였지만, 그래도 케윅스는 생각을 바꾸지 않았다. 그는 아내를 위로해 기운을 북돋우려 했다.

"이번 여행은 우리에게 길게 느껴질 것이오. 그러나 나의 빛나는 아버지를 걸고 맹세하겠소. 만일 운명이 고향으로 오는 것을 허락해준다면 달이 두 번 차기 전에는 반드시 돌아오리다."

그렇게 말하고 그는 곧장 배를 바다에 띄우고 모든 여행 준비를 마쳤다. 이별할 때 알퀴오네는 말할 수 없는 슬픔에 몸을 가누지 못했다.

"부디 몸조심하세요!"

알퀴오네는 겨우 그렇게 말하더니 정신을 잃고는 바닷가에 쓰러졌다. 다정한 남편은 할 수 있다면 잠시 남아 있고 싶었다. 그러나 배에서는 벌써 젊은이들이 물거품을 일으키며 노를 젓기 시작했다. 더는 머뭇거릴 수 없어 그도 급히 배에 올라탔다.

알퀴오네가 눈물로 젖은 눈을 들어 바라보았을 때 남편은 배의 뒷갑판에 서서 손을 흔들어 마지막 인사를 보내고 있었다. 알퀴오네도 똑같이 손을 흔들어 그를 배웅했다. 배의 흰 돛이 시야에서 사라질 때까지 그녀는 떠나는 배를 지켜보았다. 알퀴오네는 쓸쓸한 집으로 돌아오자마자 울면서 침상에 몸을 던졌다. 그녀는 멀리로 간 남편을 그리워하며 슬퍼했다.

그사이 남편과 일행은 점점 더 큰 바다로 나아갔다. 부드러운 바람이 불었다. 그들은 노를 거두고 잔잔한 순풍에 돛을 맡겼다. 바다를 반쯤 건너자 배는 양쪽 육지로부터 멀리 떨어져 있었다. 저녁 무렵 무서운 남풍이 세차게 불자 흰 거품을 일으키며 파도가 쳤다. 심한 폭풍이 불었다.

"빨리 돛을 올려라!"

조타수가 소리쳤다.

"돛을 돛대에다 단단히 감아라!"

그러나 그의 목소리는 폭풍이 울부짖는 소리와 성난 파도소리에 묻혀 들리지 않았다. 모든 선원이 최선을 다해 서둘렀다. 어떤 사람은 노를 끌어올리고 어떤 사람은 뱃전에 있는 노 꽂는 구멍을 막았다. 한쪽에서는 돛을 내렸고 다른 쪽에서는 밀려오는 물을 바다로 퍼냈다.

이런 혼란의 와중에도 폭풍이 점점 더 세차게 몰아쳐 바다 밑바닥까지 뒤집을 태세였다.

선장은 겁에 질려 무엇을 명령하고 무엇을 막아야 할지 몰랐다. 먹구름이 하늘을 뒤덮은 채 깜깜한 밤이 찾아왔고 가끔씩 내려치는 번개만이 번쩍였다. 천둥은 끊임없이 우르릉 쿵쾅 울려 퍼지고 파도는 점점 높아져 짠 물이 배를 덮쳤다. 선원들이 비명을 질렀다. 배의 용골이 흔들거렸다. 그때 산더미같이 큰 파도가 선실 안까지 밀려들어왔다. 모두들 이제 죽었다고 생각했다.

어떤 이는 울고 어떤 이는 망연자실해 돌처럼 굳어버렸다. 육지에 묻힐 수 있으면 행복하겠다고 말하는 이도 있었다. 신들에게 구원을 간청하며 캄캄한 하늘을 향해 허무하게 두 팔을 드는 이도 있었다. 고향에 두고 온 사랑하는 이들을 생각하는 사람도 있었고, 늙은 아버지와 상냥한 아내와 건강한 아이들을 생각하는 이도 있었다.

케윅스는 알퀴오네만을 생각했다. 그의 입은 아내 이름만 되풀이해 불렀다. 그의 마음은 아내를 못 잊었지만, 그녀가 이 배에 타지 않고 멀리 떨어져 있는 것을 다행으로 여겼다. 그는 얼굴을 돌려 고향의 바닷가를 뒤돌아보며 사랑하는 아내가 사는 곳을 향해 두 손을 뻗고 죽어야겠다고 생각했다. 그러나 한치 앞을 내다볼 수 없는 칠흑 같은 밤이라 어느 쪽을 향해야 할지 알 수 없었다.

그때 부러진 돛대가 떨어져 우지끈 소리를 내며 키를 부쉈다. 큰 파도가 승리자처럼 의기양양하게 전리품을 향해 일어서더니 배를 바닷속으로 가라앉히고 말았다. 많은 선원이 배와 함께 소용돌이 속으로 끌려 들어갔다. 그들은 다시 올라오지 못하고 죽었다. 케윅스는 이전에 왕홀을 쥐었던 그 손으로 이젠 보잘것없는 판때기에 매달렸다.

지친 팔이 저려올 때 그는 "알퀴오네!" 하고 외쳤다. 파도가 그의 머리를 덮칠 때도 그는 알퀴오네를 부르며 신음했다. 그는 물에 가라앉으면서도 마지막으로 그녀의 이름을 속삭였다. 그의 아버지 샛별은 하늘을 떠날 수 없었기에 사랑하는 아들의 죽음을 차마 볼 수 없어 먹구름으로 자기 얼굴을 가렸다.

한편 알퀴오네는 이런 비참한 상황을 알지 못한 채 사랑하는 남편이 돌아올 때까지 밤낮을 손꼽아 기다렸다. 그녀는 자기와 남편이 만나는 날 입을 옷을 벌써 마련해놓았고, 신들 특히 헤라에게 남편을 무사히 돌려보내달라고 제물을 바치는 것도 잊지 않았다. 헤라는 이렇게 간청하는 그녀를 가엾게 여겨 신들의 전령 이리스에게 말했다.

"얼른 잠의 신의 궁전으로 가라. 남편을 기다리는 알퀴오네에게 죽은 케윅스의 운명을 사실대로 알려주라고 해라!"

이리스는 천 가지 빛깔의 옷을 입고 빛나는 무지개를 급히 건너 잠의 신이 사는 바위집으로 내려갔다. 아득한 지구의 서쪽 끝에는 깊고 넓은 동굴이 있는 산이 있었는데, 잠의 신은 그곳을 다스렸다. 태양의 신 헬리오스의 빛도 그곳까지는 미치지 못했다.

자욱한 안개가 지면에서 올라와 모든 것을 어두컴컴하게 감싸고 있었다. 개 짖는 소리나 사람들이 말하는 소리나 그 어떤 소리도 영원한 정적을 깨지 못했다. 졸졸 흐르며 모든 것을 잠들게 만드는 조용한 시냇물만이 동굴 입구 주변을 흘렀다. 시냇가에는 향기로운 풀이 무성했고 '밤'은 그 풀에서 졸리게 하는 즙을 모았다. 궁전에는 삐걱거리는 문이 없었으며 입구는 늘 열려 있었다.

가장 깊숙이 있는 방에는 푹신한 이불이 덮인 흑단나무 침상이 놓여 있었다. 그 침상에는 잠의 신이 누워 있었는데 나른한지 사지가 풀려 있었다. 그의 주위에는 아들들인 '꿈'들이 수천 가지 모습으로 누워 있었다.

이리스가 동굴로 걸어 들어가자 그 옷에서 나오는 빛으로 집이 금방 환해졌다. 잠의 신은 귀찮은 듯 눈을 떴다가 몇 번이나 다시 뒤로 누웠다. 그는 술에 취한 것처럼 고개를 끄덕거리다 몸을 흔들어 잠에서 깨더니 팔로 몸을 받치고 나서야 겨우 물었다.

"빛나는 이리스여, 어떤 소식을 전하러 왔소?"

이리스는 서둘러 명령받은 내용을 전하고는 즉시 올림푸스로 되돌아왔다. 동굴에 가득 찬 향기에 정신이 희미해져 더는 견딜 수가 없었기 때문이다. 잠의 신은 많은 자식 가운데 모르페우스를 뽑아 헤라의 명령을 실행하게 했다.

모르페우스는 그 누구보다 인간의 걸음과 목소리, 얼굴과 모습을 똑같이 흉내 내는 재주가 있었다. 늙은 잠의 신은 뒤로 돌아누워 다시 푹신한 베개에 얼굴을 묻었다. 그러나 모르페우스는 소리 나지 않는 날개를 타고 밤하늘을 날아가 잠자는 알퀴오네의 침상 위로 머리를 굽혔다. 그는 창백한 얼굴과 벌거벗은 몸에, 수염과 머리카락에서는 물이 뚝뚝 떨어지고, 뺨은 눈물로 젖은, 물에 빠져 죽은 케윅스의 모습으로 나타나 말했다.

"불쌍한 아내여, 이 케윅스를 알아보지 못하겠소? 아니면 죽음이 나의 얼굴을 변하게 했나? 당신은 나를 알겠지! 그러나 나는 케윅스가 아니오. 나는 그의 망령이오! 사랑하는 아내여, 나는 죽었다오. 아이가이온 해에서 우리가 타고 가던 배가 폭풍에 박살나 내 시체는 물 위를 떠돌고 있소. 그러니까 내가 울어주는 사람도 없이 슬프게 하계를 헤매지 않도록 상복을 입고 눈물을 흘려주오!"

잠자던 알퀴오네가 떨리는 팔로 눈앞을 휘저었다. 자기가 흐느끼는 소리에 눈을 떴다. 사라져가는 꿈에게 그녀가 뒤에서 소리쳤다.

"아, 기다려주세요! 어딜 그렇게 급히 가시나요? 저도 데려가주세요!"

그녀는 잠에서 완전히 깨어났지만 두 손으로 머리를 치며 금발의 곱슬머리를 쥐어뜯고 옷을 찢으며 가눌 수 없는 슬픔으로 울부짖었다.

그렇게 아침이 다가왔다. 알퀴오네는 사랑하는 남편에게 마지막 인사를 하던 곳을 찾아가고자 바닷가로 나갔다. 눈물 어린 눈으로 푸른 수평선을 보고 있는데 갑자기 바닷가에서 멀리 떨어진 파도에 밀려 사람의 몸이 나타났다. 파도에 시신이 점점 더 가까이 다가올수록 그녀는 제정신이 아니었다.

"당신이었군요!"

불행한 여인은 그렇게 소리치며 남편의 시체를 향해 두 손을 내밀었다.

"이런 모습으로 제게 돌아오셨군요. 불쌍한 당신! 자, 이제 저를 맞아주세요. 제가 당신한테 갈 테니까요!"

알퀴오네는 바다에 몸을 던지려 했다. 그런데 갑자기 날개가 생기면서 그녀는 하늘로 날아올랐다. 그녀는 새가 되어 슬프게 울며 바다를 스치며 날아다녔다. 그녀는 흐느끼면서 죽은 남편의 가슴 위로 날아올랐다. 사랑하는 아내가 가까이 있는 것을 케윅스도 느낄 수 있었을까.

　자비로운 신들은 케윅스의 모습도 새로 바꿔주며 그에게 새로운 생명을 주었다. 둘은 물총새가 되어 옛날의 다정한 사랑을 지키며 부부로서 결코 떨어지지 않고 함께 살았다. 해마다 한겨울이 되면 그중 이레 동안은 조용한 날, 바람 없는 날이다. 그때가 되면 알퀴오네는 거울처럼 매끄러운 바다 위의 떠다니는 새집에 알을 낳는다. 아버지 아이올로스가 바람을 가두고 조용하게 하여 손자들을 지켜주는 덕분이었다.

지은이 후기

고대 그리스 로마의 신화와 영웅 이야기에는 아주 특별한 것이 있다. 각자 느끼는 바는 다르겠지만 학자들이나 일반 독자들이나 똑같이 굉장한 매력을 느끼게 된다. 학자들은 그 이야기 속에서 모든 지식의 출발점과 종교와 철학의 기초가 된 사고, 역사의 시작을 찾아내려 할 것이다. 반면에 일반 독자들은 아주 다채롭게 등장하는 신과 인간들의 모습에, 이제 막 창조되는 듯한 자연과 정신세계가 펼치는 웅장한 광경에 도취될 것이다. 카오스 속에서 신들과 신들의 자식들과 함께 대지가 떠오른다. 그리고 빠르게 등장하는 일련의 신들과 인물들을 통해 프로메테우스의 불—인간의 지혜—이 야만과 싸우기 시작한다. 또 문화가 미개함에 대해, 교양이 야만에 대해, 이성이 어쩔 수 없는 격정에 대해 승리를 거둔다. 이 모든 것을 독자들은 즐거움과 놀라움 속에서 지켜볼 수 있을 것이다.

고대의 위대한 시인들은 이러한 신과 인간의 형상들 중 훌륭한 부분을 예술로 완성시켜놓았다. 그러나 이러한 신과 인간이 보여주는 살아 있는 내적인 힘은 굳이 예술 형태를 빌리지 않아도 될 정도로 위대하다. 또한 예술이라는 형식이 이해를 돕기보다는 방해가 된다고 생각하는 사람들에게 오히려 그 위대함을 보여줄 것이다. 특히 막 고전을 접하기 시작한 청소년들에게 더욱더 그러하다. 영웅 이야기는 청소년들의 마음을 사로잡을 것이다. 이 신화 이야기들과 좀 더 친숙해지는 것은 보다 높은 교양을 쌓기 위한 예비 교육으로서, 일찍부터 가르치거나 이야기를 전해주는 형식 등 온갖 종류의 해설서를 통해 그런 필요를 채우려 해왔다.

이 책은 그리스 로마라고 하는 고전 시대의 아름답고 중요한 신화 이야기를 전해주고자 한다. 특히 고대 시인들의 예술적 표현을 벗겨내 단순하게 만들고자 노력했다. 그럼에도 그들의 이야기를 가능한 한 원래대로 전달해주고자 했다. 신화적 지반에서 일어나는 설화들과 신화로 서로 얽힌 이야기들이 역사적·지리적·자연과학적 지식을 전달해주는 수단이 될 수 있으며, 더 나아가 도덕을 가르치는 매체가 될 수 있다고 생각한다. 고대 그리스 로마의 세계관에 존재했던 도덕을 이 책에서 느낄 수 있을 것이다. 고대의 도덕이 가진 일방적인 측면이나 본질적 오류, 그리고 기독교의 계시에 비해 불충한 점에 대해서는 부모나 선생님 들이 어린 독자들에게 설명해줄 수 있을 것이다.

나는 이 책을 통해 우선 편안하면서 가치 있는 읽을거리를 청소년들에게 마련해주고 싶었다. 그래서 혐오감을 일으키는 요소는 배제하려고 신경 썼다. 이 책에서 비인간적인 잔혹한 신화 이야기는 주저 없이 제외했다. 잔혹한 이야기는 어느 정도 상징적인 이유로 설명할 수가 있다. 그러나 그러한 이야기를 읽고 불쾌하고 혐오스런 인상을 받을 수 있을 것이다. 이 책은 전체적으로 높은 윤리적 수준을 지향하는 방향을 유지했다. 그럼에도 우리의 도덕 개념에 반하거나 고대에서도 비도덕적이고 자연을 거스르는 행위라고 이미 인정된 관계, 예를 들어 오이디푸스 이야기는 생략하지 않고 언급했다. 다만 저급한 호기심을 갖고 천착하지 않게 하는 방식으로 다루었다.

이 책을 통해 그리스 로마 신화와 고대에 관한 가장 일반적인 지식을 얻게 될 것이다. 이 책의 1권에는 비교적 규모가 작은 다양한 신화와 이야기를 수록했다. 2권에는 트로이아에 관한 이야기만을 담았다. 트로이아 전쟁 이야기는 고대에 있었던 가장 웅장한 전설이다. 이 책에서는 트로이아 도시의 건설부터 몰락까지의 과정을 소상히 다루었다. 여러 원전에서 나온 이야기들 중 완전한 형태를 갖춘 이런 이야기는 아직 없었다. 내가 이렇게 전체 이야기를 보여줌으로써 트로이아 전쟁 이야기를 새롭고 재미있게 읽게 되기를 바란다. 나아가 영원한 서사시의 정신에 따라서 시도한 이런 보완작업이 《일리아스》를 읽은 독자들에게도 환영받았으면 하는 마음이다. 꼭 밝히고 싶은 것은, 여기에 실린 모든 이야기를 자의적으로 쓴 것이 아니라 고대인의 이야기를 충실하게 이용해 만들었다는 점이다. 각기 다른 시인들이 쓴 서사적 이야기들도 고대인의 원래 이야기를 원자료로 삼고 있다.

2권의 첫 사분의 일은 이야기의 흐름을 위해 훨씬 후대에 딕티스 크레텐시스(Dictys Cretensis)와 다레스 프리기우스(Dares Phrygius)의 이름으로 전해진 의심쩍고 뚜렷하지 않은 원자료로 메울 수밖에 없었다.* 이 작품들은 수사학적으로 졸작임에도 불구하고 항상 호메로스와 일치하는 부분을 쉽게 찾아낼 수 있었다. 또한 역사의 기초를 만들고 사건들의 연결고리를 형성하도록 도와주었다. 반면에 고대 그리스 로마의 소포클레스, 에우리피데스, 호라티우스, 오비디우스 같은 유명 시인들은 허구적 신화에 그들의 다채로운 환상을 첨가해주었다.

호메로스의 《일리아스》는 트로이아 전쟁 이야기의 핵심을 이룬다. 이 책의 다른 두 부분을 서술하는 기조도 호메로스에 의지했다. 그리고 산문체나 간결한 대화체의 형식을 띠고 있어 필자가 유일하게 서술하게 된 부분에서도 대담하게 호메로스의 색채를 유지하고자 노력했다. 이런 방식으로 호메로스의 《일리아스》 이야기가 2권의 절반을 이루고 있다. 이 책에서 기대하는 것은 시의 형식을 포기하더라도 호메로스의 서사시가 지닌 내면의 형태가 사라지지 않고, 신들의 모습이 소박한 산문의 옷을 걸치더라도 광채를 잃지 않는다는 것이다.

2권의 마지막 사분의 일 역시 많은 시인에게서 빌려온 것이다. 핀다로스, 소포클레스, 베르길리우스 등을 참고했다. 호메로스의 이야기를 계속 진행하는 동안 시인 퀸투스(Quintus)를 통해 이야기의 진정한 시적 토대와 형식 및 재료를 발견할 수 있었던 것은 나에게 큰 행운이었다. 퀸투스의 이름과 나라, 그가 살았던 시대는 이미 잊혀서 불확실하다. 단지 학자들만이 그를 칼라베르(Calaber) 또는 스뮈르나우스(Smyrnaus)라고 불러왔을 뿐이다. 그러나 이 시인의 《Parlipomenon》

---

* 딕티스 크레텐시스는 전설상의 인물이다. 이 이름으로 4세기에 트로이아 전쟁에 관해 쓴 《Ephemerie Belli Troiani》가 여섯 권으로 발간되었다. 다레스 프리기우스 역시 밝혀지지 않은 인물이다. 이 이름으로 트로이아 전쟁에 관한 소설 《Acta Diurna Belli Troiani》를 발표했다. 이 소설은 분명 지금은 사라진 그리스 원전으로 거슬러 올라가서 그리스의 관점에서 동일한 소재를 다루었던 딕티스 크레텐시스의 책에 대항하는 성격을 띠고 있다. 괴테도 《아킬레우스의 노래(Achilleis)》를 기획할 때 이 두 사람을 참조했다.

은 고전적인 예술 작품이다. 이 작품의 아름다움과 위대함은 다른 시인들의 작품들처럼 모든 참된 문학 애호가들에게 인정받게 될 것이다. 나는 책을 쓰기 위해 베르트하임의 플라츠(Platz) 교수의 탁월한 번역 사본을 참고했다. 이 책의 색채와 생동적인 표현은 퀸투스에게 크게 빚진 셈이다. 여기서 퀸투스에게 감사의 뜻을 전달하고자 하니, 부디 그가 물리치지 않기를 바란다.

2권에서 이야기를 다룰 때 적용했던 일반적인 원칙에 관해 말하자면, 1권을 집필할 때 지켰던 원칙과 같다. 그리고 나는 이 책의 집필방식이 정당하고 통찰력 있는 독자들로부터 박수를 받아서 기쁘다.

3권은 작품의 마지막을 형성하고 있다. 나는 우리 시대에 전승되어 시나 소설로 쓰이는 이야기의 본질적 요소가 무시되어서는 안 된다고 확신한다. 처음에는 그중 무엇을 수용할 것인가를 구상하면서 '탄탈로스의 마지막 자손들'을 생략할까 고민했다. 여성과 청소년 독자층을 배려하기 위함이었다. 그러나 이 책을 완전한 것으로 만들겠다는 욕심이 그 고민을 해결해주었다. 1권과 2권에서 여리고 상처 입기 쉬운 어린 독자들을 보호하려는 마음을 인정해준 것처럼, 3권 작업에 대해서도 공정하게 판단해주시길 바란다. 비극 시인들의 작품을 될 수 있는 대로 어울리게 다시 조화시킬 때도 특히 도덕적인 문제를 고려했다. 이 점은 가장 자유로운 미적 감정의 소유자라도 인정해줄 것이다.

《오뒷세이아》를 다룰 때에는 그런 배려가 불필요했다. 여기서는 고대의 예술 작품을 가능한 한 충실하게 따름으로써 죄를 짓지 않은 순결한 상태와 순수한 도덕에 대한 가장 감동적인 인상을 주려고 했다. 스스로는 완전한 선에 도달할 수 없는 것이 인간의 본성이라 할지라도, 인간이 선을 행할 수 있는 능력을 완전히 상실하지는 않았을 것이다. 이렇게 믿는 사람은 아득한 옛날인 고대 그리스 로마의 작품을 읽으면서 기독교의 종교적 신념과 모순되지 않는 인류에 대한 믿음을 더욱 굳건하게 가질 것이다.

나는 《아이네이스》 때문에 무척 고생을 했다. 책의 목적을 훼손하지 않는 한도 내에서 긴 이야기를 줄이는 데 애를 썼다. 《아이네이스》는 시 문학사의 한 부분을 구성하고 귀중한 에피소드를 형성하는, 가장 원천적이고 사랑받는 창작물이다. 원래 이야기를 알 수 없게 만들지 않으려고 노력했다. 이를 위해 《일리아스》와 《오뒷세이아》를 흉내 내어 어린이들이 읽도록 새로 창작된 민담은 일절 배제했다.

이러한 일은 결코 쉬운 작업이 아니었다. 게다가 현대 작가 중 그리스 로마 신화를 이런 방식으로 이야기하고자 시도한 사람이 없었다. 나는 고대 로마 시인의 뛰어난 예술 작품이 지닌 본질적인 아름다움을 보여줌으로써, 청소년들이 원작에서는 찾기 어려웠던 새로움과 재미를 느낄 수 있도록 노력했다.

고전 시대의 영웅 신화들의 내용을 충실하게 재현하고 있는 이 책의 이야기들은 신화를 처음 접하는 사람들에게 많은 도움을 줄 것이다. 나는 이러한 기원을 담아 20년 동안의 결실이라고 할 수 있는 이 작업을 마치고자 한다.

슈투트가르트에서
구스타프 슈바브

옮긴이 해제

인간의 좌절과 비극 속에 꽃핀 희망 이야기

《구스타프 슈바브의 그리스 로마 신화》의 마지막 부분인 3권은 트로이아 전쟁이 끝난 후 일어난 사건들을 이야기하고 있다. 아가멤논의 귀국과 오뒷세우스의 표류와 귀향, 그리고 불타는 트로이아를 뒤로하고 새로운 도시를 건설하러 떠난 아이네아스 이야기가 중심을 이루고 있다. 이 이야기 뒤에는 부록이 달려 있는데 이것은 《구스타프 슈바브의 그리스 로마 신화》의 제14판 편집자 고트홀트 클레(Gotthold Klee)가 추가해 쓴 것이다.

트로이아 전쟁이 끝난 후 그리스 영웅들은 어떻게 되었을까? 호메로스의 《오뒷세이아》에는 트로이아 멸망 이후 오뒷세우스를 제외한 다른 영웅들에 대한 이야기가 없다. 지은이 구스타프 슈바브는 '탄탈로스의 마지막 자손들'이라는 제목으로 아가멤논 집안에 내려오는 저주와 그에 얽힌 복수 이야기를 첨가해, 트로이아 멸망 후 그리스 영웅들의 이야기를 자세하게 전해준다.

뮈케나이로 귀국한 아가멤논은 부인 클뤼타임네스트라와 그녀의 정부 아이기스토스에게 암살당한다. 아가멤논의 딸 엘렉트라는 아버지를 죽인 어머니에게 복수하고자 어린 남동생 오레스테스를 다른 나라로 몰래 보낸다. 장성한 오레스테스는 엘렉트라의 뜻대로 아버지의 복수를 위해 어머니를 죽인다. 심리학에서는 이 이야기에서 오이디푸스 콤플렉스와 대비되는 엘렉트라 콤플렉스를 만들어냈다. 신탁을 받아 행한 복수이기는 하지만 자식으로서 어머니를 살해한 대가로 오레스테스는 복수의 여신들에게 고통을 당한다. 오레스테스는 오랜 방황끝에 여사제인 큰누이 이피게네아를 만나 구원되고, 신들의 용서를받아 뮈케나이의 왕이 된다.

집안에 내려오는 저주, 혈족 살해와 복수 그리고 정화라는 드라마틱한 이야기 때문에 오레스테스 이야기는 고대 그리스 비극 작가들이즐겨 다룬 소재였다. 이 소재를 다룬 그리스 3대 비극 작가들의 작품으로는 아이스퀼로스(Aischylos, 기원전 525~기원전 456)의 《오레스테이아》 3부작, 에우리피데스(Euripides, 기원전 484?~기원전 406?)의 《오레스테스》, 소포클레스(Sophocles, 기원전 496~기원전 406)의 《엘렉트라》가 있다.

아가멤논이 곧바로 귀향해 죽임을 당하는 불행을 맞았다면, 오뒷세우스는 오랜 표류와 우여곡절 끝에 고향에 돌아간다. 오뒷세우스의표류와 귀향을 다룬 《오뒷세이아》는 《일리아스》와 더불어 고대 그리스 최고의 서사시로 꼽힌다. 고대에 형성된 고전들은 대개 그 고전의작가가 정말 누구인지 알기 어렵다. 《오뒷세이아》와 《일리아스》도 작가가 누구인지에 대한 의견이 지금까지 분분하다. 한 사람의 작품이라는 견해와 여러 사람의 작업 결과라는 견해가 대립한다. 현재까지는 대체적으로 '호메로스'라고 불리는 한 시인의 작품이라는 견해가 우세하다.

《일리아스》와 마찬가지로《오뒷세이아》는 총 24편으로 나뉘며, 6각운(hexametre)으로 씌어졌다. 《일리아스》에서 아킬레우스의 분노를 중심으로 이야기가 전개되었다면,《오뒷세이아》에서는 트로이아 전쟁을 끝내고 귀향하는 오뒷세우스가 표류를 통해 겪게 되는 신기한 경험과 천신만고 끝에 귀향해 아내의 사악한 구혼자들을 통쾌하게 죽이고 옛 권리를 찾는 과정을 중심으로 이야기가 전개된다. 그런데《일리아스》와 《오뒷세이아》가 제시하는 이상적 인간형은 다르다. 《일리아스》에서 불멸의 명예를 지키기 위해 타고난 힘으로 수많은 영웅을 희생시키는 아킬레우스가 이상적인 인물로 그려졌다면,《오뒷세이아》에서는 온갖 역경 속에서도 지혜와 끈기로써 자신의 운명을 개척해나가는 오뒷세우스가 이상적인 인물로 그려진다. 이 과정에서 오뒷세우스는 겨울과 폭풍 등 자연과 맞서 싸워야 하고, 바다와 육지의 사악한 괴물들과 대적해야 했다.

슈바브는 이 책에서 호메로스의 《오뒷세이아》에 충실하게 근거해서 오뒷세우스가 표류 끝에 귀향해서 구혼자들에게 통쾌하게 복수하는 이야기를 재구성해놓았다. 독자들은 이 책을 읽은 다음《오뒷세이아》에 도전해보는 것도 좋을 것이다.

슈바브는 '탄탈로스의 마지막 자손들'과 오뒷세우스 이야기를 통해 트로이아 전쟁 후 그리스 영웅들이 어떻게 되었는지 알려주었다. 그렇다면 트로이아가 멸망한 후 트로이아 사람들은 어떻게 되었을까? 슈바브는 4~6장에서 패전 후 트로이아 인들이 고향을 떠나 로마를 건국하는 이야기도 전해주고 있다. 그는 이 이야기를 고대 로마의 최고 시인 베르길리우스(Publius Vergilius Maro, 기원전 70~기원전 19)가 쓴 《아이네이스》에 기초해 재구성했다. 영어권에서는 버질이라는 이름으로 알려져 있는 베르길리우스는 황제 아우구스투스의 권유로 로마 건국을 다룬 장편 서사시 《아이네이스》를 썼다고 전한다. 《아이네이스》를 쓰는 데 11년이라는 긴 세월을 바친 그는 이 작품을 통해 로마 인의 이상과 성취를 대변하고자 했다. 고대 로마 인들은 이 작품을 읽으며 조국에 대한 자부심과 일체감을 가졌을 것이다. 단테 역시 《신곡》에서 베르길리우스를 지옥에서 연옥을 지난 천국의 문 앞에 이르기까지 자신을 이끌어주는 스승이자 인도자로 삼을 만큼 그를 존경했다.

지은이 후기에서 고백하듯이 슈바브는 거대한 서사시 《아이네이스》를 심혈을 기울여 간결한 이야기로 재구성하여 《구스타프 슈바브의 그리스 로마 신화》의 결말로 삼았다. 이 책의 아이네아스 이야기는 《아이네이스》의 구조를 따르고 있다. 전반부는 아이네아스가 트로이아를 떠나 이탈리아에 도착하기까지 지중해를 헤매는 과정을 담고 있고, 후반부는 아이네아스가 이탈리아에 도착해 그곳의 토착 부족들과 싸워 이긴 뒤 그들과 힘을 모아 로마 건국의 기틀을 마련하는 이야기를 담고 있다.

우리가 오뒷세우스와 아이네아스의 이야기를 통해 확인할 수 있는 것은 끝없이 이어지는 고통 속에서도 희망을 잃지 않는 모습이다. 오뒷세우스가 정처 없는 표류를 하며 온갖 고생을 겪어도 희망을 버리지 않고 끝내 귀향해 가족과 재회해 행복한 삶을 다시 찾았다면, 아이네아스는 전쟁으로 폐허가 된 도시를 버리고 방랑 끝에 세계를 지배할 로마를 건국하게 된다.

물론 오뒷세우스 이야기는 허구일 수 있고, 아이네아스의 로마 건국 신화도 역사적 사실과 맞지 않을 수 있다. 그러나 이 신화에서 우리는 전쟁으로 인한 불행과 허망함 속에서도 꺾이지 않는 인간의 희망을 발견할 수 있을 것이다.

지도 1 그리스 신화의 세계

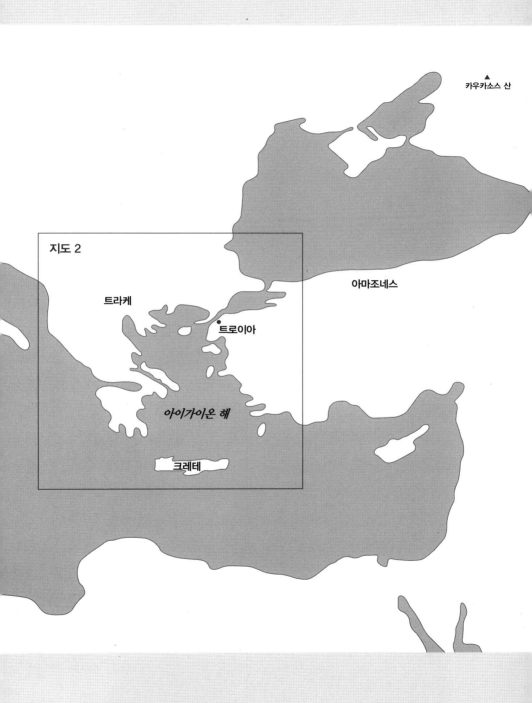

파이오니아

일뤼리콘

마케도니아

펠라

팡가이온 산

필립포

스타게이라

칼키디케

아토스

팔레네 반도

에피로스

카오니아

올륌포스 산

부트로톤

케르퀴라

케르퀴라

도도네

트릭케

옷사 산

라리사

펠리온 산

테스프로티아

핀도스 산

페라이

이올코스

파르살로스

파가사이

스퀴로스

파르낫소스 산

이오니오스 해

뮈르토온 해

퀴클라데스 군도

지도 3

퀴도니아

크레테

지도 2 아이가이온 해

폰토스 에우크세이노스
(흑해)

트 라 케

보스포로스 해협

뷔잔티온

마로네이아

프 로 폰 티 스 해

스

사모트라케

케
르
소
네
소
스
반
도

람프자코스

퀴지코스

임브로스

헤
브
로
스
강

비튀니아

아뷔도스

헬레스폰토스 해협

트로이아

그
라
니
코
스
강

렘노스

테네도스 트로아스

▲이데 산

뮈 시 아

아이올리스

파
플
라
고
니
아

아드라뮈테이온

뮈틸레네

페르가몬

레스보스

카이코스 강

퀴메

헤르모스 강

키오스

포카이아

▲시퓔로스 산

사르데이스

스뮈르나

▲트몰로스 산

클라조메나이

카위스트로스 강

콜로폰

클라로스

에페소스

뤼 디 아

사모스

이
카
리
온
해

사모스

마이안드로스 강

이카리아

밀레토스

낙소스

카 리 아

할리카르낫소스

뤼 키 아

코스

코스

아모르고스

니쉬로스

크니도스

크
산
토
스
강

아스튀팔라이아

텔로스

로도스

크산토스

로도스

린도스

카르파토스

소스

고르튀스

카 르 파 토 스 해

스토스

암브라키아

암필로키아

코로네이아

악티온

스페르케이오스 강

레우카스

아카르나니아

트라키스

도리스

로크리

케피소스 강

아이톨리아

델포이

포키스

카이로네

로크리스

플레우론

칼뤼돈

나우팍토스

이타케

케팔레니아

에키나데스 섬들

아켈로오스 강

파트라이

크린토스 만

아카이아

헬

자퀸토스

에뤼만토스 산

퀼레네 산

시퀴온

엘리스

스튐팔로스 호

코린토

엘리스

페네이오스 강

네메

뮈케나이

아르골리

아르카디아

오르코메노스

이오니오스 해

올륌피아

만티네이아

아르고스

티륀

레르나

나우폴

암페이오스 강

테게아

스트로파데스 섬들

뤼카이온 산

펠로폰네소스 반도

타위게토스 산맥

멧세네

멧세니아

에우로타스 강

스파르테/라케다이몬

아뮈클라이

필로스

스팍테리아

레욱트라

멧세니아 만

라코니케 만

지도 3 그리스

타이나론 곶

아르테미시온 곶

스퀴로스

아이가이온 해

푸스

에우보이아

이오티아

아울리스● ●칼키스

●에레트리아

스크라

●테바이

●테스피아이

●플라타이아

아소포스 강

파르네스 산 ▲

엘레우시스● ●마라톤

앗티케

메가라● 아테나이●

카뤼스토스

살라미스 페이라이에우스● ●브라우론

모스

사로니코스 만

아이기나 휘멧토스 산 ▲

안드로스

●에피다우로스 라우레이온 산 ▲

수니온 곶

테노스

케오스

뮈코노스

트로이젠● 칼라우레이아

델로스

●헤르미오네

퀴트노스

퀴클라데스 군도

아르골리스 만

뮈르토온 해

세리포스

파로스

낙소스

시프노스

에피다우로스 항

멜로스

이오스

말레아 곶

테라 테라

계보도 1 탄탈로스

계보도 2 아이네이아스

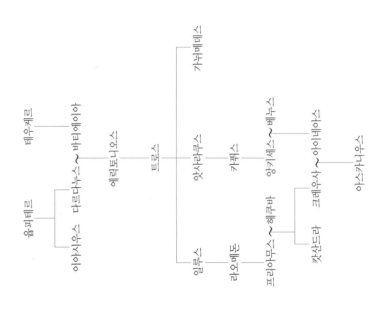

옴피테르   테우케르

이아시우스   다르다누스 ～ 바티에이아

에리토니오스

트로스

일루스   앗사라쿠스   가뉘메데스

라오메돈   카퓌스

프리아모스 ～ 헤쿠바   앙키세스 ～ 베누스

캇산드라   크레우사 ～ 아이네이아스

아스카니우스

계보도 3 아테나이 왕가

에릭토니오스 ～ 프락시티아

판디온 1세 ～ 제욱시페

에렉테우스   부테스   프로크네 ～ 테레우스

케크롭스   크레우사   케팔로스 ～ 프로크리스   이튀스   필로멜라

계보도 4 테바이 왕가

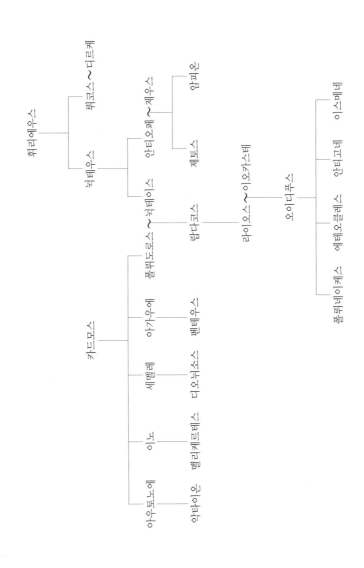

그리스어-라틴어 이름 대조표

	그리스어	라틴어
신명	디오뉘소스	박쿠스
	레아	퀴벨레
	레토	라토나
	아레스	마르스
	아르테미스	디아나
	아테네	미네르바
	아폴론	아폴로
	아프로디테	베누스
	에로스	아모르
	제우스	윱피테르
	크로노스	사투르누스
	헤라	유노
	헤르메스	메르쿠리우스
	헤파이스토스	불카누스
인명	다르다노스	다르다누스
	아스카니오스	아스카니우스
	아이네이아스	아이네아스
	아킬레우스	아킬레스
	오뒷세우스	울릭세스
	이아시온	이아시우스
	테우크로스	테우케르
	프리아모스	프리아무스
	헤라클레스	헤르쿨레스
	헬레네	헬레나
지명	그리스	그라이키아
	이데 산	이다 산
	크레테 섬	크레타 섬
	트라케	트라키아
	트로이아	트로이야

찾아보기

구스타프 슈바브의 그리스 로마 신화 3 - 오뒷세우스·아이네아스

1판 1쇄 발행일 2015년 2월 9일
1판 6쇄 발행일 2023년 9월 18일

지은이 구스타프 슈바브
옮긴이 이동희

발행인 김학원
발행처 (주)휴머니스트 출판그룹
출판등록 제313-2007-000007호(2007년 1월 5일)
주소 (03991) 서울시 마포구 동교로23길 76(연남동)
전화 02-335-4422 **팩스** 02-334-3427
저자·독자 서비스 humanist@humanistbooks.com
홈페이지 www.humanistbooks.com
유튜브 youtube.com/user/humanistma **포스트** post.naver.com/hmcv
페이스북 facebook.com/hmcv2001 **인스타그램** @humanist_insta

편집주간 황서현 **편집** 전두현 남미은 **디자인** 김태형 유주현 구현석
용지 화인페이퍼 **인쇄** 청아디앤피 **제본** 민성사

ⓒ 이동희, 2015

ISBN 978-89-5862-772-2 04210
       978-89-5862-769-2 (세트)